Bosporus
Seiten 136-149

Ausflüge
Seiten 150-171

W0069223

BEYOĞLU

BOĞAZ (BOSPORUS)

Beyoğlu
Seiten 100-107
Stadtplan 3, 6, 7

Saray Burnu
Seiten 50-67
Stadtplan 3, 4, 5

SARAY
BURNU

Sultanahmet
Seiten 68-83
Stadtplan 3, 5

0 Meter   500

Vis-à-Vis

ISTANBUL

Vis-à-Vis

ISTANBUL

Hauptautoren:
Rosie Ayliffe,  Rose Baring,
Barnaby Rogerson und Canan Sılay

DORLING KINDERSLEY
LONDON • NEW YORK • MÜNCHEN
MELBOURNE • DELHI
www.dk.com

Ein Dorling Kindersley Buch

www.traveldk.com

Texte
Rosie Ayliffe, Rose Baring, Barnaby Rogerson, Canan Sılay

Fotografien
Anthony Souter, Linda Whitwam, Francesca Yorke

Illustrationen
Richard Bonson, Stephen Conlin, Gary Cross, Richard Draper,
Paul Guest, Maltings Partnership, Chris Orr & Associates,
Paul Weston, John Woodcock

Kartografie
Paul Bates, Anne Rayski, Glyn Rozier (ESR Cartography Ltd.),
Neil Cook, Maria Donnelly, Ewan Watson
(Colourmap Scanning Ltd.)

Redaktion und Gestaltung
Dorling Kindersley Ltd., London: Nick Inman, Kate Poole, Claire
Folkard, Jane Oliver, Christine Stroyan, Jo Doran, Paul Jackson,
Joy FitzSimmons, Georgina Matthews, Annette Jacobs, Vivian
Crump, Gillian Allan, Douglas Amrine

•

© 1998, 2012 Dorling Kindersley Limited, London
Titel der englischen Originalausgabe:
Eyewitness Travel Guide *Istanbul*
Zuerst erschienen 1998 in Großbritannien
bei Dorling Kindersley Ltd., London
A Penguin Company

•

Für die deutsche Ausgabe:
© 1999, 2012 Dorling Kindersley Verlag GmbH, München

Aktualisierte Neuauflage 2012/2013

Alle Rechte vorbehalten, Reproduktionen, Speicherung in Daten-
verarbeitungsanlagen oder Netzwerken, Wiedergabe auf elektronischen,
fotomechanischen oder ähnlichen Wegen, Funk und Vortrag – auch auszugs-
weise – nur mit schriftlicher Genehmigung des Copyright-Inhabers.

Programmleitung Dr. Jörg Theilacker, Dorling Kindersley Verlag
Projektleitung Stefanie Franz, Dorling Kindersley Verlag
Übersetzung Verlagsbüro Simon & Magiera,
Werner Geischberger und Anne-Katrin Grube
Redaktion Brigitte Maier, Konzept & Text, München
Schlussredaktion Philip Anton, Köln
Satz und Produktion Dorling Kindersley Verlag, München
Lithografie Colourscan, Singapur
Druck Leo Paper Products, China

ISBN 978-3-8310-1924-3
10 11 12 13 15 14 13 12

Dieser Reiseführer wird regelmäßig aktualisiert. Angaben wie
Telefonnummern, Öffnungszeiten, Adressen, Preise und Fahrpläne
können sich jedoch ändern. Der Verlag kann für fehlerhafte
oder veraltete Angaben nicht haftbar gemacht werden.
Für Hinweise, Verbesserungsvorschläge und Korrekturen
ist der Verlag dankbar. Bitte richten Sie Ihr Schreiben an:

Dorling Kindersley Verlag GmbH
Redaktion Reiseführer
Arnulfstraße 124 • 80636 München
travel@dk-germany.de

◁ **Die Blaue Moschee und die Hagia Sophia überragen das Stadtviertel Sultanahmet** *(siehe S. 68 – 83)*
◁◁ **Umschlag: Blaue Moschee (Sultan Ahmet Camii,** *siehe S. 78f)*

Inhalt

Madonna, Chora-Kirche *(siehe S. 118f)*

Istanbul stellt sich vor

Fliesenmuster, Doppelkiosk im Harem
des Topkapı-Palasts *(siehe S. 58f)*

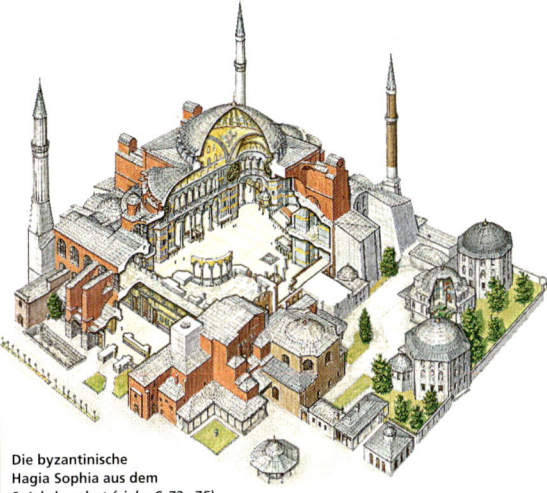

Die byzantinische
Hagia Sophia aus dem
6. Jahrhundert *(siehe S. 72–75)*

Männer rauchen Wasserpfeife im
Çorlulu-Ali-Paşa-Hof *(siehe S. 96f)*

Simit-Verkäufer

Fähre vor dem Karaköy-Kai unterhalb des Galata-Turms *(siehe S. 105)*

Dolmabahçe-Moschee *(siehe S. 126)* mit Sultanahmet im Hintergrund

Benutzerhinweise

Dieser Reiseführer soll Ihnen helfen, Istanbul von seinen schönsten Seiten kennenzulernen. Das Kapitel *Istanbul stellt sich vor* beschreibt die Stadt in ihren historischen und kulturellen Zusammenhängen und geht auf die Highlights jedes Istanbul-Besuchs ein. *Die Stadtteile Istanbuls* und *Drei Spaziergänge* (siehe S. 172–177) informieren mit vielen Fotos, Karten und Illustrationen über alle Sehenswürdigkeiten.

Dabei blickt der Abschnitt *Abstecher* über das unmittelbare Stadtzentrum hinaus. Unter *Bosporus* werden die Ufer dieser Meerenge beschrieben, die *Ausflüge* führen in die Orte im näheren Umkreis. Im Kapitel *Zu Gast in Istanbul* finden Sie Vorschläge zu Hotels, Restaurants, Shopping und Unterhaltung. Die *Grundinformationen* helfen mit praktischen Tipps bei der Planung und vor Ort – von Anreise bis Zeitungen.

Orientierung in Istanbul

Das Zentrum Istanbuls ist in vier Stadtteile untergliedert, jedem wird ein eigenes, farblich gekennzeichnetes Kapitel gewidmet. Alle Sehenswürdigkeiten sind nummeriert und auf der Stadtteilkarte eingetragen.

1 Einführung
Hier werden neben allgemeinen Informationen Geschichte und Eigenart des Stadtviertels erläutert und die wichtigsten Sehenswürdigkeiten erwähnt.

Die Stadtteilkarte bildet den beschriebenen Bereich ab. Rosa markierte Bereiche verweisen auf die Detailkarte der folgenden Doppelseite.

Jeder Stadtteil hat eine eigene Farbcodierung.

Orientierungskarte

2 Detailkarte
Interessante Gebiete werden aus der Vogelperspektive gezeigt und mit Kurzerklärungen ergänzt. Sterne weisen auf Attraktionen hin, die Sie auf keinen Fall versäumen sollten.

Die Routenempfehlung führt Sie durch die interessantesten Straßen.

3 Detaillierte Informationen
Alle wichtigen Sehenswürdigkeiten werden – der Nummerierung der Stadtteilkarte folgend – genau beschrieben und mit praktischen Hinweisen ergänzt.

Die Stadtteile Istanbuls

Eine Überblickskarte mit den vier interessantesten Stadtteilen finden Sie auf den vorderen Umschlaginnenseiten. Jeder farbig markierte Bezirk wird im Kapitel *Die Stadtteile Istanbuls (siehe S. 48–107)* ausführlich besprochen. Das Kapitel *Istanbul im Überblick (siehe S. 34–43)* stellt die Highlights in jedem Stadtteil vor.

Stadtplan *siehe Seiten 246–263.*
Karte *Extrakarte zum Herausnehmen.*

Der Einführungstext gibt einen Überblick über die Hauptsehenswürdigkeiten im Großraum.

Eine Karte zeigt den Großraum Istanbul und die in diesem Kapitel einzeln behandelten Bezirke.

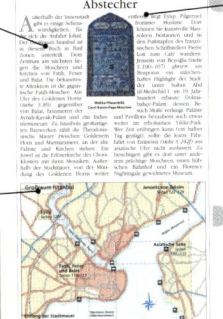

4 Abstecher
Eine Einführung fasst zusammen, was die Vororte und der Großraum von Istanbul bieten.

Praktische Hinweise liefert ein Infoblock. Die Zeichenerklärung finden Sie auf der hinteren Umschlagklappe.

5 Detaillierte Informationen
Einzelne Bezirke im Großraum werden in ihrem historischen Kontext und mit ihren Charakteristika vorgestellt. Auf einer Karte findet man die beschriebenen Sehenswürdigkeiten.

Die Infobox enthält wesentliche praktische Hinweise.

6 Hauptsehenswürdigkeiten
Highlights werden auf zwei oder mehr Seiten dargestellt. Die Innenansicht historischer Gebäude wird perspektivisch gezeigt. Von manchen Sehenswürdigkeiten gibt es einen farbigen Grundriss, der Sie zu den interessantesten Stellen führt.

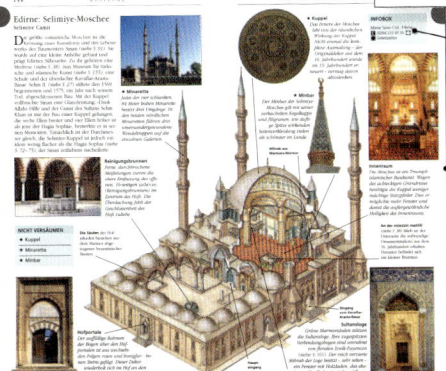

Istanbul
stellt sich vor

Vier Tage in Istanbul

Typische Keramik vom Großen Basar

Eine pulsierende moderne Großstadt, die an Kultur und Geschichte unendlich viel zu bieten hat, eine Stadt auf zwei Kontinenten, umgeben von Wasser, gleichzeitig Europa und Asien, eine Stadt mit verschiedensten Gesichtern – das alles ist Istanbul, das im Jahr 2010 Europäische Kulturhauptstadt war. Unsere Vorschläge sollen Ihnen eine Hilfestellung zum Erkunden dieser Metropole in relativ kurzer Zeit liefern. Die Preisangaben beinhalten die Kosten für Transport, Essen und Eintritt.

Sinnenfreude: exotische Gewürze auf dem Gewürzbasar

Shoppen und Schlemmen

- **Ein Fest für die Sinne: der Gewürzbasar**
- **Stöbern und handeln: der Große Basar**
- **Auf Antiquitätenjagd in Çukurcuma**
- **Feierabendstimmung in der Nevizade Sokak**

Zwei Erwachsene etwa 140 TL

Vormittags
Mit seinen unbeschreiblichen Farben und Gerüchen ist der **Gewürzbasar** *(siehe S. 88)* ein Erlebnis. Sie finden hier nicht nur Gewürze, sondern auch alle erdenklichen exotischen Köstlichkeiten. Weiter geht es zum **Großen Basar** *(siehe S. 98f)*, einem wahren Einkaufslabyrinth, wo Teppiche, Lederwaren, Schmuck, Keramik und vieles mehr angeboten werden. Die Preise sind oft überhöht, Preisschilder fehlen, und so ist Ihr Verhandlungsgeschick gefragt. Nach diesem aufregenden Bummel wird Ihnen der Magen knurren. Dann sind Sie im Kumkapı-Viertel richtig. Am Ufer warten viele Fischrestaurants auf hungrige Gäste. Preise sind selten angeschrieben. Fragen Sie besser nach, bevor Sie bestellen.

Nachmittags
Wenn Sie ausgeruht sind, nehmen Sie ein Taxi zur Galata-Brücke, dann geht es mit der Tünel-Bahn weiter nach Beyoğlu *(siehe S. 101–107)*. Genießen Sie das bunte Treiben am Tünel-Platz, bevor Sie die **İstiklal Caddesi** *(siehe S. 102f)* hinaufgehen, um nach Schuhen, Kleidung oder Büchern zu stöbern. Das Viertel **Çukurcuma** *(siehe S. 107)* ist ein Eldorado für alle, die sich für Schmuck und Antiquitäten interessieren. In der Nevizade Sokak, einer Seitengasse der İstiklal Caddesi, gibt es Dutzende von *meyhanes* (Tavernen). Richtig lebendig wird es hier allerdings erst abends, wenn auch die Einheimischen unterwegs sind.

Familientag

- **Besuch im Miniatürk**
- **Bootsfahrt nach Büyükada**
- **Kutschfahrt rund um Büyükada**

Familie (4 Personen) etwa 160 TL

Vormittags
Nehmen Sie den Bus vom Taksim-Platz zum **Miniatürk** *(siehe S. 222)* in Sütlüce am Nordufer des **Goldenen Horns** *(siehe S. 89)*. Hier finden Sie Miniaturen aller berühmten Sehenswürdigkeiten der Stadt, so z. B. der **Hagia Sophia** *(siehe S. 72–75)*, aber auch anderer Kulturdenkmäler der Türkei. Außerdem gibt es einen Park für Kinder sowie ein Museum mit Fotos von Atatürk, dem Begründer der modernen Türkei, und von den Kämpfen auf der Halbinsel Gallipoli. Wenn der Appetit kommt: Vom Café-Restaurant des Miniatürk hat man einen schönen Blick auf das Goldene Horn.

Geschäftiges Treiben an den Docks von Eminönü

◁ Miniatur mit einer Darstellung der Festlichkeiten zur Beschneidung der Söhne Ahmeds III. im Jahr 1720

Nachmittags

Fahren Sie zurück nach Istanbul und nehmen Sie ein Boot nach Büyükada. Die Insel ist eine der neun **Prinzeninseln** *(siehe S. 159)*. Vom Kabataş-Kai aus sind das eineinhalb Stunden »blickgewaltige« Fahrt, vom Kadıköy-Kai dauert es eine Stunde und zehn Minuten. Erkunden Sie auf Büyükada die Gegend um den Marktplatz oder machen Sie eine Kutschfahrt um die Insel. Schön ist auch der Weg hinauf zum Georgskloster. Sie werden nicht nur mit einem grandiosen Rundblick, sondern im Restaurant auch mit einer Mahlzeit belohnt.

Hoch über dem Bosporus: die Europäische Festung (Rumeli Hisarı)

Moscheen, Museen und Hamams

- **Byzantinische Ikonografie in der Hagia Sophia**
- **Museum für türkische und islamische Kunst**
- **Topkapı-Palast**

Zwei Erwachsene etwa 185 TL

Vormittags

Starten Sie an der **Blauen Moschee** *(siehe S. 78 f)*, dem vielleicht elegantesten islamischen Sakralbau, berühmt für seine schlanken Minarette und blauen İznik-Fayencen. Gehen Sie dann durch die Gartenanlagen weiter zur berühmten **Hagia Sophia** *(siehe S. 72–75)*, dem zweiten weltberühmten Sakralbau Istanbuls. Herrliche byzantinische Mosaiken und Friese sowie Ornamente aus blauen İznik-Fliesen gibt es hier zu bestaunen, ebenso die mächtige Kuppel. Ihr Weg führt Sie anschließend in das nahe **Museum für türkische und islamische Kunst** *(siehe S. 77)* mit seinen großartigen Sammlungen von Glas- und Metallarbeiten, Teppichen und uralten Handschriften, aber auch mit türkischer und internationaler moderner Kunst. Erholen Sie sich von Ihrer Tour bei einem Mittagessen in der Divanyolu Caddesi. Dort reiht sich ein Restaurant ans andere, und Sie haben die volle Auswahl.

Nachmittags

Für den Besuch des **Topkapı-Palastes** *(siehe S. 52–59)*, eines riesigen Komplexes mit Höfen, Gärten, Harem und kostbaren Antiquitäten, benötigen Sie mindestens drei Stunden. Falls Sie anschließend Entspannung brauchen, gönnen Sie sich den Besuch eines *hamam (siehe S. 67)*. Das Çemberlitaş-Bad *(siehe S. 81)* in Sultanahmet ist eines der schönsten.

Blaue İznik-Fayencen in der Hagia Sophia

Bosporus

- **Genießen am Bosporus**
- **Europäische Festung**
- **Spaziergang in Bebek**

Zwei Erwachsene etwa 130 TL

Vormittags

Nehmen Sie ein Ausflugsboot oder den Bus vom Taksim-Platz in Richtung Sarıyer oder Emirgan und fahren Sie bis Arnavutköy *(siehe S. 145)* am Bosporus. Hier stehen schön restaurierte Villen, die meisten in Pastelltönen gehalten und mit Schnitzwerk verziert. In den Seitenstraßen sind überall Cafés. Eine kleine Rast mit Kaffee und Gebäck kann nicht schaden. Von Arnavutköy aus gehen Sie in nördliche Richtung, vorbei an den Fischerbooten und Kreuzfahrtschiffen, bis Sie nach **Bebek** *(siehe S. 138 und S. 146)* kommen, einem der reichsten Stadtteile Istanbuls. Hier reihen sich Boutiquen und Antiquitätengeschäfte, alle dazu angetan, ihren Kunden den Geldbeutel zu erleichtern. Aber sie machen auch Appetit. Wenn das Mittagessen besonders stilvoll sein soll, gehen Sie am besten ins **Poseidon** *(siehe S. 206)*. In diesem Restaurant können Sie Ihren Aperitif mit wunderbarem Blick genießen, bevor Sie sich frischen Fisch servieren lassen.

Nachmittags

Bereit für einen Ausflug in die Geschichte? Die **Europäische Festung** *(siehe S. 140 f)*, die im 15. Jahrhundert im Rahmen der osmanischen Belagerung Konstantinopels erbaut wurde, ist imposant, historisch interessant und bietet einen genialen Blick auf den Bosporus. Ein Spaziergang durch den **Emirgan-Park** *(siehe S. 141)* mit seinen Pavillons, Bäumen und Blumen rundet den Tag ab.

Istanbul auf der Karte

Die Stadt Istanbul liegt zu beiden Seiten des Bosporus, verbindet die europäische mit der asiatischen Seite der Türkei und grenzt im Süden an das Marmarameer. Die Metropole wird auch vom Goldenen Horn durchtrennt, einem Meeresarm, der einen natürlichen Hafen bildet. Istanbul ist zwar nicht mehr Hauptstadt der Türkei *(siehe S. 31)*, aber die größte und wichtigste Stadt des Landes.

Satellitenbild: Großraum Istanbul

LEGENDE

- ☐ Großraum Istanbul
- ✈ Internationaler Flughafen
- ⛴ Fährhafen
- ▬ Autobahn
- ▬ Nebenstraße
- ▬ Hauptstraße
- ▬ Eisenbahn
- ▬ Staatsgrenze

0 Kilometer   50

Großraum Istanbul

Großraum Istanbul

Die Sehenswürdigkeiten im Herzen Istanbuls werden im Detail auf den Seiten 48–107 beschrieben. Den Stadtplan finden Sie auf den Seiten 246–263. Sehenswertes außerhalb des Zentrums wird unter Abstecher *auf den Seiten 108–133 behandelt. Was am Bosporus und in der Umgebung von Istanbul interessant ist, wird auf den Seiten 134–171 vorgestellt.*

Haraçci

Kemerburgaz

Beykoz

Halkalı

Karaköy

Eminönü

Atatürk   Bakırköy

Bostancı

0 Kilometer   7

Siehe S. 14f

Odessa

Samsun Trabzon

K a r a d e n i z
(S c h w a r z e s   M e e r)

Zonguldak

Ereğli

Devrek

Karabük   Yenice Irmağı

Şile

Kandıra

Karasu   Akçakoca

Kocaeli
(İzmit)   Sakarya
(Adapazarı)   Düzce

Sapanca
Gölü   Bolu

İznik
Gölü   İznik

Gerede Çayı

Bilecik

Nallıhan   Beypazarı   Kırmir Çayı

Sakarya Nehri

Sarıyar
Barajı

K   E   I

Eskişehir   Milhallıçcık

ANKARA

Tuz
Gölü

Europa und Mittelmeerregion

LETTLAND

DÄNEMARK   LITAUEN

GROSS-
BRITANNIEN   WEISS-
RUSSLAND   RUSSLAND

IRLAND

NIEDERLANDE   DEUTSCH-
LAND   POLEN

BELGIEN   TSCHECHIEN   UKRAINE

SLOWAKEI

FRANK-
REICH   ÖSTERREICH   UNGARN   MOLDAU

SCHWEIZ   SLOWENIEN

RUMÄNIEN

ITALIEN   MONTE-
NEGRO   BULGARIEN   *Schwarzes
Meer*   GEORGIEN

ISTANBUL   Istanbul

PORTUGAL   SPANIEN   MAZEDONIEN   TÜRKEI

ALBANIEN   GRIECHEN-
LAND

SARDINIEN

SIZILIEN

M i t t e l m e e r   SYRIEN

TUNESIEN   LIBANON

MAROKKO   ALGERIEN   ISRAEL   IRAK

JORDANIEN   SAUDI-
ARABIEN

LIBYEN   ÄGYPTEN

Großraum Istanbul

Die stetig expandierende Metropole Istanbul erstreckt sich entlang dem Bosporus nach Norden, jenseits des Flughafens nach Westen und auf der asiatischen Seite Richtung Osten ins Landesinnere. Offiziell wohnen hier gut 13 Millionen Menschen, doch in Wirklichkeit sind es wohl weitaus mehr. (Zum Vergleich: 1950 lebten hier eine Million Menschen, 1980 zweieinhalb). Ständige Verbesserungen am Transportsystem sollen das Fortkommen in dem riesigen Ballungsraum erleichtern.

Marmara Denizi
(Marmarameer)

0 Kilometer   2

*Marmara,
Bandırma, Bursa*

LEGENDE

- Istanbul Zentrum
- Großraum Istanbul
- Internationaler Flughafen
- Fähranlegestelle
- Wasserbus-Anlegestelle
- Bahnhof
- Busbahnhof
- Autobahn
- Hauptstraße
- Nebenstraße
- Eisenbahn

Prinzeninseln,
Yalova, Cınarcık, Gemlik

Siehe S. 16 f

Zentrum von Istanbul

Schuhputzer vor der Yeni Camii

Dieser Reiseführer unterteilt das Zentrum Istanbuls in vier Bezirke, denen jeweils ein Kapitel gewidmet ist. Drei davon liegen südlich des Goldenen Horns. Saray Burnu ist eine Landzunge, auf der der prächtige Topkapı-Palast thront. Zwei architektonische Meisterwerke, die Hagia Sophia und die Blaue Moschee, dominieren das Viertel Sultanahmet. Im engen Gassengewirr des Basarviertels wird der Lebensrhythmus von hektischem Handel diktiert. Nördlich des Goldenen Horns liegt Beyoğlu, wo sich in den letzten Jahrhunderten zahlreiche ausländische Gemeinden niedergelassen haben und wo auch heute eine weltoffene, westlich geprägte Atmosphäre herrscht.

İstiklal Caddesi, Beyoğlu
Die Fußgängerzone, auf der noch altmodische Trambahnen verkehren, bildet das Rückgrat dieses Stadtviertels (siehe S. 100–107).

Der Große Basar im Basarviertel
Dieses originelle ehemalige Kaffeehaus steht an einer Kreuzung im verschlungenen alten Einkaufskomplex mitten im Basarviertel der Stadt (siehe S. 84–99).

LEGENDE

▦	Hauptsehenswürdigkeit
⛴	Fähranlegestelle
🚉	Bahnhof
Ⓜ	U-Bahn-Station (Metro)
🚋	Tram-Haltestelle
🚋	Nostalgie-Tram
🚠	Tünel (U-Standseilbahn)
🛈	Information
💧	Türkisches Bad
☾	Moschee
✚	Kirche
⊠	Post
🚓	Polizei

Topkapı-Palast, Saray Burnu

Der marmorne Pavillon aus dem 18. Jahrhundert, die Bibliothek Ahmeds III., ziert einen der Höfe des Topkapı-Palasts. Die Mauern des Palastareals umschließen heute den Gülhane-Park (siehe S. 61) sowie zahlreiche andere historische Bauten.

0 Meter 500

Blick über Sultanahmet

Die sechs schlanken Minarette der Sultan Ahmet Camii, besser bekannt als Blaue Moschee, überragen den weitläufigen Platz im Herzen Sultanahmets (siehe S. 68–83), des historischen Stadtviertels.

Die Geschichte Istanbuls

Die Stadt wurde im 7. Jahrhundert v. Chr. an einer Stelle gegründet, von wo der Handel am Bosporus kontrolliert werden konnte. 1600 Jahre lang war sie erst Hauptstadt des Byzantinischen Reichs, dann der osmanischen Sultane. Grundkenntnisse der Geschichte beider Zivilisationen ermöglichen ein besseres Verständnis der unvergleichlichen Bauwerke Istanbuls.

Die Topografie Istanbuls entstand am Ende der letzten Eiszeit, als Schmelzwasser den Bosporus durchbrach. Die steinzeitlichen Kulturen der Region wichen den Dörfern der Kupferzeit und den ummauerten Städten der Bronzezeit (vor allem Troja; siehe S. 171). Der Bosporus war eine wichtige Handelsstraße, auf der man Wein und Olivenöl vom Mittelmeer Richtung Norden sowie Korn, Felle, Wolle, Holz, Wachs, Honig, Pökelfleisch und -fisch vom Schwarzen Meer gen Süden transportierte.

Septimius Severus, der im 2. Jahrhundert n. Chr. die Stadt verwüstete

Mehrere Völker brachten die Gegend um den Bosporus in ihre Gewalt: Von etwa 1400 bis 1200 v. Chr. herrschten die Mykener, von 800 bis 680 v. Chr. die Phryger. 676 v. Chr. gründeten Griechen die Stadt Chalcedon an einer Stelle, an der sich heute der Stadtteil Kadıköy befindet.

Die Gründung von Byzanz

Meist datiert man die Stadtgründung auf 667 v. Chr., als der Sage nach der Grieche Byzas mit einer Expedition aus Athen und Megara eine Siedlung auf der europäischen Bosporus-Seite gründete. Die als Byzantion bekannte Kolonie wuchs zum Stadtstaat (polis) heran, einem der 40 wichtigsten der griechischen Antike. In den folgenden Jahrhunderten kooperierte Byzantion mit Chalcedon (man hatte dieselbe Währung und teilte sich die eingenommenen Handelszölle).

Doch Byzantion hatte Mühe, sich im wechselhaften politischen Klima zu behaupten. Es musste die Herrschaft der Lydier (560–546 v. Chr.), der Perser (546–478 v. Chr.), der Athener (478–411 v. Chr.) und der Mazedonier (334–281 v. Chr.) über sich ergehen lassen, ehe es kurzzeitig wieder eigenständig war. 64 v. Chr. wurde es als Byzantium dem Römischen Reich einverleibt. Septimius Severus ließ die Stadt 195 n. Chr. beinahe zerstören, weil sie Pescennius Niger, seinen Rivalen um den Kaiserthron, unterstützt hatte. Obwohl man auch die Goteninvasion in Chalcedon 258 überstand, erlebte der Handel in der Region massive Einbrüche.

ZEITSKALA

um 676 v. Chr. Gründung der griechischen Siedlung Chalcedon	340 v. Chr. Belagerung der Stadt durch Philipp II. von Mazedonien	 *Alexander der Große*	195 Der römische Kaiser Septimius Severus zerstört Byzantium, baut es später wieder auf und legt das Hippodrom an
600 v. Chr.	**400**	**200 v. Chr.**	**1 n. Chr.**	**200**
um 667 v. Chr. Mutmaßliche Gründung Byzantions durch griechische Kolonisten aus Athen und Megara unter Byzas	334 v. Chr. Alexander der Große überquert den Hellespont (Dardanellen) und erobert Anatolien	64 v. Chr. Pompeius gliedert Byzantion ins Römische Reich ein und nennt es Byzantium	258 Die Goten zerstören Chalcedon

◁ Mosaik mit dem byzantinischen Kaiser Justinian I. (siehe S. 20) und einem seiner Präfekten

Konstantin der Große

Im Jahr 324 wurde Konstantin der Große nach dem Sieg über Licinius Alleinherrscher über das Römische Reich und verlagerte die Hauptstadt von Rom nach Byzantium. Anfangs favorisierte er Troja *(siehe S. 171)*, doch seine Berater überzeugten ihn, dass Byzantium für Verteidigung und Handel besser geeignet sei. Konstantins Stadt galt zwar offiziell als das »Neue Rom«, war aber schon bald als Konstantinopel bekannt. Im Rahmen groß angelegter Baumaßnahmen ließ der Kaiser z. B. den Großen Palast *(siehe S. 82f)* errichten.

Konstantin trug auch maßgeblich zur Verbreitung des Christentums bei. Der Legende nach hatte er 312 vor einer Schlacht eine Vision des Kreuzes. Obwohl er erst kurz vor seinem Tod getauft wurde, wollte er unbedingt die unterschiedlichen Gepflogenheiten seiner Zeit zu einem schlüssigen christlichen Glaubenssystem vereinheitlichen. Alle frühkirchlichen Konzilien wurden in oder um Konstantinopel abgehalten – das erste in Nicäa (dem heutigen İznik; *siehe S. 160*), das zweite in der Hauptstadt selbst.

Unter einem der Nachfolger Konstantins, Theodosius I. (379–395), wurde das Reich unter dessen Söhnen Honorius und Arcadius aufgeteilt. Im 5. Jahrhundert

Aureus mit Konstantins Abbild

fiel das lateinischsprachige Westreich an die »Barbaren«, während das griechischsprachige Ostreich überlebte und als »Byzantinisches Reich« oder »Byzanz« in die Geschichte einging.

Zeitalter des Justinian

Das 6. Jahrhundert stand ganz im Zeichen Justinians (527–565), der Konstantinopel zur blühenden Stadt machte und beinahe noch die verlorenen Provinzen des Westreichs zurückeroberte hätte. Als er starb, hatte das Reich seine größte Ausdehnung erreicht und umfasste Syrien, Palästina, Kleinasien, Griechenland sowie den Balkan, Italien, Südspanien und Teile von Nordafrika und Ägypten.

Justinians Gattin Theodora hatte großen Einfluss auf ihn: Im Jahr 532 konnte sie den Kaiser dazu überreden, mit Söldnern den Nika-Aufstand niederzuschlagen. Das Blutbad im Hippodrom *(siehe S. 80)*, bei dem 30 000 Aufständische umkamen, war das dunkelste Kapitel in Justinians Amtszeit.

Aber auch architektonische Meisterwerke wie z. B. die Hagia Sophia *(siehe S. 72–75)*, die Hagia Eirene *(siehe S. 60)* und Teile des atemberaubenden Großen Palasts gehen auf ihn zurück.

Kaiserin Theodora, Justinians Frau

Relief von Theodosius I. und seinen Höflingen auf dem Ägyptischen Obelisken *(siehe S. 80)*

Theodosianische Mauer

Byzanz im Krieg

Das Byzantinische Reich hatte zwar mit Justinian seinen Zenit erreicht, bewahrte sich aber während des ganzen ersten Jahrtausends seine Macht. Im frühen Mittelalter blühten in Konstantinopel Gelehrsamkeit, Jurisprudenz, Kunst und Kultur, während Europa in Analphabetentum

»Griechisches Feuer«, das Byzanz gegen die Araber einsetzte

und Unwissenheit versank. Da sich die byzantinischen Herrscher für die Exponenten des Christentums hielten, sandten sie Missionare aus, um ihre Religion und Kultur unter den slawischen Völkern, vor allem in Russland, zu verbreiten.

In dieser Phase brachte Konstantinopel einige sehr fähige Kaiser hervor, u. a. Herakleios (610–641), Basileios I. (867–886), Leon VI. (886–912) und Basileios II. Bulgaroktonos (976–1025), die der Stadt zahlreiche Bauwerke hinterließen und verlorene Provinzen zurückeroberten.

Da es Konstantinopel nie an Feinden fehlte, wurde die Stadt von Slawen, Arabern, Awaren, Bulgaren, Persern und Russen belagert, die jedoch alle am Bollwerk der Landmauer scheiterten. Die Meere wurden von der mächtigen byzantinischen Marine beherrscht. Ihr wichtigster Schiffstyp, der *dromon* (Liburne), war ein Ruderschiff, mit dem man andere Boote rammen, aber vor allem das »Griechische Feuer«, eine Art Napalm, abschießen konnte.

Elfenbeinschnitzerei (6. Jh.) eines byzantinischen Kaisers, vermutlich Anastasios' I. (491–518)

Im Jahr 1059 bestieg Konstantin X., der erste Kaiser der Dukas-Dynastie, den Thron, um einen Staat zu regieren, den die Kluft zwischen der überprivilegierten Bürokratie in der Hauptstadt und den Feudalherren in den Provinzen nachhaltig schwächte. Da zudem die Abhängigkeit von ausländischen Söldnern immer weiter zunahm, oblag die Verteidigung des Reichs seinen aggressivsten Nachbarn – darunter waren die Normannen Süditaliens, die Venezianer und türkische Nomaden aus dem Osten.

Die Armee wurde in der Schlacht von Manzikert (1071) und ein Jahrhundert später in der Schlacht von Myriocephalon (1176) von den Seldschuken völlig aufgerieben. Diese herben Niederlagen beendeten auch die byzantinische Herrschaft über Anatolien, das lange Zeit das Rückgrat des Reichs gebildet hatte. Auf die Dukas-Dynastie folgte die Dynastie der Komnenen, die zwischen den beiden Schlachten regierte (1081–1185) und den Rest des Reichs zusammenhalten konnte.

Mosaik in der Hagia Sophia

843 Das 7. Kirchenkonzil in der Hagia Sophia gestattet erneut Ikonen

1071 Die byzantinische Armee wird in der Schlacht von Manzikert von Seldschuken aufgerieben; Kaiser Romanos Diogenes unehrenhaft abgesetzt

1138 Johannes II. Komnenos holt Serbien zurück

1176 Die Seldschuken besiegen Byzanz in der Schlacht von Myriocephalon

800 **900** **1000** **1100** **1200**

1054 Die orthodoxe Kirche spaltet sich wegen dogmatischer Differenzen von der katholischen Kirche ab

1096 Die Armeen des Ersten Kreuzzugs ziehen durch Konstantinopel und helfen Alexios I. Komnenos bei der Rückeroberung der anatolischen Küste von den Seldschuken

Konstantinopel

Mosaikdarstellung der Jungfrau Maria, Chora-Kirche

F ast tausend Jahre lang war Konstantinopel die reichste Stadt der Christenheit. Drei groß-artige Bauwerke begründeten ihre Macht und ihren Ruhm: die Hagia Sophia *(siehe S. 72–75)*, das Hippo-drom *(siehe S. 80)* und der Große Palast *(siehe S. 82f)*. Auch viele an-dere prächtige Kirchen und Paläste rühmten sich grandioser Kunstwer-ke. Der Alltag der Bevölkerung spielte sich auf den vier Marktplätzen oder Foren ab. Ein fortschritt-liches Netz aus Aquädukten und unterirdischen Zisternen sicherte die Wasserversorgung.

Theodosianische Mauer
Der von Theodosius II. erbaute Mauerring (siehe S. 114f) widerstand zahlreichen Belagerungen bis zur osmanischen Eroberung der Stadt im Jahr 1453 (siehe S. 26).

Die Stadt im Jahr 1200

In seiner Glanzzeit hatte Konstantinopel vermutlich etwa 400 000 Einwohner. Dennoch wohnte man nicht beengt, und innerhalb der Stadtmauer blieb sogar noch Platz für Felder und Obstgärten.

Mocius-Zisterne

Das Goldene Tor war ein Triumph-bogen in der Stadtmauer.

Johanneskirche des Studios-Klosters *(siehe S. 116)*

Konstantinische Mauer (heute völlig zerstört)

Arcadius-Forum

Theodosius-Hafen

Byzantinische Kirchenarchitektur

Frühbyzantinische Kirchen folgten entweder dem Grundmuster der Basilika (wie die Johanneskirche des Studios-Klosters) oder des Zentralbaus (wie die Sergius-und-Bacchus-Kirche). Ab dem 9. Jahrhundert baute man die Kirchen, wie dieses Beispiel zeigt, um vier Eckpfeiler oder -säulen herum. Außen blieben meist die rohen Ziegelmauern, während der Innenraum mit Goldmosai-ken ausgestattet wurde. Obwohl die Osmanen die Kirchen in Moscheen umwandelten, sind noch heute viele Originalmerk-male deutlich erkennbar.

Eine Haupt-apsis wird von zwei Seiten-apsiden flankiert.

Vier Säulen tragen die Kuppel.

In der Mauer wechseln sich Reihen aus Ziegel und Naturstein ab.

Der Narthex, eine Vorhalle, bildet den Eingang der Kirche.

Goldmosaiken zieren die Decken und oberen Wände.

Kirche der heiligen Apostel
Die Kuppeln der Kirche, die damals zu den wichtigsten der Stadt gehörte (siehe S. 113), *sind auf diesem Gemälde der Himmelfahrt Christi (12. Jh.) zu sehen.*

Valens-Aquädukt
Das großartige Bauwerk (siehe S. 89) *leitete Wasser vom Belgrader Wald* (siehe S. 158) *und den Bergen im Westen der Stadt nach Konstantinopel.*

Aetius-Zisterne

Chora-Kirche *(siehe S. 118f)*

Blachernen-Palast *(siehe S. 117)*

Pantokrator-Kirche *(siehe S. 113)*

Theodosius-Forum *(siehe S. 93)*

Konstantin-Forum

Kette über das Goldene Horn *(siehe S. 89)*

Zisterne
Die riesige Zisterne (siehe S. 76) *war zur Zeit ihrer Entstehung im 6. Jahrhundert ein bautechnisches Meisterwerk.*

Sergius-und-Bacchus-Kirche *(siehe S. 82f)*

Hippodrom *(siehe S. 80)*

Großer Palast *(siehe S. 82f)*

Hagia Eirene *(siehe S. 60)*

Hagia Sophia
In der großen Kirche von Konstantinopel (siehe S. 72–75) prangten zahllose Mosaiken wie das links abgebildete von Maria mit dem Kind sowie mit den Kaisern Konstantin und Justinian.

Milion, Hippodrom
Die Steinsäule (siehe S. 71) *ist der letzte Überrest eines byzantinischen Triumphbogens, von dem aus die Entfernungen zu allen Orten des Reichs gemessen wurden.*

Die Eroberung Konstantinopels während des Vierten Kreuzzugs 1202–04

Vierter Kreuzzug

1202 rief Papst Innozenz III. die Christenheit zu einem neuen Kreuzzug ins Heilige Land auf. Die 34 000 Mann starke Christenarmee kam nur bis Venedig, weil ihr das Geld fehlte, um Schiffe anzuheuern, woraufhin Enrico Dandolo, der Doge von Venedig und ein Meister der Manipulation, seinen Einfluss geltend machte und die Kreuzfahrer nach Konstantinopel umlenkte, wo sie dem jungen Alexios IV. zur Macht verhalfen. Nach einiger Zeit erkannten die Kreuzfahrer, dass ihnen der Kaiser den versprochenen Lohn vorenthielt. Sie griffen die Stadt noch einmal an und ersetzten Alexios durch Balduin I., Graf von Flandern, der aus

Die Ikone des heiligen Michael (heute in Venedig) – eines der byzantinischen Kunstwerke, die die Venezianer erbeuteten

ihren Reihen stammte. In den folgenden Jahren, dem »Lateinischen Kaiserreich«, verkam die Stadt durch Plünderungen, unfähige Verwalter und Auswanderung zu einer Ansammlung verstreuter Siedlungen innerhalb der Stadtmauer. Außerhalb Konstantinopels überlebten die byzantinischen Herrscher das Chaos und warteten als Regenten über Nicäa, das auch İznik umfasste *(siehe S. 160)*, auf ihre Chance.

Konstantinopels Niedergang

Konstantinopel ging 1261 wieder in byzantinische Hand über, da Michael VIII. Palaiologos (1258–1282) bei seiner Rückeroberung kaum Gegenwehr vorfand. Unterstützt wurde sein

---

ZEITSKALA

1202 In Venedig formiert sich eine Armee zum Vierten Kreuzzug

1204 Alexios IV. wird abgesetzt und Balduin I. Kaiser eines »Lateinischen Kaiserreichs«

1261 Michael VIII. Palaiologos entreißt Konstantinopel den Venezianern

1331 Die Osmanen erobern Nicäa (das heutige Iznik)

1326 Prusa (Bursa) wird nach seiner Eroberung osmanische Hauptstadt

1200	1225	1250	1275	1300	1325

1203 Dandolo, der Doge von Venedig, leitet den Vierten Kreuzzug nach Konstantinopel um; er trennt die Kette über das Goldene Horn *(siehe S. 23)* und stürmt die Stadt

Bronzepferde aus dem Hippodrom (siehe S. 80), die Dandolo nach Venedig mitnahm

1299 Osman I. gründet das Osmanische Reich

1321 Beginn des 33-jährigen Bürgerkriegs in Byzanz

Unterfangen von der Stadt Genua, die jederzeit bereit war, ihre Erzrivalin Venedig zu bekämpfen, jedoch einen immensen Preis dafür forderte: Die Genuesen gründeten in Konstantinopel jenseits des Goldenen Horns die Kolonie Pera und rissen de facto den Handel der Stadt an sich.

In der Phase nach Wiedereroberung und -aufbau, die nach dem amtierenden Herrschergeschlecht »Palaiologische Renaissance« genannt wurde, kamen Gelehrsamkeit und Kunst zu neuer Blüte. Die Chora-Kirche *(siehe S. 118f)* ist einer der zahlreichen Prachtbauten, die in jener Ära entstanden.

Die Kaiser wählten den Doppeladler, der die West- und Osthälfte des Reichs versinnbildlichte, als Wappentier. Erneut fiel ein Schatten auf Konstantinopel, als zwischen Andronikos II. (1282–1328) und seinem

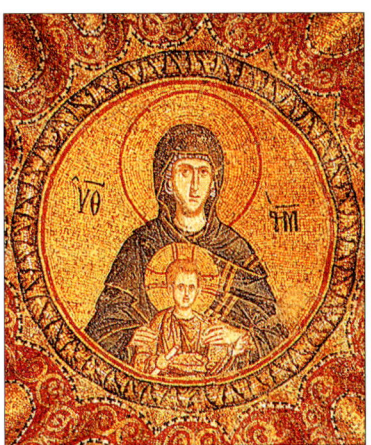

Byzantinischer Doppeladler

Enkel Andronikos III. (1328–41) ein Erbfolgestreit entbrannte, der in einem verheerenden Bürgerkrieg (1321–54) endete.

Aufstieg der Osmanen

1299 entstand das Osmanische Reich: Osman I. kämpfte an der Ostgrenze des Byzantinischen Reichs für den islamischen Glauben und erklärte seine Unabhängigkeit. Der neue Staat expandierte rasch, verleibte sich 1326 Prusa (heute Bursa; *siehe S. 162–168*) ein und machte es zur Hauptstadt. Dank ihrer Frömmigkeit und Klugheit fanden die Osmanen bald Rückhalt bei der Bevölkerung der eroberten Gebiete wie auch unter einigen christlichen Bruderschaften. In der Zwischenzeit schuf man das Berufsheer der Janitscharen *(siehe S. 127)*, um einer Armee, die sonst zu sehr von Turksoldaten und freiwilliger Kavallerie abhängig gewesen wäre, Stabilität zu verleihen.

Als die Osmanen 1361 Adrianopel (Edirne; *siehe S. 154–157*) eroberten, war von Byzanz nur mehr der isoliert auf osmanischem Gebiet liegende Stadtstaat Konstantinopel mit einigen Vorposten übrig. 1422 griff die osmanische Armee erstmals die gewaltige Landmauer Konstantinopels an. Angesichts der Bedrohung versuchte der byzantinische Kaiser 1439, die Unterstützung des Westens zu gewinnen. Nur die Ungarn hörten den Hilfeschrei und begannen einen Kreuzzug. Die 25 000 Mann starke Truppe unterlag jedoch 1444 den Osmanen in der Schlacht von Warna.

Mosaik der Jungfrau mit Kind in der Chora-Kirche

1361 Murad I. erobert Adrianopel (Edirne) und macht es 1368 zur osmanischen Hauptstadt; vom Byzantinischen Reich ist nur noch Konstantinopel übrig

1451 Mehmed II. besteigt den osmanischen Thron und lässt zur Kontrolle des Bosporus die Europäische Festung *(siehe S. 140f)* erbauen

1350	1375	1400	1425	1450

1348 Die Genueser Stadtbevölkerung baut den Galata-Turm als Wachturm für Pera

1422 Erste osmanische Belagerung Konstantinopels unter Murad III.

1444 Eine ungarische Armee eilt Konstantinopel zu Hilfe, wird jedoch von den Osmanen bei Warna besiegt

Galata-Turm

Eroberung Konstantinopels

Am 29. Mai 1453 stürmte Sultan Mehmed II. »der Eroberer« Konstantinopel nach einer 54-tägigen Belagerung, bei der seine Kanone ein Loch in die Theodosianische Mauer *(siehe S. 114f)* gerissen hatte. Mehmed machte sich daran, die Stadt, die später Istanbul heißen sollte, wieder aufzubauen.

Sultan Mehmed II., »der Eroberer«

Der Große Basar *(siehe S. 98f)* und der Topkapı-Palast *(siehe S. 54–59)* entstanden in jener Zeit. Religiöse Stiftungen wurden ins Leben gerufen, um den Bau von Moscheen wie der Fatih *(siehe S. 113)* sowie von Schulen und Bädern *(siehe S. 38f)* zu finanzieren. Aus dem ganzen Reich zogen Menschen nach Istanbul. Juden, Christen und Muslime lebten in einer kosmopolitischen Gesellschaft zusammen.

Unter Mehmed und seinen Nachfolgern expandierte das Reich bis in den Nahen Osten und nach Europa. Anfang des 16. Jahrhunderts eroberte Selim I. (1512–20) Ägypten, nahm den Titel »Kalif« *(siehe S. 29)* an und machte die Osmanen zur Seemacht. Bis auf einen Sohn soll er alle männlichen Nachfolger getötet haben, um einen Erbfolgestreit zu vermeiden.

Süleyman I.

Selims einziger überlebender Sohn war Süleyman I. »der Prächtige« (1520–66), unter dem das osmanische Reich seine maximale Ausdehnung von Algier bis zum Kaspischen Meer und von Ungarn bis zum Persischen Golf erreichte. Westeuropa entging knapp einer osmanischen Invasion, als 1529 die Türken vor den Toren Wiens zurückgeschlagen wurden. Herausragende künstlerische und architektonische Leistungen fielen in die Zeit Süleymans. Der Architekt Sinan *(siehe S. 91)* entwarf zahlreiche Moscheen und andere Prachtbauten, doch auch die osmanische Fayencen-Kunst *(siehe S. 161)* und die Kalligrafie *(siehe S. 95)* erreichten einen Höhepunkt.

Osmanisches Reich

■ *Ausdehnung 1683*

Darstellung der erfolglosen Belagerung Wiens

Sultanat der Frauen

Süleymans Sohn Selim II. »der Trunkenbold« (1566–74) war nicht wie sein Vater, obwohl er Zypern ins Reich eingliederte. Die Niederlage seiner Flotte gegen die Venezianer in der Schlacht von Lepanto war ein schwerer Rückschlag für die osmanischen Ambitionen, auch die Meere zu beherrschen. Da-

Niederlage der Osmanen bei der Schlacht von Lepanto

mals begann auch das sogenannte Sultanat der Frauen, als Selims Mutter (die Valide Sultana; *siehe S. 28*) und Nur Banu, seine Hauptfrau (die erste *kadın*), die Herrschaft übernahmen, um eigene Ziele zu erreichen. Korruption und Intrigen waren allgegenwärtig, und nach Selims Tod ließ Nur Banu ihren Sohn Murad III. (1574–95) von den Haremsdamen ablenken, damit sie die Amtsgeschäfte ungestört weiterführen konnte.

Osman II. (1618–22) versuchte den nahen Niedergang aufzuhalten. Doch das nun von der Auflösung stark bedrohte Janitscharenkorps *(siehe S. 127)* revoltierte, was Osman das Leben kostete. Erst die Reformen Murads IV. (1623–40) ließen die Korruption spürbar zurückgehen.

Osman II. wurde von Janitscharen getötet

Ende des 17. Jahrhunderts regierten etliche fähige Großwesire der albanischen Köprülü-Familie. Doch auch sie vermochten das Schicksal des Sultanats nicht abzuwenden, das sich mit der gescheiterten Belagerung Wiens 1683 deutlich abzeichnete. Der im Jahr 1699 geschlossene Frieden von Karlowitz beendete den »Großen Türkenkrieg« und leitete den Rückzug der Osmanen aus Europa ein.

»Tulpenzeit«

Ahmed III. (1703–30) übergab nach der Thronbesteigung die Amtsgeschäfte seinem Großwesir İbrahim Paşa, da er selbst das Vergnügen der Politik vorzog. In seiner Zeit entstanden einige herrliche Barockbauten, etwa der Aynalı-Kavak-Palast *(siehe S. 127)*, Brunnen, Moscheen und Strandvillen *(yalı; siehe S. 139)*. In den Ziergärten bestimmten Tulpen das Bild: Ahmeds Lieblingsblumen gaben der ganzen Ära ihren Namen. Der Sultan ordnete sogar an, bei seinen prunkvollen Empfängen und Festen Tulpen streuen zu lassen. Außerdem schickte er Mehmed Çelebi als Gesandten nach Frankreich, um mehr über die westliche Kultur in Erfahrung zu bringen. Nach dessen Rückkehr war westliche Kleidung bei den Osmanen plötzlich nicht nur akzeptabel, sondern galt als chic.

1616 Die Blaue Moschee *(siehe S. 78f)* wird nach acht Jahren Bauzeit vom Architekten Mehmed Ağa vollendet.

1699 Der Verlust Ungarns durch den Friedensvertrag von Karlowitz leitet den Rückzug der Osmanen aus Europa ein

| 1600 | 1625 | 1650 | | 1700 | 1725 |

Kuppel der Blauen Moschee

1622 Janitscharenaufstand: Osman II. wird in der Yedikule-Festung, der Burg der sieben Türme, ermordet

1729 Die erste osmanische Druckerpresse druckt in Istanbul türkische Texte

Osmanische Gesellschaft

Unter dem Sultan teilte sich die osmanische Gesellschaft in eine privilegierte Schicht (die *askeri*, zu der auch die religiöse Hierarchie oder *ulema* zählte) und die ihr untergebene Gruppe der Steuerzahler *(reaya)*. Positionen und Ämter wurden nicht vererbt, sondern man erwarb sie durch Bildung, Militär- oder Verwaltungsdienst. Diese soziale Struktur reformierte man im 19. Jahrhundert *(siehe S. 30)*, doch die osmanischen Titel wurden erst 1923 nach Gründung der türkischen Republik abgeschafft *(siehe S. 31)*.

Der Großwesir war der Premierminister und die rechte Hand des Sultans.

Sultan Mahmud I. (1730–54)
Der Sultan stand an der Spitze der sozialen Ordnung. Er führte ein Leben in Luxus, wie man an diesem Porträt sieht. Die osmanischen Sultane vererbten ihren Titel an einen ihrer Söhne, jedoch nicht automatisch an den ältesten.

Bayram-Empfang (um 1800)
Auf diesem Gemälde von Konstantin Kapidagi empfängt Selim III. (1789–1807; *siehe S. 30*) bei den Feiern zu einem religiösen Fest *(siehe S. 47)* hohe Beamte des Reichs im Topkapı-Palast.

Ağa der Janitscharen
Innenminister
Şeyhülislam (Großmufti)
Oberster Henker

Männer mit hohem Rang
Imposante Kopfbedeckungen zeigten den Rang an. Der Turban wurde 1829 von Mahmud II. (siehe S. 30) abgeschafft und durch den egalitäreren Fes ersetzt.

Frauen des Harems
Wie alle osmanischen Institutionen war auch der Harem hierarchisch aufgebaut. An seiner Spitze stand die Valide Sultana, die Mutter des Sultans, gefolgt von dessen Töchtern. Unter ihnen standen die vier *kadınlar*, die Hauptfrauen oder Favoritinnen. Dann kamen die *gözdeler* (Mädchen, auf die der Sultan aufmerksam geworden war) und die *ikballar* (Frauen, mit denen er schon geschlafen hatte). Mit Ausnahme der Mitglieder der Sultansfamilie kamen alle Frauen als Sklavinnen in den Harem, wo die mächtige Verwalterin *(kâhya kadın)* über sie wachte.

Eine der Favoritinnen des Sultans auf einem Stich aus dem 19. Jahrhundert

Schwarze Eunuchen

Schwertträger des Sultans

Das Tor der Glückseligkeit *(siehe S. 54)* im zweiten Hof des Topkapı-Palasts war Schauplatz derartiger Feierlichkeiten.

Şeyhülislam (Großmufti)

Oberster Lakai

Der Sultan, umringt von seinen Höflingen, durfte als Einziger sitzen.

Chef der Leibgarde des Sultans

Schwarzer Eunuch

Tänzerinnen

Valide Sultana

Zwerg

Die Valide Sultana, *die mächtigste Frau im Harem, steht im Mittelpunkt dieser Szene. Das Bild wurde um 1689 von Madame Giradin, der Frau des französischen Botschafters, in Auftrag gegeben.*

Osmanische Titel

Ağa: Chef einer Organisation. Die einflussreichsten *ağalar* waren die Kommandeure der Janitscharen *(siehe S.127)*, der »Ağa des Orts der Glückseligkeit« und der oberste Eunuch, der dem Harem vorstand *(siehe S. 58f)*.

Oberster schwarzer Eunuch

Bey: Gouverneur einer Provinz. Heute ist es die Anrede »Herr«.

Gazi: Ehrentitel für einen siegreichen islamischen Glaubenskämpfer.

Kalif: Geistliches Oberhaupt der islamischen Welt. Mit Selim I. nahmen die osmanischen Sultane 1517 diesen Titel an.

Kadi: Richter, der mit der Auslegung islamischer Gesetze und osmanischer Verwaltungskodexe betraut ist.

Khedive: Ägyptischer Vizekönig unter osmanischer Herrschaft (1867–1914). Der Titel sollte die nominelle Oberhoheit des Osmanischen Reichs über Ägypten zum Ausdruck bringen.

Paşa: Titel, der einem lang gedienten Beamten oder hochrangigen Offizier verliehen wurde. Je nach Rang waren auf seinem Banner ein, zwei oder drei Pferdeschweife abgebildet.

Şeyhülislam (Großmufti): Leiter der *ulema*, einer religiösen Institution von »Gelehrten«, die für die Auslegung und Einhaltung des islamischen Gesetzes (Scharia) verantwortlich war.

Sultan: Politischer Herrscher des Reichs und zugleich religiöse Autorität.

Valide Sultana: Mutter des Sultans.

Wesir: Staatsminister. Die vier dienstältesten Minister hießen »Kuppelwesire«, weil sie an den Kabinettssitzungen im Kuppelsaal des Diwans im Topkapı-Palast *(siehe S. 54–59)* teilnahmen. Vom 16. Jahrhundert an leitete der Großwesir (Premierminister) den Diwan.

Großwesir

Ein Janitschar springt in den Tod: deutsches Gemälde vom »Wohltätigen Ereignis« (1826)

Reformfreudige Sultane

Abd ül-Hamid I. (1774–1789) nahm die Reformen wieder auf. Sein Nachfolger Selim III. führte Veränderungen in Militär und Gesellschaft herbei, wurde jedoch 1807 bei einer Janitscharenmeuterei abgesetzt. Mahmud II. (1808–1839) erkannte, dass das Janitscharenkorps *(siehe S. 127)* nicht reformierbar war, und baute daneben eine moderne Armee auf. Das Korps lehnte sich dagegen auf und wurde am 15. Juni 1826 beim »Wohltätigen Ereignis« niedergemetzelt. 1829 führte der Sultan weitere Modernisierungsmaßnahmen ein, z. B. bei der Kleiderordnung.

Später reorganisierte Mahmud die Zentralregierung: Eine struk-

turierte Bürokratie ersetzte nun die alte Herrschaft militärischer und religiöser Kräfte. Das bereitete die von Mahmuds Söhnen Abd ül-Medschid I. (1839–1861) und Abd ül-Asis (1861–1876) durchgeführten legislativen Reformen (»Tanzimat«: Neuordnung) vor. Funktionäre bekamen mehr Gehalt, um für Bestechungsgelder unempfänglich zu sein, und das Amt des Premierministers ersetzte den Großwesir.

1876 verabschiedete man eine Verfassung und schuf ein Parlament. Im russisch-türkischen Krieg (1877–88) sah sich Abd ül-Hamid II. veranlasst, dieses aufzulösen und 30 Jahre allein zu regieren. 1908 wurde der Sultan durch den Umsturz einiger Intellektueller (»Jungtürken«) gezwungen, ein neues Parlament einzuberufen.

Atatürk und die Verwestlichung

Im 19. und 20. Jahrhundert verlor das Osmanische Reich immer mehr Gebiete durch Kriege an Russland und Österreich, aber auch an aufstrebende Balkanstaaten wie Serbien, Griechenland und Bulgarien. Obwohl die Osmanen im Ersten Weltkrieg die Dardanellen *(siehe S. 170)* verteidigten und die Schlacht von Gallipoli gewannen, standen sie letztlich doch auf der Verliererseite. Istanbul wurde von Franzosen und Briten, ein Großteil West-

Artillerie bei Gallipoli (heute Gelibolu)

anatoliens von Griechen besetzt. Da im Friedensvertrag osmanisches Gebiet an die Sieger fiel, beschlossen türkische Nationalisten, dem Sultan die Macht zu entreißen.

Mustafa Kemal Paşa (1881–1938), genannt »Atatürk« (»Vater der Türken«), ein Kriegsheld, der zum Politiker wurde, ist die Schlüsselfigur der modernen Türkei. Er mobilisierte seine Landsleute zum türkischen Unabhängigkeitskrieg, um die an die Alliierten und Griechenland verlorenen Gebiete zurückzuholen. Am Ende dieses Kriegs existierte die Türkei in ihren heutigen Grenzen. Atatürk leitete politische und soziale Veränderungen ein. 1922 wurde das Sultanat abgeschafft und mit Ausrufung der säkularen Republik Türkei später die Trennung von Religion und Staat vollzogen. Atatürk ersetzte die arabische Schrift durch das lateinische Alphabet, räumte Frauen größere Rechte ein, förderte westliche Kleidung und zwang alle Türken, sich einen Nachnamen zu geben.

Porträt Atatürks

Modernes Istanbul

Gleichzeitig wurden auch staatliche Institutionen von der alten Osmanenstadt Istanbul ins zentraler gelegene Ankara verlagert, das 1923 Hauptstadt wurde. Seither vollzieht sich in Istanbul ein dramatischer Wandel hin zur Modernität. Obwohl es in der Stadt noch jüdische, arabische, armenische und christliche Ge-

meinden gibt, sind die Türken dank der Zuwanderung aus Anatolien heute bei Weitem in der Überzahl.

Moderne Tram *(siehe S. 240)*

Der Wirtschaftsboom brachte neue Brücken und Autobahnen mit sich, das gesamte Verkehrsnetz wurde durch Straßenbahnen, U-Bahnen und schnelle Wasserbusse modernisiert *(siehe S. 243)*. Istanbul ist heute ganz auf Tourismus eingestellt: Die alten Baudenkmäler wurden restauriert, neue Hotels und Restaurants versuchen, dem Ansturm von Besuchern Herr zu werden.

Doch wie die Türkei insgesamt kämpft auch Istanbul nach wie vor mit seiner gespaltenen europäisch-asiatischen Identität. Die beiden in der Stadt allgegenwärtigen Kulturkreise verleihen ihr eine kosmopolitische Atmosphäre. Die Ernennung Istanbuls zur Kulturhauptstadt Europas 2010 war ein weiteres wichtiges Signal der Annäherung.

Hängebrücke über den Bosporus

Osmanische Sultane

Die ersten Osmanen waren Anführer kriegerischer Stämme an der Grenze zum Byzantinischen Reich. Im 13. Jahrhundert etablierte sich die Dynastie an der Spitze eines riesigen Reichs. Auf dem Zenit ihrer Macht, nach der Eroberung Istanbuls 1453 *(siehe S. 26)*, wurden die osmanischen Sultane wegen ihrer militärischen Stärke und ihrer Gnadenlosigkeit gegenüber Gegnern und Thronrivalen bewundert und gefürchtet. Später führten Sultane oft ein dekadentes Leben, während ihre Wesire *(siehe S. 29)* regierten.

Osman Gasi (1299–1326), ein Stammeshäuptling, gründet die Dynastie der Osmanen

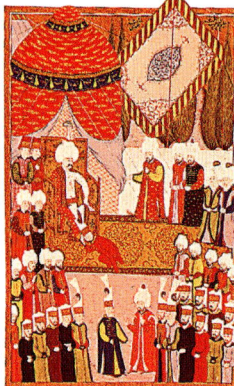

Murad III. (1574–95), dessen *tuğra (siehe S. 95)* man hier sieht, ist Vater von über hundert Kindern

Selim II. «der Trunkenbold» (1566–74) zieht das Trinken und den Harem den Staatsgeschäften vor

Selim I. «der Strenge» (1512–20), hier bei seiner Krönung, nimmt nach der Eroberung Ägyptens den Titel «Kalif» an

Mehmed I. (1403–21)

Murad I. (1359–89)

Beyazıt II. (1481–1512)

1250	1300	1350	1400	1450	1500	1550

1250	1300	1350	1400	1450	1500	1550

Orhan Gasi (1326–59) trägt als erster Osmane den Titel «Sultan»

Süleyman I. «der Prächtige» (1520–66) vergrößert das Reich und leitet ein Zeitalter künstlerischer Glanzleistungen ein

Beyazıt I. (1389–1402) trägt den Spitznamen «der Blitz», weil er sehr rasch strategische Entscheidungen trifft und gegebenenfalls seine Truppen verlagert

Zeit des Interregnums (1402–13), in der Beyazıts Söhne um den Thron streiten

Murad II. (1421–51), der größte der Kriegersultane, erringt bedeutende Siege über die Kreuzritter

Mehmed II. «der Eroberer» (1451–81) erstürmt 1453 Konstantinopel und macht es nach dem Wiederaufbau zur neuen Hauptstadt des Reichs

Mehmed III. (1595–1603) besteigt den Thron, nachdem seine Mutter bis auf einen alle 19 Brüder erwürgen ließ

Mustafa I. (1617–18 und 1622–23), ein schwacher und unfähiger Regent, herrscht zweimal und wird zweimal abgesetzt

Abd ül-Medschid I. (1839–61) leitet die Reformen der Neuordnung *(siehe S. 30)*

Mehmed VI. (1918–22), der letzte osmanische Sultan, wird durch die Ausrufung der türkischen Republik ins Exil gezwungen *(siehe S. 31)*

İbrahim «der Verrückte» (1640–48), von allen verachtet, wird am Ende seiner kurzen und katastrophalen Amtszeit wahnsinnig

Mahmud II. «der Reformer» (1808–39) bezwingt letztlich die Janitscharen *(siehe S. 127)*

Mehmed V. (1909–18)

Süleyman II. (1687–91)

Mustafa II. (1695–1703)

Mahmud I. (1730–54)

Mustafa III. (1757–74)

Murad V. (1876)

1650	1700	1750	1800	1850	1900

1650	1700	1750	1800	1850	1900

Ahmed II. (1691–95)

Osman III. (1754–57)

Abd ül-Medschid II. ist 1922–23 nur mehr Kalif, da das Sultanat 1922 abgeschafft wurde *(siehe S. 31)*

Mehmed IV. (1648–87)

Abd ül-Hamid I. (1774–89)

Abd ül-Asis (1861–76)

Murad IV. (1623–40)

Ahmed III. (1703–30) regiert während der «Tulpenzeit», als Kunst und Kultur florieren *(siehe S. 27)*

Mustafa IV. (1807–08)

Osman II. (1618–22)

Abd ül-Hamid II. (1876–1909) löst das Parlament auf und regiert 30 Jahre lang einen autokratischen Polizeistaat, bis er von der Bewegung der Jungtürken gestürzt wird

Ahmed I. (1603–17) lässt im Herzen Istanbuls die Blaue Moschee erbauen *(siehe S. 78f)*

Selim III. (1789–1807) versucht Reformen im westlichen Stil, wird jedoch durch eine Janitscharenmeuterei entmachtet

Istanbul im Überblick

Mehr als hundert Sehenswürdigkeiten in Istanbuls Zentrum und in den umliegenden Vierteln, darunter Moscheen, Kirchen, Paläste, Museen, Basare, türkische Bäder und Parks, sind im Kapitel *Die Stadtteile Istanbuls* ab Seite 50 ausführlich beschrieben. Einen herrlichen Blick auf die Stadt hat man vom Galata-Turm *(siehe* *S. 105)* aus oder bei einer Fährfahrt *(siehe S. 242f)* auf die asiatische Seite. Die unten aufgeführten zehn Highlights sollten Sie bei Ihrem Aufenthalt in Istanbul möglichst nicht versäumen. Auch der eiligste Besucher wird auf jeden Fall den Topkapı-Palast, die Hagia Sophia und die Blaue Moschee, die alle drei recht nahe beieinanderstehen, besichtigen.

Zehn Highlights in Istanbul

Topkapı-Palast
Seiten 54–59

Blaue Moschee
Seiten 78f

Archäologisches Museum
Seiten 62–65

Dolmabahçe-Palast
Seiten 128f

Hagia Sophia
Seiten 72–75

Zisterne
Seiten 76

Süleymaniye-Moschee
Seiten 90f

Chora-Kirche
Seiten 118f

Fahrt auf dem Bosporus
Seiten 144–149

Großer Basar
Seiten 98f

◁ Blick auf die großartige byzantinische Hagia Sophia *(siehe S. 72–75)*, die heute ein Museum ist

Highlights: Moscheen und Kirchen

Wer nach Istanbul kommt, staunt über die vielen Moscheen, angefangen mit den Kuppelbauten, die das Stadtbild beherrschen, bis hin zu unscheinbareren Stadtteilmoscheen, die man nur an ihren Minaretten erkennt. Etliche waren früher Kirchen, die nach der osmanischen Eroberung *(siehe S. 26)* islamische Gotteshäuser wurden. Einige der schönsten sind heute Nationaldenkmäler, die nicht mehr religiös genutzt werden.

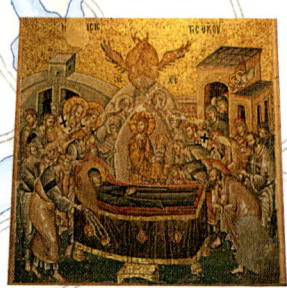

Chora-Kirche
Die Himmelfahrt Mariens *ist eines von vielen prächtigen Mosaiken in dieser byzantinischen Kirche* (siehe S. 118f).

Eyüp-Sultan-Moschee
Die heiligste Moschee Istanbuls befindet sich neben dem Grab von Eyüp Ensari, einem Vertrauten des Propheten Mohammed (siehe S. 120f).

Pantokrator-Kirche
Ein Bild von Christus dem Weltenherrscher blickt von der Hauptkuppel dieser Kirche, die früher zu den wichtigsten der Stadt zählte (siehe S. 113).

HALIÇ (GOLDENES HORN)

Fatih-Moschee
Diese schöne Moschee wurde von Mehmed II. nach seiner Einnahme der Stadt gegründet (siehe S. 26). *Besonders sehenswert ist der Vorhof* (siehe S. 113).

Süleymaniye-Moschee
Sinan, der größte Architekt der Osmanenzeit, erbaute diese Moschee zu Ehren seines Mäzens Süleyman I. (siehe S. 26). *Um viele Gläubige aufnehmen zu können, wurden die Galerien der Moschee mit Reinigungsbrunnen ausgestattet* (siehe S. 90f).

Atik-Valide-Moschee

Sein letztes großes Werk schuf Sinan (siehe S. 91) 1583 für die Frau Selims II. Der Mihrab (eine Gebetsnische in Richtung Mekka) ist ganz mit İznik-Fayencen ausgekleidet (siehe S. 131).

Rüstem-Paşa-Moschee

Der prächtige Fayencenschmuck dieser Moschee entstand Mitte des 16. Jahrhunderts, der Blütezeit der Fliesenherstellung in İznik (siehe S. 88f und 161).

Hagia Sophia

Die 537 eingeweihte Hagia Sophia ist eines der größten Architekturwunder der Welt. Die kalligrafischen Rundschilder stammen aus dem 19. Jahrhundert (siehe S. 72–75).

BEYOĞLU

BOĞAZ
(BOSPORUS)

ASIATISCHE SEITE

BASAR-
VIERTEL

SARAY
BURNU

Blaue Moschee

Am berühmtesten Wahrzeichen Istanbuls arbeiteten auch Steinmetzen, die später beim Bau des Taj Mahal in Indien mitwirkten (siehe S. 78f).

SULTANAHMET

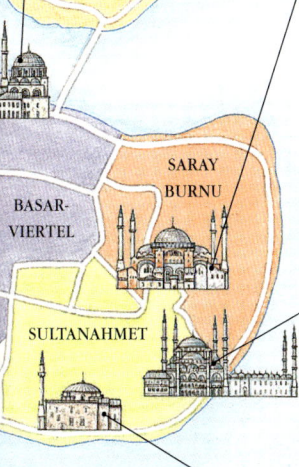

0 Meter   500

Sergius-und-Bacchus-Kirche

Der Fries mit einer griechischen Inschrift, die die beiden Schutzpatrone dieser ehemaligen Kirche ehrt, hat 1400 Jahre überdauert (siehe S. 82f).

Überblick: Moscheen

Fünfmal am Tag ertönt in Istanbul über Lautsprecher von den Minaretten der Stadt der Ruf des Muezzins, der die Gläubigen zum Gebet mahnt. Obwohl die Türkei ein laizistischer Staat ist, sind mehr als 99 Prozent der Bevölkerung Muslime – die meisten Sunniten, einige auch Schiiten. Beide Gruppen folgen den Lehren des Korans, des heiligen Buchs des Islam, und dem Propheten Mohammed (um 570–632). Die Schiiten akzeptieren außerdem noch die Autorität von zwölf Imams, die direkt von Mohammed abstammen. Die islamischen Mystiker nennt man Sufis *(siehe S. 104)*.

Gesamtansicht des Süleymaniye-Moscheenkomplexes

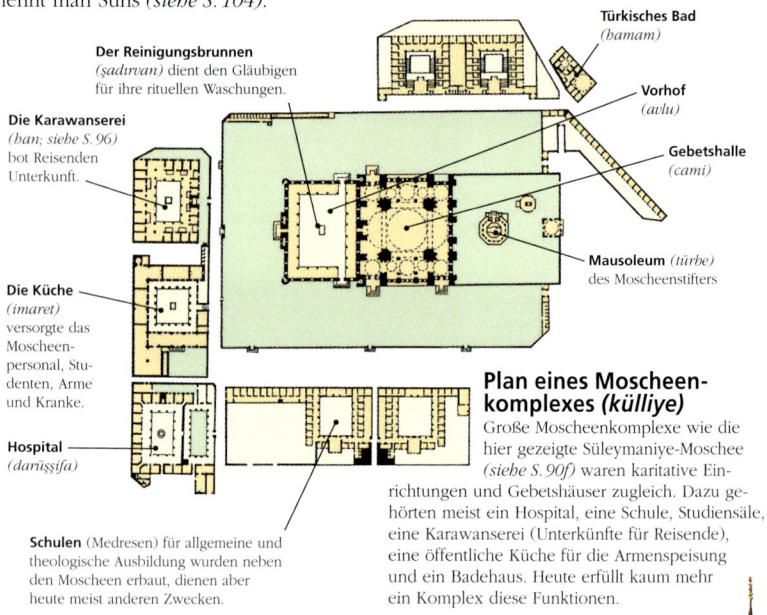

Türkisches Bad
(hamam)

Der Reinigungsbrunnen
(şadırvan) dient den Gläubigen für ihre rituellen Waschungen.

Die Karawanserei
(han; siehe S. 96) bot Reisenden Unterkunft.

Vorhof
(avlu)

Gebetshalle
(cami)

Die Küche
(imaret) versorgte das Moscheenpersonal, Studenten, Arme und Kranke.

Mausoleum *(türbe)* des Moscheenstifters

Hospital
(darüşşifa)

Plan eines Moscheenkomplexes *(külliye)*

Große Moscheenkomplexe wie die hier gezeigte Süleymaniye-Moschee *(siehe S. 90f)* waren karitative Einrichtungen und Gebetshäuser zugleich. Dazu gehörten meist ein Hospital, eine Schule, Studiensäle, eine Karawanserei (Unterkünfte für Reisende), eine öffentliche Küche für die Armenspeisung und ein Badehaus. Heute erfüllt kaum mehr ein Komplex diese Funktionen.

Schulen (Medresen) für allgemeine und theologische Ausbildung wurden neben den Moscheen erbaut, dienen aber heute meist anderen Zwecken.

Im Inneren einer Moschee

Beim Betreten der Gebetshalle einer großen Moschee hat der Besucher ein Gefühl von Weite. Da der Islam die Darstellung von Lebewesen, Menschen wie Tieren, in einer Moschee verbietet, findet man keine Statuen oder figürliche Abbildungen. Die geometrischen und abstrakten Details sind dafür umso fantastischer. Männer und Frauen beten getrennt, Frauen oft in einem separaten Bereich oder auf einem Balkon.

Die müezzin mahfili *ist eine erhöhte Tribüne, wie sie für große Moscheen typisch ist. Der Muezzin singt von dort aus die Antworten auf die Gebete des Imams, des Moscheenvorstehers.*

Der Mihrab, *eine verzierte Wandnische, weist gen Mekka. Die Gebetshalle ist so konstruiert, dass ihn die meisten Betenden sehen können.*

Der Minbar *ist eine erhöhte Kanzel zur Rechten des Mihrab. Der Imam hält dort seine Freitagspredigt* (khutba).

Glauben und Praxis des Islam

Muslime glauben an Allah. Der Koran hat zahlreiche Propheten und Geschichten mit der Bibel gemeinsam. Doch während Jesus für Christen der Sohn Gottes ist, halten ihn die Muslime nur für einen aus der Reihe von Propheten, an deren Ende Mohammed stand, der den Menschen die letzte Offenbarung der Wahrheit Allahs überbrachte. Muslime glauben, Allah habe Mohammed die Texte des Korans durch den Erzengel Gabriel überbracht. Der Islam hat fünf Glaubensgrundlagen. Die erste ist das Glaubensbekenntnis »Es gibt keinen Gott außer Allah, und Mohammed ist der Gesandte Gottes«. Muslime werden zudem dazu gemahnt, fünfmal am Tag zu beten, Armen Almosen zu geben und im Monat Ramadan zu fasten *(siehe S. 47)*. Außerdem sollte jeder Muslim einmal im Leben die Pilgerfahrt (Hadsch) nach Mekka (in Saudi-Arabien) zur Kaaba antreten, dem Geburtsort des Propheten.

Der Gebetsruf *kam früher vom Muezzin, der auf dem Balkon des Minaretts stand. Heute übertragen Lautsprecher den Ruf. Nur Sultansmoscheen haben mehr als ein Minarett.*

Gebetszeiten

Die fünf täglichen Gebetszeiten richten sich nach dem Zeitpunkt von Sonnenaufgang und Sonnenuntergang, sie ändern sich daher ständig. Die folgenden Zeitangaben sind Richtwerte; exakte Angaben findet man vor Moscheen.

Gebet	Sommer	Winter
Sabah	5 Uhr	7 Uhr
Öğle	13 Uhr	13 Uhr
İkindi	18 Uhr	16 Uhr
Akşam	20 Uhr	18 Uhr
Yatsı	21.30 Uhr	20 Uhr

Rituelle Waschungen *sind vor dem Gebet Pflicht. Die Gläubigen waschen sich Gesicht, Hände und Füße entweder am Reinigungsbrunnen im Vorhof, meist jedoch an Wasserhähnen an einer Außenwand der Moschee.*

Muslime beten *stets mit dem Gesicht zur Kaaba in der heiligen Stadt Mekka, auch wenn sie nicht in einer Moschee sind, in der die Mihrab die Richtung angibt. Indem man kniet und den Kopf zu Boden neigt, zeigt man Allah Demut und Respekt.*

Besuch einer Moschee

Besucher sind in jeder Moschee Istanbuls willkommen. Nichtmuslime sollten die Gebetszeiten, vor allem das Freitagsgebet um 13 Uhr, meiden. Ziehen Sie vor der Gebetshalle die Schuhe aus, bedecken Sie Schultern und Knie. Einige Moscheen verlangen, dass Frauen ihre Haare verbergen. Tücher können gewöhnlich geliehen werden. Sie sollten nicht essen, nicht mit Blitz fotografieren und den Betenden nicht zu nahe kommen. Ein Obolus in den Spendenkasten zeugt von Höflichkeit.

Die Loge (hünkar mahfili) *ist ein abgeschirmter Balkon, auf dem der Sultan vor vermeintlichen Attentätern geschützt beten konnte.*

Der kürsü, *den man in einigen Moscheen sieht, ist ein Stuhl oder Thron, auf dem der Imam Stellen aus dem Koran vorliest.*

Tafel mit den Gebetszeiten vor einer Moschee

Highlights: Paläste und Museen

Als ehemalige Hauptstadt eines Reichs, das von Algerien bis zum Irak und von Arabien bis nach Ungarn reichte, ist Istanbul überreich an Kunstschätzen, angefangen bei Musikinstrumenten bis hin zu Juwelen. Einige sind in ehemaligen Sultanspalästen ausgestellt, die schon wegen ihrer Architektur und ihres imposanten Interieurs einen Besuch lohnen. Topkapı und Dolmabahçe sind die berühmtesten Paläste Istanbuls. Auch das Archäologische Museum sollte man nicht versäumen. Die Karte zeigt diese und andere Paläste und Museen, die als Bauwerke an sich oder wegen ihrer außergewöhnlichen Sammlungen sehenswert sind.

Aynalı-Kavak-Palast
Der abgelegene, helle Palast in seinen überschaubaren Dimensionen spiegelt die feineren Nuancen osmanischen Geschmacks wider und zeigt türkische Musikinstrumente.

Archäologisches Museum
Der zweckgebundene Bau aus dem Jahr 1896 birgt ein fabelhaftes Museum mit vorgeschichtlichen bis hin zu byzantinischen Exponaten wie dieser klassischen Skulptur des römischen Kaisers Hadrian (2. Jh.).

Museum für Kalligrafie
Einige der Texte dieser Sammlung osmanischer Kalligrafie (siehe S. 95) stammen von Sultanen, wie diese Tafel von Ahmed III. (1703–30).

BEYOĞLU

H A L İ Ç
(G O L D E N E S
H O R N)

BASAR-VIERTEL

SARAY BURNU

SULTANAHMET

Museum für türkische und islamische Kunst
Dieser Seldschukenteppich (siehe S. 218f) ist nur eines von zahlreichen Exponaten, die das Museum in seinem umfassenden Abriss türkischer Kunst zeigt.

M A R M A R A   D E N I Z I
(M A R M A R A M E E R)

Mosaikenmuseum
Auf einem der Böden des Großen Palasts (siehe S. 82f), die in dem kleinen Museum zu sehen sind, treten Gladiatoren gegen einen Löwen an.

Militärmuseum

Eine Attraktion dieses Museums ist die berühmte Mehter-Kapelle, die regelmäßig im Freien osmanische Militärmusik spielt.

Şale-Pavillon

Der Şale-Pavillon ist eines von mehreren Gebäuden, die Sultane im 19. Jahrhundert im Yıldız-Park errichten ließen. Hier gibt es etwa 50 Zimmer, darunter einen Perlmuttsaal.

BOĞAZ
(BOSPORUS)

ASIATISCHE SEITE

Dolmabahçe-Palast

Dieser Prachtbau aus dem 19. Jahrhundert birgt Werke wie zwei Meter hohe Vasen, ein Treppenhaus mit Kristallbalustrade und ein Badezimmer aus Alabaster.

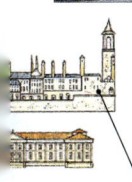

Topkapı-Palast

Der riesige Palast war 400 Jahre lang die offizielle Residenz der Sultane. Die Schatzkammer beherbergt unzählige Kostbarkeiten, etwa den 86 Karat schweren Kaşıkçı Elması (Löffelmacher-Diamant) und diesen Zeremonienkrug.

Beylerbeyi-Palast

Dieser elegante Marmorbrunnen ziert eines der Hauptatrien des kaiserlichen Sommerpalasts aus dem 19. Jahrhundert, der als Unterkunft für ausländische Ehrengäste erbaut wurde.

0 Meter — 750

Überblick: Paläste und Museen

D ie Istanbuler Museen bilden ein riesiges Kulturpuzzle. Seien es Überreste aus der griechischen Antike oder frühchinesische Keramiken, die auf der Seidenstraße hierherkamen, Fliesen aus dem 16. Jahrhundert, die für große Moscheen in Auftrag gegeben wurden, oder gar Industriemaschinen – alles hat seinen Platz in der Geschichte Istanbuls. Da große Museen oft verschiedene Sammlungen haben, werden sie im Folgenden mehrfach genannt.

Die Ud, Kurzhalslaute im Nahen Osten

Der Sarkophag der Klageweiber, Archäologisches Museum

Archäologie

D ie archäologische Ausbeute der osmanischen Expansionspolitik ist im **Archäologischen Museum** zu sehen, dessen Exponate die Bandbreite von babylonischen Friesen aus dem 6. Jahrhundert v. Chr. bis zu klassischen Sarkophagen und Statuen abdecken. Das Erdgeschoss ist Plastiken vorbehalten. Im ersten Stock findet man syrische und zypriotische Artefakte, im neuen Flügel altorientalische Funde. Das **Museum für türkische und islamische Kunst** konzentriert sich auf muslimische Kunst wie frühirakische und -iranische Keramik sowie herrliche Kunstwerke aus Glas, Metall und Holz.

Byzantinischer Mosaikboden, Mosaikenmuseum

Byzantinische Kunst

O bwohl Konstantinopel über 1000 Jahre lang die Hauptstadt des Byzantinischen Reichs war *(siehe S. 20 – 25)*, ist es schwierig, ein umfassendes Bild der Stadt zu dieser Zeit zu gewinnen. Die Nachforschungen beginnt man am besten im **Archäologischen Museum**, dessen Exponate die byzantinische Periode Istanbuls veranschaulichen. Im Hof sind die Sarkophage der byzantinischen Kaiser zu sehen.

Der ideale Ort für byzantinische Mosaiken ist die **Chora-Kirche**, in der einige schöne Beispiele das Leben Jesu und Mariens zeigen. Die imposante **Hagia Sophia** konnte sich Goldmosaiken bewahren, die teils aus der Zeit Justinians *(siehe S. 20)* stammen. Die Galerien und oberen Wände der **Pammakaristos-Kirche** sind mit Mosaiken verkleidet, die jedoch nur zum Teil besichtigt werden können.

Das **Mosaikenmuseum** zeigt Mosaikböden und Wandbilder aus dem ehemaligen Großen Palast von Byzanz *(siehe S. 82f)*. Byzantinische Kunstgegenstände wie Ikonen und Keramiken sind im **Sadberk-Hanım-Museum** zu sehen.

Kalligrafie

I n der Zeit vor dem Buchdruck entwickelte sich die osmanische Kalligrafie *(siehe S. 95)* zur Kunstform, mit der man sowohl religiöse Texte als auch offizielle Dokumente schmückte. Das **Museum für Kalligrafie** organisiert wechselnde Ausstellungen. Herrliche Korankalligrafien sind auch im **Topkapı-Palast**, im **Museum für türkische und islamische Kunst** sowie im **Sakıp-Sabancı-Museum** *(siehe S. 141)* zu bewundern.

Keramik

E xperten und Laien aus aller Welt bestaunen die Sammlung von Keramik und Porzellan Chinas in den Küchen des **Topkapı-Palasts**. Die frühesten Beispiele waren Wegbereiter der landestypischen Keramik, wie sie in İznik produziert wurde *(siehe S. 161)*. İznik-Fayencen zieren die Wände des Topkapı-Palasts und etlicher Moscheen. Fliesen und Tonwaren aus İznik sind auch im Çinili-Pavillon zu sehen, einem Anbau des **Archäologischen Museums**, sowie im **Sadberk-Hanım-Museum**. Eine große Auswahl an Keramiken aus der islamischen Welt bietet außerdem das **Museum für türkische und islamische Kunst**.

Moscheenlampe, Archäologisches Museum

Osmanische Interieurs

D ie Interieurs, die in Istanbul zu besichtigen sind, beginnen mit dem klassisch-osmanischen Stil der älteren Teile des **Topkapı-Palasts** und reichen bis zum europäisch beeinflussten Dekor des 19. Jahrhunderts. Inbegriff dieser Stilart ist der gewaltige **Dolmabahçe-Palast**, der mit böhmischem Glas und Hereke-Teppichen

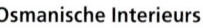

Der prunkvolle Süfera-Salon des Dolmabahçe-Palasts

ausgestattet wurde und ein Treppenhaus mit viel Kristall- und Messingschmuck besitzt. Der **Lindenpavillon** sowie der **Küçüksu-Palast** im Rokokostil sind zwar kleiner, aber nicht minder prunkvoll.

Textilien

Die Osmanen waren zu Recht stolz auf ihre Textiltradition, die in der stattlichen, 1850 begonnenen Sammlung mit Sultanskleidung im **Topkapı-Palast** zu bewundern ist. Sie umfasst auch ältere Stücke wie Kaftane aus dem 15. Jahrhundert. Der erste Stock des **Sadberk-Hanım-Museums** birgt großartige Exemplare, die vorwiegend aus dem 19. Jahrhundert stammen, sowie herrliche alte Stickereien.

Große Textilien wie riesige kaiserliche Feldzelte findet man im **Militärmuseum**, das auch eine Sammlung von Miniatur-Janitscharen-uniformen *(siehe S.127)* zu bieten hat. Uniformen und Nomaden-zelte sind im **Museum für türkische und islamische Kunst** zu sehen. Hier gibt es auch eine Abteilung mit Teppichen, die teilweise aus dem 13. Jahrhundert stammen, sowie feinste Seidenstoffe.

Kaftan aus dem Topkapı-Palast

Musikinstrumente

Typisch türkische Musik-instrumente wie die Saz (türkische Laute) findet man im Instrumentenmuseum des **Aynalı-Kavak-Palasts**, jene der Tanzenden Derwische in der **Mevlevi-Loge**. Instrumente kann man auch in zwei Läden unweit des Eingangs zum Gülhane-Park *(siehe S.61)* besichtigen und kaufen. Kostproben auf traditionellen türkischen Militärinstrumenten bekommt man im **Militärmuseum**.

Militaria

Die schönen Barkassen, in denen sich die osmanischen Sultane auf dem Goldenen Horn und dem Bosporus rudern ließen, sind im **Schifffahrtsmuseum** zu bewundern. Hier gibt es auch eine Sammlung von Uniformen sowie Gemälde mit Seeschlachten. Waffen und Rüstungen vom 12. bis zum 20. Jahrhundert wie auch eine riesige Kanone, die auf einem Feldzug durch Europa erbeutet wurde, sind im **Militärmuseum** ausgestellt. Eine kleinere Waffensammlung birgt zudem die Rüstkammer des **Topkapı-Palasts**.

Das **Florence-Nightingale-Museum** (in der Kaserne Selims III. auf der asiatischen Seite) erinnert an das Wirken der Krankenschwester im Krimkrieg (1853–56).

Gemälde

Unweit des Dolmabahçe-Palasts befindet sich das **Museum der Schönen Künste** mit türkischen Gemälden vom Ende 19./Anfang 20. Jahrhundert. Moderne Kunst zeigt das **Istanbul Modern**. Zeitgenössische Kunst findet man in den Galerien westlich vom Taksim-Platz, etwa in der Galeri Apel (Hayriye Cad. 5A).

Wissenschaft und Technik

In einem umgebauten Lagerhaus im Herzen der Istanbuler Docks befindet sich das **Rahmi-Koç-Museum**. Man findet eine Auswahl mechanischer und wissenschaftlicher Instrumente vom Beginn der industriellen Revolution sowie die rekonstruierte Brücke eines Schiffs vom Anfang dieses Jahrhunderts.

Paläste und Museen

Das Jahr in Istanbul

Tag der Nationalen Souveränität und des Kindes

Am schönsten ist Istanbul Ende Mai und Anfang September bei milden Temperaturen und reichlich Sonne. In der Hochsaison von Juni bis August ist die Stadt am teuersten, überlaufensten und heißesten; die Kunst- und Musikfestivals im Sommer sind Highlights im Kulturkalender. Von Ende November bis März oder April kann es oft grau und trüb sein. Im Herbst und Winter ist das Wetter immer noch mild, und an den Sehenswürdigkeiten herrscht angenehme Ruhe. Höhepunkte des Jahres sind neben Kunst- und Sportereignissen verschiedene Feiertage und religiöse Feste, an denen manche Attraktionen geschlossen sind, andere von Einheimischen belagert werden. Einige dieser Feste sind an sich schon eine Attraktion.

Tulpenblüte im Emirgan-Park, dem Schauplatz des Tulpenfests

Frühling

Wenn sich der winterliche Smog lichtet und die Sonne länger scheint, wagen sich bald die ersten Restaurantgäste zum Essen auf die Terrasse. Nach dem kargen winterlichen Angebot freut man sich wieder über das erste frische Obst, etwa Feigen und Erdbeeren. Händler verkaufen gebratene Maiskolben *(siehe S. 208)*; Meerbrasse, Sägebarsch und Steinbutt erscheinen wieder auf den Speisekarten.

In den Parks blühen Tulpen, Hyazinthen und Narzissen, die rosa Knospen des Judasbaums sprießen. Noch herrscht kaum Betrieb in den Museen, viele Hotels gewähren in der Vorsaison Ermäßigungen. Im Mai beginnt das Licht-und-Ton-Spektakel vor der Blauen Moschee *(siehe S. 78f)*.

Veranstaltungen

Ostern *(März oder Apr)*. Wallfahrt zum Georgskloster auf der Prinzeninsel Büyükada *(siehe S. 159)*.
Internationales Istanbuler Filmfestival *(Ende März–Mitte Apr)* in einigen Kinos. Türkische und ausländische Filme mit Rahmenprogramm.
Tulpenfest *(Apr)*, Emirgan-Park *(siehe S. 141)*. Frühlingsblumenschau.
Tag der Nationalen Souveränität *(23. Apr)*. Erinnert an die Eröffnung der Nationalversammlung von 1920 und an die Souveränität der Fundamente der Republik.
Gedenktag der Anzac-Landung *(25. Apr)*, Gelibolu (Gallipoli). Briten, Australier und Neuseeländer treffen sich an der Stelle der Anzac-Landung während des Ersten Weltkriegs *(siehe S. 170f)*.

Frühlingstag und Tag der Arbeit *(1. Mai)*. Inoffizieller Feiertag mit Gewerkschaftskundgebungen.
Kakava-Fest *(Anfang Mai)*, Edirne. Ein Fest mit Zigeunermusik und -tanz.
Tag der Jugend und des Sports *(19. Mai)*. Feiertag zum Gedenken an den Beginn des Unabhängigkeitskriegs *(siehe S. 31)* im Jahr 1919 mit Sportereignissen und anderen Veranstaltungen in Stadien und auf der Straße.
Internationales Istanbuler Theaterfestival *(Mai/Juni, alle zwei Jahre)* in verschiedenen Theatern. Europäische und türkische Produktionen.
Eroberung Istanbuls *(29. Mai)* zwischen Tophane und Karaköy und am Ufer des Bosporus. Die Stürmung der Stadt von 1453 *(siehe S. 26)* wird mit Paraden und Kampfszenen nachgestellt.

Farbenprächtiges Licht-und-Ton-Spektakel vor der Blauen Moschee

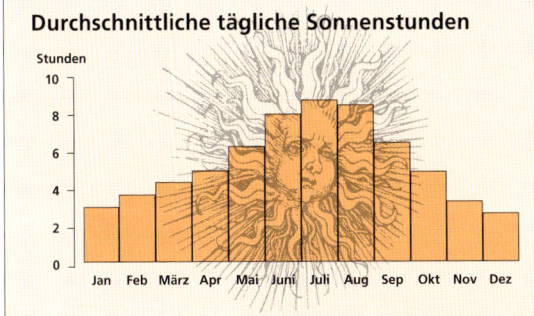

Durchschnittliche tägliche Sonnenstunden

Stunden
10
8
6
4
2
0
Jan Feb März Apr Mai Juni Juli Aug Sep Okt Nov Dez

Sonnenschein
Die 2500 Sonnenstunden pro Jahr sind eine der Attraktionen Istanbuls. Von Mai bis Oktober ist die Stadt bis in den Abend in Licht getaucht, dennoch sind Wolkenbrüche auch im Hochsommer nicht ungewöhnlich. Istanbuls Winter ist als besonders grau und trüb bekannt.

Sommer

Im Gegensatz zum viel zu kurzen Frühling zieht sich das warme Sommerwetter in Istanbul oft bis in den November hinein. Im Juli und August steigen die Temperaturen kräftig. Luxushotels haben Klimaanlage, einfachere Häuser jedoch nicht. Beliebte Sehenswürdigkeiten sind fest in Urlauberhand, während malerische Flecken außerhalb Istanbuls von Einheimischen in Beschlag genommen werden. Am Wochenende zieht es die Städter in den Belgrader Wald, an die Schwarzmeerstrände *(siehe S. 158)* oder in die Kurbäder am Bosporus. Wer es sich leisten kann, bleibt bis Herbst im Sommerdomizil.

Die Daheimgebliebenen genießen die stark ausgeprägte Sommerkultur mit einem wilden Nachtleben in Hunderten von Bars und nächtlichen Treffs *(siehe S. 223)* sowie zahlreichen Kunstfestivals mit internationalen Stars. Achten Sie auch auf Veranstaltungen in historischen Gebäuden wie klassische Konzerte in der Hagia Eirene *(siehe S. 60)* oder Popkonzerte auf der Europäischen Festung am Bosporus *(siehe S. 140f)*. Die Jahreszeit ist ideal zum Wandern, Reiten, für Wassersport, Golf und Fallschirmspringen.

In Restaurants und auf Märkten wird jetzt viel frisches Obst ange-

Ganzjähriger Seidenmarkt in Bursa

boten, etwa Honigmelonen, Kirschen und Aprikosen. Juli/August ist auch die Zeit des Sommerschlussverkaufs *(siehe S. 211)*.

Veranstaltungen

Seidenmarkt, Bursa. Spezialmarkt für den Verkauf von Seidenkokons *(siehe S. 164)*.
Internationale Istanbuler Musik- und Tanzfestspiele *(Mitte Juni–Juli)*. Musik, Oper und Tanz in historischem Rahmen. Alljährlich Mozarts *Entführung aus dem Serail* im Topkapı-Palast *(siehe S. 54–59)*.
Bursa-Festival *(Juni/Juli)*, Bursa-Park. Musik, Volkstanz, Theater, Oper und Schattentheater.
Tag der Marine *(1. Juli)*. Paraden alter und neuer Schiffe am Bosporus.
Internationales Istanbuler Jazzfestival *(Juli)*, mehrere Orte. Internationales Ereignis.
Internationale Segelregatta *(Juli)*. Regatta vor den Marmara-Inseln *(siehe S. 169)*.
Meisterschaften im Ölringen *(Juli)*, Kırkpınar, Edirne. Mit Olivenöl eingeriebene Ringer treten gegeneinander an *(siehe S. 154)*.
Jagdfest *(3 Tage Ende Juli)*, Edirne. Musik, Kunst und Fischereiexponate.
Folklorefestival *(Ende Juli)*, Bursa. Volkstänze und Kunsthandwerk.
Troja-Fest *(Aug)*, Çanakkale. Inszenierung der Geschichte um Troja *(siehe S. 171)*.
Siegesfeier *(30. Aug)*. Feiertag anlässlich des Siegs über Griechenland im Jahr 1922.

Eine Aufführung von Mozarts *Entführung aus dem Serail* im Harem des Topkapı-Palasts

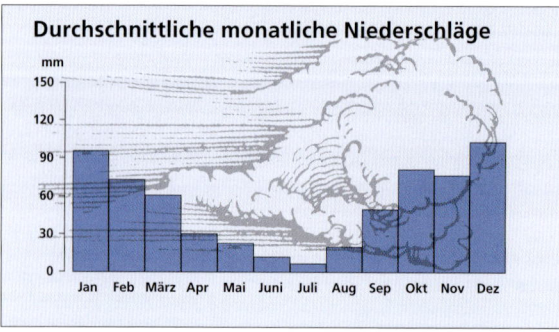

Durchschnittliche monatliche Niederschläge

mm
150
120
90
60
30
0

Jan Feb März Apr Mai Juni Juli Aug Sep Okt Nov Dez

Niederschläge
Der Winter ist die feuchteste Jahreszeit in Istanbul. Die kräftigen Regenschauer, die es oft auch noch im April und Mai gibt, lassen den Frühling kürzer wirken. Im Winter sind plötzliche Schneestürme keine Seltenheit, wenngleich der Schnee normalerweise nicht lange liegen bleibt.

Herbst

Die Bewohner Istanbuls sagen gern, ihre Stadt sei im Herbst am schönsten: Die Sommerhitze lässt nach, auf den Straßen tauchen Maroniverkäufer auf *(siehe S. 208)*, auf den Märkten gibt es Kürbisse und natürlich frische Feigen zu kaufen. Im Umland werden Baumwolle, Weizen und Sonnenblumen abgeerntet. Bonitos und Zackenbarsche zählen zu den feinsten Fischen, die in dieser Jahreszeit ins Netz gehen.

Der Abant-See, 200 Kilometer östlich von Istanbul, ist wegen seiner herbstlichen Farbenpracht beliebt. Vogelfreunde finden sich auf den Hügeln oberhalb des Bosporus ein, um Vogelschwärme bei ihrem Zug nach Afrika zu beobachten *(siehe S. 141)*.

Der Kulturkalender bietet eine Kunstbiennale von Weltrang sowie eine Antiquitätenmesse, auf der türkischer und

westlicher Geschmack verschmelzen. Mehrere Feiertage wie der Tag der Republik Ende Oktober bekräftigen das säkulare Selbstverständnis der Türkei; an vielen Balkonen der Stadt wehen Fahnen, einige Riesenexemplare an den Bosporus-Brücken *(siehe S. 138)*.

Heiße Maroni vom Straßenhändler

Veranstaltungen

Tüyap-Kunstmesse *(Sep)*, gegenüber dem Hotel Pera Palas *(siehe S. 104)*. Zahlreiche Kunstprodukte.
Yapı-Kredi-Festival *(Sep)*, verschiedene Orte. Musik- und Tanzaufführungen zur Förderung junger Künstler.

Tag der Republik *(29. Okt)*. Feiertag zum Gedenken an Atatürks Ausrufung der Republik 1923 *(siehe S. 31)*.
Akbank-Jazzfestival *(Okt)*, verschiedene Orte. Jazzkonzerte *(siehe S. 221)*.
Internationale Biennale der schönen Künste *(Herbst, alle zwei Jahre: 2011, 2013)*. Internationale und einheimische Avantgardekünstler zeigen ihre Arbeiten in historischem Ambiente wie der Hagia Eirene, der Münze *(siehe S. 60)* und der Zisterne *(siehe S. 76)*.
Atatürks Todestag *(10. Nov)*. Mit einer Schweigeminute um 9.05 Uhr gedenkt man des Todes Atatürks im Dolmabahçe-Palast *(siehe S. 121f)* im Jahr 1938.
Tüyap-Buchmesse *(Okt)*, Beylikdüzü Messe- und Kongresszentrum. Istanbuls erstrangige Buchmesse mit Präsentationen bekannter Verleger und Autoren.
Efes-Pilsen-Blues-Festival *(Anfang Nov)*, verschiedene Veranstaltungsorte. Konzerte ausländischer und einheimischer Bluesgruppen überall in der Stadt.
Messe für Inneneinrichtung *(erste Woche im Nov)*, Çırağan Palace Hotel Kempinski *(siehe S. 123)*. Innenarchitekten und Antiquitätenhändler stellen hier aus.
Elit-Küsav-Antiquitätenmesse *(Mitte Nov)*, Militärmuseum *(siehe S. 126f)*. Verkauf von türkischen und ausländischen Antiquitäten: Gemälde, Möbel, Teppiche, Landkarten, Bücher, Porzellan, Silber, Uhren und Bronzeschmuck werden hier angeboten.

Gemeinsam feiert man den Tag der Republik am 29. Oktober

Durchschnittliche monatliche Temperaturen

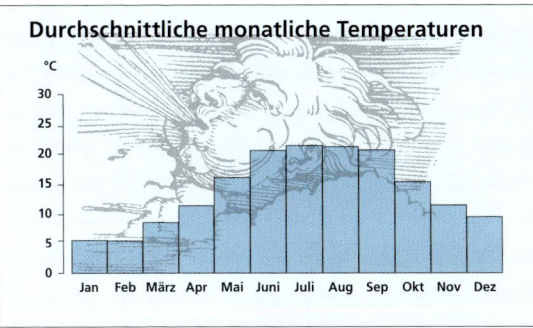

°C

| 30 | 25 | 20 | 15 | 10 | 5 | 0 |

Jan Feb März Apr Mai Juni Juli Aug Sep Okt Nov Dez

Temperaturen
In Istanbul fällt das Quecksilber im Winter kaum unter null, und sehr kalte Phasen dauern selten länger als drei Tage. Der Südwestwind vom Marmarameer verstärkt die Hitze des langen Sommers mit hoher Luftfeuchtigkeit, der poyraz *aus dem Norden sorgt gelegentlich für eine kühle Brise.*

Winter

Es ist keine schlechte Idee, Istanbul im Winter zu besuchen: Obwohl Regen, Nebel und Luftverschmutzung abschreckend wirken, ist man an den Sehenswürdigkeiten praktisch allein. Beim Schlussverkauf in den Shopping-Centern Akmerkez, Galleria, Capitol und Carousel *(siehe S. 211)* können Modefreunde Schnäppchen bei Leder- und Wollwaren machen.

Wenn in den Bergen Schnee liegt, beginnt außerhalb Istanbuls in Uludağ *(siehe S. 169)*, einem der wichtigsten Wintersportorte der Türkei, die Skisaison. In der Stadt genießt man Tee und süßes Gebäck in einem Café am Bosporus oder in Beyoğlu *(siehe S.100–107)*.

Blick auf das winterliche Bebek am Bosporus

Tanzenden Derwische ihre faszinierenden Tänze auf.
Weihnachten *(24./25. Dez)*. Festlichkeiten in größeren Hotels, obwohl der Weihnachtstag kein Feiertag ist.
Neujahr *(1. Jan)*. Feiertag mit den verbreiteten europäischen Weihnachtstraditionen wie Truthahnessen, Bäumeschmücken und Lichtergirlanden.
Karadam-Skifestival *(zweite Hälfte Feb)*, Uludağ-Berge. Von regionalen Radiostationen und dem Uludağ-Skilehrerverband organisierte Wettkämpfe.

Ein Lichtermeer zum Auftakt des neuen Jahrs in Beyoğlu

Veranstaltungen

Mevlâna-Fest *(17. – 24. Dez)*, Mevlevi-Loge *(siehe S. 104f)*. Begeisterte Istanbuler Anhänger führen zu Ehren des Gründers der berühmten

Muslimische Feiertage

Die Termine der muslimischen Feiertage ändern sich mit den Mondphasen von Jahr zu Jahr. Im heiligen Monat **Ramadan** verbringen Muslime die Zeit von Sonnenauf- bis -untergang, ohne zu essen und zu trinken. Einige Restaurants sind tagsüber geschlossen; Urlauber sollten in der Öffentlichkeit unauffällig essen. Anschließend folgt das dreitägige **Şeker Bayramı** (Zuckerfest) mit dem Genuss verschiedener Süßigkeiten. Zwei Monate später gedenkt man beim viertägigen **Kurban Bayramı** (Opferfest) der Koranversion von Abrahams Opfer. An diesem höchsten Feiertag des Jahres sind Hotels, Züge und Straßen überfüllt. Strenge Muslime feiern überdies **Regaip Kandili**, **Miraç Kandili**, **Berat Kandili** und **Mevlid-i-Nebi**.

Şeker Bayramı, das Zuckerfest

Blick über die Dächer Istanbuls auf die Blaue Moschee *(siehe S. 78 f)* ▷

Die Stadtteile Istanbuls

Saray Burnu

Die hügelige, bewaldete Landspitze, an der sich Bosporus, Marmarameer und Goldenes Horn treffen, bildet eine natürliche strategische Schlüsselstelle. In byzantinischer Zeit standen an dieser Stelle Klöster und öffentliche Bauten. Seit über 400 Jahren wird sie vom grandiosen Topkapı-Palast beherrscht, in dem die osmanischen Sultane mit ihrem Harem wohnten. Heute ist der Palast ein

Löwenrelief am Ischtar-Tor

weitläufiges Museum mit prunkvollen Räumen. Auch die Sammlungen mit Schmuck und anderen Kostbarkeiten sind faszinierend. Ursprünglich beanspruchte das Palastareal mit Gärten und Pavillons die ganze Landspitze. Heute ist ein Teil des Geländes Stadtpark. Direkt neben dem Topkapı-Palast liegt das berühmte Archäologische Museum, das Funde aus der Türkei und dem Nahen Osten präsentiert.

Sehenswürdigkeiten auf einen Blick

Museum und Palast
Archäologisches Museum S. 62–65 ❷
Topkapı-Palast S. 54–59 ❶

Kirche
Hagia Eirene ❹

Historische Gebäude und Denkmäler
Bahnhof Sirkeci ⓫
Brunnen Ahmeds III. ❺
Hohe Pforte ❾
Münze ❸

Straßen und Höfe
Cafer-Ağa-Hof ❼
Soğukçeşme Sokağı ❻

Park
Gülhane-Park ❽

Türkisches Bad
Cağaloğlu-Bad ❿

In Saray Burnu unterwegs
Dieser verkehrsarme Bereich ist leicht zu Fuß zu erkunden. Trambahnen zwischen Großem Basar und den Fähranlegestellen Eminönüs halten vor dem Gülhane-Park.

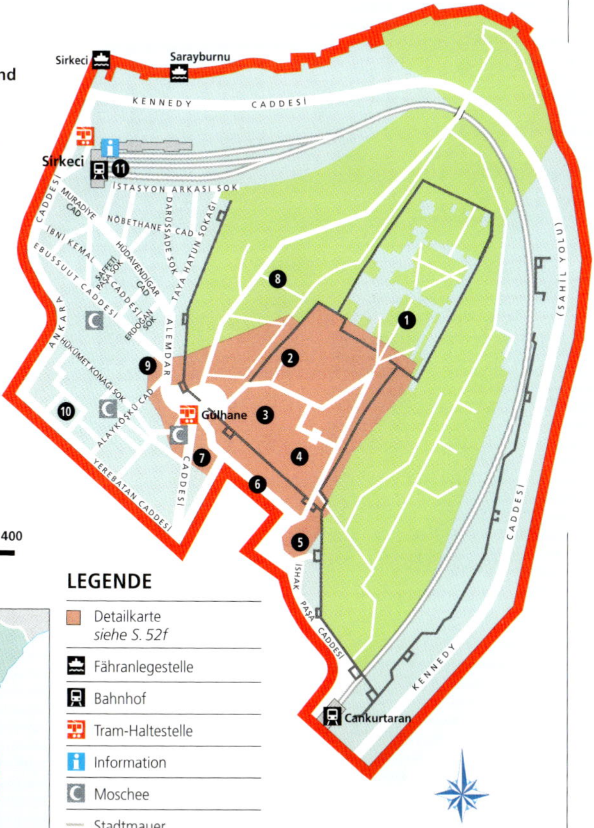

0 Meter — 400

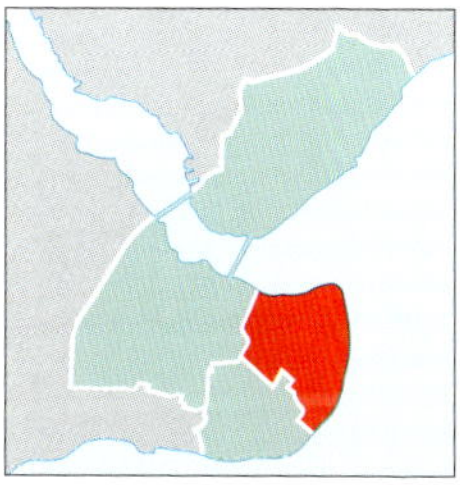

LEGENDE

| | Detailkarte siehe S. 52f |
| Fähranlegestelle |
| Bahnhof |
| Tram-Haltestelle |
| Information |
| Moschee |
| Stadtmauer |

◁ **Der Beschneidungspavillon im dritten Hof des Topkapı-Palasts** *(siehe S. 54f)*

Im Detail: Erster Hof des Topkapı-Palasts

Der Reiz des äußeren, ersten Hofs des Topkapı-Palasts liegt im direkten Nebeneinander von osmanischen Palastmauern, kleinen, traditionellen Holzhäusern und einer stattlichen byzantinischen Kirche. Früher befand sich hier das »Dienstleistungszentrum« mit Münze, Hospital, Schule und Bäckerei. Die Janitscharen *(siehe S. 127)* traten hier zum Appell an. Heute bilden Cafer-Ağa-Hof und Fatih Büfe vor den Hofmauern den ungewöhnlichen Rahmen für eine Kaffeepause. Der Gülhane-Park ist eine der wenigen schattigen Freiflächen Istanbuls.

Gülhane-Park
Im Gülhane-Park, vormals der Rosengarten des Topkapı-Palasts, wurde im Mai 2008 das Museum für Geschichte der Wissenschaft und Technik im Islam eröffnet. ❽

Soğukçeşme Sokağı
Traditionelle, bunt bemalte Holzhäuser säumen diese Straße. ❻

Museum des antiken Orients

Hohe Pforte
Ein Rokokotor steht an der Stelle der alten Hohen Pforte, vormals Eingang zur und Symbol der osmanischen Regierung. ❾

Tram-Haltestelle Gülhane

Eingang zum Gülhane-Park

Alay-Pavillon

A L E M D A R   C A D .

0 Meter   75

LEGENDE

– – – Routenempfehlung

Zeynep-Sultan-Moschee
Diese Moschee erinnert an eine byzantinische Kirche. Sie wurde 1769 unter Prinzessin Zeynep, der Tochter Ahmeds III., erbaut.

Büfes, winzige Kioske, verkaufen Getränke und Snacks.

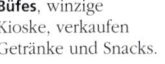

S O Ğ U K Ç E Ş M E   S O.

Cafer-Ağa-Hof
Die Zellen dieser ehemaligen Schule umschließen einen Innenhof mit Café und beherbergen Kalligrafen und andere Künstler, die ihre Werke verkaufen. ❼

NICHT VERSÄUMEN

★ Archäologisches Museum

★ Topkapı-Palast

Hotels und Restaurants in Saray Burnu *siehe Seiten 184 und 198*

★ Archäologisches Museum

Klassische Statuen, relief-geschmückte Sarkophage, türkische Keramiken und andere Schätze aus dem ehemaligen Osmanischen Reich machen dieses Museum zu einer der weltbesten Sammlungen antiker Kunst. ❷

Çinili-Pavillon
(siehe S. 65)

Der Henkersbrunnen heißt so, weil hier der Henker nach einer öffentlichen Enthauptung seine Hände und sein Schwert wusch.

Zur Orientierung
Siehe Stadtplan 3 und 5

SARAY BURNU

SULTANAHMET

★ Topkapı-Palast

Osmanische Sultane regierten 400 Jahre lang von diesem Palast aus. Die Kunstsammlungen sowie die prunkvollen Räume und Höfe sind Höhepunkte jeder Istanbul-Reise. ❶

Eingang zum Topkapı-Palast

Kartenschalter Topkapı-Palast

Münze

Das Museum zeigt Ausstellungen über die Geschichte Istanbuls. ❸

Hagia Eirene

Die byzantinische Kirche Hagia Eirene stammt aus dem 6. Jahrhundert und wurde merkwürdigerweise nie in eine Moschee umgewandelt. ❹

Porta Augusta

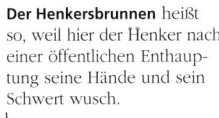

Brunnen Ahmeds III.

Der Rokokobrunnen entstand Anfang des 18. Jahrhunderts. Die Inschriften vergleichen ihn mit den Brunnen des Paradieses. ❺

Stadtplan *siehe Seiten 246–263*

Topkapı-Palast ❶
Topkapı Sarayı

Die *tuğra* Süleymans I. über dem Hauptportal

Zwischen 1459 und 1465, kurz nach der Eroberung Konstantinopels *(siehe S. 26)*, erbaute Mehmed II. den Topkapı-Palast als seine Hauptresidenz, die jedoch nicht als einzelner Zentralbau konzipiert war, sondern als eine Reihe von Pavillons um vier riesige Innenhöfe – eine steinerne Version der Zeltstädte der osmanischen Nomaden. Anfangs diente der Palast als Regierungssitz und umfasste eine Schule zur Ausbildung von Beamten und Soldaten. Die Regierung zog im 18. Jahrhundert jedoch in die Hohe Pforte um *(siehe S. 61)*. Topkapı wurde 1853 von Sultan Abd ül-Medschid I. zugunsten des Dolmabahçe-Palasts *(siehe S. 128f)* aufgegeben und schließlich 1924 in ein Museum umgewandelt.

★ Harem
Das Labyrinth der Zimmer, in denen die Frauen und Konkubinen des Sultans lebten, kann besichtigt werden (siehe S. 58f).

Waffen- und Rüstkammern *(siehe S. 56)*

Kartenschalter Harem

Eingang zum Harem

Tor der Begrüßung: Eingang zum Palast

Diwan
Die Wesire des Obersten Rats trafen sich in diesem Raum, in dem sie manchmal insgeheim vom Sultan beobachtet wurden.

Zweiter Hof

Das Tor der Glückseligkeit heißt auch »Tor der weißen Eunuchen«.

Die Küchen bergen eine Sammlung von Keramik, Glas und Silberwaren *(siehe S. 56)*.

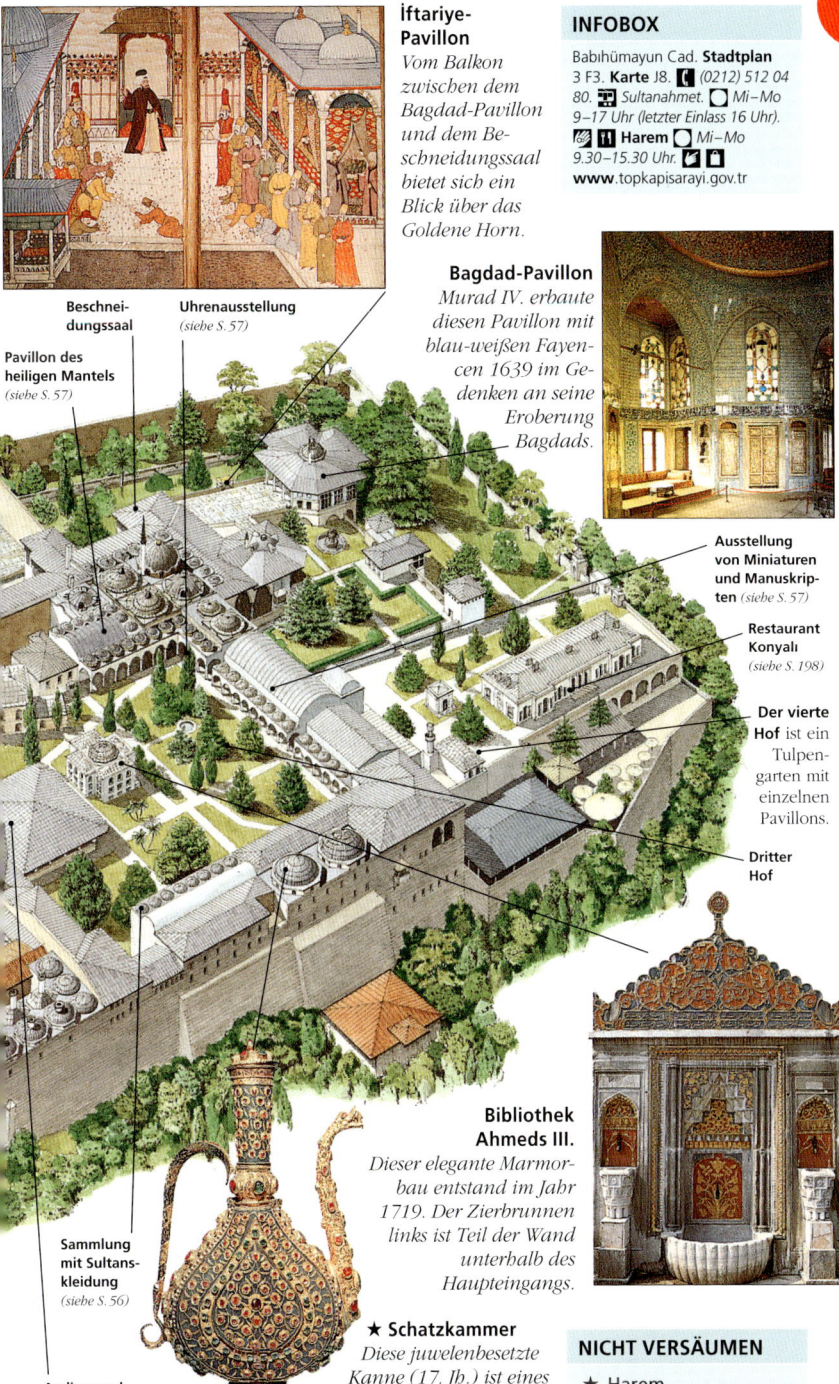

İftariye-Pavillon

Vom Balkon zwischen dem Bagdad-Pavillon und dem Beschneidungssaal bietet sich ein Blick über das Goldene Horn.

INFOBOX

Babıhümayun Cad. **Stadtplan** 3 F3. **Karte** J8. 📞 *(0212) 512 04 80.* 🚊 *Sultanahmet.* ⏰ *Mi–Mo 9–17 Uhr (letzter Einlass 16 Uhr).* 🎫 🚻 **Harem** ⏰ *Mi–Mo 9.30–15.30 Uhr.* 📷 🚫
www.topkapisarayi.gov.tr

Bagdad-Pavillon

Murad IV. erbaute diesen Pavillon mit blau-weißen Fayencen 1639 im Gedenken an seine Eroberung Bagdads.

Beschnei-dungssaal

Uhrenausstellung *(siehe S. 57)*

Pavillon des heiligen Mantels *(siehe S. 57)*

Ausstellung von Miniaturen und Manuskripten *(siehe S. 57)*

Restaurant Konyalı *(siehe S. 198)*

Der vierte Hof ist ein Tulpengarten mit einzelnen Pavillons.

Dritter Hof

Bibliothek Ahmeds III.

Dieser elegante Marmorbau entstand im Jahr 1719. Der Zierbrunnen links ist Teil der Wand unterhalb des Haupteingangs.

Sammlung mit Sultanskleidung *(siehe S. 56)*

Audienzsaal

★ Schatzkammer

Diese juwelenbesetzte Kanne (17. Jh.) ist eines der kostbaren Exponate in der ehemaligen Schatzkammer (siehe S. 57).

NICHT VERSÄUMEN

★ Harem

★ Schatzkammer

Stadtplan *siehe Seiten 246–263*

Topkapı-Palast: Sammlungen

W ährend ihrer 470-jährigen Herrschaft häuften die osmanischen Sultane enorme Schätze an, die nach Gründung der türkischen Republik im Jahr 1923 *(siehe S. 31)* Staatsbesitz wurden und zum Großteil im Topkapı-Palast ausgestellt sind. Neben Diplomatengeschenken und Stücken, die bei Handwerkern der Palastwerkstätten in Auftrag gegeben wurden, sind zahlreiche Exponate aus der Beute erfolgreicher Feldzüge zu sehen. Viele dieser Trophäen gehen auf die Zeit der groß angelegten Expansion des Reichs unter Selim I. (1512–20) zurück, als Syrien, Arabien und Ägypten erobert wurden.

Kunstvoll verzierte Wiege in der Schatzkammer

Keramik, Glas und Silberwaren

D ie Küchen bergen eine Sammlung von Keramik, Glas und Silberwaren. Türkische und europäische Stücke stehen zweifellos im Schatten der riesigen Vielfalt an chinesischem und in geringerem Umfang auch japanischem Porzellan, das auf der Seidenstraße in die Türkei gelangte. Nach China besitzt der Topkapı-Palast die zweitgrößte Sammlung der Welt mit chinesischem Porzellan.

Das hier gezeigte chinesische Porzellan stammt aus den vier Dynastien der Sung (10.–13. Jh.), der Yüan (13./14. Jh.), der Ming (14.–17. Jh.) und der Ching (17.–20. Jh.). Seladon, die älteste von den Sultanen gesammelte Form chinesischen Porzellans, sollte der Jade ähneln, einem Stein, den die Chinesen für einen Glücksbringer hielten. Die Osmanen schätzten Seladonporzellan, weil es angeblich Gift im Essen neutralisiere. Filigraner sind jedoch die erlesenen blau-weißen Stücke vornehmlich aus der Ming-Ära.

Osmanische Handwerker ließen sich v.a. bei der Mustergestaltung für die im Aufbau befindliche Keramikindustrie in İznik *(siehe S. 161)* vom ästhetischen Empfinden der Chinesen beeinflussen. Obwohl in der Topkapı-Sammlung Stücke aus İznik fehlen, entstanden dort viele der Fayencen an den Palastwänden, deren Ornamente wie stilisierte Blumen oder Schnörkel zweifellos an chinesisches weißblaues Porzellan erinnern. Ein Großteil der jüngeren Porzellans, v.a. das Imari-Porzellan aus Japan, wurde speziell für den Export produziert: Beispiele sind Teller mit Koraninschriften.

Japanischer Porzellanteller

Ein Teil der Küchen, in denen für 12 000 Bewohner und Gäste des Palasts gekocht wurde, und die Speisekammer des Zuckerbäckers sind original erhalten. Dieser Bereich kann wegen Restaurierung geschlossen sein.

Waffen und Rüstungen

F rüher bewahrte man die Steuern und Tribute aus dem ganzen Reich in dieser »inneren Schatzkammer« auf. Am Eingang fällt der Blick auf einige Rossschweif-Standarten, die bei Prozessionen oder vor Zelten den Rang ihrer Inhaber kundtaten – Wesire *(siehe S. 29)* beispielsweise

hatten drei, der Großwesir fünf und der Sultan neun.

Unter den Waffen befinden sich von den Sultanen selbst gefertigte Bogen (Beyazıt II. war ein ausgesprochen guter Handwerker) sowie fein gearbeitete, verzierte Schwerter, die die großen Eisenschwerter europäischer Kreuzritter grob wirken lassen. Es gibt Teile eines osmanischen Kettenhemds aus dem 15. Jahrhundert und Schilde aus geflochtenem, mit Blumen bemaltem Stroh und einem Mittelstück aus Metall. Auch dieser Bereich kann wegen Restaurierung geschlossen sein.

Sultanskleidung

E ine Sammlung von Sultanskleidung ist im Portikus vor der Unterkunft der Heerespagen zu bewundern. Die Kleidung eines Sultans wurde traditionell nach dessen Tod, sorgfältig zusammengelegt, in Taschen verschlossen. So kann man beispielsweise einen perfekt erhaltenen Kaftan von Mehmed II. *(siehe S. 26)* bestaunen. Die Reformen von Sultan Mahmud II. revolutionierten auch die Kleidung *(siehe S. 30)*: Schlichte graue Serge ersetzte die früheren prunkvollen Seidenstoffe, und eine Ära ging damit zu Ende.

Prachtvoller Seidenkaftan von Mehmed II.

Schatzkammer

Über die Pracht der Schatzkammer zu staunen dürfte
angesichts der vielen Tausend
funkelnden Edel-
und Schmuck-
steine nicht
schwerfallen.
Man findet kaum
Damenschmuck,
da die Schätze der
Sultane und Wesire
Staatseigentum wa-
ren und nach deren
Tod wieder an den
Palast zurückfielen,
der Schmuck der
Damen jedoch nicht.
Im ersten Saal befin-
det sich ein für Musta-
fa III. (1757–1774) zu
zeremoniellen Zwecken
gefertigtes, mit Diaman-
ten besetztes Ketten-
hemd. Zu den Diploma-
tengeschenken zählt die
Perlenstatuette eines sit-
zenden Prinzen, die
Sultan Abd ül-Asis
(1861–1876) aus
Indien be-
kam.
Die schöns-

**Topkapı-
Dolch**

ten Exponate
befinden sich im zweiten Saal,
allen voran der Topkapı-
Dolch (1741). Der Sultan
wollte dieses grandiose Werk
seiner Goldschmiede dem
Schah von Persien schenken,
der jedoch starb, bevor es ihn
erreichte. Sehenswert sind
auch die juwelenbesetzten
Aigretten (Federbüschel) von
Sultansturbanen.
Im dritten Saal funkelt der
86-karätige »Löffelmacher-
Diamant«, der angeblich im
17. Jahrhundert in einem
Müllhaufen in Istanbul gefunden und einem Schrotthändler
für drei Löffel abgekauft
wurde. Der ägyptische Gouverneur schenkte Murad III.
(siehe S. 32) 1574 den vergol-
deten Bayram-Thron, der
noch bis Anfang des 20. Jahrhunderts bei Staatszeremonien
Verwendung fand.
Der Thron im vierten Saal
war ein Geschenk des Schahs
von Persien (für den man im
Gegenzug den ebenso wert-
vollen Topkapı-Dolch anfer-
tigte). Ein Schränkchen neben
dem Thron birgt eine Scha-

tulle, die angeblich eine wertvolle Reliquie, nämlich Hand-
knochen von Johannes dem
Täufer, enthält.

Miniaturen und Handschriften

Nur ein winziger Bruchteil
der großartigen Topkapı-
Sammlung von mehr als
13 000 Miniaturen und Handschriften kann ausgestellt werden. Herausragend sind Darstellungen von Kriegern und
furchterregenden Kreaturen,
die sogenannten *Dämonen
und Ungeheuer im Leben der
Nomaden*, die der Maler
Mohammed Siyah Qalem ver-
mutlich im 12. Jahrhundert
schuf. Aus dieser östlichen
Tradition der Miniaturmalerei
entwickelte sich der osmanische Miniaturenstil. Es gibt
wundervolle Beispiele von
arabischen Kalligrafien *(siehe
S. 95)*, die Korantexte, Handschriften mit Gedichten sowie
etliche Fermane (offizielle
Dekrete des Sultans) zieren.
Der Bereich kann wegen Restaurierung geschlossen sein.

**Filigran gearbeiteter Koran-
einband aus Gold**

Uhren

Obwohl es ab dem
17. Jahrhundert in Istan-
bul Uhrmacher gab, besteht
diese Sammlung überwiegend
aus europäischen Uhren, die
den Sultanen gehörten. Der
Bestand reicht von schlichten

**Uhr aus Gold, Email
und Edelsteinen (17. Jh.)**

Stücken aus dem 16. Jahrhundert bis zu einer außergewöhnlichen englischen Me-
chanik in einem Perlmutt-
gehäuse (18. Jh.) mit einer
deutschen Orgel, die im
Harem zur vollen Stunde Me-
lodien spielte. Die einzigen
Augenzeugenberichte europäischer Männer über das Leben
im Harem stammen von den
Mechanikern, die diese Wun-
derwerke warten mussten.

Pavillon des heiligen Mantels

Diese fünf Kuppelsäle
bergen mit die heiligsten
Reliquien des Islam und sind
deshalb eine wichtige musli-
mische Pilgerstätte. Die meis-
ten Reliquien kamen nach
Istanbul, nachdem Selim I.
(siehe S. 26) Ägypten und
Arabien erobert und 1517 den
Titel »Kalif« (Oberhaupt des
Islam) angenommen hatte.
Im Mittelpunkt steht der
Mantel des Propheten
Mohammed. Man darf den
Raum, in dem er aufbewahrt
wird, nicht betreten, sondern
nur vom Vorzimmer einen
Blick hineinwerfen. Tag und
Nacht rezitieren Geistliche
Koranpassagen über der
Goldtruhe, die den Mantel
birgt. Vor der Truhe stehen
zwei Schwerter Mohammeds.
In einer Vitrine im Vorzimmer
sind Barthaare, ein Brief und
ein Fußabdruck des Prophe-
ten zu sehen.
In den anderen Räumen
kann man einige der wunder-
schön verzierten Schlösser
und Schlüssel für die Kaaba
(siehe S. 39) bewundern. Verschiedene Sultane ließen die
Kunstwerke anfertigen und
sandten sie nach Mekka.

Topkapı-Palast: Harem

Die Bezeichnung »Harem« für die Residenz der Frauen, Konkubinen und Kinder des Sultans bedeutet eigentlich »verboten«. Der Harem wurde von schwarzen Eunuchen-sklaven bewacht. Der Sultan und seine Söhne waren die einzigen Männer, die Zugang hatten. Um Nachfolgestreitig-keiten zu vermeiden, waren

Buntglas-fenster im Doppelkiosk

die Brüder des Sultans in einem eigenen Trakt, dem sogenannten »Käfig«, ein-gesperrt. Das Labyrinth der wunderbar verzierten Zimmer und Korridore im Topkapı-Harem entstand unter Sultan Murad III. gegen Ende des 16. Jahrhunderts.

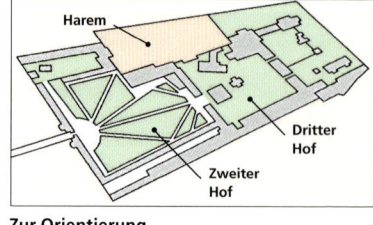

Zur Orientierung
Siehe Illustration des Palasts auf S. 54f

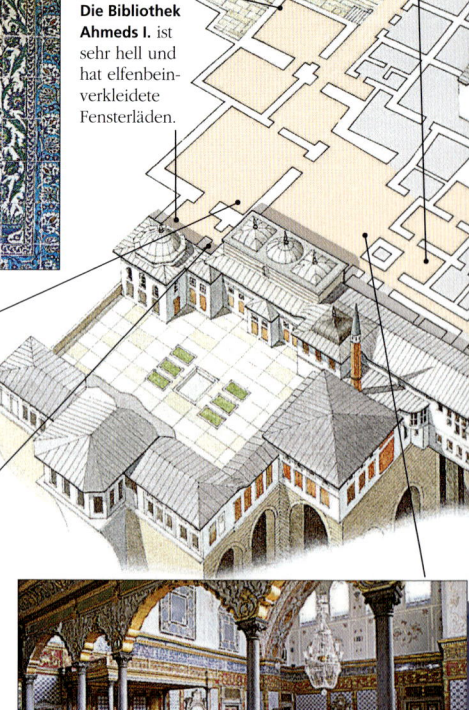

Wohnungen und Hof der Favoritinnen

Bäder der Valide Sultana und des Sultans

Die Bibliothek Ahmeds I. ist sehr hell und hat elfenbein-verkleidete Fensterläden.

★ **Doppelkiosk**
Die beiden Räume (17. Jh.) glänzen mit herrlichen İznik-Fayencen (siehe S. 161) und einer mit vergoldeter Leinwand aus-gekleideten Kuppel.

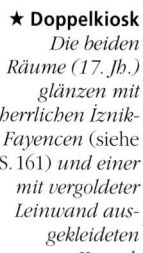

Der Salon Murads III.
von Sinan *(siehe S. 91)* mit schönen Fayencen, Brunnen und Kamin.

★ **Speisesaal Ahmeds III.**
Die Wände des Raums aus dem 18. Jahrhundert, auch »Früchte-zimmer« ge-nannt, sind mit farbenprächtigen Früchten und Blumen bemalt.

Saal des Sultans
Der größte Raum des Harems diente der Unterhaltung. An einer Wand steht ein großer Thron, von dem aus der Sultan die Darbietungen verfolgte.

Leben im Harem

Die Frauen im Harem waren Sklavinnen aus allen Teilen des Osmanischen Reichs und darüber hinaus. Es war ihr Traum, eine Favoritin des Sultans zu werden *(siehe S. 28)* und ihm einen Sohn zu gebären, was manchmal zur Heirat führte. Die bis zu 1000 Konkubinen konkurrierten miteinander. Viele blieben lediglich Dienerinnen ihrer Mitgefangenen im »goldenen Käfig«. Die letzten Frauen verließen den Harem 1909.

Westliches Bild vom Leben im Harem (Stich, 19. Jh.)

Salon der Valide Sultana
Die Mutter des Sultans, die Valide Sultana (siehe S. 29), war die mächtigste Frau im Harem und hatte die schönsten Räume.

Der Turm der Gerechtigkeit bietet einen herrlichen Ausblick weit über die Dächer Topkapıs hinaus.

Hof der Valide Sultana

Die Goldene Straße heißt so, weil neue Sultane hier angeblich ihren Konkubinen Goldmünzen zuwarfen.

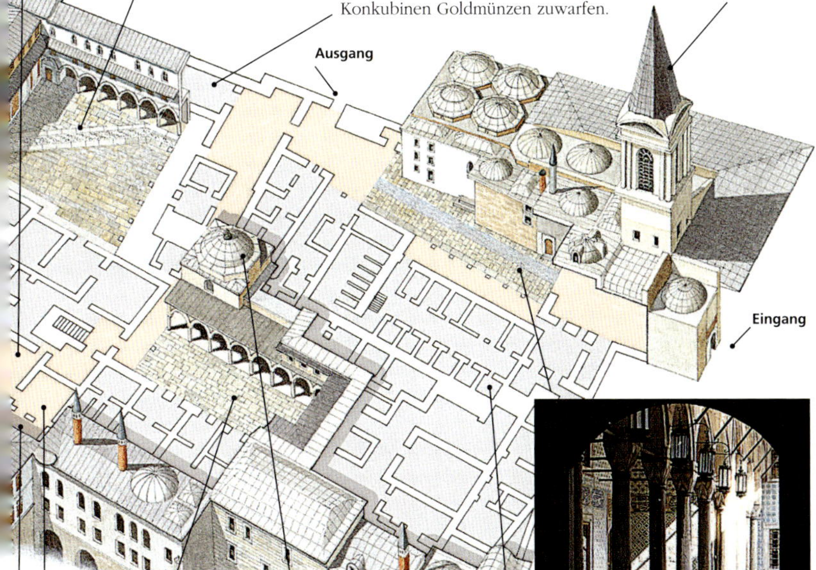

Ausgang

Eingang

Hof der Konkubinen

Schlafgemach der Valide Sultana

Die Haremsbäder dienten den Konkubinen zur Entspannung.

Quartiere der schwarzen Eunuchen

Gebetszimmer der Valide Sultana

LEGENDE

☐ Zugängliche Bereiche

☐ Nichtzugängliche Bereiche

NICHT VERSÄUMEN

★ Doppelkiosk

★ Speisesaal Ahmeds III.

Hof der schwarzen Eunuchen
Marmorsäulen säumen diesen Hof, den altmodische schmiedeeiserne Lampen zieren.

Stadtplan *siehe Seiten 246–263*

Archäologisches Museum ❷

Siehe S. 62–65.

Münze ❸
Darphane-i Amire

Erster Hof des Topkapı-Palasts.
Stadtplan 3 E4 (5 F3). **Karte** J8
(W3). 🚇 Gülhane, Sultanahmet.

Die osmanische Münze wurde 1727 eröffnet, doch größtenteils stammt das, was heute hier zu sehen ist, aus der Zeit Mahmuds II. (1808–39), der den Komplex ausbaute. 1967 wurde die Münze verlegt. Die Gebäude beherbergen heute Labore staatlicher Einrichtungen. Die Außenanlagen können während der Geschäftszeiten besichtigt werden.

Hagia Eirene ❹
Aya İrini Kilisesi

Erster Hof des Topkapı-Palasts.
Stadtplan 3 E4 (5 F3). **Karte** J8
(W3). ☎ *(0212) 522 17 50.* 🚇 Gülhane, Sultanahmet. ○ zu Konzerten.

Die heutige Kirche stammt aus dem 6. Jahrhundert, ist jedoch mindestens der dritte Bau an der wohl ältesten christlichen Stätte Istanbuls. Zehn Jahre nach der muslimischen Eroberung der Stadt 1453 *(siehe S. 26)* war sie Teil des Topkapı-Palast-

Der kunstvoll verzierte Brunnen Ahmeds III.

Komplexes und diente als Waffenkammer. Heute finden in der Kirche während der Internationalen Istanbuler Musik- und Tanzfestspiele *(siehe S. 45)* Konzerte statt.

Der Bau hat drei faszinierende Eigenarten, die in keiner anderen byzantinischen Kirche Istanbuls erhalten sind: Auf den fünf Sitzreihen in der Apsiskrümmung (Synthronon) saßen die Geistlichen. Darüber prangt ein schlichtes schwarzes Mosaikkreuz auf goldenem Grund aus der Zeit, als figürliche Darstellungen verboten und zahlreiche Ikonen zerstört wurden *(siehe S. 20)*. An der Rückseite der Kirche liegt ein kreuzgangähnlicher Hof, in dem früher die Porphyrsarkophage verstorbener byzantinischer Kaiser standen (heute größtenteils im Archäologischen Museum).

Brunnen Ahmeds III. ❺
Ahmet III Çeşmesi

Kreuzung İshak Paşa Cad. und Babıhümayun Cad. **Stadtplan** 3 E4 (5 F4). **Karte** J9 (W4). 🚇 Gülhane, Sultanahmet.

Der schönste der zahlreichen Istanbuler Brunnen stammt von 1729 und überstand die gewaltsame Absetzung Ahmeds III. zwei Jahre später. Viele andere Bauwerke, die unter diesem Sultan in der »Tulpenzeit« *(siehe S. 27)* entstanden, wurden hingegen zerstört. Mit seinen fünf kleinen Kuppeln, den mihrabähnlichen Nischen und atemberaubenden Blumenreliefs ist er ein Musterbeispiel des türkischen Rokoko.

Osmanische »Brunnen« sind oft keine Springbrunnen, sondern eher öffentliche Wasserhähne, manchmal mit einer Theke (*sebil*), an der Erfrischungen serviert wurden.

An den vier Seiten dieses Brunnens befinden sich jeweils ein Wasserhahn und ein verziertes Marmorbecken. Über jedem Wasserhahn ist eine kalligrafische Inschrift des Dichters Seyit Vehbi Efendi (18. Jh.) zu sehen (der goldene Schriftzug auf blaugrünem Grund ehrt den Brunnen und dessen Auftraggeber). Die drei Fenster hinter den *sebiller* an allen vier Ecken des Baus zieren kunstvolle Marmorgitter. Anstelle des üblichen Eiswassers wurden den Passanten an diesem Brunnen Sorbets und aromatisiertes Wasser in silbernen Pokalen gereicht.

Die Apsis der Hagia Eirene mit ihrem beeindruckenden Mosaikkreuz

Hotels und Restaurants in Saray Burnu siehe Seiten 184 und 198

Soğukçeşme Sokağı ❻

Stadtplan 3 E4 (5 F3). **Karte** H8/J9 (W4). 🚇 *Gülhane.*

Reizende alte Holzhäuser säumen die kopfsteinge-pflasterte »Straße des kalten Brunnens« zwischen den äu-ßeren Mauern des Topkapı-Palasts und den Minaretten der Hagia Sophia. Traditionel-le Häuser dieser Art wurden in Istanbul seit Ende des 18. Jahrhunderts gebaut.

Die Gebäude in dieser Straße wurden in den 1980er Jahren vom Türkischen Tou-ring- und Automobilclub (TTOK; *siehe S.181*) restau-riert. Neun Gebäude gehören heute zum Gästehaus Aya-sofya Konakları (*siehe S.184*), das bei Urlaubern sehr beliebt ist. Ein anderes Haus wandel-te der TTOK in eine Biblio-thek für historische Schriften über Istanbul und ein Archiv mit Stichen und Fotografien der Stadt um. Eine römische Zisterne am Ende der Straße beherbergt das Restaurant Sarnıç (*siehe S.198*).

Traditionelle Kalligrafie gibt es im Cafer-Ağa-Hof zu kaufen

Cafer-Ağa-Hof ❼
Cafer Ağa Medresesi

Caferiye Sok. **Stadtplan** 5 E3. **Karte** V3/4. 📞 *(0212) 513 18 43.* 🚇 *Gülhane.* ⏰ *tägl. 8.30–20 Uhr.*

Der ruhige Innenhof wur-de 1559 von Sinan (*siehe S.91*) als Medrese (Koran-schule; *siehe S.38*) für den obersten schwarzen Eunuchen erbaut. Im Hof thront über den Tischen des Cafés eine Büste Sinans. In den ehemali-gen Zellen wird Kunsthand-werk wie Schmuck, Keramik und Kalligrafie ausgestellt.

Restauriertes osmanisches Haus an der Soğukçeşme Sokağı

Osmanische Häuser

Das typische feine Istanbuler Stadthaus des 19. Jahrhun-derts hatte ein Erdgeschoss aus Stein und ein oder zwei Obergeschosse aus Holz. Jeder Bau besaß einen *çıkma*, einen Erker über der Straße – eine Weiterentwick-lung des traditionellen türki-schen Balkons, der im Nor-den des Landes wegen des kühleren Klimas verkleidet war. Durch die Holzgitter (*kafesler*) an den Fenstern der Obergeschosse konnten die Frauen das Geschehen auf der Straße verfolgen, ohne selbst gesehen zu werden. Die wenigen Holzhäuser, die man heute noch sieht, ver-danken ihren Verbleib dem Tourismus: Viele von ihnen wurden in Hotels umgewandelt. Inzwischen verbietet ein Gesetz den Abriss der historischen Häuser, doch in einer Stadt, die schon oft verheerende Großbrände erlebte, ist die Prämie der Feuerversicherung fast unbezahlbar.

Gülhane-Park ❽
Gülhane Parkı

Alemdar Cad. **Stadtplan** 3 E3 (5 F2). **Karte** H/J7/8 (W2). 🚇 *Gül-hane.* ⏰ *tägl.* **Museum** ⏰ *Mi–Mo 9–16.30 Uhr.* ♿

Der Gülhane-Park nimmt den tiefer liegenden Teil des Palastareals ein. Auch wenn der Park ein wenig ver-nachlässigt wirkt, kann man hier doch im Schatten von Bäumen spazieren gehen, eine Seltenheit in Istanbul.

Im ehemaligen Marstall des Topkapı-Palasts befindet sich das Museum für Geschichte der Wissenschaft und Technik im Islam. Auf 3000 Quadrat-metern sind zum Thema isla-mische Entdeckungen und Er-findungen Exponate vom 8. bis 16. Jahrhundert zu sehen, teils Originale, teils Nachbildungen.

Am anderen Ende des Parks steht die von Teehäusern um-gebene Gotensäule, eine gut erhaltene Siegessäule aus dem 3. Jahrhundert. Ihren Namen verdankt sie der lateinischen Inschrift »Das Glück ist uns wieder hold dank des Sieges über die Goten«.

Vom Aussichtspunkt auf der anderen Seite der Kennedy Caddesi im Nordosten sieht man die Mündung des Golde-nen Horns in den Bosporus.

Hohe Pforte ❾
Bab-ı Ali

Alemdar Cad. **Stadtplan** 3 E3 (5 E2). **Karte** H8 (V3). 🚇 *Gülhane.*

Ausländische Botschafter in der osmanischen Tür-kei hießen »Botschafter der Hohen Pforte« nach diesem monumentalen Tor, das früher in die Büros und den Palast des Großwesirs führte. Die Institution der Hohen Pforte hatte eine wichtige Funktion, weil sie oft ein wirksames Gegengewicht zu den un-vorhersehbaren Launen des Sultans bildete.

Das heutige Rokokotor ent-stand etwa um 1840 und bil-det den Eingang zu den (für Besucher nicht zugänglichen) Dienststellen der Istanbuler Provinzregierung.

Rokokodekoration am Dach der Hohen Pforte

Stadtplan *siehe Seiten 246–263*

Archäologisches Museum ❷
Arkeoloji Müzesi

Römische Apollostatue

D ie Sammlung antiker Schätze wurde erst Mitte des 19. Jahrhunderts begonnen. Schon bald sandten Provinzgouverneure aus allen Teilen des Osmanischen Reichs Objekte hierher. Heute besitzt das Museum eine der weltweit reichsten Sammlungen klassischer Kunstwerke und beherbergt auch Exponate aus vorklassischer Zeit. Das Hauptgebäude wurde unter Leitung von Osman Hamdi Bey (1881–1910) zur Ausstellung seiner Funde erbaut. Der Archäologe, Maler und Gelehrte entdeckte die grandiosen Sarkophage der königlichen Totenstadt von Sidon im heutigen Libanon. Im neueren vierstöckigen Flügel befindet sich das Kindermuseum.

★ Alexandersarkophag

Dieser Marmorsarkophag (spätes 4. Jh. v. Chr.) mit faszinierenden Reliefs wurde vermutlich für König Abdalonymos von Sidon geschaffen. Die Reliefs zeigen Alexander den Großen in einer siegreichen Schlacht über die Perser.

LEGENDE

- ☐ Klassische Exponate
- ☐ Kindermuseum
- ☐ Thrakische, bithynische und byzantinische Sammlung
- ☐ »Istanbul im Lauf der Zeiten«
- ☐ Anatolien und Troja
- ☐ Anatoliens benachbarte Kulturen
- ☐ Türkische Fliesen und Keramik
- ☐ Museum des antiken Orients
- ☐ Keine Ausstellungsfläche

Sarkophag der Klageweiber

Die Portiken des Museums sind dem Sarkophag der Klageweiber aus dem 4. Jahrhundert v. Chr. nachempfunden.

Çinili-Pavillon

Terrassencafé

Kurzführer

Die 20 Räume des Hauptgebäudes beherbergen klassische antike Kunstgegenstände. Der neue Flügel zeigt Exponate zur Geschichte Istanbuls, u. a. Fundstücke, die beim Bau des Tunnels unter dem Bosporus zutage kamen: Hafenanlagen aus theodosianischer Zeit. Auf dem Museumsareal befindet sich neben dem Çinili-Pavillon mit türkischen Fliesen und Keramiken auch noch das Museum des antiken Orients.

★ Karaman-Mihrab

Der prachtvoll geflieste blaue Mihrab (siehe S. 38) stammt aus Karaman in der Südosttürkei, der ehemaligen Hauptstadt des gleichnamigen Staats (1256–1483), und ist das wichtigste künstlerische Relikt dieser Kultur.

NICHT VERSÄUMEN

- ★ Alexandersarkophag
- ★ Karaman-Mihrab
- ★ Vertrag von Kadesch

Zypriotischer Krug aus der Geometrischen Periode

Stilisierte Fische zieren den Krug der Geometrischen Periode (1050–750 v. Chr.), als Zypern im Zenit seiner Keramikkunst stand.

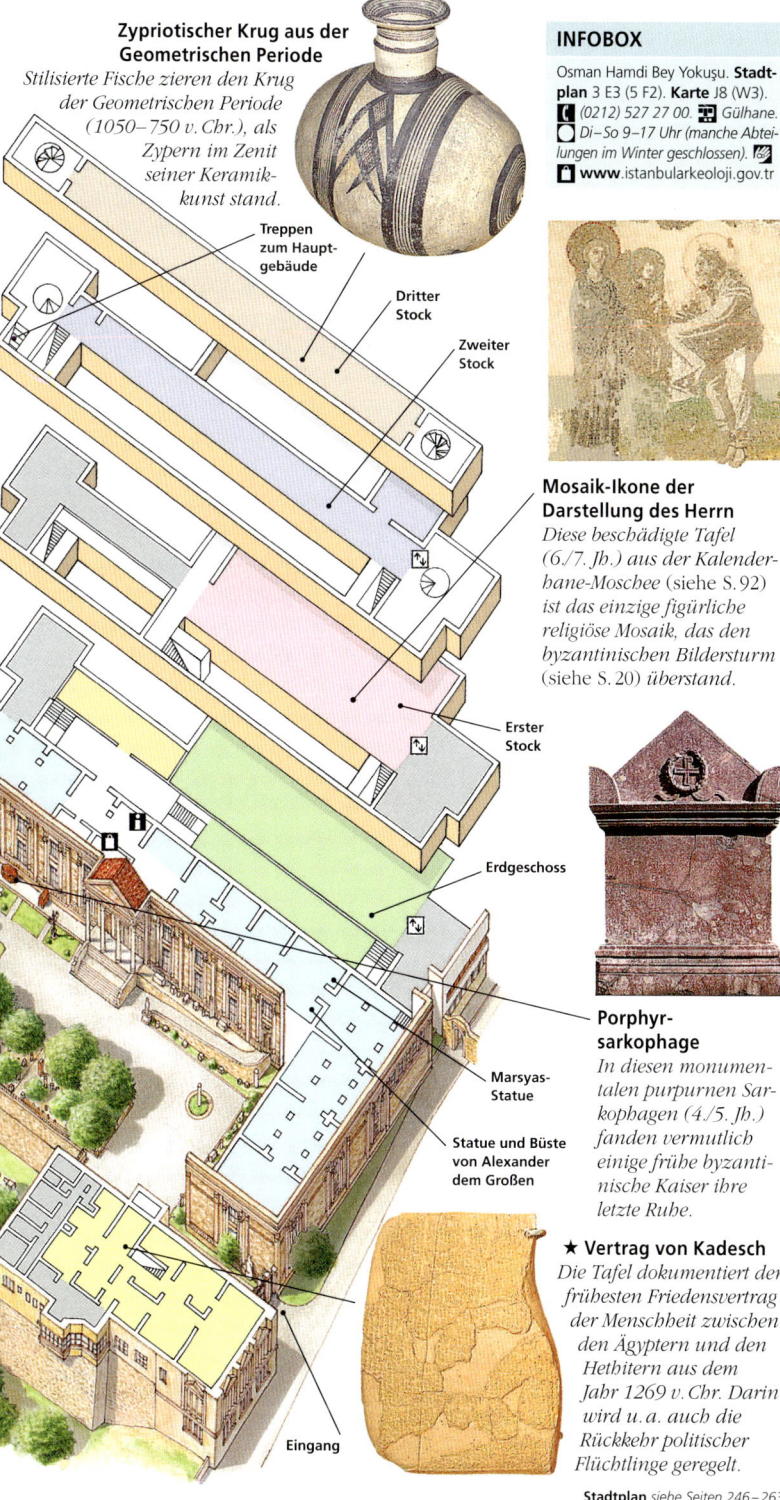

INFOBOX

Osman Hamdi Bey Yokuşu. **Stadtplan** 3 E3 (5 F2). **Karte** J8 (W3). (0212) 527 27 00. Gülhane. Di–So 9–17 Uhr (manche Abteilungen im Winter geschlossen). www.istanbularkeoloji.gov.tr

Treppen zum Hauptgebäude

Dritter Stock

Zweiter Stock

Mosaik-Ikone der Darstellung des Herrn

Diese beschädigte Tafel (6./7. Jh.) aus der Kalenderhane-Moschee (siehe S. 92) ist das einzige figürliche religiöse Mosaik, das den byzantinischen Bildersturm (siehe S. 20) überstand.

Erster Stock

Erdgeschoss

Porphyrsarkophage

In diesen monumentalen purpurnen Sarkophagen (4./5. Jh.) fanden vermutlich einige frühe byzantinische Kaiser ihre letzte Ruhe.

Marsyas-Statue

Statue und Büste von Alexander dem Großen

★ Vertrag von Kadesch

Die Tafel dokumentiert den frühesten Friedensvertrag der Menschheit zwischen den Ägyptern und den Hethitern aus dem Jahr 1269 v. Chr. Darin wird u. a. auch die Rückkehr politischer Flüchtlinge geregelt.

Eingang

Stadtplan siehe Seiten 246–263

Archäologisches Museum: Sammlungen

Die gewaltige Sammlung umfasst Exponate aus fünf Jahrtausenden und reicht von Figurinen der Muttergöttin aus dem 3. Jahrtausend v.Chr. bis zu türkischen Tonwaren aus dem 19. Jahrhundert. Es ist unmöglich, bei einem Besuch alles zu sehen, aber man sollte vor allem die Sarkophage aus der königlichen Totenstadt von Sidon ins Visier nehmen. Die Sammlung »Istanbul im Lauf der Zeiten« im ersten Stock des neuen Flügels informiert über die Geschichte der Stadt. Junge Besucher werden vom Kindermuseum begeistert sein.

Klassische Exponate

Eine monumentale Statue des ägyptischen Gottes Bes begrüßt die Besucher am Eingang zum Hauptgebäude. Mit seiner komisch-grotesken Erscheinung war Bes vom 1. bis zum 3. Jahrhundert überaus populär zur Abschreckung böser Geister. Die Säle 8 und 9 enthalten die Glanzlichter des Museums: eine Gruppe von Sarkophagen, die 1887 in Sidon (im heutigen Libanon) ausgegraben wurden. Vermutlich waren sie für ein phönizisches Königshaus bestimmt, das zwischen dem 6. und 4. Jahrhundert v.Chr. regierte. Ihre Gestaltung veranschaulicht den Übergang vom ägyptischen zum griechischen Einfluss auf die damalige Kunst des Nahen Osten.

Das schönste Exemplar ist der sogenannte Alexandersarkophag (Ende des 4. Jh. v.Chr.). Alexander der Große erscheint in zwei aus-

Marmorbüste von Kaiser Augustus

druckstarken Friesen, die Schlacht- und Jagdszenen zeigen. Die Friese sind exzellent erhalten und weisen Spuren der Originalbemalung auf.

Der Sarkophag der Klageweiber war vermutlich für König Straton (374–358 v.Chr.) bestimmt, der als großer Frauenfreund bekannt war. Die vielen »Klageweiber« könnten Frauen seines Harems sein.

In den Sälen 14 bis 20 sind außergewöhnliche Statuen zu besichtigen. Die römische Kopie einer Marsyas-Statue (3. Jh. v.Chr.) zeigt den Satyr kurz vor seiner Bestrafung dafür, dass er Apollon zu einem musikalischen Wettstreit herausgefordert hatte. Eine Statue und eine Büste von Alexander dem Großen stellen den Feldherrn als perfekten Helden dar.

Saal 18 enthält Büsten römischer Kaiser.

Kindermuseum

Die besonders niedrigen Vitrinen dieses Trakts sind für Schulkinder maßgeschneidert. Mit Papier und Buntstiften versucht man, zukünftige Archäologen für die Materie zu begeistern.

Thrakische, bithynische und byzantinische Sammlung

Diese Galerie im Erdgeschoss des neuen Flügels zeigt religiöse und andere Kunstobjekte der antiken Kulturen von Thrakien und Bithynien sowie aus Byzantium (siehe S. 20–25) wie beispielsweise eine Statue des byzantinischen Kaisers Valens. Auch die Architektur der Antike wird hier aufbereitet.

Bronzener Schlangenkopf von der Schlangensäule

»Istanbul im Lauf der Zeiten«

Mit sorgsam ausgewählten Exponaten und Texten in Türkisch und Englisch liefert diese Abteilung eine ausgezeichnete Chronik der archäologischen Vergangenheit Istanbuls.

Die Mosaik-Ikone der Darstellung des Herrn (um 600) zierte die Kalenderhane-Moschee (siehe S. 92). Auch ein Kopf der Schlangensäule, die seit dem 18. Jahrhundert »kopflos« im Hippodrom (siehe S. 80) steht, ist hier zu sehen. Beachtenswert sind Teile der Eisenketten, mit denen die Byzantiner den Bosporus und das Goldene Horn absperrten (siehe S. 23).

Fries von der Schlacht bei Issos (333 v.Chr.) an der Längsseite des Alexandersarkophags

Rekonstruktion eines bei Palmyra in Syrien gefundenen Mausoleums

Anatolien und Troja

Eine Seite dieses Saals veranschaulicht die Geschichte Anatoliens (des asiatischen Teils der heutigen Türkei) von der Altsteinzeit bis zur Eisenzeit. Höhepunkt ist die Kultur Phrygiens mit ihrer Hauptstadt Gordion (in einem eigenen Saal). Im Mittelpunkt steht die Rekonstruktion eines königlichen Grabmals (8. Jh. v. Chr.), das sich unter einem Grabhügel in einer Kammer aus Wacholderholz befand. Der König wurde mit Kochgeschirr und Möbeln beigesetzt.

Die andere Seite der Galerie zeigt die Funde aus neun Kulturen in Troja *(siehe S. 171)* von 3000 v. Chr. bis zur Zeit Jesu. Zu sehen sind auch Teile des Schatzes, den der Archäologe Heinrich Schliemann Ende des 19. Jahrhunderts entdeckte. Ein Großteil wurde damals aus der Türkei herausgeschmuggelt und ist in Museen in aller Welt zu sehen.

Anatoliens benachbarte Kulturen

Ein langer Saal teilt sich in zypriotische und syrischpalästinensische Kunst. Die zypriotische Sammlung wurde von Luigi Palma di Cesnola, dem amerikanischen und russischen Konsul Zyperns, zusammengetragen, der zwischen 1865 und 1873 alle Gräber der Insel plünderte. Neben einigen schönen Töpfen sind Figuren nackter Tempeljungen (3. Jh. v. Chr.) beachtenswert, die vermutlich der Prostitution nachgingen.

Unter den syrischen Exponaten befinden sich der Gezer-Kalender (925 v. Chr.), Grabreliefs, eine Kalksteintafel mit der ältesten hebräischen Inschrift sowie die Rekonstruktion eines Mausoleums (1.–3. Jh.) der Oasenstadt Palmyra.

Lünette aus İznik-Fliesen (16. Jh.) am Çinili-Pavillon

Türkische Fliesen und Keramik

Neben Teppichen sind Fliesen die typischste türkische Kunstform. Dies verdeutlicht der Fliesenschmuck von Moscheen und Pavillons wie des Çinili-Pavillons, dessen Eingang geometrische und kalligrafische Fayencen zieren.

Im größten Saal befindet sich ein gefliester Mihrab aus Zentralanatolien (frühes 15. Jh.). Saal 3 und 4 zeigen Fliesen und Moscheenlampen aus İznik, dem Zentrum der türkischen Keramikproduktion *(siehe S. 161).* Ende des 16. Jahrhunderts nahm jedoch die Qualität der Fliesen aus İsnik ab, andere Zentren entstanden. So brachte man nun auch in Kütahya hochwertige Stücke hervor, die man in den Sälen 5 und 6 sehen kann.

Museum des antiken Orients

Obwohl diese Sammlung sehr seltene und schöne Kostbarkeiten der Ägypter und Hethiter vorweist, stehen die Werke der frühen Kulturen Mesopotamiens (des heutigen Irak) zweifellos im Brennpunkt des Interesses.

Die monumentalen Glasurziegelreliefs am Ischtar-Tor, dem Haupttor von Babylon (Saal 3 und 9), entstanden zur Zeit Nebukadnezars II. (605–562 v. Chr.), unter dem die Hauptstadt Babylon eine letzte Blütezeit erlebte. Das elegante, einer Ente nachempfundene 30-Kilo-Gewicht in Saal 4 stammt aus einem weit früheren babylonischen Tempel (um 2000 v. Chr.).

Einige der frühesten bekannten Belege von Schrift in Form von tönernen Keilschrifttafeln (2700 v. Chr.) birgt Saal 5. Der berühmte Vertrag von Kadesch (Saal 7) zwischen Ägyptern und Hethitern (1269 v. Chr.) wurde ursprünglich auf einer Silbertafel niedergeschrieben. Hier ist eine hethitische Kopie zu sehen. Der Vertrag enthält Klauseln wie die Rückkehrmöglichkeit eines politischen Flüchtlings, dem »weder sein Verbrechen zur Last gelegt werden soll, noch dessen Haus und Frauen und Kinder Schaden leiden sollen«.

Ziegelrelief am babylonischen Ischtar-Tor

Cağaloğlu-Bad ❿
Cağaloğlu Hamamı

Prof. Kazım İsmail Gürkan Cad. 34, Cağaloğlu. **Stadtplan** 3 E4 (5 D3). **Karte** H8 (U3). ☎ *(0212) 522 24 24.* 🚇 *Sultanahmet.* 🕐 *tägl. 8–20 Uhr für Männer bis 22 Uhr.* **www**.*cagaglo_luhamami.com.tr*

Diese Badeanstalt, 1741 unter Sultan Mahmud I. erbaut, zählt zu den prunkvolleren Bädern der Stadt. Die Einnahmen sollten der Erhaltung von Mahmuds Bibliothek in der Hagia Sophia *(siehe S. 72–75)* dienen.

In den kleineren Bädern Istanbuls können Männer und Frauen zu unterschiedlichen

Zugang zum Cağaloğlu-Bad, das unter Mahmud I. erbaut wurde

Zeiten dieselben Einrichtungen in Anspruch nehmen. In größeren Bädern wie diesem gibt es völlig getrennte Abteilungen. Im Cağaloğlu-Bad sind Männer- und Frauenabteilung im rechten Winkel zueinander angeordnet mit separaten Eingängen. Jede Abteilung hat drei Bereiche: *camekan, soğukluk* und das eigentliche Dampfbad *hararet,* das in der Mitte eine Marmorplatte für Massagen hat.

Das Cağaloğlu-Bad ist bei ausländischen Besuchern beliebt, weil hier das Personal bereitwillig die Prozedur erklärt. Wer ungern schwitzt, kann trotzdem einen Blick in den Eingangskorridor und den *camekan* der Männerabteilung werfen. Hier sieht man einige Badeutensilien, etwa die Holzpantoffeln, die die Frauen früher trugen. Man kann auch bei einem Getränk die Ruhe des *camekan* genießen.

Bahnhof Sirkeci ⓫
Sirkeci Garı

Sirkeci İstasyon Cad., Sirkeci. **Stadtplan** 3 E3 (5 E1). **Karte** H7 (V1/2). ☎ *(0212) 527 00 50 oder 520 65 75.* 🚇 *Sirkeci.* 🕐 *tägl.*

Der prächtige Bahnhof wurde als Endstation des lang ersehnten Orient-Express erbaut. Offiziell eröffnet wur-

Bahnhof Sirkeci, Endstation des historischen Orient-Express

de er 1890, obwohl der Luxuszug damals bereits seit einem Jahr nach Istanbul fuhr. Es gelang dem deutschen Architekten Jasmund, Elemente verschiedener architektonischer Traditionen Istanbuls zu vereinen. Der byzantinische Wechsel von Ziegel- und Naturstein wurde mit einem seldschukischen Monumentalportal und muslimischem Hufeisenbogen kombiniert.

Das Bahnhofscafé ist ein ruhiges Refugium im Rummel der Stadt. Vom Bahnhof Sirkeci fahren Züge nach Griechenland, in andere europäische Länder und in den europäischen Teil der Türkei. Haydarpaşa *(siehe S. 133),* der andere Istanbuler Bahnhof, liegt auf der asiatischen Seite.

Der berühmte Orient-Express

Auf seiner ersten Fahrt von Paris nach Istanbul im Jahr 1889 bewältigte der Orient-Express die 2900 Kilometer in drei Tagen. Sowohl der Bahnhof Sirkeci als auch das Hotel Pera Palas *(siehe S. 104)* wurden eigens für seine Passagiere erbaut. Zu den distinguierten Fahrgästen des »Zugs der Könige« und »Königs der Züge« zählten neben Präsidenten, Politikern, Aristokraten und Schauspielerinnen tatsächlich auch Könige. König Boris III. von Bulgarien machte es sich zur Gewohnheit, selbst den Zug zu führen, wenn er darin durch sein Land fuhr. Der Express war ein Synonym für Exotik und Romantik und wurde mit dem orientalistischen Image Istanbuls als Schmelztiegel aus Diplomaten und Waffenhändlern assoziiert. Er war Inspiration für rund 20 Bücher – allen voran *Mord im Orient-Express* von Agatha Christie und *Orient-Express* von Graham Greene –, mindestens sechs Filme und ein Musikstück. Im Kalten Krieg war es mit dem Luxus vorbei, auch wenn der Zug noch bis 1977 mit einem gewissen Service, jedoch ohne Speisewagen, zweimal wöchentlich nach Istanbul fuhr.

Orient-Express-Poster aus den 1920er Jahren mit romantischer Ansicht Istanbuls

Türkisches Bad

Ein Istanbul-Besuch wäre unvollständig ohne den Besuch eines türkischen Bads *(hamam)*, nach dem man sich wie neugeboren fühlt. Bis auf das Becken mit kaltem Wasser unterscheiden sich türkische Bäder kaum von ihren römischen Vorgängern.

Zur vollen Prozedur gehört eine Entspannungsphase im Dampfbad, wobei man zwischendurch mehrmals eingeseift und mas-

Stilvolles Waschbecken

siert wird. So ein wohltuendes Erlebnis dauert gut eineinhalb Stunden. Handtücher und Seife werden gestellt, eigene Toilettenartikel können aber mitgebracht werden. Zwei historische Bäder in der Altstadt, das Çemberlitaş *(siehe S. 81)* und das Cağaloğlu *(siehe S. 66 und unten)*, sind an ausländische Besucher gewöhnt. Die meisten Luxushotels haben eigene Bäder.

Die einzelnen Leistungen
Die Leistungen auf der Preisliste am Eingang reichen von «Selbstbedienung» bis zum Luxuspaket mit Abschrubben, Einseifen und Massage.

Der *camekan* (Empfangsraum) ist ein ruhiger Innenhof in der Nähe des Eingangs, wo sich die Umkleidekabinen befinden. Im *camekan* entspannt man sich auch nach dem Bad bei einer Tasse Tee.

Umkleiden
Vor dem Umkleiden erhält man ein Tuch (peştemal), *das man sich um die Hüfte wickelt, und Sandalen für den feuchten, heißen Boden.*

Eingangs-korridor von der Straße

Becken und Wasserhahn zum Waschen

Kleine sternförmige Fenster durchbrechen die Kuppeln

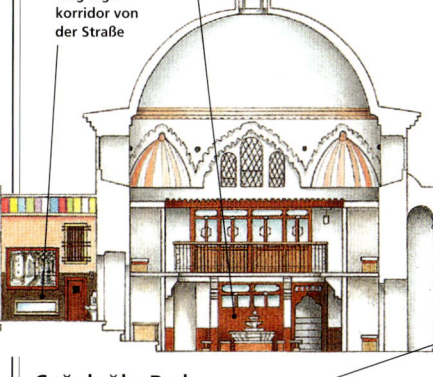

Cağaloğlu-Bad
Das prächtige Bad aus dem 18. Jahrhundert hat getrennte, identische Abteilungen für Männer und Frauen. Hier sieht man die Männerabteilung.

Der *soğukluk* (Warmraum) ist der temperierte Übergang vom Umkleideraum zum *hararet*. Hier erhält man beim Rückweg in den *camekan* trockene Handtücher.

Im *hararet* (Dampfbad), dem Zentrum jedes türkischen Bads, darf man sich, so lange man will, im Dampf aufhalten und schwitzen.

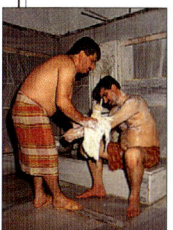

Peeling
Beim Schwitzen schrubbt man selbst (oder das Personal) den Körper wiederholt energisch mit einem rauen Handschuh (kese) *ab.*

Massage
In der Mitte des Raums befindet sich eine große Marmorplatte (göbek taşı), *auf der man von Kopf bis Fuß ordentlich durchgeknetet wird.*

Stadtplan *siehe Seiten 246–263*

Sultanahmet

Mosaik der Kaiserin Irene in der Hagia Sophia

Die zwei berühmtesten Gebäude Istanbuls flankieren eine Grünanlage, die Sultanahmet-Platz genannt wird. Der gleichnamige Stadtteil heißt nach Sultan Ahmed I., dem Bauherrn der Blauen Moschee. Dieser gegenüber erhebt sich die Hagia Sophia, ein Meisterwerk frühbyzantinischer Baukunst und heute noch eine der großartigsten Kirchen der Welt. Ein Platz in Form eines langen Rechtecks begrenzt eine Seite der Moschee. Hier lag das Hippodrom, die von den Römern um 200 n. Chr. eingerichtete Pferderennbahn. Auf der anderen Seite der Moschee erstreckte sich der byzantinische Kaiserpalast bis zum Marmarameer. Auf dem neuen Gelände stehen viele Holzhäuser.

Sehenswürdigkeiten auf einen Blick

Moscheen und Kirchen
Blaue Moschee S. 78f **6**
Hagia Sophia S. 72– 75 **1**
Sergius-und-Bacchus-
   Kirche **14**
Sokollu-Mehmed-Paşa-
   Moschee **13**

Museen
Marmara-Universität –
   Cumhuriyet-Museum **9**
Mosaikenmuseum **5**
Museum für türkische und
   islamische Kunst **7**

Plätze und Höfe
Hippodrom **8**
Zentrum für Kunsthandwerk **3**

Historische Gebäude und Denkmäler
Bukoleon-Palast **15**
Grabmal Sultan Mahmuds II. **11**
Konstantinssäule **12**
Roxelane-Bad **4**
Zisterne **2**
Zisterne der 1001 Säulen **10**

LEGENDE
⬛	Detailkarte *siehe S. 70f*
🚊	Tram-Haltestelle
ℹ️	Information
☪	Moschee
—	Stadtmauer

In Sultanahmet unterwegs
Die Tram zwischen Eminönü und Beyazıt hält in Sultanahmet bei der Firuz-Ağa-Moschee. Die meisten Sehenswürdigkeiten sind von dort zu Fuß erreichbar. Busse fahren zwischen Taksim und Sultanahmet.

◁ **Die eleganten Kuppeln der Blauen Moschee** *(siehe S. 78f)* in der Abendsonne

Im Detail: Sultanahmet-Platz

D er kleine Park namens Sultanahmet Meydanı (Sultanahmet-Platz) grenzt an das Hippodrom des alten Byzanz. Hier stehen sich zwei der majestätischsten Bauwerke Istanbuls gegenüber: die Blaue Moschee und die Hagia Sophia. Das historische Viertel beherbergt ferner mehrere Museen, darunter das Museum für türkische und islamische Kunst sowie das Mosaikenmuseum auf dem Areal des zerstörten Großen Palasts (siehe S. 82f). Der kulturhistorische Streifzug wird stimmungsvoll begleitet von den Rufen der Teppich- und Simit-Verkäufer, die über den Platz hallen.

Grabmal Sultan Ahmeds I.
Bezaubernde İznik-Fliesen (17. Jh.; siehe S. 161) zieren das Mausoleum auf dem Gelände der Blauen Moschee.

★ Blaue Moschee
Ahmed I. ließ diese weltberühmte Moschee im frühen 17. Jahrhundert erbauen. Ihre sechs schlanken Minarette überragen weithin sichtbar den Sultanahmet-Platz. ❻

Tram-Haltestelle Sultanahmet

Firuz-Ağa-Moschee

Brunnen Kaiser Wilhelms II.

Museum für türkische und islamische Kunst
Die beeindruckenden Bestände dieses Museums umfassen Nomadenjurten und Teppiche. ❼

Ägyptischer Obelisk

LEGENDE

– – – Routenempfehlung

Bronzene Säule

Schlangen-säule

Hippodrom
Über ein Jahrtausend stand das Stadion im Brennpunkt des Hauptstadtlebens, ehe es verfiel. Zu den wenigen Relikten gehören die in der Mittelachse aufgereihten Monumente. ❽

Mosaikenmuseum
Jagdszenen sind wiederkehrendes Motiv der Mosaiken, die den byzantinischen Großen Palast zierten. ❺

0 Meter   75

★ Zisterne
*Dieses und ein weiteres Medusen-
haupt dienen zwei Säulen der
Zisterne als Basis. Der unterirdische Wasserspeicher wurde im
6. Jahrhundert unter Kaiser Justinian* (siehe S. 20) *angelegt.* ❷

Ein steinerner Stützpfeiler
nahe den Überresten eines
osmanischen Wasserturms ist
das einzige Relikt des Milion-
Ehrenbogens *(siehe S. 83).*

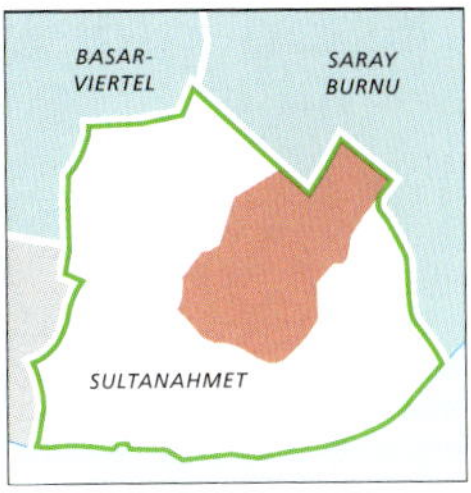

Zur Orientierung
Siehe Stadtplan 3 und 5

★ Hagia Sophia
*Die über 1400 Jahre
alte, einst bedeutendste
Kirche der byzantini-
schen Welt ist sehr gut
erhalten. Besonders
kostbare Details ihrer
Innenausstattung sind
die Mosaiken.* ❶

Roxelane-Bad
*Das elegante Bad wurde
Mitte des 16. Jahrhunderts
von Sinan* (siehe S. 91) *ent-
worfen. Es ist nicht mehr in
Betrieb und war zwischen-
durch Domizil eines staatlichen Teppichladens.* ❹

Hotel Yeşil Ev
(siehe S. 187)

Zentrum für Kunsthandwerk
*Hier hat man Gelegenheit, türki-
schen Kunsthandwerkern über
die Schulter zu sehen.* ❸

Kavalleriebasar
*Händler werden Sie bezirzen,
ihre Waren, vorrangig Teppiche
und Kunstgewerbliches, zumindest zu begutachten. Zwei lange
Reihen von Läden säumen die
Gasse dieses Basars, der früher
einmal eine Stallung war.*

NICHT VERSÄUMEN

★ Blaue Moschee

★ Hagia Sophia

★ Zisterne

Stadtplan *siehe Seiten 246 – 263*

Hagia Sophia ❶
Ayasofya

Die weltberühmte Hagia Sophia oder »Kirche der Heiligen Weisheit« ist über 1400 Jahre alt – ein bewundernswertes Denkmal der hoch entwickelten byzantinischen Baukunst des 6. Jahrhunderts. Sie beeinflusste richtungsweisend die Architektur der folgenden Jahrhunderte. Die heutige, über zwei Vorgängerinnen errichtete Kirche wurde 537 n. Chr. von Kaiser Justinian geweiht. Im 15. Jahrhundert wandelten die Osmanen sie in eine Moschee um. Aus jener Zeit stammen die Minarette, Grabbauten und Brunnen. Um den gewaltigen Bau abzustützen, verstärkte man die Fassade im Lauf der Zeit mit immer mehr Pfeilern, was das ursprüngliche Erscheinungsbild veränderte.

Die Hagia Sophia auf einem Stich aus der Mitte des 19. Jahrhunderts

Seraphim zieren die Pendentifs. In der Kuppel selbst wurde im Juli 2009 das erste von vier Engelsgesichtern freigelegt.

Schmuck-medaillons

Kürsü
(siehe S. 39)

Byzantinischer Fries
Von der 415 eingeweihten Basilika Hagia Sophia sind Reste des monumentalen Portals erhalten, darunter dieser mit Schafen bebilderte Fries.

Stützende Strebepfeiler

Kaisertor

Äußerer Narthex

Innerer Narthex

Auf den Emporen wohnten früher die Frauen den Gottesdiensten bei.

Historischer Plan der Hagia Sophia

Von der ersten, im 4. Jahrhundert erbauten Kirche ist nichts mehr zu sehen. Von ihrer Nachfolgerin aus dem 5. Jahrhundert, die 532 abbrannte, erkennt man noch Spuren. Erdbeben setzten der dritten, oftmals verstärkten und erweiterten Kirche zu.

LEGENDE
- ☐ Kirche (5. Jh.)
- ☐ Kirche (6. Jh.)
- ☐ Osmanische Anbauten

NICHT VERSÄUMEN

- ★ Brunnen
- ★ Hauptschiff
- ★ Mosaiken

★ Hauptschiff

Die Großartigkeit dieses Raums, dessen mächtige Kuppel in einer Höhe von 56 Metern endet, nimmt jeden Besucher gefangen.

INFOBOX

Ayasofya Sultanahmet Meydanı 1. **Stadtplan** 3 E4 (5 F3). **Karte** H9 (W4). ((0212) 528 45 00. Sultanahmet. Di–So 9–18 Uhr. nur Erdgeschoss.

Ziegelminarett

★ Mosaiken

Herrliche byzantinische Mosaiken schmücken die Kirche. Dieses, zu sehen am Ende der Südempore, zeigt Christus zwischen Kaiser Konstantin IX. und dessen Gemahlin Zoe.

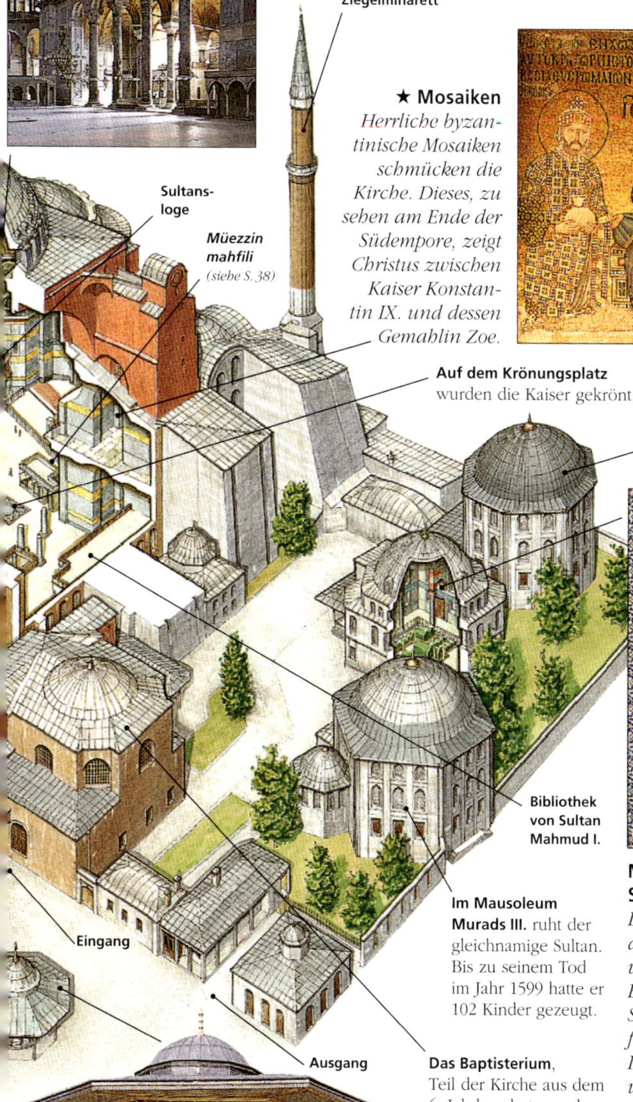

Sultansloge

Müezzin mahfili (siehe S. 38)

Auf dem Krönungsplatz wurden die Kaiser gekrönt.

Mausoleum Mehmeds III.

Bibliothek von Sultan Mahmud I.

Mausoleum Selims II.

Dieses älteste der drei Mausoleen wurde 1577 nach Entwürfen von Sinan (siehe S. 91) fertiggestellt. Das Innere ist ganz und gar mit İznik-Fliesen verkleidet.

Eingang

Ausgang

Im Mausoleum Murads III. ruht der gleichnamige Sultan. Bis zu seinem Tod im Jahr 1599 hatte er 102 Kinder gezeugt.

Das Baptisterium, Teil der Kirche aus dem 6. Jahrhundert, wurde zum Mausoleum zweier Sultane umgebaut.

★ Brunnen

Dieser um 1740 errichtete Brunnen ist ein entzückendes Beispiel des türkischen Rokoko. Bunte florale Reliefs zieren sein Dach.

Stadtplan siehe Seiten 246–263

Hagia Sophia: Glanzlichter

Medaillon mit Kalligrafiedekor

Ein irdischer Spiegel des Himmels sollte die Hagia Sophia sein – und man fühlt sich in ihr tatsächlich entrückt in höhere Sphären. Künstlerische Glanzlichter sind die schimmernden figürlichen Mosaiken, Überreste des Dekors, der einst die oberen Wandpartien überzog. Angefertigt wurden diese Meisterstücke byzantinischer Kunst nach dem Bildersturm *(siehe S. 20)*, im 9. Jahrhundert und später. Die ornamentalen Mosaikdecken dagegen, vor allem jene im Narthex und im benachbarten Kriegervestibül, entstammen teilweise der Erstausstattung des 6. Jahrhunderts.

Ansicht des Innenraums nach der Restaurierung im 19. Jahrhundert

Erdgeschoss

Man betritt die Kirche durch das einst dem Kaiser und seinem Gefolge vorbehaltene Kaisertor. Über diesem erblickt man das erste der erhaltenen byzantinischen Mosaiken. Es zeigt **Christus auf dem Thron mit einem niederknienden Kaiser** ①, sehr wahrscheinlich Kaiser Leon VI. *(siehe S. 21)*. Entstanden ist das Mosaik zwischen 886 und 912 n.Chr.

Die auffälligsten Akzente im Erdgeschoss des Hauptschiffs wurden von osmanischen Sultanen nach Konstantinopels Eroberung 1453 und der Umwandlung der Kirche zur Moschee gesetzt.

Der **Mihrab** ②, die gen Mekka gewandte Gebetsnische, wurde gegenüber dem Eingang in der Apsis platziert. Die **Sultansloge** ③ links davon ist ein Werk der Gebrüder Fossati, jener italienisch-schweizerischen Architekten, die 1847–49 im Auftrag von Sultan Abd ül-Medschid die Hagia Sophia überholten.

Murad III. (1574–1595) ließ den **Minbar** ④, die Kanzel, zur Rechten des Mihrab hinzufügen, ebenso die vier *müezzin mahfilleri* ⑤, Marmorpodeste für Koran-leser. An das größte Podest neben dem Minbar schließt sich der marmorverzierte **Krönungsplatz** ⑥ an. Dort stand vermutlich der Thron der byzantinischen Kaiser, der als *omphalos* («Nabel») das Zentrum der Welt symbolisierte. 1739 wurde im südlichen Seitenschiff die **Bibliothek Mahmuds I.** ⑦ eingerichtet, die man durch eine dekorative Bronzetür betritt.

An der gegenüberliegenden Seite des Hauptschiffs flankieren zwei Säulen den marmornen, unter Murad IV. (1623–1640) installierten **Predigerthron** ⑧. Hinter diesem befindet sich eine von mehreren **Maqsuras** ⑨, jene umgitterten niedrigen Plattformen, die vor Wänden und an Pfeilern Älteren Gelegenheit zum Sitzen, Zuhören und Lesen des Korans bieten.

Im Nordwest- und Westeck der Kirche stechen zwei – vermutlich hellenistische oder frühbyzantinische – **Marmorurnen** ⑩ ins Auge. Hinter einer steht die rechteckige **Säule Gregors des Wundertäters** ⑪, der man wundersame Heilkraft zuschreibt.

Bei Verlassen der Kirche passieren Sie das Kriegervestibül; die Leibgarde des Kaisers wartete hier, wenn der Herrscher die Kirche besuchte. Blicken Sie nach Betreten des Raums zurück auf das herrliche **Mosaik der heiligen Maria mit Konstantin und Justinian** ⑫ über der Tür. Im Zentrum sitzt

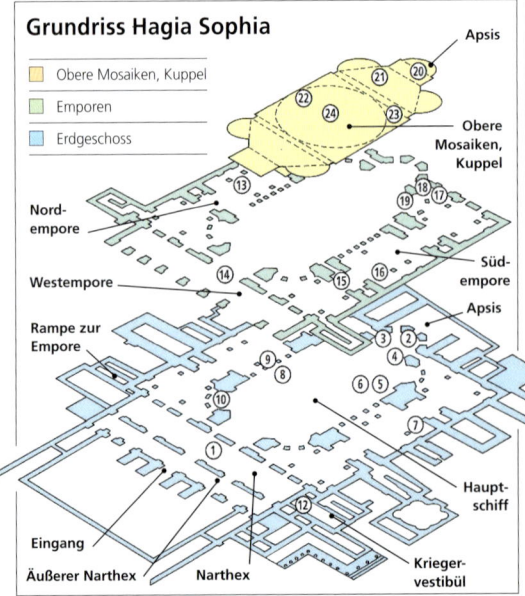

Grundriss Hagia Sophia

- Obere Mosaiken, Kuppel
- Emporen
- Erdgeschoss

Apsis
㉑ ㉒ ㉔ ㉓ ㉒ ㉓
Obere Mosaiken, Kuppel
⑬ ⑱ ⑰
Nordempore
⑭ ⑯ ⑮
Südempore
Westempore
Rampe zur Empore
Apsis
③ ②
④
⑨
⑧
⑥ ⑤
⑩
⑦
①
Hauptschiff
⑫
Eingang
Äußerer Narthex   Narthex
Kriegervestibül

Maria mit dem Jesuskind auf einem Thron. Konstantin, abgebildet zu ihrer Rechten, bringt ihr die Stadt Konstantinopel, Justinian die Hagia Sophia dar. Das Mosaik entstand lange nach dem Tod dieser byzantinischen Kaiser, wohl im 10. Jahrhundert zur Regierungszeit von Basileios II. *(siehe S. 21)*. Besucher verlassen die Kirche durch das Portal, das wegen der Nähe zum Großen Palast *(siehe S. 82 f)* für den Kaiser reserviert war.

Christusfigur (Ausschnitt des Deesismosaiks in der Südempore)

Emporen

Eine Rampe führt vom Erdgeschoss auf die Nordempore. Dort erblicken Sie an der Ostseite des großen Nordwestpfeilers auf einem Mosaik des 10. Jahrhunderts **Kaiser Alexander, einen Schädel haltend** ⑬. Eine mittelalterliche Zeichnung einer Galeone mit geblähten Segeln ziert die Westwand desselben Pfeilers.

Beachtung verdient auf der Westempore nur die grüne Marmorscheibe, die den Standort des byzantinischen **Kaiserinnenthrons** ⑭ markiert.

Mehr gibt es auf der Südempore zu sehen, etwa die marmornen **Tore von Himmel und Hölle** ⑮, über die man wenig mehr weiß, als dass sie schon vor der osmanischen Eroberung *(siehe S. 26)* hier standen. Nach Passieren der Tore entdecken Sie in der Ecke zur Rechten das **Deesismosaik** ⑯ mit Christus als Pantokrator (Allherrscher), Maria und Johannes dem Täufer. Hier gegenüber ist in den Boden das Grab von Enrico Dandolo eingelassen, jenem Dogen von Venedig, der die Einnahme von Konstantinopel durch die Kreuzfahrer 1204 *(siehe S. 24)* unterstützte.

Das letzte Wandfeld der Südempore birgt zwei weitere Mosaiken: rechts **Maria mit dem Jesuskind zwischen Kaiser Johannes II. Komnenos und Kaiserin Irene** ⑰, links **Christus mit Kaiser Konstantin IX. Monomachos und Kaiserin Zoe** ⑱, wobei man Konstantins und Zoes Gesichter verändert hat.

Die acht **Holztafeln** ⑲ über dem Hauptschiff wurden von den Gebrüdern Fossati angebracht. Ihre Kalligrafien nennen die Namen von Allah, dem Propheten Mohammed, den vier ersten Kalifen sowie von Hassan und Hussein, zwei als Märtyrer verehrten Enkeln des Propheten.

Mosaik des Erzengels Gabriel an der unteren Apsiswand

Obere Mosaiken und Kuppeln

In der Apsis fesselt das **Mosaik der Muttergottes mit dem Jesuskind auf dem Schoß** ⑳. Zwei weitere Mosaiken zeigen die Erzengel **Gabriel** ㉑ und – fragmentarisch bewahrt – Michael. Die Enthüllung der Mosaiken am Ostersonntag 867 besiegelte triumphal die Beilegung des Bildersturms *(siehe S. 21)*.

Südempore und Hauptschiff geben den Blick frei auf drei **Mosaikporträts von Heiligen** ㉒ in den Nischen des nördlichen Tympanons; von links nach rechts: Ignatius der Jüngere, Johannes Chrysostomos und Ignatius Theophorus.

Auf den Mosaiken in den Pendentifs oder Hängezwickeln (konkave Dreiecksflächen im Fußkreis der Kuppel) schweben **Seraphim** ㉓, sechsflügelige Engel. Die Mosaiken in den östlichen Pendentifs wurden 1346–55 angebracht, jene an der Westseite im Zuge der Restaurierung des 19. Jahrhunderts historischen Vorbildern nachempfunden. Koranzitate zieren die 65 Meter hohe **Hauptkuppel** ㉔. Diese war einst mit einem goldenen Mosaikmantel verkleidet. Im Juli 2009 wurde unter sechs Schichten Putz in der Hauptkuppel das erste von vier riesigen Engelsgesichtern freigelegt.

Mosaik Mariens mit dem Kaiserpaar Johannes II. Komnenos und Irene

Die unterirdische Höhlenwelt der byzantinischen Zisterne

Zisterne ❷
Yerebatan Sarayı

13 Yerebatan Cad., Sultanahmet.
Stadtplan 3 E4 (5 E4). **Karte** H9
(V4). ☎ *(0212) 522 12 59.* 🚊
Sultanahmet. ⏱ *tägl. 9–18.30 Uhr
(Okt–Apr: 8.30–16 Uhr).*

D er weitläufige unterirdische Wasserspeicher ist
technisch wie ästhetisch ein
Musterbeispiel byzantinischer
Baukunst und Istanbuls ausgefallenste Sehenswürdigkeit.
Ein kleineres Reservoir war
wohl Vorläufer des höhlen-
artigen Gewölbes, welches
532 n. Chr. unter Kaiser Justinian angelegt wurde und vorrangig den steigenden Was-
serbedarf des Großen Palasts
(siehe S. 82f) auf der anderen
Seite des Hippodroms *(siehe
S. 80)* stillen sollte. Die Osmanen entdeckten die Zisterne
erst ein Jahrhundert nach
ihrer Eroberung der Stadt
(siehe S. 26) – als sie bemerkt
hatten, dass Einwohner mit
Eimern Wasser und Fische aus
Kellergruben schöpften.
Man kann die Gänge der
Unterwelt zu Klängen klassischer Musik und tröpfelnden
Wassers erkunden. 336 Säulen

stützen das Gewölbe, jede
acht Meter hoch. Nur mehr
zwei Drittel der Anlage sind
zu sehen, der Rest der ursprünglich 9800 Quadratmeter
großen Anlage wurde im
19. Jahrhundert zugemauert.
Die Zisterne fasste ca. 100 Millionen Liter Wasser, das über
den Valens-Aquädukt *(siehe
S. 89)* hierhergeleitet wurde.

Zentrum für Kunsthandwerk ❸
Mehmet Efendi Medresesi

Kabasakal Cad. 5, Sultanahmet.
Stadtplan 3 E4 (5 E4). **Karte** H9
(V5). ☎ *(0212) 517 67 82.* 🚊 *Adli-
ye.* ⏱ *tägl. 9.30–17.30 Uhr.*

W er sich für Handwerks-
kunst interessiert, sollte
diese ehemalige Koranschule
aufsuchen. Hier sieht man
Meister am Werk: Sie binden
Bücher, erstellen zierliche
Kalligrafien oder glasieren
und bemalen Tongefäße.
Alle Produkte, wie exquisite
Puppen, Meerschaumpfeifen
und Schmuck in traditionellem osmanischem Design,
sind zu kaufen.
Nebenan beherbergt ein
osmanisches Haus das Hotel
Yeşil Ev *(siehe S. 187)* mit
einem Café im Hof.

Roxelane-Bad ❹
Haseki Hürrem Hamamı

Ayasofya Meydanı, Sultanahmet.
Stadtplan 3 E4 (5 E4). **Karte** H9
(V4/5). ☎ *(0212) 517 35 35.* 🚊 *Sultanahmet.* ⏱ *tägl. 7–24 Uhr.*
www.visit2istanbul.com/haseki-
hurrem-sultan-hamam-bath;
www.ayasofyahamami.com

D as Bad wurde 1556/57 erbaut und nach der intri-
ganten Hauptfrau von Süleyman I. *(siehe S. 26)* benannt.

Roxelane
Die machthungrige Roxelane
(1500–1558), im Türkischen
unter dem Namen »Haseki
Hürrem« bekannt, soll russi-
scher Abkunft gewesen sein.
Sie stieg von einer Konku-
bine im Sultansharem zur
Hauptfrau – der ersten *kadın
(siehe S. 28)* – Süleymans I.
auf und war die erste weibliche Bewohnerin des Top-
kapı-Palasts *(siehe S. 54– 59)*.
Roxelane kannte keine
Skrupel. Als sie ihre Position
durch Süleymans Jugend-
freund und Großwesir İbrahim Paşa bedroht sah, brachte
sie den Sultan dazu, den Rivalen strangulieren zu lassen.
Jahre später, 1553, gelang ihr der größte Coup: Auf ihr Zu-
reden hin ließ Süleyman seinen erstgeborenen Sohn, den
beliebten Mustafa, von Taubstummen umbringen. Damit
war für Roxelanes Sohn Selim der Weg auf den Thron frei.

Portikus des Roxelane-Bads (16. Jh.), aus roten und weißen Backsteinen erbaut

Sinan *(siehe S. 91)* schuf die Anlage 1556/57 in Süleymans Auftrag für die Gemeinde der damals als Moschee dienenden Hagia Sophia *(siehe S. 72–75)*.

Die Symmetrie macht den Bau zum schönsten Badehaus der Stadt. Gemäß der typischen Anlage eines türkischen Bads *(siehe S. 67)* befanden sich die Eingänge zum Männer- und Frauentrakt an entgegengesetzten Seiten. Der Männereingang hat einen schönen Portikus mit Kolonnaden und weist Richtung Hagia Sophia. Innen gelangten die Badenden in einen *camekan*, eine weite Kuppelhalle, deren Zentrum ein Brunnen bildete. Der anschließende *soğukluk* leitete in das Dampfbad oder *hararet*. In beiden *hararetler* stand ein sechseckiges Massagepodest, *göbek taşı* genannt. Die bunten Marmorintarsien der Podeste deuten an, dass sich hier hochherrschaftliche Gäste durchwalken ließen.

Über 350 Jahre lang, bis 1910, war das Bad in Benutzung. Danach wurde der Bau viele Jahre lang zweckentfremdet: Er beherbergte u. a. einen Kohlenhandel und später einen staatlichen Teppichladen. Seit 2011 dient das Roxelane-Bad nach drei Jahren Restaurierung wieder als öffentliches Bad.

Mosaikenmuseum ❺
Mozaikleri Müzesi

Arasta Çarşısı, Sultanahmet. **Stadtplan** 3 E5 (5 E5). **Karte** H10 (V5). ☎ *(0212) 518 12 05.* 🚃 *Sultanahmet.* ⭘ *Wiedereröffnung nach Renov.: Juli 2012: Di–So 9–16.30 Uhr (tel. erkundigen).* **www**.muze.gov.tr/mozaik

Das Museum befindet sich in der Nähe des Arasta-Basars, mitten in einem Labyrinth von kleinen Läden. Hier hat man das Ausgrabungsfeld des Großen Palasts der byzantinischen Kaiser *(siehe S. 82f)* überdacht, sodass man die Mosaiken am Originalplatz besichtigen kann.

In seiner Blütezeit hatte der Große Palast Hunderte von Räumen, von denen viele mit goldenen Mosaiken verziert waren. Vermutlich stammen diese Mosaiken aus dem späten 5. Jahrhundert n. Chr. Man nimmt an, dass sie den Säulengang pflasterten, der von den kaiserlichen Wohngemächern im Palast zu dem Bereich im Hippodrom führte, der dem Kaiser vorbehalten war.

Detail eines Mosaiks (5. Jh.) im Mosaikenmuseum

Die freigelegten Bodenmosaiken bedecken eine Fläche von 1872 Quadratmetern. Sie bilden damit eines der größten erhaltenen Mosaiken Europas. Die dargestellten Themen sind vielfältig: Neben Motiven aus der Mythologie mit Fabelwesen sind man die unterschiedlichsten Landschaften, eine Reihe von Haustieren und wilden Tieren, Hirten mit grasenden Herden, Bauern, die ihr Vieh versorgen, Jagdszenen und Kampfmotive. Mehr als 150 figürliche Darstellungen überliefern ein konkretes Bild des Lebens im 5. Jahrhundert n. Chr.

Blaue Moschee ❻

Siehe S. 78f.

Museum für türkische und islamische Kunst ❼
Türk ve İslam Eserleri Müzesi

Atmeydanı Sok. 46, Sultanahmet. **Stadtplan** 3 D4 (5 D4). **Karte** G/H9 (U5). ☎ *(0212) 518 18 05.* 🚃 *Sultanahmet.* ⭘ *Apr–Okt: Di–So 9–19; Nov–März: Di–So 9–17 Uhr.* **www**.tiem.gov.tr

Untergebracht ist diese ab dem 19. Jahrhundert zusammengetragene Kollektion im Palast von İbrahim Paşa (um 1493–1536), dem fähigsten Großwesir Süleymans, der mit Süleymans Schwester verheiratet war. Die 40 000 Exponate reichen von frühislamischen Zeit, der Kalifendynastie der Omajjaden (661–750), bis zur Moderne.

Jeder Saal beleuchtet eine Epoche oder Region des islamischen Kulturraums. Die renommierte Teppichsammlung umfasst Fragmente seldschukischer Arbeiten des 13. Jahrhunderts ebenso wie prunkvolle persische Seidenteppiche, die vom Boden bis zur Decke die Wände der großen Halle ausfüllen.

Der Lebensweise von Turkvölkern, besonders der Nomaden Zentral- und Ostanatoliens, widmet sich eine Abteilung im Erdgeschoss. Sehenswert sind hier z. B. die Rekonstruktionen einer Filzjurte und eines traditionellen Zeltes. Alle Exponate sind ausführlich auf Türkisch und Englisch kommentiert.

Inneres einer Jurte, Museum für türkische und islamische Kunst

Blaue Moschee ⑥
Sultan Ahmet Camii

Der vorwiegend blaue Innen-schmuck aus İznik-Fayencen *(siehe S. 161)* hat der Blauen Moschee, einem der berühmtesten Sakralbauten der Welt, ihren Namen verliehen. Die Moschee wirkt heiter-ruhig – und wie verzaubert, wenn sie nachts im Scheinwerferlicht erstrahlt und Seemöwen mit klagenden Schreien um ihre Minarette segeln. Der Hofarchitekt Mehmed Ağa erbaute sie 1609–16 im Auftrag von Sultan Ahmed I. Damals sank der Glücksstern der Osmanen, das kostspielige Projekt stieß auf harsche Kritik, zumal man in den sechs Minaretten eine frevelhafte Anmaßung gegenüber Mekka sah.

Blick vom Hippodrom *(siehe S. 80)* auf die Blaue Moschee, Stich aus dem 19. Jahrhundert

Dicke Pfeiler helfen das Gewicht der Kuppel zu tragen.

In der Loge *(siehe S. 39)* nahmen der Sultan und sein Gefolge an den Gebetsstunden teil.

Mihrab

Herrscherpavillon

Minbar
Der fein gemeißelte Minbar aus weißem Marmor stammt aus dem 17. Jahrhundert. Auf ihm hält der Imam die Freitagspredigt (siehe S. 38f).

Gebetssaal

Besucherausgang

Müezzin mahfili
(siehe S. 38)

Eingang zum Vorhof

★ İznik-Fliesen
Bei der Ausschmückung der Moschee scheute man keine Kosten. Die Fliesen wurden zur Blütezeit der İznik-Manufakturen (siehe S. 161) *hergestellt.*

NICHT VERSÄUMEN

★ Ansicht der Kuppeln

★ Dekor der Kuppeln

★ İznik-Fliesen

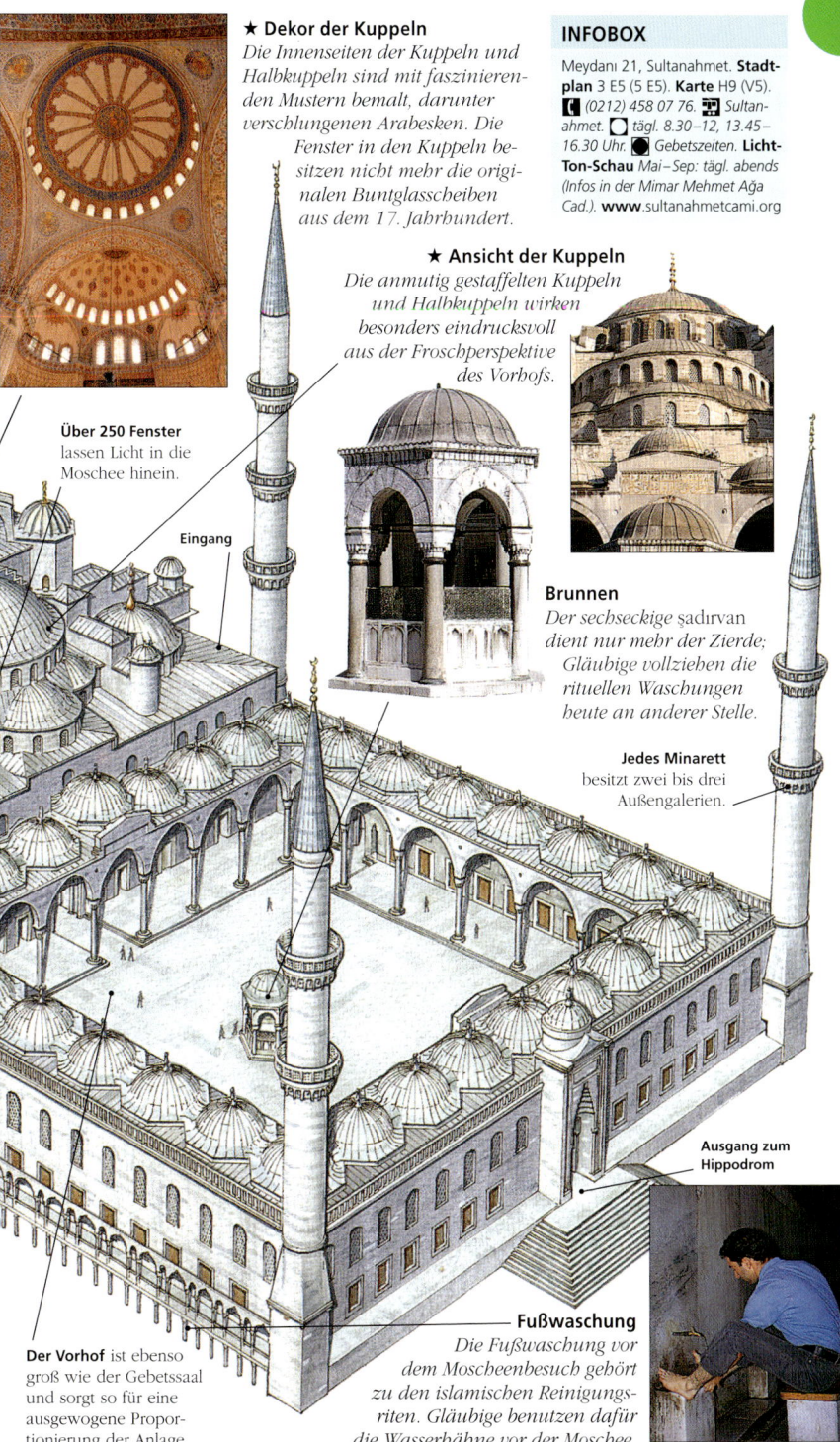

★ Dekor der Kuppeln

Die Innenseiten der Kuppeln und Halbkuppeln sind mit faszinierenden Mustern bemalt, darunter verschlungenen Arabesken. Die Fenster in den Kuppeln besitzen nicht mehr die originalen Buntglasscheiben aus dem 17. Jahrhundert.

INFOBOX

Meydanı 21, Sultanahmet. **Stadtplan** 3 E5 (5 E5). **Karte** H9 (V5). (0212) 458 07 76. Sultanahmet. tägl. 8.30–12, 13.45–16.30 Uhr. Gebetszeiten. **Licht-Ton-Schau** Mai–Sep: tägl. abends (Infos in der Mimar Mehmet Ağa Cad.). www.sultanahmetcami.org

★ Ansicht der Kuppeln

Die anmutig gestaffelten Kuppeln und Halbkuppeln wirken besonders eindrucksvoll aus der Froschperspektive des Vorhofs.

Über 250 Fenster lassen Licht in die Moschee hinein.

Eingang

Brunnen
Der sechseckige şadırvan dient nur mehr der Zierde; Gläubige vollziehen die rituellen Waschungen heute an anderer Stelle.

Jedes Minarett besitzt zwei bis drei Außengalerien.

Ausgang zum Hippodrom

Fußwaschung
Die Fußwaschung vor dem Moscheebesuch gehört zu den islamischen Reinigungsriten. Gläubige benutzen dafür die Wasserhähne vor der Moschee.

Der Vorhof ist ebenso groß wie der Gebetssaal und sorgt so für eine ausgewogene Proportionierung der Anlage.

Stadtplan siehe Seiten 246–263

Ägyptischer Obelisk und Säule Konstantin VII. Porphyrogennetos

Hippodrom ❽
At Meydanı

Sultanahmet. **Stadtplan** 3 E4 (5 D4). **Karte** H9 (U/V5). 🚊 *Sultanahmet.*

Wenig zeugt noch vom gigantischen Stadion im Herzen der byzantinischen Hauptstadt Konstantinopel *(siehe S. 22f)*. Angelegt wurde es unter Kaiser Septimius Severus im 3. Jahrhundert beim Wiederaufbau der Stadt *(siehe S. 19)*. Kaiser Konstantin *(siehe S. 20)* ließ es vergrößern und die Kaiserloge *(kathisma)* mit dem Großen Palast *(siehe S. 82f)* verbinden.

Relief an der Basis des Ägyptischen Obelisken

100 000 Personen soll das Hippodrom damals gefasst haben. Heute dient das Areal als Park namens At Meydanı, »Platz der Pferde«. Doch so spärlich die Spuren auch sind, lassen sie doch das Ausmaß des Hippodroms erahnen.

Die Straße, die das Rechteck des Platzes umläuft, folgt ziemlich genau der Bahn, auf der die Wagenlenker ihre Pferde ins Ziel hetzten. Begibt man sich ein paar Schritte in die İbret Sokağı, entdeckt man Bogen, die an der Endkurve den Wendepunkt markierten. Konstantin schmückte die *spina*, das lange Podest in der Mitte der Bahn, mit altägyptischen Obelisken und griechischen Säulen und gab so seiner neuen Hauptstadt historischen Anstrich. Nicht mehr erhalten ist die Säule, die von den vier bronzenen »Pferden von San Marco« gekrönt wurde. Venezianer erbeuteten die Pferde während des vierten Kreuzzugs *(siehe S. 24)* und brachten sie nach Venedig.

Drei Denkmäler stehen noch an Ort und Stelle. Eines ist der **Ägyptische Obelisk**, der 1500 v. Chr. gefertigt und auf Konstantins Befehl von einem Platz bei Luxor hierhergebracht wurde. Er ist meisterlich behauen, allerdings beschädigt und auf etwa ein Drittel seiner Originalgröße geschrumpft. Sein Reliefsockel (4. Jh. n. Chr.) zeigt Theodosius I. *(siehe S. 20)*.

Die **Schlangensäule** (um 479 v. Chr.) daneben wurde aus Delphi hierher verschifft. Im 18. Jahrhundert schlug ein betrunkener polnischer Edelmann den Schlangen die Häupter ab. Eines davon ist im Archäologischen Museum *(siehe S. 62–65)* ausgestellt. Unbestimmten Alters ist der Obelisk, der – nach dem Kaiser, der ihn restaurieren ließ – **Säule Konstantin VII. Porphyrogennetos** genannt wird. Da er einst mit Bronze verkleidet war, heißt er auch Bronzene Säule. Sein ramponierter Zustand geht nicht zuletzt auf das Konto der jungen Janitscharen *(siehe S. 127)*, die hier ihre Kletterkunst übten.

Ein überkuppelter Brunnen erinnert an den Istanbul-Besuch des deutschen Kaisers Wilhelm II. im Jahr 1898.

Das Hippodrom war Schauplatz einer der blutigsten Begebenheiten der Stadtchronik. 532 n. Chr. artete ein Kampf gegnerischer Wagenlenker in den Nika-Volksaufstand aus, der gnadenlos niedergeschlagen wurde: Auf Geheiß Justinians metzelten Söldner 30 000 im Hippodrom eingekesselte Menschen nieder.

Marmara-Universität – Cumhuriyet-Museum ❾
Cumhuriyet Müzesi

Üçler Sok., Sultanahmet. **Stadtplan** 3 D5 (5 D5). **Karte** G9 (U5). 📞 *(0212) 518 48 03.* 🚊 *Çemberlitaş.* 🕐 *Di–So 10–18 Uhr.*

Das Kunstmuseum wurde 1973 gegründet, um mit einer Ausstellung das 50-jährige Jubiläum der Türkei als Republik zu feiern, und wird deshalb auch Museum der Republik genannt. Heute präsentiert es Werke von mehr als 85 Künstlern.

Zisterne der 1001 Säulen ❿
Binbirdirek Sarnıcı

Imran Ökten Cad. 4, Sultanahmet. **Stadtplan** 3 D4 (5 D4). **Karte** G9 (U4). 📞 *(0212) 518 10 01.* 🚊 *Çemberlitaş.* 🕐 *tägl. 9–18 Uhr.*

Veranstaltungen im Hippodrom

Am 11. Mai 330 n. Chr. feierte man im Hippodrom die Einweihung der Hauptstadt Konstantinopel (siehe S. 20). 1300 Jahre diente das Stadion dann als Megabühne der Stadt. Publikumsmagneten waren in byzantinischer Zeit die Wagenrennen. Nach der osmanischen Eroberung (siehe S. 26) verfiel das Hippodrom, wurde aber noch für Massenveranstaltungen genutzt. Auf dieser Illustration aus dem 16. Jahrhundert beobachtet Murad III. die 52 Tage während Feiern zu Ehren der Beschneidung seines Sohnes Mehmed. Dabei demonstrierten Istanbuls Gilden in einer Parade ihre Handwerkskünste.

Sultan Murad III.

Palast des İbrahim Paşa (Museum für türkische und islamische Kunst; siehe S. 77)

Säule Konstantin VII. Porphyrogennetos

Schlangensäule

Ägyptischer Obelisk

Der zweitgrößte byzantinische Wasserspeicher der Stadt stammt aus dem 4. Jahrhundert n. Chr. Er bedeckt eine Fläche von 64 mal 56 Metern. 264 Marmorsäulen – die Zahl 1001 ist eine orientalisch-lyrische Übertreibung – stützen das im Fischgrätenverbund aus Mauerziegeln konstruierte Gewölbe. Heute lockt die Zisterne als Shopping-Komplex mit Läden, die osmanische Waren wie Schmuck, Teppiche und Fliesen anbieten.

Grabmal Sultan Mahmuds II. ⓫
Mahmut II Türbesi

Divanyolu Cad., Çemberlitaş. **Stadtplan** 3 D4 (4 C3). **Karte** G9 (U4). Çemberlitaş. ◯ tägl. 9.30–16.30 Uhr.

Das achteckige Mausoleum ist im Empirestil gestaltet, der altrömische Vorbilder aufgriff. Es wurde 1838 errichtet, ein Jahr vor dem Tod Mahmuds II. Auch die Sultane Abd ül-Asis und Abd ül-Hamid II. (siehe S. 33) sind hier beigesetzt. Korinthische Säulen gliedern die mit Symbolen des Wohlstands und Sieges reich geschmückten Innenwände. Das Grabmal steht im Zentrum eines kleinen Friedhofs, wo man kunstvolle Grabsteine, einen Brunnen und ein nettes Café entdeckt.

Konstantinssäule ⓬
Çemberlitaş

Yeniçeriler Cad., Çemberlitaş. **Stadtplan** 3 D4 (4 C3). **Karte** G9 (T4). Çemberlitaş. **Çemberlitaş-Bad** Vezirhanı Cad. 8. (0212) 511 25 35. ◯ tägl. 6–24 Uhr.

Stürmen und Bränden hat diese 35 Meter hohe Säule getrotzt. Sie wurde 330 n. Chr. bei der Einweihungsfeier der neuen byzantinischen Hauptstadt (siehe S. 20) aufgestellt und bildete den Blickfang des großartigen Konstantin-Forums (siehe S. 23).

Die Säule besteht aus Porphyr aus dem ägyptischen Heliopolis. Sie trug auf einem korinthischen Kapitell eine Statue, die Kaiser Konstantin als Apollon zeigte, im Jahr 1106 aber bei einem Sturm zerschellte. Der Stumpf wurde, obwohl kein beeindruckendes Kunstwerk, auf sorgfältige Weise konserviert. Die zehn Trommeln des Schafts wurden 416 mit Metallringen verstärkt und diese 1701 unter Sultan Mustafa III. erneuert, weshalb die Säule im Türkischen Çemberlitaş

Konstantinssäule

(»Reifensäule«) heißt. Engländer nannten sie auch »Burnt Column«, da sie mehrfach Brandschäden erlitt. Besonders heftig wütete das Feuer, das 1779 den Großen Basar (siehe S. 98f) zerstörte.

Der mit einem Steinmantel verstärkte Säulensockel soll ausgefallene heilige Reliquien gehütet haben, u. a. die Axt, mit der Noah die Arche baute, das Salbgefäß der Maria Magdalena sowie Krumen der von Jesus wundersam vermehrten Brotlaibe.

In nächster Nähe der Säule, an der Ecke zur Divanyolu Caddesi, liegt das Çemberlitaş-Bad. Dieser herrliche hamam (siehe S. 67) wurde im Jahr 1584 im Auftrag von Nur Banu, der Gemahlin von Sultan Selim II., nach Plänen von Sinan (siehe S. 91) erbaut. Es besitzt, obgleich der ursprüngliche Frauentrakt nicht erhalten ist, nach Geschlechtern getrennte Abteilungen. Das Personal ist an ausländische Gäste gewöhnt und der Ort daher ideal, um erstmals in den Genuss eines türkischen Bads zu kommen. Rechnen Sie für diesen Genuss gut einenhalb Stunden ein.

Sokollu-Mehmed-Paşa-Moschee ⑬

Sokollu Mehmet Paşa Camii

Şehit Çeşmesi Sok., Sultanahmet.
Stadtplan 3 D5 (4 C5). **Karte** G9
(T5). 🚋 Çemberlitaş, Sultanahmet.
⭕ tägl.

D er Baumeister Sinan
(siehe S. 91) schuf die
Moschee 1571/72 für Sokollu
Mehmed Paşa, den Großwesir
von Selim II. *(siehe S. 32)*. Das
Problem der Hanglage löste
er durch eine viel bewunderte
schlichte Konzeption. Vom
Eingang an der Straße steigt
eine steile Treppe, vorbei am
erhöhten Unterrichtssaal der
noch betriebenen Medrese
(siehe S. 38), zum Außenhof
der Moschee auf.

Nur die gefliesten Bogenfelder über den Portikusfenstern
lassen ahnen, welch zauber-
haftes Interieur die Besucher
erwartet: İznik-Fayencen
(siehe S. 161) in herrlichem
Grünblau bedecken die Wand
hinter dem Mihrab. Sechs
Buntglasfenster ergänzen
das eigens für diesen Raum
kreierte Fliesendekor, das
auch den »Hut« des Minbar
schmückt. Die übrigen Wände
bestehen überwiegend aus
schlichtem Stein, sparsam aufgelockert durch Fayencenfel-
der. Das kleine grünliche
Steinfragment in der Wand
über dem Eingang soll vom
Hadschar stammen, dem heiligen Schwarzen Stein der
Kaaba in Mekka.

Sergius-und-Bacchus-Kirche

Sergius-und-Bacchus-Kirche ⑭

Küçük Ayasofya Camii

Küçük Ayasofya Cad. **Stadtplan**
3 D5 (4 C5). **Karte** G10. 🚋 Çemberlitaş, Sultanahmet. ⭕ tägl. ♿

D ie sogenannte »kleine
Hagia Sophia« wurde 527
in kaiserlichem Auftrag zu
Beginn der langen Amtsära
Justinians *(siehe S. 20)* und
seiner Gemahlin Theodora errichtet, wenige Jahre vor dem
Neubau ihrer großen Namens-
schwester *(siehe S. 72–75)*.
Die einfallsreiche, äußerst
dekorative Kirche ist eines
der charmantesten Baudenkmäler der Stadt.

Innen stützt ein unregel-
mäßiges, zwei Stockwerke
hohes Säulenachteck eine
ausladende Mittelkuppel mit
16 Wölbungen. Die Mosaiken
an den Wänden sind längst

Innenraum der Sokollu-Mehmed-
Paşa-Moschee (16. Jh.)

Rekonstruktion des Großen Palasts

Im heutigen Stadtteil Sultanahmet erstreckte sich der byzantinische Große
Palast. In seiner Glanzzeit stand er in
Europa einzig da: Mittelalterliche Besucher waren von seiner Pracht ge-
blendet. Der weite Komplex – darunter Wohn- und Repräsentationsbauten,
Kirchen, Höfe und Gärten – senkte
sich vom Hippodrom über einen terrassierten Hang bis hinab zum kaiserlichen Hafen am Marmarameer. Der
im 4. Jahrhundert von Kaiser Konstantin angelegte Palast wurde in Etappen
erweitert, nach dem 532 beim Nika-
Aufstand *(siehe S. 80)* entfachten
Brand von Justinian, danach von späteren Kaisern, besonders aufwendig
im 9. Jahrhundert von Basileios I.
(siehe S. 21). In der zweiten
Hälfte des 13. Jahrhunderts
wurde der Große Palast
zugunsten des Blacher-
nen-Palasts *(siehe
S. 117)* aufgegeben.

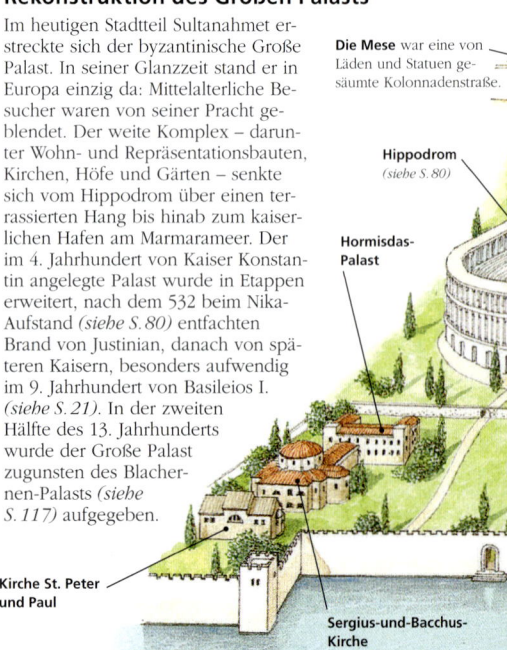

Die Mese war eine von
Läden und Statuen ge-
säumte Kolonnadenstraße.

Hippodrom
(siehe S. 80)

Hormisdas-Palast

**Kirche St. Peter
und Paul**

Sergius-und-Bacchus-Kirche

abgebröckelt, die grünen und roten Marmorsäulen jedoch, die feine Ornamentik der Kapitelle und der gemeißelte Fries über den Säulen sind Reste des Originaldekors.

Die Inschrift des Frieses nennt in scharf konturierten griechischen Lettern die Gründer der Kirche. Sie erwähnt auch Sergius, nicht aber Bacchus. Die beiden Heiligen waren römische Zenturionen, die sich zum Christentum bekannten und den Märtyrertod starben. Justinian betrachtete sie als seine Lebensretter: Als er als junger Mann in ein Mordkomplott gegen seinen Onkel Justin I. verwickelt war, sollen die Heiligen diesem im Traum zur Freilassung seines Neffen geraten haben.

Die Kirche stand ursprünglich zwischen zwei anderen wichtigen Gebäuden: dem Hormisdas-Palast und der Kirche St. Peter und Paul. Sie war mit beiden Bauten verbunden und überlebte beide, wurde allerdings nach der osmanischen Einnahme 1453 *(siehe S. 26)* zur Moschee.

Bukoleon-Palast ⓖ
Bukoleon Sarayı

Kennedy Cad., Sultanahmet.
Stadtplan 3 E5. **Karte** H10.
🚇 *Sultanahmet.*

Es verlangt beinahe detektivischen Spürsinn, diese Ruinen aufzustöbern. Allein sollte man die Reste des Großen Palasts nicht unbedingt besuchen, da auf dem Gelände Obdachlose leben.

Betreten Sie bei der Sergius-und-Bacchus-Kirche den Pfad, der die Eisenbahn unterquert, und wenden Sie sich dann nach links. Wenn Sie neben der Kennedy Caddesi am Marmarameer entlanggehen, erreichen Sie nach 400 Metern einen Abschnitt der alten Seemauer, eines Bollwerks gegen vom Meer angreifende Feinde. Im Schutz der Mauer steht ein von Pflanzen überwuchertes

Fassadenfragment, in dem drei riesige marmorumrahmte Fensteröffnungen klaffen – einziges Überbleibsel des Bukoleon-Palasts. Gegen seine Mauern schwappte einst das Wasser eines kleinen Privathafens, und über eine Treppe konnte der Kaiser geradenwegs eines seiner Segelboote besteigen. Unmittelbar östlich des Palasts befindet sich der verfallene byzantinische Leuchtturm.

Fassade des Bukoleon-Palasts, die einzige erhaltene Mauer des byzantinischen Baus

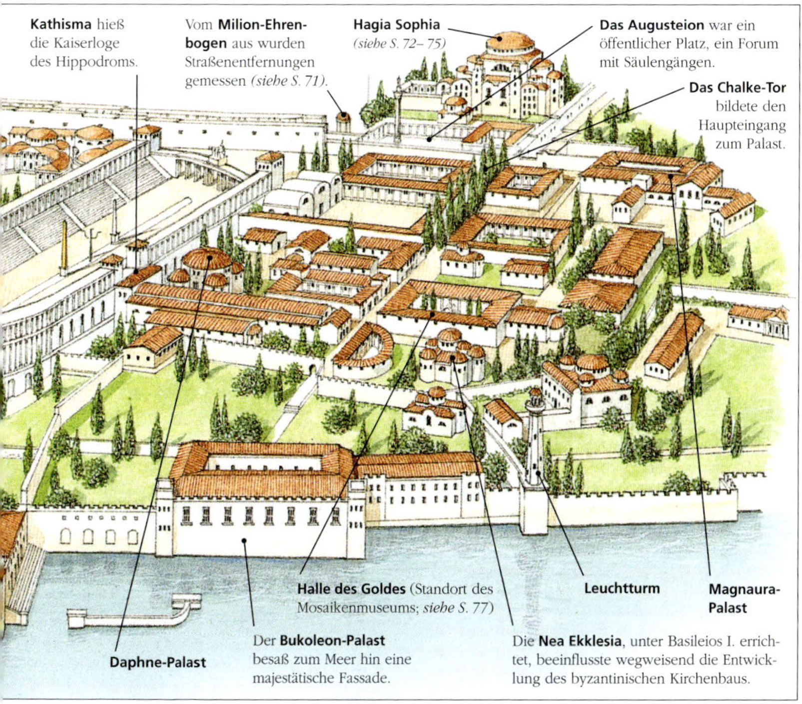

Kathisma hieß die Kaiserloge des Hippodroms.

Vom **Milion-Ehrenbogen** aus wurden Straßenentfernungen gemessen *(siehe S. 71).*

Hagia Sophia *(siehe S. 72–75)*

Das **Augusteion** war ein öffentlicher Platz, ein Forum mit Säulengängen.

Das **Chalke-Tor** bildete den Haupteingang zum Palast.

Halle des Goldes (Standort des Mosaikenmuseums; *siehe S. 77)*

Leuchtturm

Magnaura-Palast

Der **Bukoleon-Palast** besaß zum Meer hin eine majestätische Fassade.

Daphne-Palast

Die **Nea Ekklesia**, unter Basileios I. errichtet, beeinflusste wegweisend die Entwicklung des byzantinischen Kirchenbaus.

Stadtplan siehe Seiten 246–263

Basarviertel

Fenster der Nuruosmaniye-Moschee

Der Handel spielt in dieser Stadt, in der sich zwei Kontinente treffen, seit je eine überragende Rolle. Dies zeigt sich nirgendwo deutlicher als im Straßengewirr zwischen dem Großen Basar und der Galata-Brücke: Überall quellen aus den Läden die Waren auf die Gehwege. Späht man durch die Torwege, entdeckt man Höfe oder *hanlar* (siehe S. 96) mit Werkstätten. Das

Epizentrum der Geschäftigkeit ist der labyrinthische Große Basar mit seinem schier unbegrenzten Sortiment. Ähnlich lebhaft und farbenfroh, doch kleiner und überschaubarer ist der Gewürzbasar. Hügelan, nahe der Universität, legt die Süleymaniye-Moschee, eine von vielen bezaubernden Moscheen des Viertels, ein glanzvolles Zeugnis der osmanischen Kultur des 16. Jahrhunderts ab.

Sehenswürdigkeiten auf einen Blick

Moscheen und Kirchen
Atik-Ali-Paşa-Moschee **20**
Bodrum-Moschee **12**
Kalenderhane-Moschee **10**
Mahmud-Paşa-Moschee **22**
Neue Moschee **1**
Nuruosmaniye-Moschee **21**
Prinzenmoschee **9**
Rüstem-Paşa-Moschee **3**
Süleymaniye-Moschee S. 90f **5**
Theodorus-Kirche **6**
Tulpenmoschee **11**

Basare und Läden
Bücherbasar **16**
Gewürzbasar **2**
Großer Basar S. 98f **18**
Valide Han **17**
Vefa Bozacısı **8**

Museen und Denkmäler
Museum für Kalligrafie **14**
Theodosius-Forum **13**
Valens-Aquädukt **7**

Plätze und Höfe
Beyazıt-Platz **15**
Çorlulu-Ali-Paşa-Hof **19**

Wasserweg
Goldenes Horn **4**

LEGENDE
▧	Detailkarte *siehe S. 86f*
⚓	Fähranlegestelle
🚋	Tram-Haltestelle
🚌	Bushaltestelle
☾	Moschee

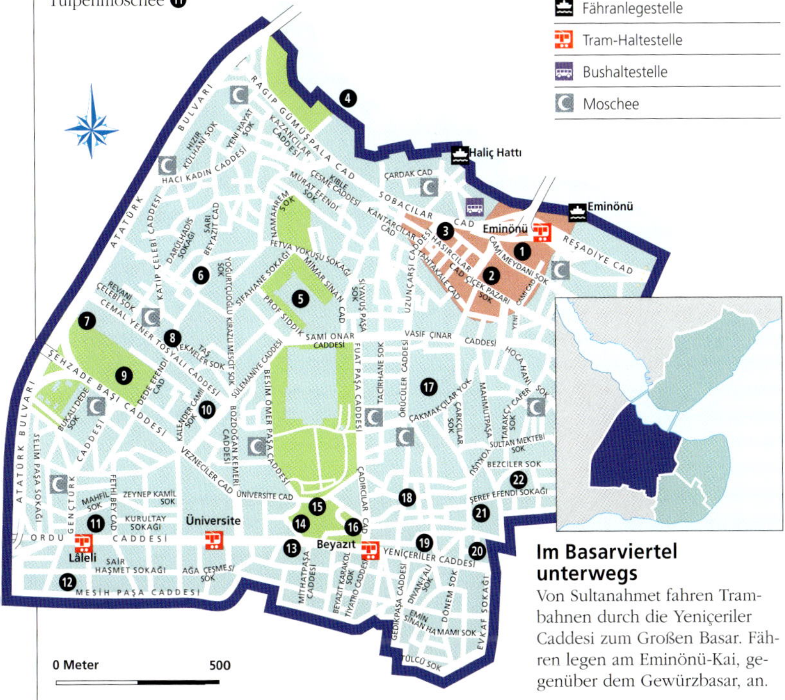

Im Basarviertel unterwegs
Von Sultanahmet fahren Trambahnen durch die Yeniçeriler Caddesi zum Großen Basar. Fähren legen am Eminönü-Kai, gegenüber dem Gewürzbasar, an.

0 Meter — 500

◁ Im Großen Basar *(siehe S. 98f)*, Istanbuls immer belebtem, spannendem Shopping-Revier

Im Detail: Gewürzbasar

Die Seele des alten Istanbul lebt fort in den schmalen Straßen um den Gewürzbasar. Von hier fahren Busse, Taxis und Trambahnen ins Zentrum und über die Galata-Brücke stadtauswärts. Tutende Schiffshörner verkünden das Auslaufen der Fähren von Eminönü ins asiatische Istanbul. Die Läden und Märkte locken viele Kauflustige an, die durch den Gewürzbasar und die Nachbarstraßen streifen und sich in baumbestandenen Höfen beim Tee entspannen. Einen Katzensprung vom Basar entfernt erheben sich ungerührt von aller Hektik die Kuppeln der Neuen Moschee. In einer der geschäftigen Gassen ihrer Umgebung führen bei einem unscheinbaren Torweg Stufen zur Terrasse der Rüstem-Paşa-Moschee hinauf, einem Juwel der Fayencendekoration.

Wasserpfeife auf dem Gewürzbasar

★ Rüstem-Paşa-Moschee
Das Interieur der Moschee gleicht einem Musterkatalog von İznik-Fayencen (siehe S. 161) feinster Qualität. ❸

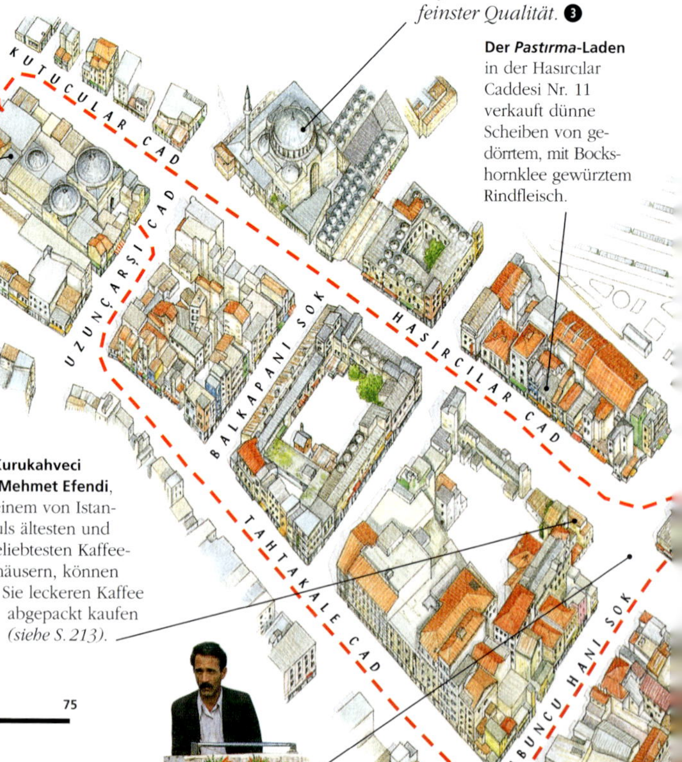

Der *Pastırma*-Laden in der Hasırcılar Caddesi Nr. 11 verkauft dünne Scheiben von gedörrtem, mit Bockshornklee gewürztem Rindfleisch.

KUTUCULAR CAD

UZUNÇARŞILI CAD

BALKAPANI SOK

HASIRCILAR CAD

TAHTAKALE CAD

SABUNCU HANI SOK

MARPUÇÇULAR

Tahtakale Hamamı Çarşısı, heute ein Basar, war vormals ein türkisches Bad.

Im Kurukahveci Mehmet Efendi, einem von Istanbuls ältesten und beliebtesten Kaffeehäusern, können Sie leckeren Kaffee abgepackt kaufen *(siehe S. 213).*

0 Meter   75

NICHT VERSÄUMEN

★ Gewürzbasar

★ Neue Moschee

★ Rüstem-Paşa-Moschee

Standbesitzer und fliegende Händler bieten ihre Waren, hier Knoblauchknollen, in der Sabuncu Hanı Sokağı und den anderen schmalen Nachbarstraßen des Gewürzbasars an.

Hotels und Restaurants im Basarviertel *siehe Seiten 187 und 200*

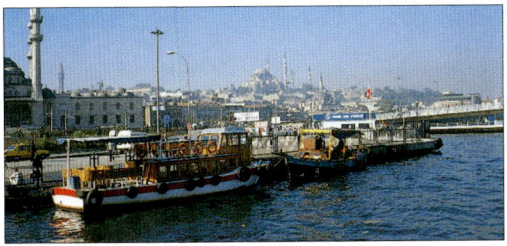

Vom Hafen in Eminönü laufen Fähren und Ausflugsboote zu vielen Zielen *(siehe S. 242)* aus, vor allem den Bosporus hinauf *(siehe S. 144–149)*. Am Kai geht es zu wie im Bienenkorb.

Goldenes Horn
BASAR-VIERTEL
SARAY BURNU

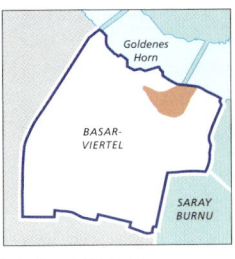

Zur Orientierung
Siehe Stadtplan 2–3

Der herrschaftliche Pavillon beherbergt exquisit geflieste Privatgemächer. Ein Durchgang verbindet ihn mit der Sultansloge in der Neuen Moschee.

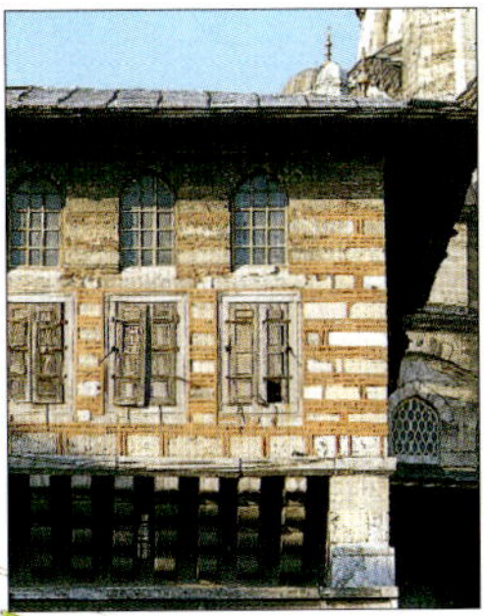

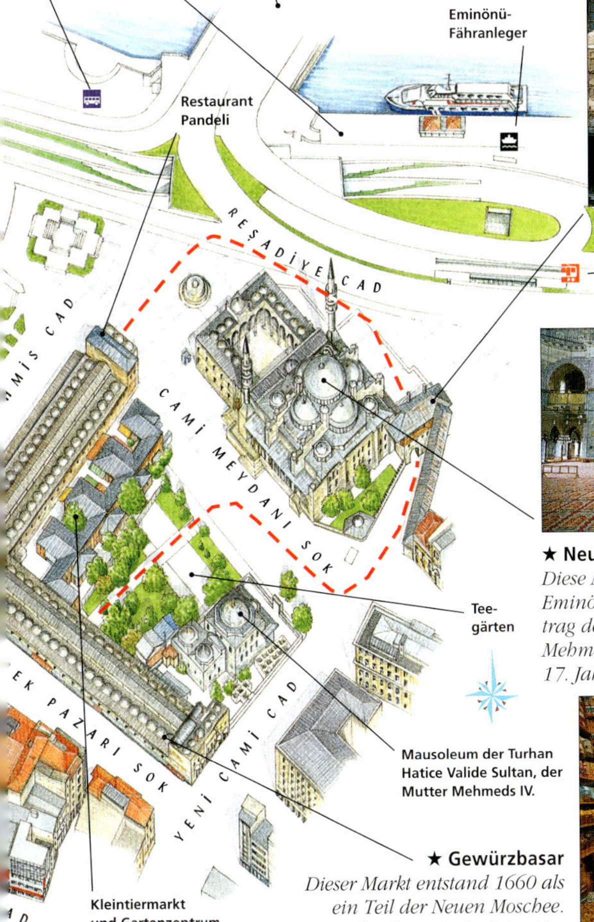
REŞADİYE CAD
CAMİ MEYDANI SOK
YENİ CAMİ CAD
EK PAZARI SOK
MIS CAD

Bushaltestelle Eminönü

Galata-Brücke

Eminönü-Fähranleger

Restaurant Pandeli

Tram-Haltestelle Eminönü

Tee-gärten

Mausoleum der Turhan Hatice Valide Sultan, der Mutter Mehmeds IV.

Kleintiermarkt und Gartenzentrum

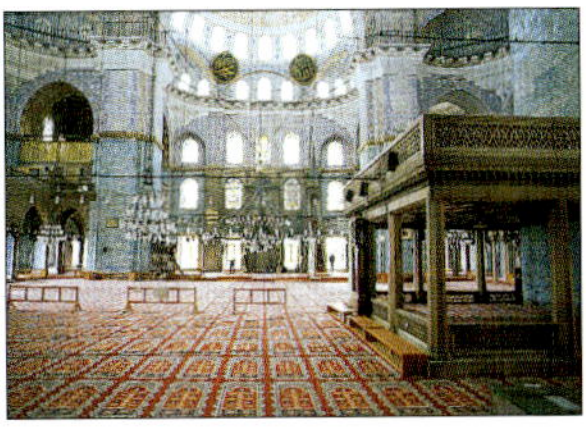

★ Neue Moschee
Diese Moschee, Blickfang am Eminönü-Ufer, wurde im Auftrag der Mutter von Sultan Mehmed IV. (siehe S. 33) *im 17. Jahrhundert fertiggestellt.* ❶

★ Gewürzbasar
Dieser Markt entstand 1660 als ein Teil der Neuen Moschee. Gewürze sind seit je seine Spezialität, wenngleich er heute weit mehr zu bieten hat. ❷

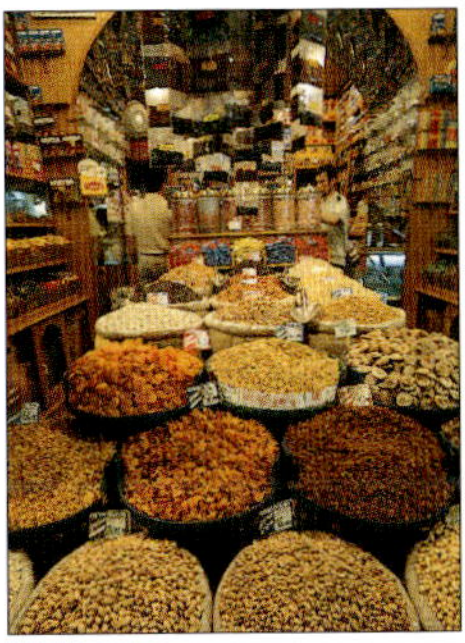

LEGENDE

- - - Routenempfehlung

Stadtplan *siehe Seiten 246–263*

Neue Moschee ❶
Yeni Cami

Yeni Cami Meydanı, Eminönü.
Stadtplan 3 D2. **Karte** G7.
⊞ *Eminönü.* ◖ *tägl.*

Die Moschee am Südende der Galata-Brücke, ein Wahrzeichen der Stadt, entstand in jenen Tagen, in denen Frauen des Sultansharems die Fäden der Politik zogen (*siehe S. 27*). Safiye, die Mutter Mehmeds III., gab 1597 das Startzeichen zum Bau. Die Arbeiten stagnierten, als Mehmed 1603 starb und Safiye ihre Machtposition verlor. Vollendet wurde die Moschee erst 1663 auf Betreiben von Turhan Hatice, der Mutter Mehmeds IV.

Obgleich nach der klassischen Periode der osmanischen Architektur erbaut, weist die Moschee viele Charakteristika früherer Prachtbauten auf, zum Beispiel den großartigen Hof. Ihr Komplex umfasste Hospital, Schule und öffentliches Bad.

Die türkis, blau und weiß getönten floralen İznik-Fayencen (*siehe S. 161*) des Innendekors wurden im 17. Jahrhundert hergestellt, als die Qualität der İznik-Fliesen bereits nachließ. Stärker beeindrucken die gefliesten Bogenfelder und der prägnante Fries mit Koranzitaten über dem Portal zwischen Hof und Gebetssaal.

Die Sultansloge (*siehe S. 39*) im äußersten linken Eck der oberen Empore ist mit herrschaftlichen Privatgemächern (*siehe S. 87*) verbunden.

Auswahl von Nüssen und Samenkernen auf dem Gewürzbasar

Gewürzbasar ❷
Mısır Çarşısı

Cami Meydanı Sok. **Stadtplan** 3 D2 (4 C1). **Karte** G7. ⊞ *Eminönü.*
◖ *Mo–Sa 8–19 Uhr.*

Eingerichtet wurde dieser L-förmige, höhlenartige Markt im frühen 17. Jahrhundert, um die sozialen Institutionen der Neuen Moschee finanzieren zu helfen.

Er heißt im Türkischen Mısır Çarşısı, »Ägyptischer Basar«, weil er mithilfe der Zollabgaben für Importe aus Ägypten erbaut wurde. Der im Ausland geläufige Name Gewürzbasar rührt daher, dass Gewürze, seit dem Mittelalter gesucht und teuer bezahlt, die Hauptartikel dieses Markts darstellten, der von Istanbuls Lage an den Handelsrouten zwischen Europa und Asien, dem Hauptlieferanten von Gewürzen, profitierte.

Die Stände führen außer Gewürzen und Kräutern auch Lebensmittel wie Honig, Nüsse, Naschwerk und *pastırma* (Pökelfleisch). Ein gefragter Luxusartikel ist asiatischer – vor allem iranischer – Kaviar.

Inzwischen findet man hier weit mehr als Lebensmittel, unter anderem Haushaltsgeräte, Spielzeug, Bekleidung und sogar exotische Aphrodisiaka. Reger Betrieb herrscht auch auf dem Platz zwischen den beiden Flügeln des Basars. Hier findet man Cafés und Stände mit Pflanzen und Kleintieren.

Florale İznik-Fayencen in der Rüstem-Paşa-Moschee

Rüstem-Paşa-Moschee ❸
Rüstem Paşa Camii

Hasırcılar Cad., Eminönü. **Stadtplan** 2 C2. **Karte** F7. ⊞ *Eminönü.* ◖ *tägl.*

Wie auf einem Hochsitz überblickt diese Moschee die Läden und Lagerhäuser im Umkreis des Gewürzbasars. Sie wurde 1561 von dem genialen Sinan (*siehe S. 91*) im Auftrag von Rüstem Paşa errichtet, dem Schwiegersohn und Großwesir Süleymans I. (*siehe S. 26*). Zu ihrem Unterhalt trug der Pachtzins der Basarläden bei.

Die überwältigende Innendekoration lässt ahnen, welch saftige Schmiergelder der korrupte Rüstem Paşa einstrich. İznik-Fliesen edelster Qualität verkleiden fast vollständig den Gebetssaal, die vier

Die neue Moschee, Blickfang der Eminönü-Ufersilhouette

Pfeiler in einheitlicher, die Wände in variationsreicher Musterung aus abstrakten und floralen Motiven.

Eine Besonderheit der Moschee ist die Vielzahl ihrer Fenster. Sinan fügte so viele Öffnungen ein, wie es die Konstruktion erlaubte.

Goldenes Horn ❹
Haliç

Stadtplan 3 D2. **Karte** G6.
🚇 Eminönü. 🚌 55T, 99A.

Das Goldene Horn ist das Mündungsbett eines Flusses, der aus Nordwesten in den Bosporus strömt. Schon im 7. Jahrhundert v. Chr. lockte die Mündung Siedler an und förderte Konstantinopels Aufstieg zur mächtigen Hafenstadt. Als die Osmanen einzogen (siehe S. 26), warfen die Byzantiner angeblich so viele Schätze in das Hafenbecken, dass das Wasser golden glänzte. Das tut es längst nicht mehr, doch auch die Industrieverschmutzungen wurden durch Säuberungen in den 1980er Jahre gemildert.

Jahrhundertelang wurde am Goldenen Horn Istanbuls Seehandel abgewickelt. An den Uferspeichern luden und entluden unzählige Schiffe ihre Fracht. Heute steuern die großen Containerschiffe die Häfen am Marmarameer an.

Die 1992 eröffnete Galata-Brücke (Galata Köprüsü) verbindet die Stadtteile Eminönü und Galata. In der Mitte kön-

nen auch hohe Schiffe passieren. Die Brücke ist ein idealer Aussichtspunkt, um die von Minaretten geprägte Skyline Istanbuls zu bestaunen.

Die heutige zweigeschossige Pfeilerbrücke ersetzte die alte Galata-Pontonbrücke mit verlottertem Charme und einer lebhaften unteren Ebene mit Restaurants. Doch seit 2002 siedelten sich auch auf der unteren Ebene der neuen Brücke wieder Lokale an. Südlich des Rahmi-Koç-Museums (siehe S. 127) rekonstruierte man die alte Brücke.

Landeinwärts sorgt die Atatürk- (auch Unkapanı-)Brücke für Verkehrsentlastung, noch weiter nordwestlich überspannt die Haliç-Brücke das Goldene Horn. Zwischen Sütlüce und Eyüp soll eine Fußgängerbrücke entstehen, teils nach Plänen, die Leonardo da Vinci schon 1502 entwarf.

Süleymaniye-Moschee ❺

Siehe S. 90f.

Theodorus-Kirche ❻
Kilise Camii

Vefa Cad., Cami Sok., Vefa. **Stadtplan** 2 B2. **Karte** E7. 🚌 28, 61B, 87.

An die ursprünglich byzantinische Kirche – sie dient seit der osmanischen Eroberung 1453 (siehe S. 26) als Moschee – erinnert bis auf

das alte, pittoresk vernachlässigte Äußere nur wenig. Der kunstvolle Bau entstand zwischen dem 12. und 14. Jahrhundert, in der letzten großen Epoche byzantinischer Architektur. Ein spätbyzantinischer Überrest ist das Mosaik aus dem 14. Jahrhundert in der Südkuppel der äußeren Vorhalle. Es zeigt Maria im Kreis der Propheten. Eine reizvolle Ergänzung bildet das kannellierte Minarett, das im 15. Jahrhundert dazukam.

Schnittpunkt von Valens-Aquädukt (4. Jh.) und Atatürk Bulvarı

Valens-Aquädukt ❼
Bozdoğan Kemeri

Atatürk Bulvarı, Saraçhane. **Stadtplan** 2 A3. **Karte** D7. 🚇 Laleli. 🚌 28, 61B, 87.

Kaiser Valens ließ diesen Aquädukt im späten 4. Jahrhundert n. Chr. anlegen. Der gewaltige, zweigeschossige Bogenbau war Teil des raffinierten Systems, das die Paläste und Brunnen der byzantinischen Hauptstadt speiste. Er leitete Wasser aus dem Belgrader Wald (siehe S. 158) und aus über 200 Kilometer entfernten Bergen in eine riesige Zisterne nahe dem heutigen Beyazıt-Platz (siehe S. 94). Im Lauf der Zeit ersetzte man seine offenen Kanäle durch tönerne, später eiserne Rohrleitungen.

Oftmals repariert, zuletzt unter den Sultanen Mustafa II. (1695–1703) und Ahmed III. (siehe S. 27), tat der Aquädukt seine Dienste bis ins späte 19. Jahrhundert, bis ein modernes Wasserversorgungssystem ihn überflüssig machte. Von dem ehemals ein Kilometer langen Bau steht noch ein Abschnitt von 625 Metern.

Fischer auf der Galata-Brücke, die das Goldene Horn überspannt

Stadtplan siehe Seiten 246–263

Süleymaniye-Moschee ❺
Süleymaniye Camii

Mit Istanbuls bedeutendster Moschee haben sich der große Baumeister Sinan und ihr Stifter Süleyman I. *(siehe S. 26)* ein großartiges Denkmal gesetzt. Die 1550–57 erbaute Moschee erhebt sich über dem Goldenen Horn auf dem einstigen Gelände des Eski Saray *(siehe S. 94)*. Wie bei Istanbuls herrschaftlichen Moscheen üblich gehörte zu ihr eine *külliye (siehe S. 38)*: Um die Moschee gruppieren sich das ehemalige Hospital, das Badehaus, die Armenküche, Karawanserei und Schulen. Die wohltätigen Einrichtungen versorgten täglich über tausend bedürftige Istanbuler, Christen und Juden ebenso wie Muslime.

Innenhof
Die alten Säulen, die den Hof umsäumen, sollen von der kathisma *stammen, der byzantinischen Kaiserloge des Hippodroms (siehe S. 80).*

Muvakkithane-Tor
Der (heute geschlossene) Torbau war der Haupteingang zum Innenhof. Er beherbergte die Räume des Astronomen der Moschee, der die Gebetsstunden festsetzte.

Minarett

Grabmal des Sinan

Die Karawanserei bot Reisenden und Packtieren Kost und Logis.

İmaret-Tor

Café im tiefer liegenden Garten

İmaret
Die Armenküche (imaret), heute das Restaurant Dârüzziyafe (siehe S. 200), speiste Arme sowie die Angestellten der Moschee und deren Familien. Der große Mühlstein im Hof deutet an, wie viel Getreide dazu nötig war.

★ Innenraum

Bei Betreten der Moschee überwältigt der Eindruck erhabener Weite und Ruhe. Zu diesem Effekt trägt wesentlich bei, dass der Raum doppelt so hoch ist wie der Kuppeldurchmesser.

Das Grabmal der Roxelane ist die letzte Ruhestätte von Süleymans geliebter Hauptfrau *(siehe S. 76).*

INFOBOX

Prof. Sıddık Sami Onar Caddesi, Vefa. **Stadtplan** 2 C3 (4 A1). **Karte** F7 (R1). ☎ *(0212) 522 02 98.* 🚌 *Beyazıt, Eminönü, dann 10 Min. zu Fuß.* ☐ *tägl. (evtl. Einschränk. durch Renovierung).* ● *Gebetszeiten.*

★ Grabmal Süleymans

Mit Edelsteinen besetzte Keramiksterne funkeln über den Särgen Süleymans I., seiner Tochter Mihrimah und seiner Nachfolger Süleyman II. und Ahmed II.

Auf diesen Marmorbänken wurden vor Bestattungen die Särge abgesetzt.

Eingang

Friedhof

»Suchtgasse« titulierte man diese Passage, weil Cafés hier neben Kaffee und Tee auch Opium und Haschisch anboten.

Die Medresen *(siehe S. 38)* südlich der Moschee verfügen über eine Bibliothek mit 110 000 Schriftwerken.

Ehemaliges Hospital

Hofbaumeister Sinan

Wie viele prominente Zeitgenossen gelangte der in Anatolien geborene Koca Mimar Sinan (um 1491–1588) durch die *devşirme* oder Knabenlese, die jährliche Aushebung junger Christen, nach Istanbul. Dort wurde er in einer Palastschule zum Muslim erzogen und ausgebildet. Als Militäringenieur fand er die Achtung Süleymans I., der ihn 1538 zum obersten Hofbaumeister ernannte. Die Meisterbauten von Sinan, der wie kein anderer alte Baukonzepte kühn weiterentwickelte, versinnbildlichten Süleymans Macht. Als Sinan 97-jährig starb, hatte er 131 Moscheen und 200 weitere Bauwerke geschaffen.

Büste des Baumeisters Sinan

NICHT VERSÄUMEN

★ Grabmal Süleymans

★ Innenraum

Vefa Bozacısı ❽

Katip Çelebi Cad. 104/1, Vefa.
Stadtplan 2 B2. **Karte** E7.
☎ *(0212) 519 49 22.* 🚌 *61B, 90.*
🕐 *tägl. 8–24 Uhr.*

Holz, Fliesen und Säulen mit glitzernden Glasmosaiken schmücken das Innere dieses ausgefallenen Ladens mit Bar, der sich seit den 1930er Jahren kaum verändert hat. Spezialität ist seit der Eröffnung 1876 *boza (siehe S. 197),* ein Wintergetränk aus Bulgur (Weizenschrot). Im Sommer wird der Traubenmost *şıra* verkauft, ganzjährig gibt es Weinessig.

Ein gläserner Schrein birgt das gehütete Ausstellungsstück des Ladens: das Glas, aus dem Kemal Atatürk *(siehe S. 31)* hier 1937 *boza* trank.

Spalier von Flaschen mit *boza,* **einem Getränk aus Weizenschrot, im Vefa Bozacısı**

Prinzenmoschee ❾
Şehzade Camii

Şehzade Başı Cad. 70, Saraçhane.
Stadtplan 2 B3. **Karte** D/E7/8.
🚇 *Laleli.* 🕐 *tägl.* **Gräber** 🕐 *Di–So 9–17 Uhr.*

Süleyman I. stiftete diese Moschee zum Gedenken an Mehmed, seinen und Roxelanes ältesten, mit 21 Jahren an den Pocken gestorbenen Sohn. Die 1548 vollendete Moschee war der erste große Bau, den Sinan *(siehe S. 91)* für den Sultan ausführte. Sie zeigt noch den freudig-dekorativen Stil, den Sinan später zugunsten kristalliner Schlichtheit aufgab.

Der Außenhof beherbergt die Medrese *(siehe S. 38)* und andere Sozialinstitutionen.

Kuppel der Prinzenmoschee – Sinans erster Bau für den Sultan

Über einen eleganten Innenhof mit Säulengang gelangt man in die Moschee. Den Innenraum gestaltete Sinan in damals ungewöhnlicher Symmetrie mit vier Halbkuppeln an den Seiten der Mittelkuppel.

In den drei Grabbauten im Rücken der Moschee sind Prinz Mehmed sowie die Großwesire İbrahim Paşa und Rüstem Paşa *(siehe S. 88f)* beigesetzt. Die Grabmäler gelten als Istanbuls schönste Mausoleen. Sie sind mit bezaubernden İznik-Fayencen *(siehe S. 161)* und leuchtendem, original erhaltenem Buntglas geschmückt, das Grab von Prinz Mehmed zudem mit einer unvergleichlich kunstvoll bemalten Kuppel.

Jeden Freitag pilgern nach einem über 400 Jahre alten Brauch Frauen zu einem weiteren Grabmal auf dem Moscheengelände. Dort ruht Helvacı Baba, der, wenn man ihn bittet, behinderte Kinder heilt, Kindersegen bringt und auf wundersame Weise alleinstehenden Frauen einen Ehemann oder zumindest ein geborgenes Heim verschafft.

Kalenderhane-Moschee ❿
Kalenderhane Camii

16 Mart Şehitleri Cad., Saraçhane.
Stadtplan 2 B3. **Karte** E8. 🚇 *Üniversite.* 🕐 *nur zu Gebetszeiten.*

Die Geschicke dieser byzantinischen, im Schutz des Valens-Aquädukts *(siehe S. 89)* über einem römischen Bad angelegten Kirche waren wechselvoll: Zwischen dem 6. und 12. Jahrhundert erlebte sie mehrere Auf- und Umbauten, um nach dem Sieg der Osmanen im Jahr 1453 *(siehe S. 26)* zur Moschee umgewandelt zu werden. Diese diente mehrere Jahre dem Derwischorden der Kalender als Hauptsitz – daher der Name der Moschee.

Der Grundriss hat, typisch für byzantinische Kirchen jener Zeit, die Form eines Kreuzes. Aus der Zeit, als das Gebäude noch die Kirche der Theotokos Kyriotissa, der Gottesmutter Maria, war, sind Spuren des Schmucks an den marmorverzierten Wänden des Gebetssaals erhalten. Außerdem entdeckt man Fragmente eines Freskos im Narthex, der Vorhalle. Der Freskenzyklus mit Szenen aus dem Leben des Franz von Assisi ist seit den 1970er Jahren nicht mehr öffentlich zu sehen.

Lichtmoment im Dunkel der Kalenderhane-Moschee

Hotels und Restaurants im Basarviertel *siehe Seiten 187 und 200*

Die barockisierte Tulpenmoschee über einem unterirdischen Markt

Tulpenmoschee ⓫
Lâleli Camii

Ordu Cad., Lâleli. **Stadtplan** 2 A/B4. **Karte** D8. ⬚ *Lâleli*. ⭘ *nur zu Gebetszeiten.*

Istanbuls Vorzeigestück des türkischen Barock wurde 1759–63 von Mehmed Tahir Ağa erbaut, dem Hauptvertreter dieses Stils. Das Interieur der Moschee schwelgt in buntem Marmor, der die Wände lückenlos überzieht.

Faszinierender ist die Unterwelt der Moschee: Im Keller des Hauptbaus tut sich eine weite, von acht Pfeilern gestützte Halle mit einem zentralen Brunnen auf – Schauplatz eines lebhaften Markts, auf dem vor allem Mode verkauft wird.

Zum Moscheenkomplex gehörte einst der nahe Büyük Taş Han *(siehe S. 96)*, die »Karawanserei des großen Steins«. Man erreicht den *han*, nun Sitz einiger Lederwarenläden und eines Restaurants, wenn man sich nach Verlassen der Moschee links in die Fethi Bey Caddesi wendet und bei der zweiten Abzweigung links in die Çukur Çeşme Sokağı einbiegt. Am Ende einer langen Passage stößt man auf den Haupthof des *han*.

Bodrum-Moschee ⓬
Bodrum Camii

Sait Efendi Sok., Lâleli. **Stadtplan** 2 A4. **Karte** D9. ⬚ *Lâleli*. ⭘ *nur zu Gebetszeiten.*

Die schmalen Ziegelschichten der Fassaden und die von Fenstern durchlöcherte Kuppel verraten, dass der Bau als byzantinische Kirche entstand. Der Mitkaiser Romanos I. Lekapenos (919–944) ließ sie als Kirche des Myrelaion-Klosters errichten. Der kleine Nachbarpalast wurde später in einen Nonnenkonvent verwandelt. Dort verbrachte Kaiserinwitwe Theophanu ihre letzten Jahre. Sie wurde in einer (nicht zu besichtigenden) Kapelle unter der Kirche bestattet.

Im späten 15. Jahrhundert erklärte Mesih Paşa, Sprössling der Palaiologos-Familie (des letzten byzantinischen Herrschergeschlechts), die Kirche zur Moschee. Als solche dient sie bis heute, allerdings haben Brände das Original-Interieur restlos zerstört. Zu ihr gelangt man über einen Platz mit Verkaufsständen und eine Treppe.

Theodosius-Forum ⓭

Ordu Cad., Beyazıt. **Stadtplan** 2 C4 (4 A3). **Karte** F8 (R4). ⬚ *Üniversite, Beyazıt.*

Konstantinopel wurde um mehrere antike Foren herum erbaut *(siehe S. 20)*. Der größte dieser weiten Plätze lag beim heutigen Beyazıt-Platz. Er hieß zunächst Forum Tauri, »Forum des Stieres«, nach der Gestalt des Bronzegefäßes in der Mitte, in dem Opfertiere und mitunter sogar Verbrecher verbrannt wurden.

Man benannte das Forum nach Theodosius I., nachdem dieser es im späten 4. Jahrhundert erweitert hatte. Reste des Triumphbogens und anderer Bauten befinden sich neben den Straßenbahngleisen der Ordu Caddesi. An Pfauenaugen erinnernde Reliefs zieren die mächtigen Säulen, die nach dem Verfall des Forums in der gesamten Stadt wiederverwendet wurden, u. a. in der Zisterne *(siehe S. 76)*.

Weitere Fragmente verarbeitete man weiter westlich in der Ordu Caddesi beim Beyazıt Hamamı, einem ehemaligen türkischen Bad *(siehe S. 67)*, in dem sich heute ein Basar befindet.

Pfauenaugenmuster einer Säule des Theodosius-Forums

Stadtplan *siehe Seiten 246–263*

Museum für Kalligrafie ⑭
Türk Vakıf Hat Sanatları Müzesi

Beyazıt Meydanı, Beyazıt. **Stadtplan** 2 C4 (4 A3). **Karte** F8 (R3). 🔲 (0212) 527 58 51. 🚇 Üniversite. ⬤ Di–Sa 9–16 Uhr. 📷 ♿ mit Hilfe.

D as Museum nimmt in einem hübschen Hof die Räume einer ehemaligen Medrese *(siehe S. 38)* ein, die zur Beyazıt-Moschee gegenüber gehörte. In wechselnden Ausstellungen werden Exponate aus dem Archiv der Stiftung für türkische Kalligrafie gezeigt. Präsentiert werden wertvolle Manuskripte, die teils bis ins 13. Jahrhundert zurückreichen, aber auch Kalligrafien auf Stein und Glas sowie die für die Herstellung benötigten Werkzeuge. In einer Zelle zeigt ein Gruppenbild aus Wachs einen Kalligrafielehrer im Kreis seiner Schüler.

Beyazıt-Turm auf dem Campus der Universität von Istanbul

Beyazıt-Platz ⑮
Beyazıt Meydanı

Ordu Cad., Beyazıt. **Stadtplan** 2 C4 (4 A3). **Karte** F8 (R3). 🚇 Beyazıt.

D ieser von Menschen und Tauben bevölkerte Platz ist der lebhafteste Ort der Altstadt. Auf dem täglichen Flohmarkt finden Sie von Teppichen *(siehe S. 218f)* und Seidenwaren aus Zentralasien bis hin zu Trödel fast alles, was das Herz begehrt. Erholung bieten die Cafés im Schatten von Platanen.

Der trutzige Eingang zur Universität von Istanbul am Beyazıt-Platz

An der Nordseite des Platzes gelangt man durch einen maurisch inspirierten Torbau auf den Campus der Universität von Istanbul. Ihr Hauptgebäude aus dem 19. Jahrhundert war einst Quartier des Kriegsministeriums, der marmorne Beyazıt-Turm aus dem Jahr 1828 Wachturm der Feuerwehr. Er steht auf dem Gelände des Eski Saray, in dem Mehmed II. *(siehe S. 26)* nach Konstantinopels Einnahme residierte. Einst konnte man den Turm besteigen, heute jedoch ist er für Besucher geschlossen. Zwei originale Holztürme des Gebäudes wurden durch einen Brand zerstört.

Die auf Geheiß von Bayazıt II. erbaute und im Jahr 1506 vollendete Beyazıt-Moschee an der Ostflanke des Platzes ist die älteste noch erhaltene herrschaftliche Moschee der Stadt. Ein stattliches Portal leitet in den mit buntem Marmor gepflasterten Innenhof, ein harmonisches Ensemble mit einem überkuppelten Brunnen im Zentrum und umlaufenden Arkadengängen, deren Säulen aus Granit sowie rotem und grünem ägyptischem Porphyr bestehen. Dem Innenraum der Moschee mit der von Halbkuppeln umringten Hauptkuppel stand unverkennbar die Hagia Sophia *(siehe S. 72–75)* Modell.

Bücherbasar ⑯
Sahaflar Çarşısı

Sahaflar Çarşısı Sok., Beyazıt. **Stadtplan** 2 C4 (4 A3). **Karte** F8 (R3). 🚇 Üniversite. ⬤ tägl. 8–20 Uhr. ♿

A m Beyazıt-Platz und im Inneren des Großen Basars *(siehe S. 98f)* befinden sich die Eingänge zu diesem Hof, dessen Läden und Stände überborden von Lesestoff. Man findet darunter Reiseführer in vielen Sprachen ebenso wie wissenschaftliche Wälzer.

Ein Bücher- und Papiermarkt fand hier schon im Byzantinischen Reich statt. In frühosmanischer Zeit *(siehe S. 25–27)* durften nur Handschriften verkauft werden, da gedruckte Bücher als sittenverderbend galten. Das erste gedruckte Buch in türkischer Sprache erschien am 31. Januar 1729. Es war ein arabisches Wörterbuch von İbrahim Müteferrika (1674–1745), den auf dem Markt eine Büste ehrt. Buchpreise sind gebunden – Handeln ist ausgeschlossen.

Beim Stöbern auf dem Bücherbasar

Hotels und Restaurants im Basarviertel siehe Seiten 187 und 200

Die Kunst der osmanischen Kalligrafie

Die Kalligrafie zählt zu den höchsten islamischen Künsten. Meister gaben ihr Können Schülern weiter, deren Ziel es war, den Stil des Lehrers perfekt zu imitieren. Im Osmanischen Reich wurden Fermane (Edikte des Sultans), Verse und Koranausgaben in kunstvoller Schönschrift abgefasst. Kalligrafien schmückten aber auch Gebäude; sie wurden in Holz geschnitzt oder auf Fayencen gemalt. Ein Kalligraf strebte in jedem Fall nach höchstmöglicher künstlerischer Schönheit, ohne den Sinn des Textes zu verfälschen. Letzteres war vor allem bei Koranmanuskripten oberstes Gebot. Niederschriften von Fermanen, die ebenso sehr imponieren wie leserlich sein sollten, erlaubten mehr künstlerische Freiheit.

Florale Verzierungen

Dekorative Schleifen

Große Kalligrafen *der osmanischen Ära waren Şeyh Hamdullah (1436–1520), Schöpfer des obigen Koranmanuskripts, Hafiz Osman (1642–1698) und Ahmed Karahisari (gestorben 1556). Ihre Schüler gelangten ebenfalls zu Ruhm.*

Die tuğra, *das kalligrafische Monogramm des Sultans, ersetzte die Unterschrift des Herrschers. Sie wurde von einem Kalligrafen gezeichnet oder in Holz geschnitten und auf Dokumente gestempelt. Der höchst stilisierte Schriftzug enthielt Titel, Eigen- und Vaternamen des Sultans sowie Glück- oder Siegeswünsche. Links ist die tuğra von Selim II. (1566–74) abgebildet.*

Die Kalligrafie *erhielt im 19. und frühen 20. Jahrhundert durch neue Formgebungen, Materialien und Techniken nochmals einen kreativen Schub. Kalligrafen schufen mit den Mitteln ihrer Kunst Tierfiguren und Menschengesichter, sie experimentierten mit dem Ausschneiden von Buchstaben und beschrifteten, wie links im Bild, hauchzarte getrocknete Blätter.*

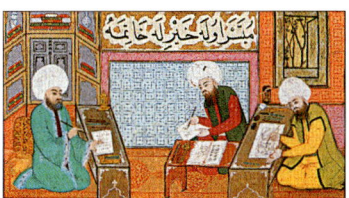

Spätere Sultane *wurden im Rahmen ihrer Ausbildung in der Kalligrafie unterrichtet und zu Meistern dieser Kunst. Diese Tafel (19. Jh.) ist ein Werk Mahmuds II. (1808–1839).*

Glättstein

Messer zum Zuschneiden der Schreibfeder

Atemübungen *halfen manchen Kalligrafen, ihre Hand ruhig und sicher zu führen – eine unabdingbare Voraussetzung ihrer Kunst.*

Zum Werkzeug eines Kalligrafen *gehörten ein meist aus Achat bestehender Glättstein zum Vorbereiten des Papiers sowie ein Messer, mit dem die Schreibfeder aus Schilf zugeschnitten wurde.*

Stadtplan siehe Seiten 246–263

Valide Han ⑰

Kreuzung Tarakçılar Sok. und Çakmakçılar Yokuşu, Beyazıt. **Stadtplan** 2 C3 (4 B2). **Karte** F8 (S2).
🚇 Beyazıt, dann 10 Min. zu Fuß.
🕐 Mo – Sa 9.30 – 17 Uhr.

Teppichverkäufer im Çorlulu-Ali-Paşa-Hof

Wer über die Weitläufigkeit des Großen Basars (*siehe S. 98f*) staunt, sollte sich vor Augen führen, dass er »nur« den überdachten Teil eines brodelnden Handelsviertels ausmacht, das erst am Goldenen Horn (*siehe S. 89*) endet. Hier wie dort finden Herstellung und Vertrieb zumeist hinter den dunklen Toren von *hanlar* statt, Hofanlagen abseits der Straßen.

Kösem, die Mutter Sultan Mehmeds IV., ließ 1651 Istanbuls größten *han* einrichten, den Valide Han. Durch das wuchtige Portal in der Çakmakçılar Yokuşu gelangt man in den Vorhof, dann in einen größeren Hof mit einer schiitischen Moschee. Diese wurde erbaut, weil der *han* Sammelbecken persischer Kaufleute war. Heute hört man hier rhythmisches Klappern Hunderter von Webstühlen.

Einen kurzen Fußweg entfernt schottet ein weiteres imposantes Tor den barocken Büyük Yeni Han (1764) von der Çakmakçılar Yokuşu ab. Man betritt den Hof im obersten Arkadengeschoss, dessen Warenkorb kunstvolle Vogelkäfige umfasst.

Ordnung ins Chaos der engen Straßen im Umkreis dieser *hanlar* bringt die Ansiedlung der Handwerker nach Berufszweigen: Die Bakırcılar Caddesi zum Beispiel ist die Adresse für Metallwaren, die Uzunçarşı Caddesi für Holzprodukte.

Großer Basar ⑱

Siehe S. 98f.

Der typische Han

Die zahlreichen *hanlar* in Istanbuls Zentrum entstanden als Karawansereien, die Reisenden samt Lasttieren und Waren Unterkunft boten. Der typische *han* war Teil eines Moscheenkomplexes (*siehe S. 38f*). Seine zwei- bis dreistöckigen Gebäude umgeben einen Hof. In diesen führt ein großes Portal mit einer schweren, nachts verriegelten Holztür. Als Motortransporter Pferde und Maultiere verdrängten, verloren Istanbuls *hanlar* ihre ursprüngliche Funktion. Heute sind die meisten Obdach kleiner Fabriken und Werkstätten, oft zwar in schlechtem Zustand, doch Orte, an denen der orientalische Unternehmergeist des alten Istanbul noch sinnlich erfahrbar ist.

Café im Büyük Taş Han nahe der Tulpenmoschee (*siehe S. 93*)

Çorlulu-Ali-Paşa-Hof ⑲

Çorlulu Ali Paşa Külliyesi

Yeniçeriler Cad., Beyazıt. **Stadtplan** 4 B3. **Karte** S4. 🚇 Beyazıt. 🕐 tägl.

Wie viele andere Koranschulen der Stadt ist die Medrese (*siehe S. 38*) dieser Moschee außerhalb des Großen Basars heute Domizil eines Cafés unter freiem Himmel. Bauherr des Komplexes war Çorlulu Ali Paşa, Schwiegersohn von Mustafa II. und Großwesir unter Ahmed III. (*siehe S. 27*). Er wurde von Ahmed auf die Insel Lesbos verbannt und 1711 dort hingerichtet. Seine Familie errichtete ihm in Istanbul ein Mausoleum, in dem sie Ali Paşas einige Jahre später heimgeschmuggelten Schädel bestattete.

Von der Yeniçeriler Caddesi führen zwei schmale Passagen in den Hof. Teppichgeschäfte und ein bei Einheimischen und Studenten der nahen Universität beliebtes traditionelles *kahve* (Kaffeehaus; *siehe S. 208*) haben die Medrese bezogen. In Ersteres locken die überall liegenden und hängenden Teppiche zum Schauen, in Letzteres der Slogan »Traditioneller mystischer Wasserpfeifen- und Erenler-Teegarten«. Hier können Sie beim Tee, vielleicht auch bei einer *nargile* (Wasserpfeife), gelassen die Teppichwahl *(siehe S. 218f)* angehen.

Jenseits der vom Hof abzweigenden Bıleycıler Sokak lädt im Hof der Grabanlage von Koca Sinan Paşa, Großwesir unter Murad III. und Mehmed III., ein weiterer Teegarten zu einer Pause ein. Davut Ağa, Sinans Nachfolger als oberster Hofbaumeister, schuf 1593 die reizende Medrese, den *sebil* (Brunnen mit Trinkwasser für Passanten) und das 16-seitige Mausoleum.

Der Gedik Paşa Hamamı auf der anderen Seite der Yeniçeriler Caddesi gilt als Istanbuls ältestes türkisches Bad, das noch in Betrieb ist *(siehe S. 67)*. Der schöne Bau wurde um 1475 für Gedik Ahmed Paşa, Großwesir unter Mehmed II. *(siehe S. 26)*, errichtet.

Kuppel und Minarett der Atik-Ali-Paşa-Moschee aus dem Jahr 1496

Atik-Ali-Paşa-Moschee ⍟

Atik Ali Paşa Camii

Yeniçeriler Cad., Beyazıt. **Stadtplan** 3 D4 (4 C3). **Karte** G9 (T4). 🚊 Çemberlitaş. 🚌 61B. ⬜ tägl. ⍉

Im Viertel südlich des Großen Basars umschließen Mauern diese Moschee aus dem Jahr 1496. Sie ist eine der ältesten Moscheen der Stadt. Ihr Namensgeber und Stifter, der Eunuch Atik Ali Paşa, war Großwesir unter Beyazıt II., dem Nachfolger Mehmeds II.

Ein kleiner Garten umgibt die Moschee, ein schlichtes Rechteck mit tiefem Eingangsportal. Der Mihrab ist – ungewöhnlicherweise – in einer Art Apsis eingerichtet. Die Armenküche *(imaret)*, die Medrese und das Derwischkloster *(tekke)*, die einst zum Komplex gehörten, sind dem Ausbau der Yeniçeriler Caddesi zum Opfer gefallen.

Nuruosmaniye-Moschee ㉑

Nuruosmaniye Camii

Vezirhanı Cad., Beyazıt. **Stadtplan** 3 D4 (4 C3). **Karte** G8 (T3). 🚊 Çemberlitaş. 🚌 61B. ⬜ tägl. ⍉

Zwischen einem Spalier nobler Teppich- und Antiquitätengeschäfte führt die Nuruosmaniye Caddesi auf das Tor ihrer Namenspatronin zu. Die Moschee, die 1748 unter Mahmud I. begonnen und unter dessen Bruder Osman III. vollendet wurde, zeigte als Erste betont barocke Elemente wie das üppige Gesims.

Auffälligstes Merkmal sind jedoch die mächtigen, nicht kaschierten Stützbogen der Kuppel. Ihre zahlreichen Fenster leuchten den Gebetssaal aus, ein schlichtes Quadrat, und den fein geschnitzten kalligrafischen Holzfries, der oberhalb der Empore die Wände umläuft.

An der anderen Seite des Moscheenbezirks leitet das Nuruosmaniye-Tor in die Kalpakçılar Başi Caddesi, die Straße der Juwelierläden *(siehe S. 212)* des Großen Basars.

Grabmal des Mahmud Paşa, Bauherr der gleichnamigen Moschee

Mahmud-Paşa-Moschee ㉒

Mahmut Paşa Camii

Vezirhanı Cad., Beyazıt. **Stadtplan** 3 D3 (4 C3). **Karte** G8 (T3). 🚊 Çemberlitaş. 🚌 61B. ⬜ tägl. ⍉

Diese Anlage entstand 1462, neun Jahre nach der osmanischen Eroberung Istanbuls, als erste Großmoschee innerhalb der Stadtmauer. Leider raubten übereifrige Restauratoren ihr viel Charme.

Stifter der Moschee war Mahmud Paşa, ein byzantinischer, zum Islam konvertierter Adliger. Er stieg zum Großwesir Mehmeds II. auf und wurde 1474 wegen miserabler militärischer Führungsqualitäten hingerichtet. Sein Grabmal im Rücken der Moschee ist, einzigartig in Istanbul, nach maurischer Manier verziert mit diffizilen geometrischen Mustern aus kleinen Fliesen in Schwarz, Blau, Türkis und Grün.

Fensterreihen erhellen den Gebetssaal der Nuruosmaniye-Moschee

Stadtplan siehe Seiten 246–263

Großer Basar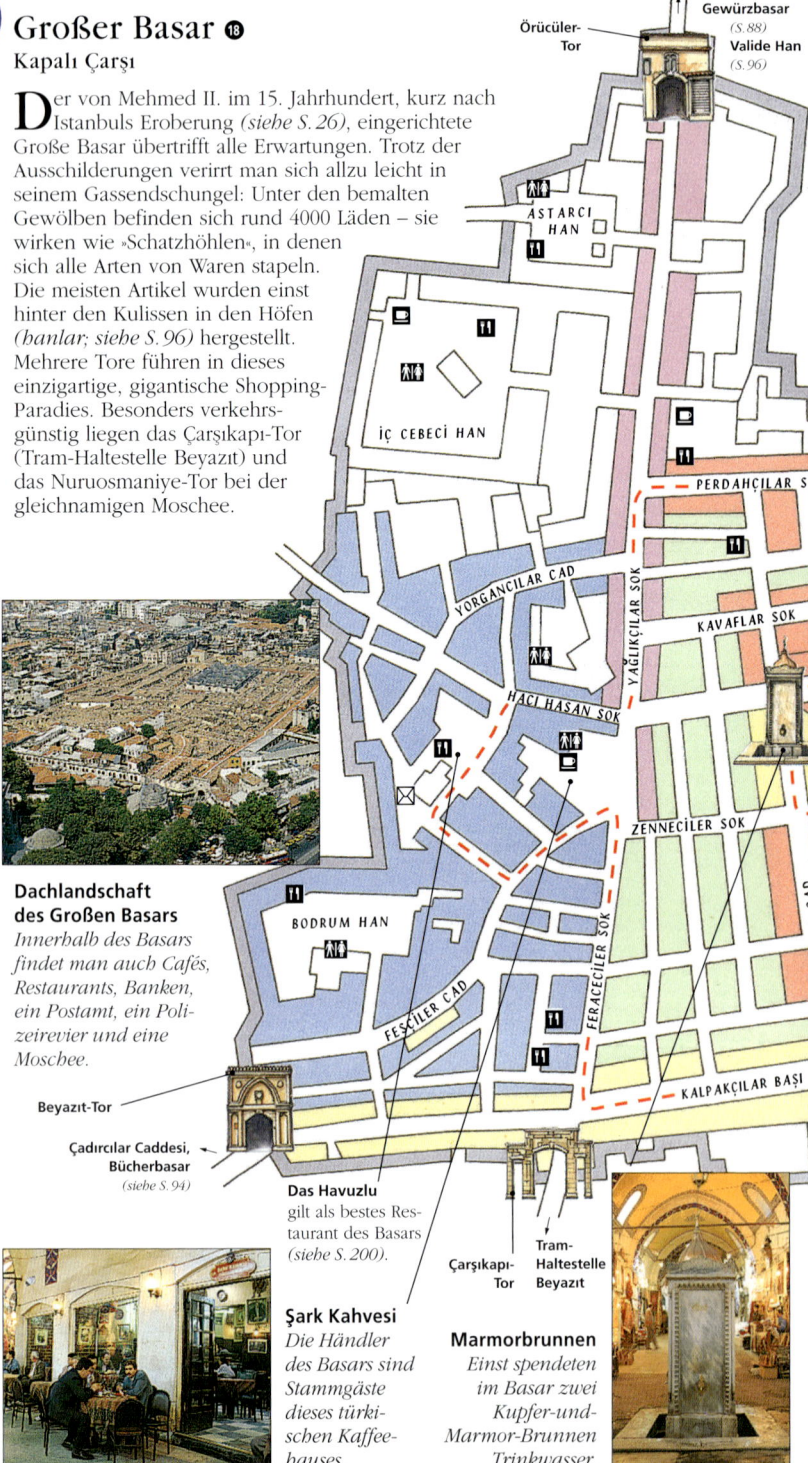
Kapalı Çarşı

Der von Mehmed II. im 15. Jahrhundert, kurz nach Istanbuls Eroberung *(siehe S. 26)*, eingerichtete Große Basar übertrifft alle Erwartungen. Trotz der Ausschilderungen verirrt man sich allzu leicht in seinem Gassendschungel: Unter den bemalten Gewölben befinden sich rund 4000 Läden – sie wirken wie »Schatzhöhlen«, in denen sich alle Arten von Waren stapeln. Die meisten Artikel wurden einst hinter den Kulissen in den Höfen *(hanlar; siehe S. 96)* hergestellt. Mehrere Tore führen in dieses einzigartige, gigantische Shopping-Paradies. Besonders verkehrsgünstig liegen das Çarşıkapı-Tor (Tram-Haltestelle Beyazıt) und das Nuruosmaniye-Tor bei der gleichnamigen Moschee.

Örücüler-Tor

Gewürzbasar *(S. 88)*

Valide Han *(S. 96)*

ASTARCI HAN

İÇ CEBECİ HAN

PERDAHÇILAR SO

YORGANCILAR CAD

YAĞLIKÇILAR SOK

KAVAFLAR SOK

HACI HASAN SOK

ZENNECİLER SOK

BODRUM HAN

FERACECİLER SOK

FESÇİLER CAD

KALPAKÇILAR BAŞI C

Dachlandschaft des Großen Basars
Innerhalb des Basars findet man auch Cafés, Restaurants, Banken, ein Postamt, ein Polizeirevier und eine Moschee.

Beyazıt-Tor

Çadırcılar Caddesi, Bücherbasar *(siehe S. 94)*

Das Havuzlu gilt als bestes Restaurant des Basars *(siehe S. 200).*

Çarşıkapı-Tor

Tram-Haltestelle Beyazıt

Şark Kahvesi
Die Händler des Basars sind Stammgäste dieses türkischen Kaffeehauses.

Marmorbrunnen
Einst spendeten im Basar zwei Kupfer-und-Marmor-Brunnen Trinkwasser.

Zincirli Han
In diesem han, einem der schönsten des Basars, fertigt man Schmuckstücke auch nach individuellen Vorgaben.

INFOBOX

Çarşıkapı Cad., Beyazıt. **Stadtplan** 2 C4 (4 B3). **Karte** F8 (S3). *Beyazıt (zum Çarşıkapı-Tor), Çemberlitaş (zum Nuruosmaniye-Tor).* 61B. Mo–Sa 8.30–19 Uhr.

İç Bedesten, der älteste Teil des Basars, war früher ein abgeschlossenes Lagerhaus sowie Werk- und Verkaufsstätte von Juwelieren

Im Orientalischen Kiosk, im 17. Jahrhundert als Kaffeehaus eingerichtet, befindet sich heute ein Schmuckladen.

Teppiche
Teppiche (siehe S. 218f), geknüpfte wie gewebte, bestücken den Basar.

ZİNCİRLİ HAN

Mahmud-Paşa-Tor

AYNACILAR SOK

Geldtransaktionen
werden mit Handys abgewickelt.

HALICILAR ÇARŞISI CAD

AĞA SOK

İÇ BEDESTEN

MUHAFAZACILAR SOK

Tor zum İç Bedesten
Der Adler war Symbol der byzantinischen Kaiser (siehe S. 25). Der Adler dieses Tors stammt allerdings aus nachbyzantinischer Zeit.

KESECİLER CAD

TERZİ BAŞI SOK

SANDAL BEDESTENİ SOK

SANDAL BEDESTENİ

Den Sandal Bedesteni (16. Jh.) überdachen 20 von Pfeilern gestützte Mauerziegelkuppeln.

Nuruosmaniye-Moschee *(siehe S. 97)*
Tram-Haltestelle Çemberlitaş

Nuruosmaniye-Tor

LEGENDE

Die Kalpakçılar Başı Caddesi, die breiteste Basarstraße, wird flankiert von den glitzernden Auslagen unzähliger Juwelierläden.

Souvenirs
Der Basar ist eine Fundgrube für Kunsthandwerk aller Art, etwa diese Kaffeekanne aus Messing.

	Routenempfehlung
	Antiquitäten und Teppiche
	Leder- und Jeanswaren
	Gold und Silber
	Stoffe
	Souvenirs
	Haushaltswaren und Werkstätten
	Mauern um den Basar

0 Meter   40

Stadtplan siehe Seiten 246–263

Beyoğlu

D er Stadtteil Beyoğlu an einem steilen Hügel nördlich des Goldenen Horns war lange Zeit von Ausländern bevorzugt. Als Erste siedelten sich Genuesen an. Zum Dank für ihren Einsatz bei Konstantinopels Rückeroberung aus den Händen der »lateinischen Christen« *(siehe S. 24)* 1261 sprachen die Byzantiner ihnen

Unabhängigkeitsdenkmal am Taksim-Platz

das Galata-Viertel zu. In osmanischer Zeit formierten sich Gemeinden von Juden, Arabern, Griechen und Armeniern. Angelockt von den Reichtümern des Osmanischen Reichs hissten ab dem 16. Jahrhundert Botschaften europäischer Mächte ihre Flagge. Seinen Charakter als Geschäftsviertel hat Beyoğlu bis heute bewahrt.

Sehenswürdigkeiten auf einen Blick

Historische Gebäude und Denkmäler
Galata-Turm ❹
Mevlevi-Loge ❸
Pera Palas Hotel ❶
Tophane-Brunnen ⓫

Moscheen und Kirchen
Arabische Moschee ❻
Azap-Kapı-
 Moschee ❼
Kılıç-Ali-Paşa-
 Moschee ❿
Nusretiye-
 Moschee ⓬
Peter-und-Pauls-
 Kirche ❺
Yeraltı-
 Moschee ❾

Museen
Istanbul Modern – Museum für
 Moderne Kunst ⓭
Museum der
 Osmanischen Bank ❽
Pera-Museum ❷

Viertel
Çukurcuma ⓮
Taksim ⓯

LEGENDE

	Detailkarte *siehe S. 102f*
	Fähranlegestelle
Ⓜ	U-Bahn-Station (Metro)
	Tram-Haltestelle
	Bushaltestelle
ℹ	Information
C	Moschee
	Kirche
	Tünel (U-Standseilbahn)
	Nostalgie-Tram

In Beyoğlu unterwegs

Die Tünel, eine unterirdische Standseilbahn, fährt von der Talstation Karaköy zur Bergstation am Tünel-Platz. Ab hier rattert dann eine altmodische Straßenbahn (Nostalgie-Tram) durch die İstiklal Caddesi. Ihre Route empfiehlt sich auch als Spazierweg. Der Taksim-Platz ist Drehscheibe des Bus-, Taxi- und Dolmuş-Verkehrs.

◁ **Blick von der Mündung des Goldenen Horns auf den Galata-Turm** *(siehe S. 105)* **und Beyoğlu**

Im Detail: İstiklal Caddesi

Torschmuck, Russisches Konsulat

Die Fußgängerstraße İstiklal Caddesi ist die Hauptschlagader des früher Pera genannten Stadtteils Beyoğlu. Zu Recht hieß sie früher Grande Rue de Pera: Sie wird gesäumt von imposanten Wohnhäusern des späten 19. Jahrhunderts und europäischen Botschaftsgebäuden, deren herrschaftliche Tore und Fassaden ignorieren, dass Ankaras Ernennung zur Landeshauptstadt 1923 *(siehe S. 31)* sie zu Konsulaten degradiert hat. Dem Blick entziehen sich die Kirchen von Peras ehemaligen Ausländergemeinden. Einige sind noch vitale Glaubenszentren, andere verstummte Zeugen vergangener Tage. In den einst schäbigen Seitenstraßen der İstiklal Caddesi gibt es jetzt schicke Bars und Restaurants, Shops und Kinos. Achtung: Die Hausnummern der İstiklal Caddesi werden derzeit geändert.

★ Pera Palas Hotel
Das 1892 eröffnete Hotel hat noch viele Originaldetails. Zahlreiche Berühmtheiten stiegen hier ab, darunter Agatha Christie, Ernest Hemingway und Alfred Hitchcock. ❶

Heilige Maria Draperis ist eine Franziskanerkirche aus dem Jahr 1789. Diese kleine Statue der Jungfrau Maria befindet sich über dem Eingang. Das bogenförmige Innere der Kirche ist reich verziert. Eine – angeblich wundertätige – Marienikone hängt über dem Altar.

★ Mevlevi-Loge
Ein Garten umgibt dieses kleine Museum des sufistischen Mevlevi-Ordens (siehe S. 104f). Am letzten Sonntag jeden Monats finden Vorführungen der berühmten Derwischtänze statt. ❸

Tünel-Station İstiklal Caddesi (unterirdische Standseilbahn nach Karaköy)

Tünel-Platz

Galata-Turm

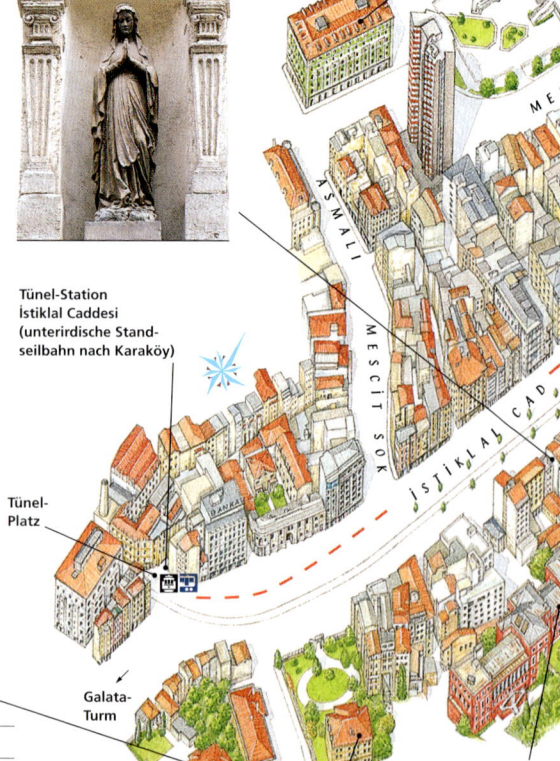

MEŞR

ASMALI

MESCİT SOK

İSTİKLAL CAD

Schwedisches Konsulat

Russisches Konsulat

LEGENDE

– – – Routenempfehlung

0 Meter   75

Hotels und Restaurants in Beyoğlu *siehe Seiten 187–189 und 200–203*

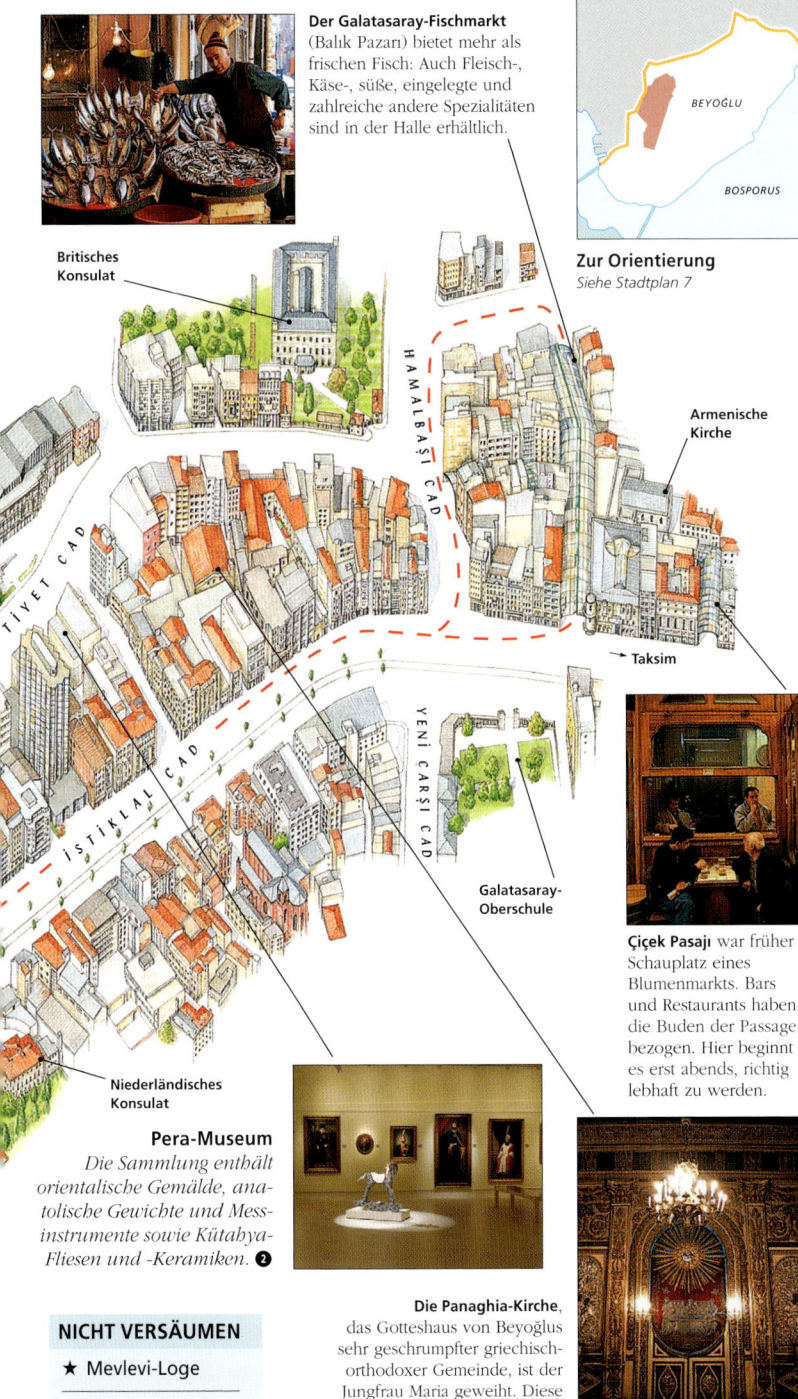

Der Galatasaray-Fischmarkt
(Balık Pazarı) bietet mehr als frischen Fisch: Auch Fleisch-, Käse-, süße, eingelegte und zahlreiche andere Spezialitäten sind in der Halle erhältlich.

Zur Orientierung
Siehe Stadtplan 7

BEYOĞLU

BOSPORUS

Britisches Konsulat

Armenische Kirche

HAMALBAŞI CAD

TİYET CAD

İSTİKLAL CAD

YENİ ÇARŞI CAD

→ Taksim

Galatasaray-Oberschule

Çiçek Pasajı war früher Schauplatz eines Blumenmarkts. Bars und Restaurants haben die Buden der Passage bezogen. Hier beginnt es erst abends, richtig lebhaft zu werden.

Niederländisches Konsulat

Pera-Museum
Die Sammlung enthält orientalische Gemälde, anatolische Gewichte und Messinstrumente sowie Kütahya-Fliesen und -Keramiken. ❷

Die Panaghia-Kirche, das Gotteshaus von Beyoğlus sehr geschrumpfter griechisch-orthodoxer Gemeinde, ist der Jungfrau Maria geweiht. Diese Ikonostase trennt Altar- und Gemeinderaum.

NICHT VERSÄUMEN

★ Mevlevi-Loge

★ Pera Palas Hotel

Stadtplan *siehe Seiten 246–263*

Die Hotelbar Grand Orient des Pera Palas Hotel

Pera Palas Hotel ❶
Pera Palas Oteli

Meşrutiyet Cad. 98–100, Tepebaşı. **Stadtplan** 7 D5. **Karte** G4. ☎ *(0212) 222 80 90.* 🚇 *Tünel.* ♿ *mit Anmeldung.* 📷 *nach Vereinbarung.* **www**.perapalas.com

Das legendäre Pera Palas Hotel *(siehe S. 189)* wurde 1892 für Passagiere des Orient-Express *(siehe S. 66)* eröffnet und seither kaum verändert. Auch nach der jüngsten umfangreichen Renovierung entrückt es in jene glorreichen Tage, als das Reisen langwierig war und livrierte Diener Gäste auf dem Weg zu Zielen wie Bagdad hofierten. In der Cocktailbar hängen noch die alten Lüster, und die Patisserie glänzt mit distinguiertem Ambiente.

Sein Renommee verdankt das Hotel so illustren Gästen wie Sarah Bernhardt, Mata Hari, Atatürk *(siehe S. 31)*, Greta Garbo, Josephine Baker, Ernest Hemingway, Alfred Hitchcock und Jackie Onassis. Das Zimmer, in dem Agatha Christie einst logierte, ist auf Anfrage zu besichtigen.

Sufismus und Derwische

Der Begriff Sufismus bezeichnet die mystische Ausrichtung des Islam *(siehe S. 38f)*. Er geht zurück auf das arabische Wort *suf* (Wolle), da die asketischen Sufis früher grobe Wollgewänder getragen haben sollen. Ziel des Sufismus ist die Überwindung der Kluft zwischen Mensch und Gott. Durch Selbstentäußerung und meditative Rituale, die mit Rezitationen, Tanz und Musik einhergehen, strebt der Sufi nach dem Augenblick der Ekstase, in dem ihn nichts mehr von Allah trennt. Die Brüder des bekanntesten Sufi-Ordens, die Mevlevi, sind als »Tanzende Derwische« berühmt.

Tanzende Derwische, Illustration (1837) in der Mevlevi-Loge

Pera-Museum ❷
Pera Müzesi

Meşrutiyet Cad. 141, Tepebaşı. **Stadtplan** 7 D4. **Karte** G3. ☎ *(0212) 334 99 00.* 🚇 *Tünel. Bus vom Taksim-Platz nach Tarlabaşı.* 🕐 *Di–Sa 10–19, So 12–18 Uhr.* 🔴 *1. Jan, einige religiöse Feiertage.* ♿ 📷 *frei für Behinderte.* 💻 📷 **www**.peramuzesi.org.tr

Das Pera-Museum wurde im Juni 2005 von der Suna-und-İnan-Kıraç-Stiftung eröffnet, mit dem Ziel, ein Kulturzentrum zu schaffen. Das historische Gebäude, das ehemalige Bristol Hotel, wurde in ein bestens ausgestattetes, modernes Museum umgebaut. Bemerkenswerte Sammlungen zeigen osmanische Gewichte und Messinstrumente, über 400 Exemplare von Kütahya-Fliesen und Keramiken (18. Jh.) sowie eine Ausstellung orientalischer Kunst. Die Sammlung hat auch Werke europäischer Künstler, die sich von der Osmanischen Welt des 17. bis 19. Jahrhunderts inspirieren ließen. Man erhält Einblick in das Leben der Oberschicht aus der Zeit des Osmanischen Reichs. Im Museum finden auch Ausstellungen moderner Kunst statt.

Mevlevi-Loge ❸
Mevlevi Tekkesi

Galip Dede Cad. 15, Beyoğlu. **Stadtplan** 7 D5. **Karte** H5. ☎ *(0212) 245 41 41.* 🚇 *Tünel.* 🔴 *Mi–Mo 9–16.00 Uhr.* 📷

Atatürks Verbot des Derwischordens von 1924 ist bis heute nicht aufgehoben. Fortleben durfte dieses Kloster als Divan Edebiyatı Müzesi, als Museum für klassische osmanische Gedichtsammlungen. Die Klosterbrüder gehörten dem sufistischen Mevlevi-Orden der »Tanzenden Derwische« an. Mevlana (»Unser

Der beschauliche Hof der Mevlevi-Loge

Hotels und Restaurants in Beyoğlu *siehe Seiten 187–189 und 200–203*

Meister«) lautet der Ehrentitel des Ordensstifters, des Mystikers und Dichters Jelaleddin Rumi, der 1273 in Konya in Zentralanatolien starb.

Die Loge versteckt sich abseits einer Straße, deren Name an Galip Dede erinnert, einen brillanten Dichter dieses Ordens. Den Mittelpunkt des Museums bildet das Tanzhaus aus dem 18. Jahrhundert. In dem bezaubernden hölzernen Tanzsaal, einem achteckigen Raum, führen junge Anhänger des Sufismus (das Verbot kommt gegen seine Faszination nicht an) am letzten Sonntag jeden Monats um 15 Uhr den Sema genannten Tanz vor. Zehn bis zwölf Tänzer drehen sich mit wirbelnden Röcken immer schneller bis zur Ekstase, begleitet von aufwühlender Musik.

Um den Tanzsaal herum ist in Vitrinen eine kleine Auswahl des Klosterbesitzes ausgestellt, darunter Ordenskleidung, Manuskripte, Fotos und Musikinstrumente. Im terrassierten Garten stehen kunstvoll behauene Grabsteine von Meistern des Ordens.

Galata-Turm ❹
Galata Kulesi

Büyük Hendek Sok., Beyoğlu. **Stadtplan** 3 D1. **Karte** G5. (0212) 293 81 80. Tünel. tägl. 9–19 Uhr. Restaurant und Show tägl. 20–24 Uhr. **www**.galatatower.net

Auffälligster Blickfang des Galata-Viertels ist dieser 67 Meter hohe Turm, ein

Tür zum Haupthof der Peter-und-Pauls-Kirche

Rundbau mit einem Kegel als Krone. Die Genuesen (siehe S. 25) errichteten ihn 1348 als Teil ihrer Befestigungsanlagen, die Osmanen nutzten ihn ab 1453 weiter als Wachturm, später als Gefängnis, Lager und Feuerwache. 1638 soll der osmanische Luftfahrtpionier Hezarfen Ahmet Çelebi vom Turm drei Kilometer bis Üsküdar geflogen sein.

Heute ist der Galata-Turm eine beliebte Touristenattraktion – vor allem wegen des wunderbaren Panoramablicks auf Istanbuls Skyline und auf den Bosporus bis zu den Prinzeninseln (siehe S. 159). In der neunten Etage befindet sich ein Restaurant, das jeden Abend Shows mit Volksmusik und Bauchtanz veranstaltet.

Peter-und-Pauls-Kirche ❺
Sen Piyer Kilisesi

Galata Kulesi Sok. 44, Karaköy. **Stadtplan** 3 D1. **Karte** G5. (0212) 249 23 85. Tünel. Mo–Sa 7–17, So 10.30–12 Uhr.

Als Galatas Dominikaner im frühen 16. Jahrhundert ihr Gotteshaus (die heutige Arabische Moschee) den Muslimen überlassen mussten, bauten sie unweit davon zu Füßen des Galata-Turms eine neue Kirche. Diese wurde 1841 durch den heutigen Bau der Gebrüder Fossati ersetzt, jener italienisch-schweizerischen Architekten, die auch die Hagia Sophia (siehe S. 72–75) restaurierten.

Die Rückseite der Kirche wurde in die genuesischen Befestigungen integriert. Die Hauptfassade durfte nach osmanischem Gesetz nicht unmittelbar an der Straße liegen. Daher ist der Kirche ein Hof mit einem unscheinbaren Eingang vorgelagert. Besucher müssen an ein Tor klingeln.

Die Kirche ist als Basilika mit vier Seitenaltären angelegt. Den Chor überwölbt eine himmelblaue Kuppel mit goldenen Sternen. Jeden Morgen werden Messen in italienischer Sprache gefeiert.

Arabische Moschee ❻
Arap Camii

Kalyon Sok. 1, Galata. **Stadtplan** 3 D1. **Karte** G5. Tünel. nur zu Gebetszeiten.

Aus Spanien vertriebene Mauren verliehen der Moschee ihren Namen. Viele strandeten nach dem Fall des andalusischen Granada 1492, dem Abschluss der christlichen Rückeroberung Spaniens, in Galata. Als Moschee wies man ihnen die Dominikanerkirche St. Paulus und Dominikus (14. Jh.) zu. Der Bau bietet einen ungewöhnlichen Anblick: mächtig, gotisch, rechteckig, dazu ein hoher Glockenturm als Minarett. Trotz Umbauten überzeugt er als Moschee weniger als andere frühere Kirchen.

Blick über das Goldene Horn auf den unverkennbaren Galata-Turm

Stadtplan siehe Seiten 246–263

Die Azap-Kapı-Moschee, ein Werk des großen Baumeisters Sinan

Azap-Kapı-Moschee ❼
Azap Kapı Camii

Tersane Cad., Azapkapı. **Stadtplan** 2 C1. **Karte** F5. 🚇 Tünel. 🚌 46H, 61B. 🕐 nur zu Gebetszeiten.

L eider trübt der Verkehr, der unablässig über die benachbarte Atatürk-Brücke donnert, den Zauber dieses kleinen Ensembles aus Moschee und Brunnen. Die umstehenden Bäume dämpfen aber ein wenig den Lärm. Der Zugang zur Moschee befindet sich, eine Seltenheit, innerhalb des Komplexes auf einer Treppenflucht. Sinan *(siehe S. 91)* errichtete die Moschee, eine seiner schönsten, 1577/78 für den Großwesir Sokollu Mehmed Paşa.

Museum der Osmanischen Bank ❽
Osmanlı Bankası Müzesi

Bankalar Cad. 35–37, Karaköy. **Stadtplan** 3 D1. **Karte** G5. ☎ *(0212) 334 22 70.* 🚇 Tünel. 🚌 25E, 56. 🕐 *tägl. 10–18 Uhr.* 📷 📱 🚫 📛 www.obmuseum.com

D as Museum der Osmanischen Bank widmet sich der Geschichte des Bankwesens und gibt damit auch einen Überblick über die historische Sozialstruktur. Anhand von Kundenprofilen, Belegen über Marktentwicklungen und Personalakten mit Fotos der Angestellten können sich

İznik-Fliesen mit Korantexten, Kılıç-Ali-Paşa-Moschee

Besucher den sozialen, ökonomischen und politischen Gegebenheiten der osmanischen Zeit nähern.

Yeraltı-Moschee ❾
Yeraltı Camii

Karantina Sok., Karaköy. **Stadtplan** 3 E1. **Karte** H6. 🚇 Tünel. 🕐 tägl.

D iese vergrabene Moschee, buchstäblich die »Unterirdische Moschee«, hütet die Schreine der muslimischen Heiligen Abu Sufyan und Amiri Wahibi, die bei Konstantinopels erster arabischer Belagerung im 7. Jahrhundert ums Leben kamen. 1640 entdeckte man ihre Gebeine und richtete am Fundort einen Schrein, 1757 eine Moschee ein.
İznik-Fliesen *(siehe S. 161)* bekleiden Eingang und Mihrab des düsteren Gebetssaals. Ein Gitter am Ende des Saals schirmt die Gräber der Heiligen ab.

Kılıç-Ali-Paşa-Moschee ❿
Kılıç Ali Paşa Camii

Necatibey Cad., Tophane. **Stadtplan** 7 E5. **Karte** H/J5. 🚌 25E, 56. 🕐 tägl. 🚋 Tophane.

S inan schuf diese Moschee 1580 im Alter von über 90 Jahren. Quell seiner Inspiration war die Hagia Sophia *(siehe S. 72–75)*. Die Inschrift über den Eingang nennt ihr Baudatum. Blickfänge sind der tiefe Vorbau des Haupttors und die den Mihrab zierenden İznik-Fayencen.
Kılıç Ali Paşa, der Stifter der Moschee, führte ein bewegtes Leben. Er wurde in Italien geboren und von muslimischen Piraten gekid-

Ausschnitt einer Relieftafel des Tophane-Brunnens

nappt. Im Dienst Süleymans I. (1520–66) trat er zum Islam über. Unter drei Sultanen amtierte er als Flottenkommandant. Im Ruhestand beschloss er den Bau einer Moschee. Murad III. *(siehe S. 27)* soll »das Territorium eines Admirals, das Meer« als Standort empfohlen haben. Kılıç Ali Paşa nahm den Sultan beim Wort und ließ am Bosporus eine Parzelle trockenlegen.

Tophane-Brunnen ⓫
Tophane Çeşmesi

Tophane İskele Cad., Tophane. **Stadtplan** 7 E5. **Karte** J5. 🚌 25E, 56. 🚋 Tophane.

D er schmucke Barockbrunnen gegenüber der Kılıç-Ali-Paşa-Moschee, den Mahmud I. 1732 anlegen ließ, sprudelt nicht mehr. Dafür ist er elegant überkuppelt und erinnert an den Brunnen Ahmeds III. *(siehe S. 60)*. Florale, früher farbenfroh bemalte Basreliefs bedecken seine vier Seitenwände.
Der Name Tophane, »Kanonengießerei«, verweist auf das aus Mauerziegeln und Steinen gefügte Gebäude am nahen Hügel. 1453 von Mehmed II. *(siehe S. 26)* begründet und mehrfach renoviert, dient es zwar nicht mehr als Waffenfabrik, ist aber weiterhin in Besitz des Militärs.

Nusretiye-Moschee ⓬
Nusretiye Camii

Necatibey Cad., Tophane. **Stadtplan** 7 E5. **Karte** J5. 🚌 25E, 56. 🕐 tägl.

D ie barocke »Siegesmoschee« aus dem 1820er Jahren ist ein Werk von Kirkor Balyan, der eine ganze Architekten-Dynastie begründete *(siehe S. 128)*. Mit den dekorativen Außenbauten und der Marmorterrasse mutet

Kuppel und Stützbogen der Nusretiye-Moschee

der reich verzierte Bau wie ein Palastpavillon an.

Die Moschee entstand im Auftrag von Mahmud II. zum Gedenken an seine Auflösung des Janitscharenkorps 1826 *(siehe S. 30)*. Sie blickt auf die Selimiye-Kaserne *(siehe S. 132)* am anderen Bosporus-Ufer, in der die neuen Truppen stationiert waren. Im Innenraum bringt das Dekor im Empirestil den Stolz des Sultans über seine Heeresreform zum Ausdruck. Besonders gelungen sind der kalligrafische Marmorfries und die außen liegenden *sebiller* (Ausschankbrunnen).

Istanbul Modern – Museum für Moderne Kunst ⓭

İstanbul Modern
Sanat Müzesi

Meclis-i Mebusan Cad., Liman İşletmeleri Sahası, Antrepo 4, Karaköy. **Stadtplan** 7 F5. **Karte** K4. 📞 *(0212) 334 73 00.* 🚊 *Tophane.* 🚌 *56.* 🕐 *Di – Sa 10 – 18 Uhr.* 📷 ♿ 📓 📷 **www.istanbulmodern.org**

Das Istanbul Modern – Museum für Moderne Kunst wurde im Dezember 2004 in einem ehemaligen Lagerhaus direkt am Ufer des Goldenen Horns eröffnet. Es zeigt sowohl Dauer- als auch Wechselausstellungen, darunter ausgefallene Werke von Künstlern, die die Moderne in der Türkei vom 20. Jahrhundert bis heute geprägt haben. Viele Werke stammen aus der privaten Sammlung

der Ecacıbaşı-Familie, die das Museum gründete.

Zu sehen sind unter anderem abstrakte Kunst, Landschaftsmalerei, Aquarelle sowie ein Skulpturengarten und eine atemberaubende Sammlung von Schwarz-Weiß-Fotografien.

Çukurcuma ⓮

Stadtplan 7 E4. **Karte** H4. ♠ *Taksim.*

Das attraktive alte Viertel des Stadtteils Beyoğlu liegt um eine Moschee in der Çukurcuma Caddesi. Die Gegend hat sich zu einem Möbel- und Antiquitätenzentrum gemausert. Aus Lager- und Wohnhäusern wurden Verkaufs- und Ausstellungsräume, in denen sich ein bunter Wirrwarr von Waren auftürmt.

Suzani-Stoffe *(siehe S. 212)* in Çukurcuma

Hier zu stöbern lohnt sich: Die versteckten Schätze reichen von osmanischen Stickereien aus dem 19. Jahrhundert über wertvolle Gemälde und Drucke bis hin zu Keksdosen aus den 1950er Jahren und modernen Dekostoffen, die in skulptierten Marmorbecken und schönen alten Holztruhen gestapelt sind.

Taksim ⓯

Stadtplan 7 E3. **Karte** J2. 🚊 *Taksim.* ♠ *Taksim.*

Der weite Taksim-Platz (Taksim Meydanı) bildet den Kern des gleichnamigen Viertels in Beyoğlu und ist einer der wichtigsten Verkehrsknotenpunkte. Taksim heißt »Wasserverteilung«: Ab dem frühen 18. Jahrhundert wurde von hier aus die Stadt mit Wasser aus dem Belgrader Wald *(siehe S. 158)* beliefert. Das steinerne, 1732 unter Mahmud I. angelegte Reservoir am oberen Ende der İstiklal Caddesi ist noch erhalten.

Im Südwesten des Platzes erinnert das Denkmal der Republik (Cumhuriyet Anıtı), ein Werk des italienischen Bildhauers Pietro Canonica von 1928, an Atatürk *(siehe S. 30f)* und andere Väter des modernen türkischen Staats.

Am östlichen Ende des Platzes steht das architektonisch wenig ansprechende Atatürk-Kulturzentrum (Atatürk Kültür Merkezi; AKM), ein Mehrzweckbau mit verschiedenen Sälen (einer mit über 1300 Sitzplätzen), der derzeit geschlossen ist.

Blumenverkäuferinnen am Taksim-Platz

Stadtplan *siehe Seiten 246 – 263*

Abstecher

Außerhalb der Innenstadt gibt es einige Sehenswürdigkeiten, für die sich die Anfahrt lohnt. Der Großraum Istanbul ist in diesem Buch in fünf Zonen unterteilt. Dem Zentrum am nächsten liegen die Moscheen und Kirchen von Fatih, Fener und Balat. Die bekannteste Attraktion ist die gigantische Fatih-Moschee. Am Ufer des Goldenen Horns *(siehe S. 89)*, gegenüber von Balat, faszinieren der Aynalı-Kavak-Palast und ein Industriemuseum. Zu Istanbuls großartigsten Bauwerken zählt die Theodosianische Mauer zwischen Goldenem Horn und Marmarameer, an der alte Paläste und Kirchen stehen. Ein Juwel ist die Erlöserkirche des Chora-Klosters mit ihren Mosaiken. Außerhalb der Stadtmauer, von der Mündung des Goldenen Horns weiter

Mekka-Fliesenbild, Cezri-Kasım-Paşa-Moschee

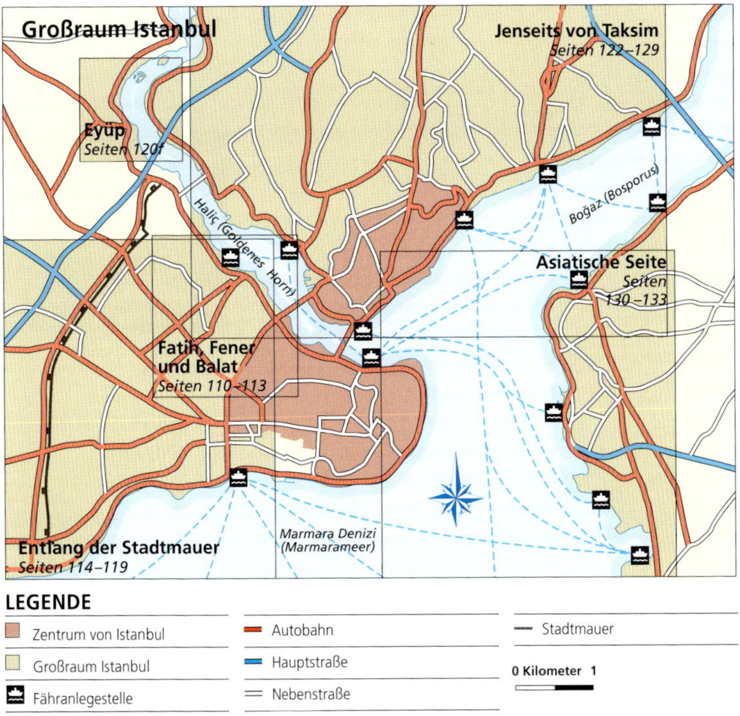

entfernt, liegt Eyüp, Pilgerziel frommer Muslime. Dort können Sie kunstvolle Mausoleen bestaunen und in den Fußstapfen des französischen Schriftstellers Pierre Loti zum Café wandern. Jenseits von Beyoğlu *(siehe S. 100–107)* glitzert am Bosporus ein märchenhaftes Highlight der Stadt: der unter Sultan Abd ül-Medschid I. im 19. Jahrhundert erbaute Dolmabahçe-Palast, dessen Besuch Muße verlangt. Paläste und Pavillons bezaubern auch etwas weiter im erholsamen Yıldız-Park. Wer Zeit erübrigen kann (ein halber Tag genügt), sollte die kurze Fährfahrt von Eminönü *(siehe S. 242f)* ans asiatische Ufer nicht auslassen: Zu besichtigen gibt es dort unter anderem prächtige Moscheen, einen hübschen Bahnhof und ein Florence Nightingale gewidmetes Museum.

Großraum Istanbul

Jenseits von Taksim
Seiten 122–129

Eyüp
Seiten 120f

Halic (Goldenes Horn)

Boğaz (Bosporus)

Asiatische Seite
Seiten 130–133

Fatih, Fener und Balat
Seiten 110–113

Entlang der Stadtmauer
Seiten 114–119

Marmara Denizi (Marmarameer)

LEGENDE

Zentrum von Istanbul	Autobahn — Stadtmauer
Großraum Istanbul	Hauptstraße
Fährlegestelle	Nebenstraße

0 Kilometer 1

◁ **Brunnen im Garten des prächtigen Dolmabahçe-Palasts** *(siehe S. 128f)*

Fatih, Fener und Balat

Diese Viertel erinnern daran, dass Juden und Christen auch nach dem Einzug des Islam jahrhundertelang gut 40 Prozent der Istanbuler Bevölkerung stellten. Balat war seit byzantinischer Zeit die Heimat griechischsprachiger, ab dem 15. Jahrhundert auch sephardischer Juden aus Spanien. Fener entwickelte sich im frühen 16. Jahrhundert zu einer griechischen Enklave. Viele seiner wohlhabenden Bewohner stiegen im Osmanischen Reich zu hohem Rang auf. In Fatih, der traditionellen Hochburg von Muslimen, werden Sie mehr Strenggläubigen begegnen als in anderen Stadtteilen. Alle drei Bezirke sind Wohnviertel, geprägt von Wäscheleinen und spielenden Kindern auf den Straßen.

Sehenswürdigkeiten auf einen Blick

Ahrida-Synagoge ❶
Fatih-Moschee ❿
Griech.-orthodox. Patriarchat ❺
Kirche des Konstantin Lips ❽
Kirche St. Maria
  der Mongolen ❹
Kirche St. Stephan
  von Bulgarien ❷
Markianssäule ❾
Moschee des heiligen Mantels ❼
Moschee Selims I. ❻
Pammakaristos-Kirche ❸
Pantokrator-Kirche ⓫

0 Meter   500

LEGENDE

⛴ Fähranlegestelle
— Hauptstraße
— Nebenstraße

Ahrida-Synagoge ❶
Ahrida Sinagogu

Gevgili Sok., Balat. **Stadtplan** 1 C1. **Karte** B3. 🚌 55T, 99A. ⬤ *nur im Rahmen von Stadtführungen.* 🚫

Der Name von Istanbuls ältester und schönster Synagoge ist eine Verballhornung von Ohrid, einer Stadt in Mazedonien, aus der sich die Gemeindemitglieder rekrutierten. Die 500 Personen fassende Synagoge bestand bereits vor Einmarsch der Osmanen 1453 und hat sich bis heute ununterbrochen behauptet. Die Wand- und Deckenmalereien aus dem späten 17. Jahrhundert strahlen in barockem Glanz.

Ihr ganzer Stolz ist jedoch der mit Vorhängen reich geschmückte Thoraschrein, der seltene heilige Schriftrollen birgt. Besucher haben nur im Rahmen organisierter Stadtbesichtigungen *(siehe S. 239)* Zutritt.

Sabbatai Zewi (1626–1676) predigte hier im 17. Jahrhundert, in einer Zeit messianischer Endzeiterwartung. Der selbst ernannte Messias löste die Bewegung des Sabbatianismus aus. Er wurde aus der Stadt verbannt und konvertierte daraufhin zum Islam. Unter dem Namen Dönme (wörtlich: Konvertiten) siedelten Sabbatais Anhänger in der Türkei. Kleine Gruppen von ihnen existieren noch heute.

Kirche St. Stephan von Bulgarien ❷
Bulgar Kilisesi

Mürsel Paşa Cad. 85, Balat. **Stadtplan** 1 C1. **Karte** C4. 🚌 55T, 99A. ⛴ *Balat.* ⬤ *tägl. 9–17 Uhr.*

Diese Kirche besteht fast komplett – jedenfalls einschließlich der Säulen und Emporen im Innenraum – aus Gusseisen. Man fertigte ihre Teile 1871 in Wien an, verschiffte sie ans Goldene Horn *(siehe S. 89)* und setzte sie dort am Ufer zusammen. Erbaut wurde die Kirche für die bulgarische Gemeinde nach deren Abspaltung von der Kirche des griechisch-orthodoxen Patriarchats am nahe gelegenen Hügel. Sie wird weiterhin von orthodoxen Bulgaren besucht, die ihren ersten Patriarchen regelmäßig Blumen an die Marmorgräber bringen.

Bäume und blühende Sträucher stehen in einem hübsch angelegten kleinen Park, der sich zum Saum des Goldenen Horns hin absenkt.

Die gusseiserne Kirche St. Stephan von Bulgarien

Pammakaristos-Kirche ❸
Fethiye Camii

Fethiye Cad., Draman. **Stadtplan** 1 C2. **Karte** C4. 🚌 90, 90B. ⬤ *nur zu Gebetszeiten.* 📷

Ihre Geschichte und ihre prächtigen Mosaikenzyklen machen die byzantinische Kirche zu einem Kleinod. Umso mehr verwundert es, dass sie vielen Besuchern nicht bekannt ist. Nach Konstantino-

Die byzantinische Fassade der Pammakaristos-Kirche

Griechisch-orthodoxes Patriarchat ❺

Ortodoks Patrikhanesi

Sadrazam Ali Paşa Cad. 35, Fener.
(0212) 525 54 16. 55T, 99A.
tägl. 9–17 Uhr.

Seit dem frühen 17. Jahrhundert ist der ummauerte Komplex Domizil des Patriarchats der griechisch-orthodoxen Kirche. Obzwar nominell Oberhaupt der gesamten Kirche, betreut der Patriarch nur mehr eine schwindende Gemeinde in und um Istanbul.

Wenn Sie die Stufen zum Eingang an der Seite hochsteigen, bemerken Sie, dass man das Haupttor zugeschweißt hat. Dies geschah zum mahnenden Gedenken an den Patriarchen Gregor V., der hier 1821 wegen Landesverrats gehängt wurde, weil er bei Ausbruch des griechischen Freiheitskampfes (1821–32) ansässige Griechen gegen das osmanische Regime aufgewiegelt hatte. In den 1920er Jahren verschärften sich die Spannungen zwischen Türken und Griechen, als Griechenland Teile der Türkei besetzte. 1955 kam es in Istanbul zu Ausschreitungen gegen Griechen, von denen viele Mitte der 1960er Jahre vertrieben wurden. Der Klerus versucht sich heute mit Metalldetektoren am Eingang zu schützen.

Das Zentrum der Anlage ist die Georgskirche, eine Basilika von 1720. Teile des Inventars sind weit älter, so der byzantinische hohe Thron des Patriarchen rechts vom Hauptschiff. Holzintarsien und Ikonen zieren die Kanzel.

---

pels Fall an die Osmanen war sie ein Jahrhundert lang Sitz des griechisch-orthodoxen Patriarchats. Murad III. *(siehe S. 32)* ließ sie im späten 16. Jahrhundert zum Gedenken an seine Eroberung von Georgien und Aserbaidschan in die heutige »Siegesmoschee« umwandeln.

Die wechselnden Schichten aus Mauerziegeln und Stein sowie die feinen Marmorplastiken der Fassaden belegen den byzantinischen Ursprung des Baus. Der Hauptraum beherbergt die noch genutzte Moschee, eine zum Museum ausgewiesene Seitenkapelle die kostbaren Mosaiken. Um die Kapelle zu besichtigen, muss man bei der Hagia Sophia *(siehe S. 72–75)* die Erlaubnis einholen; wer den Hausmeister antrifft, wird vielleicht ohne Umstände eingelassen.

Die Mosaiken aus dem 14. Jahrhundert, der letzten Blütezeit der byzantinischen Kunst *(siehe S. 25)*, zeigen Heiligenfiguren in einem Meer aus Gold, Sinnbild des Himmels. Im Kreis von Propheten des Alten Testaments sieht Christus als Pantokrator (»Allherrscher«) aus der Mitte der Hauptkuppel ernst herab. In der Apsis erteilt Christus auf einem juwelenbesetzten Thron, flankiert von Maria und Johannes dem Täufer als Fürbittenden, unter den Blicken der Erzengel den Segen. Weitere Heilige sind in den Seitenapsiden dargestellt.

Kirche St. Maria der Mongolen ❹

Kanlı Kilise

Tevkii Cafer Mektebi Sok., Fener.
Stadtplan 1 C2. **Karte** C4.
(0212) 521 71 39. 55T, 99A.
nach Vereinbarung.

Dies ist Istanbuls einzige byzantinische Kirche, die seit ihrer Einweihung im

Detail der Kirche St. Maria der Mongolen

späten 13. Jahrhundert ununterbrochen der griechisch-orthodoxen Gemeinde dient. Ein Erlass Mehmeds II. *(siehe S. 26)* verschonte sie vor der Umwandlung zur Moschee. Die Kirche bewahrt eine Kopie der von ihm signierten Verfügung. Der Name der Kirche erinnert an ihre Stifterin, die illegitime byzantinische Prinzessin Maria Palaiologina. Diese wurde mit dem mongolischen Khan Abagu vermählt und lebte an seiner Seite als fromme Christin 15 Jahre in Persien. Nach seiner Ermordung kehrte sie nach Konstantinopel zurück, ließ diese Kirche errichten und beschloss ihr Leben als Nonne.

Wertvollster Kirchenschatz ist ein anmutiges byzantinisches Marienmosaik der Theotokos Pammakaristos, der »Immerfrohen Muttergottes«.

Vergoldete Innenausstattung der Georgskirche im griechisch-orthodoxen Patriarchat

Stadtplan *siehe Seiten 246–263*

**Iznik-Fayencen in einem Fenster-
bogenfeld der Moschee Selims I.**

Moschee
Selims I. ❻
Selim I Camii

Yavuz Selim Cad., Fener. **Stadtplan**
1 C2. **Karte** C5. 🚌 *55T, 90, 90B,
99A.* ⭕ *tägl.*

Im Volksmund heißt dieses
1522–29 errichtete Bau-
werk Yavuz-Sultan-Moschee:
Unter dem Beinamen Yavuz
(»der Strenge«) war Sultan
Selim I. *(siehe S. 26)* berüchtigt. In Kontrast zu seinem
martialischen Nimbus wirkt
die Moschee eigentümlich
idyllisch. Sie steht einsam auf
einem Hügel neben einem
Parkplatz, der in einer früheren Existenz die byzantinische
Aspar-Zisterne war. Zu Un-
recht wenig besucht, er-
scheint sie auf melancholische
Weise vernachlässigt. Im Hof
gibt sie eine Ahnung von der
Paradiesvorstellung des Islam.
Im Zentrum dieses entzückenden Gartens steht ein achteckiger Brunnen mit Kuppeldach, umgeben von Bäumen,
in denen Vögel zwitschern.
    Frühe Iznik-Fayencen *(siehe
S. 161)* verkleiden die Fenster-
giebel der Portiken im Hof.
Ähnliche Fliesen verleihen
dem schlichten Gebetsaal
einen dekorativen Anstrich.
Weitere Blickfänge des Raums
sind das erlesene Moscheen-
mobiliar *(siehe S. 38f)* und
original erhaltene bemalte
Holzschnitzereien.

Moschee des
heiligen Mantels ❼
Hırka-i Şerif Camii

Keçeciler Cad., Karagümrük. **Stadtplan** 1 B3. **Karte** A6. 🚌 *28, 87, 90,
91.* ⭕ *tägl.*

Diese Moschee im Empire-
stil wurde 1851 erbaut,
um einen Umhang *(hırka)*
aus der Palastsammlung zu
hüten, den der Prophet
Mohammed getragen
haben soll. Ein
Schrein unmittel-
bar hinter dem
Mihrab bewahrt
die Reliquie. Der
Stifter der Mo-
schee, Sultan
Abd ül-Med-
schid I., entwarf
den kalligrafischen
Fries des achtecki-
gen Gebetsaals, der
mit viel Marmor
ausgeschmückt ist.
Die Minarette haben die klassische griechische Säulenform
zum Vorbild, ihre Galerien
sind wie korinthische Kapitelle geformt.

**Türklopfer, Moschee
des heiligen Mantels**

Kirche des
Konstantin Lips ❽
Fenari İsa Camii

Vatan Cad., Fatih. **Stadtplan** 1 B4.
Karte B7. 🚌 *90B.* ⭕ *tägl.*

Der byzantinische Flottenkommandant Konstantin
Lips Dungarios stiftete im
10. Jahrhundert diese Kloster-
kirche, die man der Maria der
Unbefleckten Empfängnis
weihte. Nach der byzantini-

**Byzantinische Fassadenplastiken an
der Kirche des Konstantin Lips**

schen Rückeroberung Kons-
tantinopels 1261 *(siehe S. 24)*
ließ Kaiserin Theodora, die
Gemahlin von Michael VIII.
Palaiologos *(siehe S. 24f)*, eine
weitere Kirche hinzufügen,
außerdem eine Grabkapelle
für sich und ihre Söhne.
    Aufgrund dieser Entste-
hungsgeschichte wirkt der
Komplex etwas zusammenge-
würfelt. Die vier winzigen,
um die Hauptkuppel
gruppierten Kapellen
auf dem Dach
setzen exzentrische
i-Tüpfelchen.
Wirklich beein-
druckend sind
die meisterhaften
Backsteinfriese
der Ostfassade,
ein Merkmal by-
zantinischer Kirchen
jener Epoche. 1496
wurde aus der Kir-
che die Moschee
Fenari İsa oder
»Licht Jesu«, so genannt zu
Ehren des Meisters eines Sufi-
Ordens *(siehe S. 104)* namens
İsa (arabisch für »Jesus«), der
damals hier wirkte. Im Innenraum der noch genutzten
Moschee sind restaurierte
Kapitelle und verzierte Simse
zu bewundern.

Markianssäule ❾
Kız Taşı

Kıztaşı Cad., Saraçhane. **Stadtplan**
1 C4 (2 A3). **Karte** C7. 🚌 *28, 87,
90, 91.*

Eine Statue des Kaisers
Markian (450–457) krönte
diese byzantinische, an einem
kleinen Platz aufgestellte
Säule. Das Sockelrelief zeigt
noch zwei Niken, geflügelte
griechische Siegesgöttinnen,
die eine beschriftete Schau-
münze halten.
    Der türkische Name des
Denkmals, der »Mädchensäule«
bedeutet, lässt auf eine Ver-
wechslung mit der berühmten
Venussäule schließen. Diese
mächtige Marmorsäule stand
ursprünglich in der Nähe. Es
heißt, sie habe geschwankt,
wenn unzüchtige junge Frau-
en an ihr vorbeigingen. Man
vermutet, dass sie in die Süleymaniye-Moschee *(siehe
S. 90f)* integriert wurde.

Hotels und Restaurants bei den Abstechern *siehe Seiten 189f und 203–205*

Lüster in der großzügigen Fatih-Moschee

Fatih-Moschee ❿
Fatih Camii

Macar Kardeşler Cad., Fatih. **Stadt-plan** 1 C3. **Karte** C6. 🚌 28, 87, 90, 91. ◻ tägl.

Die großartige, von einem weiten Hof umgebene Barockmoschee ist der dritte bedeutende Sakralbau an dieser Stelle: Anfänglich stand hier die Kirche der heiligen Apostel (siehe S. 23), Grabstätte der meisten byzantinischen Kaiser. Sie war verfallen, als Mehmed II. (siehe S. 26) an diesem symbolträchtigen Ort die erste Fatih-Moschee bauen ließ. Diese stürzte 1766 durch ein Erdbeben ein. Die heutige Anlage ist überwiegend das Werk von Mehmed Tahir Ağa, oberster Hofbaumeister unter Mustafa III. Viele der Gebäude, die er um die Moschee gruppierte – darunter acht Medresen (Koranschulen) und ein Krankenhaus –, stehen heute noch.

Von der Moschee Mehmeds II. sind nur die drei Portiken des Hofs, der Reinigungsbrunnen, das Haupttor des Gebetssaals und dessen Mihrab erhalten. Über den Fenstern der Portiken sind exquisite Beispiele zweier raffinierter Schmuckformen des 15. Jahrhunderts zu bewundern: İznik-Fliesen in Cuerda-seca-Technik und kalligrafische Marmorintarsien an den Bogenfeldern. Weniger kunstfertige Fayencen dekorieren die unteren Wandpartien des Gebetssaals, Schablonenmuster seine Kuppeln.

Hinter der Moschee ragt das Mausoleum Mehmeds II. auf, nahe dem seiner Frau Gülbahar. Größe von Sarkophag und Turban entsprechen der Bedeutung des Sultans, und die Pilgerscharen belegen die zeitlose Anziehungskraft des majestätischen Orts.

Mittwochs ist Markttag (siehe S. 214). Dann gleichen die Straßen um die Moschee einem Hexenkessel. An Ständen wird um Obst und Gemüse, auf Ladeflächen von Kleintransportern um ungesponnene Wolle und etliches mehr gehandelt. Selbst wenn Sie nichts kaufen wollen: Dieses Spektakel ist mitreißender als jeder Zirkus.

Pantokrator-Kirche ⓫
Zeyrek Camii

İbadethane Sok., Küçükpazar. **Stadtplan** 2 B2. **Karte** D6. 🚌 28, 61B, 87. ◻ tägl. zu Gebetszeiten. ♿

Kaiserin Irene, die Gemahlin von Johannes II. Komnenos (siehe S. 21), stiftete im 12. Jahrhundert diese Kirche des »Allherrschers«. Der wuchtige byzantinische Bau war Herzstück einer der bedeutendsten religiösen Stätten Konstantinopels, des Pantokrator-Klosters. Dieser Komplex umfasste ein Altenheim, ein Heim für Pilger und Bedürftige sowie ein Krankenhaus. Damit erfüllte das Kloster ähnliche soziale Funktionen wie in osmanischer Zeit die großen Sultansmoscheen der Stadt (siehe S. 38 f).

Die Kirche, heute eine Moschee, ist ausgesprochen kunstvoll in figürlicher Musterung mit Marmor gepflastert und zusammengesetzt aus drei Kapellen: Kaiserin Irene ließ die Kapelle mit der höchsten Kuppel errichten, Kaiser Johannes veranlasste anlässlich von Irenes Tod 1124 den Bau der Grabkapelle. Später ließ er beide Bauten mit einer Apsiskapelle verbinden. Die drei Kapellen dienten fortan der Komnenos- und vielen Mitgliedern der Palaiologos-Dynastie als Grablege.

Die Osmanen erklärten die Kirche kurz nach ihrer Einnahme Konstantinopels 1453 (siehe S. 26) zur Moschee. Außerhalb der Gebetszeiten am Nachmittag lässt Sie der Hausmeister vielleicht ein.

Pantokrator-Kirche, gestiftet von Kaiserin Irene im 12. Jahrhundert

Stadtplan siehe Seiten 246–263

Entlang der Stadtmauer

Zu Istanbuls imposantesten byzantinischen Denkmälern gehört die von massiven Toren durchsetzte, mit Türmen verstärkte Landmauer. Sie begrenzt von Yedikule am Marmarameer bis Ayvansaray am Goldenen Horn *(siehe S. 89)* in einem weiten Bogen die Innenstadt. Die umliegenden Bezirke, allen voran Edirnekapı und Topkapı, sind hauptsächlich Arbeiterwohnviertel mit einigen unbebauten Flecken. In diesen Stadtteilen finden sich bedeutende, vorrangig byzantinische, kulturhistorische Relikte. Glanzlicht ist die Erlöserkirche des Chora-Klosters *(siehe S. 118f)* mit ihren gut konservierten Mosaiken und Fresken. In den letzten Jahren wurde auf dem Gelände eines ehemaligen Busbahnhofs der Topkapı Kulturpark angelegt.

Das Silivrikapı, eines der Tore der Theodosianischen Mauer

Sehenswürdigkeiten auf einen Blick

Blachernen-Palast ❾

Erlöserkirche des Chora-Klosters S. 118f ❼

Gazi-Ahmed-Paşa-Moschee ❺

Johanneskirche des Studios-Klosters ❸

Mihrimah-Moschee ❻

Panorama 1453 (Topkapı Kulturpark) ❿

Porphyrogennetos-Palast ❽

Theodosianische Mauer ❶

Yedikule-Festung ❷

Zoodochus-Pege-Schrein ❹

LEGENDE

Ⓜ U-Bahn-Station

Ⓓ Dolmuş-Haltestelle

═ Autobahn

═ Hauptstraße

═ Nebenstraße

━ Stadtmauer

0 Kilometer   1

ner vollen Länge zu bestaunen, brauchen Sie ein Taxi oder Dolmuş *(siehe S. 238f)*.

Erbaut wurde die Mauer 412–422 unter Kaiser Theodosius II. (408–450). Im Jahr 447 zerstörte ein Erdbeben 54 Türme. Man baute sie aus Furcht vor dem vorrückenden Hunnenkönig Attila unverzüglich wieder auf. Die Mauer wehrte Araber, Bulgaren, Russen und Türken ab. Beim vierten Kreuzzug *(siehe S. 24)* wurde zwar die Seemauer am Goldenen Horn gestürmt, nicht aber die Landmauer. Dies gelang erst Mehmed II. im Mai 1453 *(siehe S. 26)*. Bis zum Ende des 17. Jahrhunderts hielten die osmanischen Sultane die Mauer instand.

Einige Mauerabschnitte, vor allem beim Belgratkapı (Belgrader Tor), wurden rekonstruiert. Auch wenn Experten den unsensiblen Einsatz moderner Baustoffe bemängeln, vermitteln die Aufbauten doch einen guten Eindruck des byzantinischen Originals.

Viele Tore befinden sich in gutem Zustand. Seine schwersten Geschütze richtete Mehmed II. auf das Romanos- und das Charisios-Tor. Ersteres nannten die Osmanen »Kanonentor«, Topkapı (nicht zu verwechseln mit dem Topkapı-Palast;

Theodosianische Mauer ❶

Teodos II Surları

Von Yedikule nach Ayvansaray.
Stadtplan 1 A1–2, B2. **Karte** A2–4, B2. 🚇 *Topkapı, Ulubatlı.*

Über ein Jahrtausend lang fungierte diese gewaltige, 6,5 Kilometer lange Doppelmauer zwischen Marmarameer und Goldenem Horn als Konstantinopels landseitiges Bollwerk. Sie wurde aus roten Ziegeln und behauenen Kalksteinblöcken geschichtet und mit elf Toren und 192 Türmen befestigt. Abschnitte lassen sich per Zug, Bus, Tram oder U-Bahn erreichen. Um aber die Straße an der Außenflanke abzufahren und das Bauwerk in sei-

Gemeißelter byzantinischer Adler über dem Yedikule-Tor

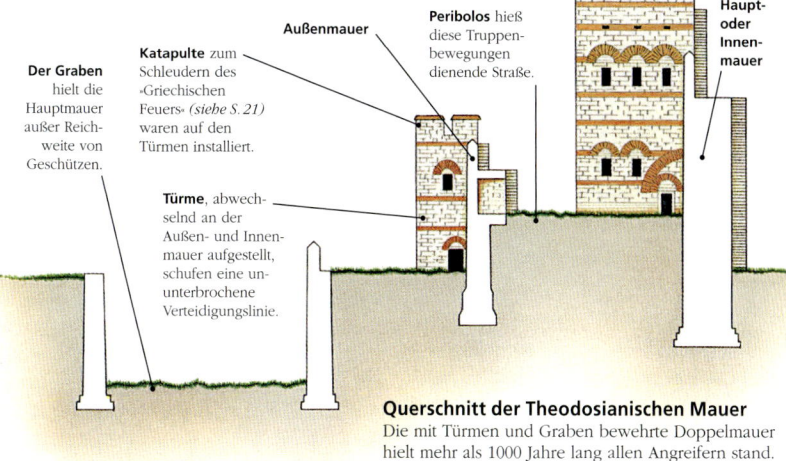

Der Graben hielt die Hauptmauer außer Reichweite von Geschützen.

Katapulte zum Schleudern des »Griechischen Feuers« (siehe S. 21) waren auf den Türmen installiert.

Außenmauer

Peribolos hieß diese Truppenbewegungen dienende Straße.

Haupt- oder Innenmauer

Türme, abwechselnd an der Außen- und Innenmauer aufgestellt, schufen eine ununterbrochene Verteidigungslinie.

Querschnitt der Theodosianischen Mauer
Die mit Türmen und Graben bewehrte Doppelmauer hielt mehr als 1000 Jahre lang allen Angreifern stand.

siehe S. 54–59). Ein benachbartes Mauersegment wurde in den 1950er Jahren bedauerlicherweise beim Bau einer Straße, der Millet Caddesi, planiert.

Als Stadtpforten dienen weiterhin Edirnekapı (das ehemalige Charisios-Tor), Silivrikapı, Yeni Mevlanakapı und einige andere alte Tore. Über dem Hauptbogen des Yedikule-Tors neben der gleichnamigen Festung prangt das Relief eines gemeißelten byzantinischen Kaiseradlers (siehe S. 25).

Yedikule-Festung ❷
Yedikule Müzesi

Kule Meydanı 4, Yedikule.
(0212) 585 89 33. 31, 80, 93T. Do–Di 9.30–17 Uhr.

Der Name dieser gewaltigen Festung am Südabschnitt der Theodosianischen Mauer bedeutet »Sieben Türme«. Dicke Mauern verbinden die Türme zu einem imposanten Fünfeck, dessen eine, mit vier Türmen besetzte Seite von der Landmauer gezogen wird.

Das heute zu sehende Bauwerk vereint byzantinische und osmanische Elemente. Die beiden stämmigen quadratischen Marmortürme an der Landmauer flankierten das nun verschlossene Goldene Tor, die majestätische Pforte zum mittelalterlichen, von

Theodosius II. erbauten Byzanz (siehe S. 22). Kaiser zogen vor der Inthronisierung und nach siegreichen Feldzügen triumphierend durch dieses einst goldverkleidete Tor ein, dessen Fassade eine geflügelte Siegesgöttin, vier Bronze-Elefanten, ein Bildnis des Kaisers Theodosius und andere Statuen zierten.

Im 15. Jahrhundert ließ Mehmed II. die drei hohen, der Landmauer vorgesetzten Rundtürme hinzufügen und den Festungsring mit Blendmauern schließen.

Durch ein Tor in der Nordostwand können Besucher die Festung betreten. Der Turm unmittelbar links, der yazılı kule oder auch »Inschriftenturm« genannt, diente als Kerker für unbotmäßige Untertanen des Sultans, unter ihnen auch ausländische Gesandte. Die Häftlinge ritzten Namen, Daten und andere »Graffiti« in die Wände. Teilweise sind sie heute noch zu erkennen.

Die Henker verübten ihr Werk in der Yedikule-Festung im nördlichen der beiden Seitentürme des Goldenen Tors. Auf Betreiben seiner eigenen Janitscharen (siehe S. 127) wurde hier im Jahr 1622, nach vier Amtsjahren als Sultan, der gerade mal 17-jährige Osman II. (siehe S. 33) hingerichtet. Man warf ihm unter anderem vor, seine Pagen als Zielscheiben beim Bogenschießen benutzt zu haben.

Eine steile Treppe führt zum Rundweg auf dem Wall, der eine unbeschreibliche Aussicht auf die Landmauer, benachbarte Stadtviertel und Friedhöfe freigibt.

Yedikule-Festung mit dem Marmarameer im Hintergrund

Stadtplan siehe Seiten 246–263

Johanneskirche des Studios-Klosters ❸

İmrahor Camii

İmam Aşir Sok., Yedikule. 🚌 80, 80B, 80T. 🚉 Yedikule.

Von dieser ältesten erhaltenen Kirche der Stadt steht nur noch die Außenwand – genügend, um die Schönheit des Baus zu erahnen, der zu einem berühmten byzantinischen Kloster gehörte.

Gegründet wurden Kloster und Kirche 463 von dem römischen Patrizier Studios, der unter Kaiser Markian (450–457) als Konsul amtierte. Das Kloster entwickelte sich zum mächtigsten des Byzantinischen Reichs und wurde im späten 8. Jahrhundert unter Abt Theodoros zu einem führenden spirituellen und intellektuellen Zentrum. Der im Kirchhof beigesetzte Theodoros ist ein Heiliger der griechisch-orthodoxen Kirche.

Das Haupt Johannes' des Täufers war bis zur Zerstörung des Klosters beim vierten Kreuzzug (siehe S. 24) heiligste Reliquie der Kirche; Kaiser besuchten die Kirche am 29. August, dem Jahrestag von Johannes' Enthauptung. Im 15. Jahrhundert beherbergte die Kirche eine Hochschule und wurde zur Moschee. Als sie 1894 bei einem Erdbeben beschädigt wurde, gab man das Gebäude auf.

Das Bauwerk ist eine Bilderbuchbasilika mit nur einer Apsis im Osten, Narthex als Eingangshalle und vorgelagertem Hof. Korinthische Kapitele, ein Architrav und ein Sims schmücken das Eingangsportal. Im Innenraum herrscht bis auf eine Reihe von sechs mit Grünspan überzogenen Säulen Leere.

Verfallene Johanneskirche des Studios-Klosters

Der Zoodochus-Pege-Schrein, über einer heiligen Quelle errichtet

Zoodochus-Pege-Schrein ❹

Balıklı Kilise

Seyit Nizam Cad. 3, Silivrikapı. 📞 (0212) 582 30 81. 🚉 Seyitnizam. 🚌 93T. 🕐 tägl. 8–16 Uhr.

Der Brunnen der »Leben spendenden Quelle« (Zoodochus Pege) steht über Istanbuls berühmtester heiliger Quelle. Dem Wasser, in dem sich Fische tummeln, wird wundersame Heilkraft zugesagt.

Kurz vor Konstantinopels Fall (siehe S. 26) sollen erstmals Fische in der Quelle aufgetaucht sein – angeblich entsprungen der Bratpfanne eines Mönches, als dieser verkündete, dass eine türkische Invasion so wahrscheinlich sei wie die Auferstehung eines toten Fisches.

Vermutlich stand bei der Quelle ein antikes Artemis-Heiligtum. Christen errichteten darüber später eine Marienkirche. Die Quelle blieb bis zum Ende der byzantinischen Ära ein Wallfahrtsort. An Christi Himmelfahrt pilgerten sogar die Kaiser hierher. Die Kirche wurde wiederholt zerstört und von byzantinischen Kaisern wiederhergestellt. Der heutige Bau stammt aus dem Jahr 1833. Grabstätten von Bischöfen und Patriarchen der griechisch-orthodoxen Kirche füllen den Innenhof.

Gazi-Ahmed-Paşa-Moschee ❺

Gazi Ahmet Paşa Camii

Undeğirmeni Sok., Fatma Sultan. Ⓜ Ulubatlı. 🚉 Topkapı. 🚌 93T. 🕐 nur zu Gebetszeiten.

Bei der Stadtmauer führt ein äußerst lohnenswerter Abstecher zu diesem auch Kara-Ahmed-Paşa-Moschee genannten Gebäude. Die anmutige, ausgewogen proportionierte Moschee zählt zu Sinans (siehe S. 91) unbekannteren Werken. Sinan schuf sie 1554 für Kara Ahmed Paşa, einen Großwesir Süleymans I. (siehe S. 26).

Den Hof umgeben die Zellen und der Hauptlehrraum (dershane) der Medrese. Hübsche İznik-Fliesen (siehe S. 161) in Apfelgrün und Gelb verzieren die Vorhalle, blau-weiße Fayencen (16. Jh.) die Ostwand. Die Holzdecke über der westlichen der drei Galerien ist bemalt.

Außerhalb der Stadtmauer steht die 1592 erbaute Takkeci-İbrahim-Ağa-Moschee, ein winziger Bau mit Holzkuppel und İznik-Fayencen.

Fliesenfeld über einer Medresentür der Gazi-Ahmed-Paşa-Moschee

Mihrimah-Moschee ❻

Mihrimah Camii

Sulukule Cad., Edirnekapı. **Stadtplan** 1 A1/2. **Karte** A4. 🚌 28, 87, 91. 🕐 tägl.

An der Innenseite der Stadtmauer ragt diese Moschee am höchsten Punkt der Stadt auf. Vom Bosporus und bei der Anreise aus Edirne (siehe S. 154–157) sieht man ihre Silhouette aus weiter Ferne.

Sinan errichtete die Moschee 1562–65. Benannt wurde sie nach Mihrimah, einer Tochter Süleymans I. (siehe S. 26) und Ehefrau des gerade verstorbenen Rüstem Paşa.

Vier kräftige Ecktürme umstehen den Hauptbau, ein Quadrat mit einer 37 Meter hohen Kuppel. Das einzige Minarett ist dermaßen hoch und schlank, dass Erdbeben es zweimal einstürzen ließen. Beim zweiten Mal, 1894, durchbrach es das Dach der Moschee. Ihr heutiges Schablonendekor erhielten die Innenwände des Gebetssaals nach diesem Vorfall erst im 20. Jahrhundert.

Durch zahlreiche – teils mit Buntglas ausgefüllte – Fenster flutet Licht in den Innenraum. Die Bemalung der Stützbogen der Sultansloge (*siehe S. 39*) täuscht rot-grünen Marmor vor. Eine Augenweide ist der fein behauene Minbar aus Marmor.

Buntglasfenster der Mihrimah-Moschee

Ziegeln ist typisch für das 10., die geometrische Musterung dagegen für das 14. Jahrhundert. Wahrscheinlich gehörte der Bau zum nahen Blachernen-Palast. Der Komplex der beiden Paläste diente in den zwei Jahrhunderten vor dem Ende des Byzantinischen Reichs 1453 (*siehe S. 26*) als kaiserliche Hauptresidenz.

Unter Sultan Ahmed III. (1703–30; *siehe S. 27*) wurden die letzten İznik-Manufakturen (*siehe S. 161*) hierher verlegt. Der Palast entwickelte sich zum Zentrum der Fliesenproduktion. Die Fayencen jener Zeit bestechen durch ihre Farben und zieren u. a. die Cezri-Kasım-Paşa-Moschee (*siehe S. 121*) in Eyüp.

Erlöserkirche des Chora-Klosters ❼

Siehe S. 118f.

Porphyrogennetos-Palast ❽
Tekfur Sarayı

Şişehane Cad., Edirnekapı. **Stadtplan** 1 B1. **Karte** B3. [(0212) 52 21 75. 🚌 87, 90, 126. ☉ *tägl.*

Die spärlichen Überreste verraten wenig vom ehemaligen Glanz dieser Kaiserresidenz. Nur eine Wind und Wetter ausgesetzte Ruine zeugt noch vom Palast des Porphyrogennetos (Herrschers). Ihre dreistöckige Fassade gibt jedoch geradezu ein Musterbeispiel byzantinischer Baukunst ab – mit roten Backsteinen, weißem Marmor, Torbogen zu ebener Erde und zwei Fensterreihen.

Das spätbyzantinische Bauwerk, das auch Tekfur-Palastmuseum heißt, lässt sich schwer exakt datieren. Die wechselnde Folge aus einer Lage Stein und drei Lagen

Blachernen-Palast ❾
Anemas Zindanları

İvaz Ağa Cad., Ayvansaray. 🚌 55T, 99A.

Kurz vor dem Endpunkt der Theodosianischen Mauer (*siehe S. 114f*) am Goldenen Horn stößt man auf die kümmerlichen Relikte des

Blachernen-Palasts: einen in die Stadtmauer eingefügten Turm, das sogenannte Anemas-Gefängnis, eine Terrasse im Osten (Standort der heutigen İvaz-Efendi-Moschee) und den südlich davon aufragenden Isaak-Angelos-Turm.

Die Geschichte des Palasts reicht bis ins Jahr 500 zurück. Damals diente er als Herberge. Die Kaiser der Komnenos-Dynastie (*siehe S. 21*) ließen ihn im 12. Jahrhundert zur Residenz ausbauen.

Man kann auf dem Gelände frei umherstreifen, die Türme aber nur betreten, wenn der Hausmeister anwesend ist.

Panorama 1453 ❿
Panorama 1453
Tarih Müzesi

Topkapı Kültür Parkı, Merkez Efendi Mahallesi, Zeytinburnu. [(0212) 415 14 53. 🚃 Topkapı. ☉ *tägl.* 8.30–17.30 Uhr. 🖫 **www**.panoramikmuze.com

An der Stelle, wo 1453 die Stadtmauer Istanbuls gestürmt wurde, wurde der Topkapı Kulturpark angelegt. Das 2009 eröffnete Panorama 1453 ist ein beeindruckendes Museum mit einem 2350 Quadratmeter großen Kuppelbild der Eroberung Konstantinopels durch Mehmed II. (*siehe S. 26*). Acht Künstler arbeiteten drei Jahre lang daran. Der Betrachter fühlt sich, als stünde er mitten in der Schlacht.

Ziegel-und-Marmor-Fassade des Porphyrogennetos-Palasts

Erlöserkirche des Chora-Klosters ❼
Kariye Camii

Szene aus dem Leben Mariens

Einige der exquisitesten byzantinischen Mosaiken und Fresken sind in der Chora-Kirche im Stadtteil Edirnekapı bewahrt. Über die frühe Geschichte der Kirche weiß man wenig; der Name Chora (»auf dem Lande«) lässt darauf schließen, dass sie in ländlicher Umgebung entstand. Der heutige Bau geht auf das 11. Jahrhundert zurück. Zwischen 1315 und 1321 ließ der Theologe, Philosoph und hochrangige byzantinische Beamte Theodoros Metochites ihn umgestalten und mit Mosaiken und Fresken ausschmücken.

Erlöserkirche des Chora-Klosters

Stammbaum Jesu

Nach eigenem Bekunden wollte Theodoros Metochites in der Erlöserkirche darstellen, wie »der Herr zu unserem Heil Mensch wurde«.

Christus und seine Vorfahren – Mosaik in der Südkuppel des inneren Narthex

Als Ausgangspunkt der Mosaikenzyklen wählte er den *Stammbaum Jesu*: In den Kuppeln des inneren Narthex porträtieren die Mosaiken 66 Ahnen Jesu. Die Südkuppel zeigt im Scheitel Christus, im Rippenkranz in zwei Reihen die Väter des Alten Testaments von Adam über Jakob bis zu dessen zwölf Söhnen. In der Nordkuppel sind im Zentrum Maria mit dem Kind, in der oberen Reihe die Könige der David-Dynastie, in der unteren Reihe die Vorfahren Christi abgebildet.

Leben Mariens

Bis auf ein einziges sind die 20 Mosaiken des Zyklus *Leben Mariens* im inneren Narthex in gutem Zustand. Die Motive für die mittelalterliche Kirchenkunst lieferte das vermutlich Mitte des 2. Jahrhunderts n. Chr. entstandene Protevangelium des Jakobus, das eine Schilderung des Lebens Mariens enthält.

Die einzelnen Folgen des Zyklus illustrieren unter anderem, wie Maria Josef anvertraut wird und wie Maria Brot von einem Engel dargereicht bekommt.

Jesu Kindheit

Der Zyklus *Jesu Kindheit* in den halbrunden Wandfeldern des äußeren Narthex schöpft aus dem Neuen Testament, beginnend an der

Mosaiken und Fresken

Äußerer Narthex

Eingang

Innerer Narthex

Hauptschiff

Eingang zum Hauptschiff Parekklesion

Ostansicht des äußeren Narthex

LEGENDE

🟪 Stammbaum Jesu	🟨 Jesu Wirken
🟦 Leben Mariens	🟧 Weitere Mosaiken
🟩 Jesu Kindheit	🟥 Fresken

Westansicht des äußeren Narthex

Nordwand mit einem Mosaik, auf dem ein Engel Josef erscheint. Die folgenden Illustrationen stellen u.a. Mariä und Josefs Reise nach Bethlehem, ihre Einschreibung in das Steuerregister, Christi Geburt und Herodes' Befehl zum Kindermord dar.

Einschreibung in das Steuerregister

Jesu Wirken

Dieser Zyklus besetzt die sieben Gewölbejoche des äußeren sowie einige Felder des südlichen Jochs im inneren Narthex. Viele Mosaiken sind schwer beschädigt, doch einige bezaubernde blieben erhalten. Besonders beeindruckt im zweiten Joch des äußeren Narthex Jesu Versuchung in der Wüste.

Theodoros Metochites übergibt Christus die Erlöserkirche

Weitere Mosaiken

Drei Mosaikfelder zieren das Hauptschiff. Jenes über dem Hauptportal des inneren Narthex – das am besten erhaltene der Kirche, durch einen Marmorrahmen geschützt – schildert die

Grablegung Mariens: Maria ruht auf einer Bahre, bewacht von den Aposteln und dem thronenden Christus im Hintergrund. Zu den frommen Bildern im inneren und äußeren Narthex zählt, zu sehen in Ersterem an der Ostwand des Südjochs, das Deesismosaik mit Christus und Maria, aber – ungewöhnlich – ohne Johannes den Täufer. Ebenfalls im inneren Narthex, über dem Portal zum Hauptschiff, ist Theodoros Metochites mit einem großen Turban verewigt, der Christus die restaurierte Kirche darbringt.

Fresken

Die Wandmalereien im Parekklesion (Seitenkapelle), vermutlich im Anschluss an die Mosaiken um 1320 entstanden, spiegeln die

INFOBOX

Kariye Camii Sok., Edirnekapı.
Stadtplan 1 B1. **Karte** A4.
(0212) 631 92 41. 28, 86, 90.
Sommer: Do–Di 9–19 Uhr;
Winter: Do–Di 9–17 Uhr.
www.choramuseum.com

Bestimmung des Parekklesion als Grabkapelle wider. Das fesselndste Fresko führt in der Halbkuppel über der Apsis die Anastasis vor, die Auferstehung Christi. Zentrale Figur ist Christus als Sieger über den Tod. Er befreit Adam und Eva aus ihren Gräbern. Zu seinen Füßen sieht man die Höllentore, vor ihm niedergestreckt Satan. Die Kuppel darüber setzt das Jüngste Gericht mit den Seelen der erlösten Gerechten an der rechten, jenen der Verdammten an der linken Seite ins Bild.

Christusbild des Anastasisfreskos im Parekklesion

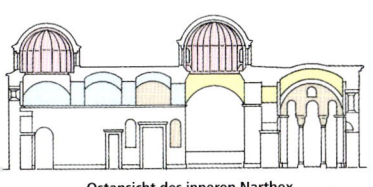
Ostansicht des inneren Narthex

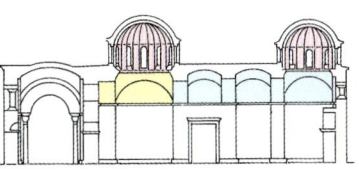
Westansicht des inneren Narthex

Südansicht von Parekklesion und äußerem Narthex

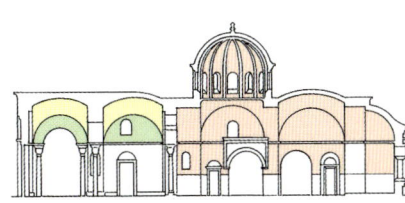
Nordansicht von Parekklesion und äußerem Narthex

Stadtplan siehe Seiten 246–263

Eyüp

Muslime aus aller Welt pilgern in das Dorf Eyüp zum Grabmal von Eyüp Ensari, dem Bannerträger des Propheten Mohammed. Seine heilige Aura hat Eyüp zu einem Hort der Besinnung gemacht, der sich von der Verunreinigung des Goldenen Horns *(siehe S. 89)* durch die Industrialisierung nicht behelligen lässt. Die Oberschicht hat überall im Dorf Moscheen und Straßenbrunnen gestiftet, vor allem aber Eyüp zur bevorzugten Grabstätte erkoren. Ihre großartigen Mausoleen säumen die Straßen um die Eyüp-Sultan-Moschee, während sich die Grabsteine der »normalen Sterblichen« in den Zypressenhainen auf den Hügeln über Eyüp befinden.

Eingang zum barocken Valide-Sultan-Mihrişah-Komplex

Sehenswürdigkeiten auf einen Blick

Eyüp-Sultan-Moschee ❸
Grabmal des Sokollu
    Mehmed Paşa ❹
Pierre Loti Café ❶
Valide-Sultan-Mihrişah-
    Komplex ❷
Zal-Mahmud-Paşa-Moschee ❺

0 Meter   250

LEGENDE

🕌 Grabmal

D Dolmuş-Haltestelle

▬▬ Hauptstraße

══ Nebenstraße (weiß)

Valide-Sultan-Mihrişah-Komplex ❷

Mihrişah Valide Sultan Külliyesi

Seyit Reşat Cad. 🚌 39, 55T, 99A.
🕐 Di – So 9 – 18 Uhr.

Diese Anlage nimmt einen Großteil des Geländes am Nordsaum der Straße ein, die vom Nordtor der Eyüp-Sultan-Moschee ausläuft. Sie ist Istanbuls größte barocke *külliye (siehe S. 38)* und ausnahmsweise nicht um eine Moschee gruppiert. Benannt ist der Komplex nach seiner Stifterin Mihrişah, der Mutter Selims III. *(siehe S. 33).*

Die 1791 vollendete Anlage umfasst Mihrişahs Marmorgrab, eine noch betriebene Armenküche sowie einen *sebil*, einen Brunnen, bei dem an Passanten Erfrischungsgetränke ausgeschenkt wurden.

Pierre Loti Café ❶

Piyer Loti Kahvehanesi

Gümüşsuyu Karyağdı Sok. 5, Eyüp.
📞 (0212) 581 26 96. 🚌 39, 55T, 99A. 🚠 🕐 tägl. 8.30 – 24 Uhr.

Von der Eyüp-Moschee führt ein 20-minütiger Spazierweg durch die Karyağdı Sokağı zu diesem berühmten Café. Alternativ kann man auch die neue Seilbahn nehmen. Vom Eyüp-Friedhof am Gipfel des Hügels hat man einen Panoramablick weit über das Goldene Horn.

Der Name des Cafés erinnert an den turkophilen französischen Schriftsteller und Marineoffizier Pierre Loti, der hier bei seinem Istanbul-Aufenthalt 1876 häufig eingekehrt sein soll. Seine

Liebe zu einer verheirateten Türkin schilderte Loti im Roman *Aziyadeh*. Die stilvolle Einrichtung des Cafés und die Kleidung der Kellner halten die Atmosphäre des 19. Jahrhunderts fest.

Beim Aufstieg passiert man ein Spalier von alten Grabsteinen, die überwiegend aus osmanischer Zeit stammen. Die hohen Steine kurz vor dem Café markieren die Ruhestätten von Scharfrichtern.

Interieur des Pierre Loti Café

Eyüp-Sultan-Moschee ❸

Eyüp Sultan Camii

Cami-i Kebir Sok. 🚌 39, 55T, 99A.
🕐 tägl. 📞 (0212) 564 73 68.

Mehmed II. ließ hier 1458, fünf Jahre nachdem er die Stadt eingenommen hatte *(siehe S. 26)*, zu Ehren von Eyüp Ensari eine Moschee errichten. Diese wurde vermutlich von einem Erdbeben zerstört und unter Selim III. *(siehe S. 33)* durch den heutigen Bau ersetzt.

Im Innenhof betritt man einen entzückenden Garten. Auf der von zwei mächtigen Platanen beschatteten Plattform legten Sultane das

Hotels und Restaurants bei den Abstechern *siehe Seiten 189f und 203 – 205*

Schwert des Osman an, eine Zeremonie der Thronfeierlichkeiten, die seit Mehmed II. üblich ist. Schimmernd weißer Marmor überzieht fast vollständig die Fassaden der Moschee.

Gegenüber der Moschee ragt das Grabmal von Eyüp Ensari auf, der im 7. Jahrhundert bei Konstantinopels erster arabischer Belagerung *(siehe S. 20)* umgekommen sein soll. Das Grabmal wurde zur gleichen Zeit wie die Moschee erbaut und ist stilistisch von osmanischem Barock geprägt. Erlesene, teils in İznik *(siehe S. 160)* gefertigte Fliesen verkleiden die der Moschee zugewandte Fassade sowie den größten Teil des Innenraums.

Blick vom Mausoleumsgarten auf die Zal-Mahmud-Paşa-Moschee

Im Grabmal von Mohammeds Bannerträger Eyüp Ensari

Grabmal des Sokollu Mehmed Paşa ❹

Sokollu Mehmet Paşa Türbesi

Cami-i Kebir Sok. 🚌 *39, 55T, 99A.*
🕐 *Di–So 9.30–16.30 Uhr.*

Der Großwesir *(siehe S. 29)* Sokollu Mehmed Paşa ließ sein Grabmal um 1574, fünf Jahre vor seinem Tod, errichten. Der Sprössling des Hochadels stieg vom Falkner am Sultanshof stetig auf, bis Süleyman I. *(siehe S. 26)* ihn 1565 zum Großwesir ernannte. Dieses Amt bekleidete er auch unter Selim II. *(siehe S. 27)* und Murad III. Mehmed Paşa starb im Topkapı-Palast *(siehe S. 54–59)* durch die Hand eines Geistesgestörten.

Das vom Hofbaumeister Sinan *(siehe S. 91)* achteckig erbaute, elegant proportionierte Mausoleum hat einige original erhaltene Buntglasfenster. Ein Säulengang verbindet es mit einer ehemaligen Koranschule.

Zal-Mahmud-Paşa-Moschee ❺

Zal Mahmut Paşa Camii

Zal Paşa Cad. 🚌 *39, 55T, 99A.*
🕐 *tägl.*

Von Eyüps Zentrum führt ein kurzer Spaziergang nach Süden zu dieser von Baumeister Sinan *(siehe S. 91)* entworfenen Anlage. Ihr Stifter Zal Mahmud Paşa war der Mörder von Mustafa, dem erstgeborenen Sohn Süleymans I.

Schmuckstücke der in den 1560er Jahren entstandenen Moschee sind die floralen Fayencen um den Mihrab sowie die marmorne Minbar und die *müezzin mahfili (siehe S. 38).* Nördlich steigen Stufen hinab zum Garten um das Mausoleum von Zal Mahmud Paşa und seiner Frau. Das Paar soll am selben Tag gestorben sein.

Ein Portal führt in derselben Straße in die kleine Cezri-Kasım-Paşa-Moschee (1515). Der Großteil der Fliesen in ihrer Gebetsnische wurde Anfang des 18. Jahrhunderts im Porphyrogennetos-Palast *(siehe S. 117)* angefertigt.

Osmanische Grabsteine

Osmanische Friedhöfe sollten Gärten der Entschlafenen sein, in denen die Lebenden ohne düstere Gedanken an den Tod wandeln konnten. Der reiche Grabsteinschmuck hat oft Symbolgehalt: Er gibt Auskunft über Geschlecht, Beruf, Rang, sogar Kinderzahl der Verstorbenen. Nach Verbot des Turbans 1829 zierte nur noch der Fes die Grabsteine von Männern.

An Frauengräbern *entspricht die Anzahl von Blumen jener der Kinder.*

Die Turbangröße *verkündet den Rang des Noblen.*

Dieser Hut *ziert Grabsteine von Mitgliedern eines Sufi-Ordens.*

Am Fes *war ein Paşa (siehe S. 29) erkennbar.*

Stadtplan *siehe Seiten 246–263*

Jenseits von Taksim

D ie Gegend nördlich des Taksim-Platzes *(siehe S. 107)* war im 19. Jahrhundert en vogue. Sultane errichteten dort Paläste – sowohl am Bosporus-Ufer als auch oberhalb der waldigen Hänge. Den Trend setzte Abd ül-Medschid I. *(siehe S. 30)* mit dem extravaganten Dolmabahçe-Palast, und alsbald zogen hochrangige Würdenträger nach. Ihren Glamour hat diese Gegend bis heute nicht verloren. Zwei weitere Sehenswürdigkeiten lohnen die Reise ans Nordufer des Goldenen Horns: der Aynalı-Kavak-Palast Ahmeds III. *(siehe S. 27)* als einer der erhaltenen großen Palastbauten und im nahen Hasköy das faszinierende Industriemuseum von Rahmi Koç. Hasköy wurde im 15. Jahrhundert Gelände eines Parks, später von Obsthainen und im 19. Jahrhundert, mit Werften als Vorboten, Standort der Industrie.

Kai in Ortaköy: Fährstation und beliebter Treff

⑩ **LEGENDE**

- 🟧 Zentrum von Istanbul
- Fähranlegestelle
- Drahtseilbahn
- **D** Dolmuş-Haltestelle
- — Autobahn
- — Hauptstraße
- — Nebenstraße

Sehenswürdigkeiten auf einen Blick

Aynalı-Kavak-Palast ⑪
Çırağan-Palast ②
Dolmabahçe-Moschee ⑧
Dolmabahçe-Palast S. 128f ⑦
Lindenpavillon ④
Militärmuseum ⑨

Museum der Schönen Künste ⑥
Ortaköy ①
Rahmi-Koç-Museum ⑫
Santral Istanbul ⑩
Schifffahrtsmuseum ⑤
Yıldız-Park S. 124f ③

Von Cafés und Läden flankierte Straße in Ortaköy

Ortaköy ①

Stadtplan 9 F3. 🚌 *25E, 40.*

D er Vorort Ortaköy zu Füßen der Bosporus-Brücke *(siehe S. 138)* besitzt fast noch dörflichen Charme. Sein Leben kreist um den İskele Meydanı am Kai. Früher entluden hier Fischer ihren Tagesfang, heute ist Ortaköy hauptsächlich für den quirligen Sonntagsmarkt *(siehe S. 215)* bekannt, der sich vom Platz in die anliegenden Straßen ausbreitet, sowie für die Läden mit heimischem Kunsthandwerk. Ein Brennpunkt

des Istanbuler Nachtlebens *(siehe S. 221)* sind die schicken Clubs, vor allem im Sommer locken die lebhaften Bars und Cafés am Bosporus-Ufer.

Am Ufer steht Ortaköys auffälligstes Wahrzeichen, die 1855 von Nikoğos Balyan, dem Architekten des Dolmabahçe-Palasts *(siehe S. 128f)*, gebaute Mecidiye-Moschee, ein Bau von schlichter Eleganz mit Ecktürmen, Bogen und Fenstern im Tympanon.

Die Ursprünge der griechisch-orthodoxen Kirche Hagios Phocas und der Synagoge Etz Ahayim liegen in byzantinischer Zeit.

Hotels und Restaurants bei den Abstechern *siehe Seiten 189f und 203–205*

Çırağan-Palast ❷
Çırağan Sarayı

Çırağan Cad. 32, Beşiktaş. **Stadtplan 9 D3. Karte** P/Q1. ☎ *(0212) 326 46 46 (Hotel) oder 236 90 00 (Dolmabahçe-Palast).* 🚌 *25E, 40.* **www**.kempinski.com/istanbul

Fertiggestellt wurde dieser im Auftrag von Abd ül-Medschid I. um 1864 begonnene Bau 1871 unter Sultan Abd ül-Asis *(siehe S. 30)*. Er ersetzte einen Holzpalast, der in der »Tulpenzeit« *(siehe S. 27)* Schauplatz von Fackelprozessionen war. Auf Wunsch des Sultans erhielt der Palast einen maurischen Touch, was man außen am Wabenmuster der Kapitelle über den Fenstern sehen kann. Als Anregung diente dem Architekten Nikoğos Balyan die Alhambra im spanischen Granada. Vom Bosporus aus betrat der Sultan den Palast durch die Prunktore am Ufer.

Als Sultansresidenz machte der Palast eher negative Geschichte: Hier starb 1876 Abd ül-Asis – Freunden zufolge durch Mord und nicht, wie verlautbart, durch Selbstmord. Sein Nachfolger Murad V. *(siehe S. 33)* saß hier noch drei Amtsmonaten ein Jahr Hausarrest ab; er verschied 27 Jahre später, immer noch in Haft, im Malta-Pavillon *(siehe S. 125)*. 1910 machte ein Brand aus dem Palast eine Ruine. Erst 1990 wurde er

Barock verspielter Treppenaufgang des Lindenpavillons

restauriert und glänzt heute unter dem Namen Çırağan Palace Kempinski als Luxushotel *(siehe S. 191)*.

Yıldız-Park ❸

Siehe S. 124f.

Lindenpavillon ❹
Ihlamur Kasrı

Ihlamur Teşvikiye Yolu, Beşiktaş. **Stadtplan** 8 B2. ☎ *(0212) 236 90 00.* 🚌 *26 (von Eminönü).* ◷ *Di, Mi, Fr–So 9–15 Uhr.* 📷 ✔

Ein idyllischer Garten, aufgelockert von Zierbrunnen zwischen Magnolien und Kamelien, umgibt diese ehemalige Sultansresidenz aus dem frühen 19. Jahrhundert. Mauern schotten sie von ihren Nachbarn im modernen Vorort Ihlamur ab, der nicht so recht zu dieser osmanischen Perle passt.

Wie der Name des Palasts andeutet, war die Gegend zur damaligen Zeit von Linden bestanden. Der Garten ist der klägliche Rest eines weitläufigen bewaldeten Parks, den die osmanischen Sultane als Erholungs- und Jagdrevier sehr schätzten. Abd ül-Medschid I. *(siehe S. 30)* logierte im frühen 19. Jahrhundert bei seinen häufigen Besuchen im Vorgänger-

bau des Lindenpavillons. Dieser scheint offenbar äußerst bescheiden gewesen zu sein: Der französische Dichter Alphonse de Lamartine (1790–1869) äußerte sein Befremden darüber, dass ein Sultan sich wohlfühlen könne in »solch einer Hütte«, vor deren Fenstern man den Gärtner beim Werkeln sah.

Mit dem Neubau beauftragte Abd ül-Medschid 1857 Nikoğos Balyan, der mit seinem Vater zusammen den Dolmabahçe-Palast gestaltet hatte. Balyan errichtete zwei getrennte Pavillons: für den Sultan und seine Gäste den größeren Mabeyn Köşkü (Zeremonienpavillon), für den Harem und das sonstige Gefolge etwas abseits davon den Maiyet Köşkü (Gefolgschaftspavillon). Beide Bauten sind zu besichtigen, im Maiyet Köşkü sind auch ein Café und ein Buchladen eingerichtet.

Balyan benutzte für die beiden Pavillons vorwiegend Sandstein und Marmor, setzte vor die Bauten Doppeltreppen und schmückte die Fassaden in Barockmanier so reich, dass man kaum eine gerade Linie erblickt. Das europäisch angehauchte Interieur entspricht der osmanischen Mode des 19. Jahrhunderts. Die Räume wurden mit Spiegeln, kostbaren Möbeln und sehr viel Goldzierrat ausstaffiert und ähneln denen des prächtigen Dolmabahçe-Palasts, auch wenn sie weniger verschwenderisch anmuten.

Der Çırağan-Palast mit maurisch inspiriertem Fassadenschmuck über den Fenstern

Stadtplan *siehe Seiten 246–263*

Yıldız-Park ❸

Yıldız Parkı

**Brunnen am
Yıldız-Theater**

Angelegt an einem steilen Hügel als Garten des ersten Çırağan-Palasts *(siehe S. 123)*, bildete dieser Grüngürtel später den Bezirk des Yıldız-Palasts. Heute umgrenzt eine Mauer mit separatem Eingang an der Ihlamur Yıldız Caddesi das Palastensemble mit Bauten diverser Epochen. Weitere Pavillons finden sich im Park, der mit seinen alten Bäumen und exotischen Sträuchern beliebter Ort für ein Familienpicknick ist. Wer den recht langen Aufstieg scheut, kann mit dem Taxi zum Şale-Pavillon fahren und bergab bummelnd die übrigen Attraktionen erkunden.

**Brücke über den See im Gelände
des Yıldız-Palasts**

Yıldız-Palast

Die Pavillons und Villen des Palasts entstanden im 19. und 20. Jahrhundert, viele unter dem exzentrischen Abd ül-Hamid II. (1876–1909; *siehe S. 33*). Der Sultan erkor Yıldız zur Hauptresidenz aus Angst, im Dolmabahçe-Palast *(siehe S. 128f)* Opfer eines Anschlags zu werden.

Der Hauptbau im Eingangshof, der **Zeremonienpalast** (Büyük Mabeyn) aus der Regierungszeit Selims III. (1789–1807; *siehe S. 33*), steht Besuchern derzeit nicht offen. Ums Eck präsentiert das **Stadtmuseum** (Şehir Müzesi) unter anderem Yıldız-Porzellan. Sein italienisch inspiriertes Gegenüber diente als Arsenal (Silahhane). Neben dem Stadtmuseum zeigt das **Yıldız-Palastmuseum** in den Räumen von Abd ül-Hamids Zimmerei (Marangozhane) wechselnde Ausstellungen von Kunst- und anderen Schätzen des Palastinventars.

Ein monumentaler Bogen führt vom ersten Hof in den Haremsbereich. Das hübsche Gewächshaus links heißt

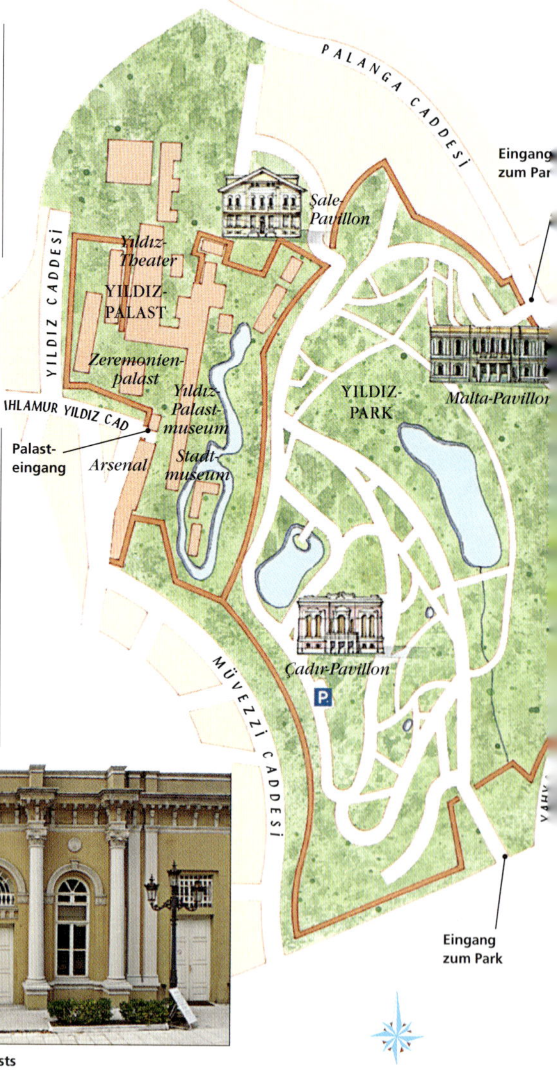

PALANGA CADDESI

YILDIZ CADDESI

**Eingang
zum Par**

Şale-
Pavillon

Yıldız-
Theater

YILDIZ-
PALAST

Zeremonien-
palast

IHLAMUR YILDIZ CAD

Palast-
eingang

Arsenal

Yıldız-
Palast-
museum

Stadt-
museum

YILDIZ-
PARK

Multa-Pavillo

MÜVEZZİ CADDESI

Çadır-Pavillon

P

**Eingang
zum Park**

Das ehemalige Arsenal des Yıldız-Palasts

Limonluk Serası («Zitro-
nenhaus»). Dahinter ge-
langt man zum **Yıldız-
Theater**, das heute ein
Museum ist. Abd ül-
Hamid, ein Förderer
westlicher Künste, ließ
es 1889 erbauen. Blau
und Gold geben im
restaurierten Inneren
den Ton an. Die Sterne
in der Kuppeldecke
spielen auf den Palast-
namen an: *yıldız* be-
deutet »Stern«.

Abd ül-Hamid saß
allein in der Loge über
dem Eingang. Da nie-
mand mit dem Rücken
zum Sultan sitzen durf-
te, blieben die Vorder-
plätze im Parkett frei.
In den Garderoben sind
Kostüme, Programmhefte und
andere Exponate aus den
Theaterbeständen zu sehen.

Der See auf dem Palast-
gelände hat die Form von
Abd ül-Hamids *tuğra (siehe
S. 95)*. Auf den Inseln hüteten
30 Wärter die Menagerie des
Sultans mit Tigern, Löwen,
Giraffen und Zebras.

Salon im prächtigen Şale-Pavillon

Şale-Pavillon

Der Şale-Pavillon (Şale
Köşkü), das imposanteste Gebäude im Park, entstand unter
Abd ül-Hamid II. in drei Etappen, was man der geschlosse-
nen Fassadengestaltung aber
nicht ansieht.

Der erste Trakt linker Hand
wurde, vermutlich zwischen
1870 und 1880, einem
Schweizer Chalet nachemp-
funden. Winston Churchill,
Charles de Gaulle, Nicolae
Ceauşescu und andere hohe
Staatsgäste wohnten hier.

Der zweite Trakt kam im
Jahr 1889 als Logis für Kaiser
Wilhelm II. hinzu, der als
erster ausländischer
Monarch dem Osmani-
schen Reich einen
Staatsbesuch abstatte-
te. Die Suite umfasst
14 Räume. Das Ess-
zimmer heißt wegen
der nahezu lückenlosen
filigranen Intarsienver-
kleidung Sedefli Salon («Perlmuttsaal»). Die zweite Visite
Kaiser Wilhelms II. 1898 gab
Anlass zum Bau des dritten
Trakts. Der Empfangssaal ist
der größte Raum des Şale-
Pavillons und sein Hereke-
Seidenteppich *(siehe S. 218)*
das Werk von 60 Knüpfern.

Malta- und Çadır-Pavillon

Diese Pavillons aus der Amtszeit von Abd ül-Asis (1861–
1876; *siehe S. 30*) laden beide
als Café, der Malta-Pavillon
auch als Restaurant ein. Letzterer ist ein beliebter Sonn-

INFOBOX

Çırağan Cad., Beşiktaş. **Stadtplan** 9 D2. **Karte** P/Q1 *(Eingang).*
25E, 40. tägl. **Yıldız-Palast**
(0212) 258 30 80. 56.
Mi–So 9.30–16 Uhr. **Şale-
Pavillon** (0212) 259 45 70.
Di, Mi, Fr–So 9.30–16.30 Uhr.
1. Tag religiöser Feiern.
Malta- und Çadır-Pavillon
(0212) 258 94 53. tägl.
9–21 Uhr (Malta-Pavillon bis
22.30 Uhr). **Höfische Porzellanfabrik** (0212) 260 23 70.
Mo–Fr 9–12, 13–16.30 Uhr.

tagstreff von Istanbulern, die
sich hier entspannen und die
Aussicht genießen.

Früher dienten die Gebäu-
de als Gefängnis. Im Çadır-
Pavillon saß, der Ermordung
von Abd ül-Asis beschuldigt,
Midhat Paşa ein, Reformpoli-
tiker und Urheber der Verfassung von 1876. Im Malta-
Pavillon verbüßten, nach Ge-
wahrsam im Çırağan-Palast
(siehe S. 123), Murad V. und
seine Mutter 27 Jahre Arrest.

**Fassade des zum Café
umgewandelten Çadır-Pavillons**

Höfische Porzellanfabrik

Baulich stellt die im Jahr 1895
gegründete Fabrik eine exotische Variante einer mittelalterlichen europäischen Burg mit
Türmen und Fallgattern vor
den Fenstern dar. Sie stillte
die Nachfrage der Ober-
schicht nach Feinkeramik
europäischer Machart, die
damals zur Dekoration verwendet wurde. Bosporus-
und andere Landschaftsidyllen
zierten die Zuckerdosen,
Vasen und Teller; Beispiele
sind heute in Istanbuls Museen und Palästen zu bewundern. Inzwischen produziert
die Fabrik Massenartikel, die
man im Laden erstehen kann.

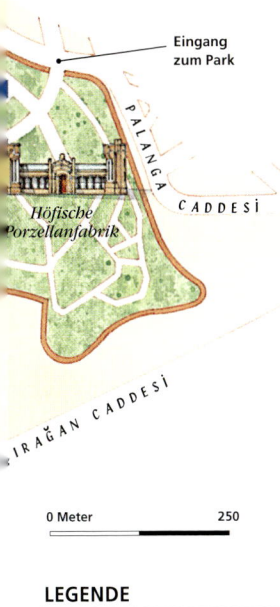

Eingang
zum Park

*Höfische
Porzellanfabrik*

PALANGA CADDESİ

IRAĞAN CADDESİ

0 Meter   250

LEGENDE

Palastgebäude

Parkmauer/Palastmauer

P Parken

Schiffahrts-museum ❺
Deniz Müzesi

Hayrettin Paşa İskelesi Sok., Beşiktaş.
Stadtplan 8 B4. **Karte** N1. 📞 *(0212) 261 00 40.* 🚌 *25E, 28, 40, 56.* ⬤
Mi–So 9–12, 13.30–17.30 Uhr. 📷
🌐 *www.denizmuzeleri.tsk.tr*

Das Museum am Fähran-
leger von Beşiktaş eröff-
nete 2008 nach Renovierungs-
arbeiten erneut. Es ist mit
20 000 Exponaten das größte
Schifffahrtsmuseum der Türkei. In einem Gebäude, der
Kajikengalerie, liegen prunkvolle Kajiken der Sultansflotte
aus dem 17. Jahrhundert. Einige der Boote sind
mit Puppen be-
mannt. Meh-
med IV.
besaß das
mit 40 Me-
tern längste
Ruderboot, das
mit 144 Mann
besetzt wurde.
Dagegen wirken
die Kajiken von
Atatürk *(siehe
S. 31)*, auf die er auch Staats-
oberhäupter einlud, winzig.
Zu den Exponaten im Hauptgebäude zählen Gemälde mit
Seeschlachten, Galionsfiguren
und Navigationsinstrumente.

**Ruderboot
von Atatürk**

Museum der Schönen Künste ❻
Resim ve Heykel Müzesi

Hayrettin Paşa İskelesi Sok., Beşiktaş.
Stadtplan 8 B4. **Karte** M2. 📞
(0212) 261 42 98. 🚌 *25E, 28, 40,
56.* ⬤ *Mi–So 12–16 Uhr.*

Der ehemalige Kronprin-
zenpavillon neben dem
Dolmabahçe-Palast *(siehe
S. 128f)* ist heute ein Museum
für Gemälde und Skulpturen
des 19. und 20. Jahrhunderts.
Im 19. Jahrhundert ermunterte
die Öffnung des Osmanischen
Reichs gegenüber dem Wes-
ten *(siehe S. 30f)* Künstler wie
den Maler Osman Hamdi Bey
(1842–1910; *siehe S. 62)* zum
Experimentieren mit westlichen Stilen und Ausdrucks-
mitteln. In der Form stark
europäisch, spiegeln die Arbeiten thematisch Istanbuls

Frau mit Mimosen **von Osman
Hamdi Bey**

orientalische Tradition wider.
Beachten Sie Osman Hamdi
Beys *Frau mit Mimosen, Port-
rät eines jungen Mädchens*
und *Mann mit gelber Robe,*
das Gemälde *Die Sultan-Ah-
med-Moschee* von Ahmet Ziya
Akbulut (1869–1938) und die
Bardenstatue *Âşık* von İsa
Behzat (1867–1944).

Dolmabahçe-Palast ❼

Siehe S. 128f.

Dolmabahçe-Moschee ❽
Dolmabahçe Camii

Meclis-i Mebusan Cad., Kabataş.
Stadtplan 8 A5. **Karte** L3. 🚌 *25E,
40.* 🚋 *Kabataş.* ⬤ *tägl.*

Die Moschee wurde wie
ihr gleichnamiger Palast-
nachbar 1853 von der berühmten Architektenfamilie Balyan
gebaut. Ihre Minarette ragen

in Gestalt korinthischer Säulen
auf. Große Bogenfenster lassen Licht hinein. Das Innen-
dekor glänzt mit Marmor- und
Trompe-l'œil-Effekten.

Militärmuseum ❾
Askeri Müzesi

Vali Konağı Cad., Harbiye. **Stadtplan** 7 F1. 📞 *(0212) 233 27 20.*
🚌 *46H.* Ⓜ *Osmanbey.* ⬤ *Mi–So
9–17 Uhr.* **Aufführungen der
Mehter-Kapelle** *Mi–So 15–16 Uhr.*
📷 🌐

Dieses Museum, eines der
interessantesten der Stadt,
rollt die kriegerische Landes-
geschichte von der Einnahme
Konstantinopels 1453 *(siehe
S. 26)* bis zur Gegenwart auf.
Das Gebäude beherbergte
früher die Militärakademie,
die Atatürk zwischen 1899
und 1905 besuchte. Ein
Unterrichtsraum sieht noch
genauso aus wie zur Zeit von
Atatürks Studium.
Das Museum ist Hauptbüh-
ne von Konzerten der Mehter-
Kapelle. Diese im 14. Jahrhundert unter Osman I. *(siehe
S. 25)* gebildete Militärkapelle
der Janitscharen zog bis zum
19. Jahrhundert mit dem Sultan ins Feld, um mit Liedern
über osmanische Helden und
historische Siege den Kampf-
geist zu stärken. Europas Mili-
tärorchester griffen Elemente
dieser »Janitscharenmusik« auf,
die auch Mozart und Beetho-
ven in Werken verarbeiteten.
Im Erdgeschoss sind Waffen
zu sehen. Filigran gravierte
florale und geometrische Motive zieren die Krummdolche
(cembiyeler), die Infanteristen

Dolmabahçe-Moschee, ein Wahrzeichen am Bosporus-Ufer

Hotels und Restaurants bei den Abstechern *siehe Seiten 189f und 203–205*

Osmanische Krummdolche *(cembiyeler)* im Militärmuseum

im 15. Jahrhundert am Rockbund trugen. Handwerkliche Meisterstücke sind auch die kupfernen Pferdehelme aus dem 17. Jahrhundert und die osmanischen Schilde aus Rohr und Weidengeflecht mit Seidenbezug. Die Ausstellung über die Schlacht von Gallipoli und das ANZAC-Korps, das 1915 bei Chunuk Bair landete *(siehe S. 170)*, wurde 1995 um eine Dokumentation dieses Stellungskriegs bereichert. Im Obergeschoss faszinieren die bestickten Feldherrenzelte der Sultane.

SantralİStanbul ❿

Kazim Karabekir Cad. 2, Eyüp. **[C]**
(0212) 311 78 78 (Museum). 🚌 *Vom AKM am Taksim-Platz fährt alle 20 Minuten ein kostenloser Shuttle-Bus zum Santral.* ◻ *Di–Fr 10–18, Sa, So 10–20 Uhr.* ● *1. Jan, 1. Tag religiöser Feiern.* **www**.santralistanbul.org

Am oberen Ende des Goldenen Horns wurde im Juli 2007 ein neues ambitioniertes Kunst- und Bildungszentrum eröffnet. Auf dem Gelände des umgebauten osmanischen Kraftwerks Silahtarağa entstand ein Museum für Zeitgenössische Kunst. Außerdem gibt es ein Energiemuseum, eine Bibliothek, mehrere Kinos sowie Freiluftbühnen in einem Park. Auch Ateliers und Arbeitsräume für Künstler sollen auf dem Gelände entstehen. Santralİstanbul will in Zukunft eine zentrale Rolle im Kulturgeschehen spielen.

Aynalı-Kavak-Palast ⓫
Aynalı Kavak Kasrı

Kasımpaşa Cad., Hasköy. **Stadtplan** 6 A3. **Karte** D2. **[C]** *(0212) 250 40 94.* 🚌 *47, 54.* ◻ *Di, Mi, Fr–So 9.30–16 Uhr.* 📷

Aynalı Kavak Kasrı ist die jüngste der großen osmanischen Palastanlagen am einst lieblichen Goldenen Horn *(siehe S. 89)*. Seinen Namen hat der Palast von den vielen Spiegeln, die seine Wände schmücken. Im Inneren nennen zahlreiche In-

schriften die Jahreszahl 1791. Da sich um das Gebäude aber Spuren älterer Baustile finden lassen, nehmen Historiker an, dass es schon in der »Tulpenzeit« *(siehe S. 27)* unter Sultan Ahmed III. entstand.

Der wegen seiner Hügellage im Nordosten ein-, im Südwesten zweistöckige Palast weist bis ins Detail bezaubernde Charakteristika osmanischer Baukunst auf, so die krummlinigen, mit Buntglas gefüllten Stuckgitter an den oberen Fenstern der Südwestfassade. Das Kompositionszimmer von Sultan Selim III. (1789–1807) birgt eine Samm-

Der Audienzraum des Aynalı-Kavak-Palasts am Goldenen Horn

lung traditioneller Musikinstrumente. Im Sommer finden hier Konzerte mit klassischer türkischer Musik statt.

Rahmi-Koç-Museum ⓬
Rahmi Koç Müzesi

Hasköy Cad. 5, Hasköy. **[C]** *(0212) 369 66 00.* 🚌 *47.* ◻ *Di–Fr 10–17, Sa, So 18 Uhr (Apr–Sep: 10–20 Uhr).* 📷 **www**.rmk-museum.org.tr

Der Unternehmer Rahmi Koç gründete die Sammlung, die in einer Anker- und Kettenfabrik aus dem 19. Jahrhundert untergebracht ist. Vier Kuppeln und Gewölbegänge prägen den Bau. Das Motto »Industrielles Zeitalter« verbindet die Exponate: mechanisches Spielzeug, wissenschaftliche Instrumente, Dampfmaschinen, Gegenstände aus der Luftfahrt und vieles mehr. Auf dem Gelände gibt es zwei gute Restaurants.

Janitscharen

Das im 14. Jahrhundert formierte Korps der Janitscharen (»Neue Truppen«) war die Elitetruppe des Sultans. Es rekrutierte sich durch die jährliche *devşirme*, die »Knabenlese«: Man verschleppte Kinder, oft junge Christen, die man in Konstantinopel zu Muslimen und loyalen Dienern des Sultans erzog. Als erstklassige Soldaten trugen die Janitscharen wesentlich zur Expansion des Osmanischen Reichs bei. Auch stellten sie die Leibwache des Sultans. Mit der Zeit verlor das Korps jedoch seine Disziplin.

Janitscharen, Miniaturmalerei aus dem 16. Jahrhundert

Um 1800 wurde es ein Unsicherheitsfaktor, der Aufstände schürte und Sultane stürzte, bis Mahmud II. es 1826 auflöste.

Stadtplan siehe Seiten 246–263

Dolmabahçe-Palast ❼
Dolmabahçe Sarayı

Karabet Balyan und sein Sohn Nikoğos schufen den »Palast der aufgeschütteten Gärten« 1843–56 für Sultan Abd ül-Medschid *(siehe S. 33)*. Sie gehörten der berühmten Familie armenischer Architekten an, die im 19. Jahrhundert am Bosporus *(siehe S. 137– 149)* zahlreiche Bauten errichtete. Extravaganz und Opulenz des Palasts verschleiern, dass das Osmanische Reich zur Bauzeit schon der »kranke Mann am Bosporus« war. Der Sultan finanzierte das Projekt durch Anleihen bei Auslandsbanken. Besucher müssen sich Führungen anschließen. Zwei Touren sind im Angebot: Die interessantere besichtigt den Selamlık (oder Mabeyn-i Hümayun), den öffentlichen, einst Männern vorbehaltenen Bereich mit den Empfangsräumen und der großartigen Zeremonienhalle. Die andere Tour führt durch den Harem, die Privatgemächer des Sultans und die Räume seines Gefolges.

Sèvres-Vase am Fuß der Kristalltreppe

★ Kristalltreppe
Diese gläserne, fragil wirkende Treppe in der Form eines doppelten Hufeisens war eine viel bestaunte Novität. Sie besteht aus Kristall und Kupfer, das Geländer aus schimmerndem Mahagoni.

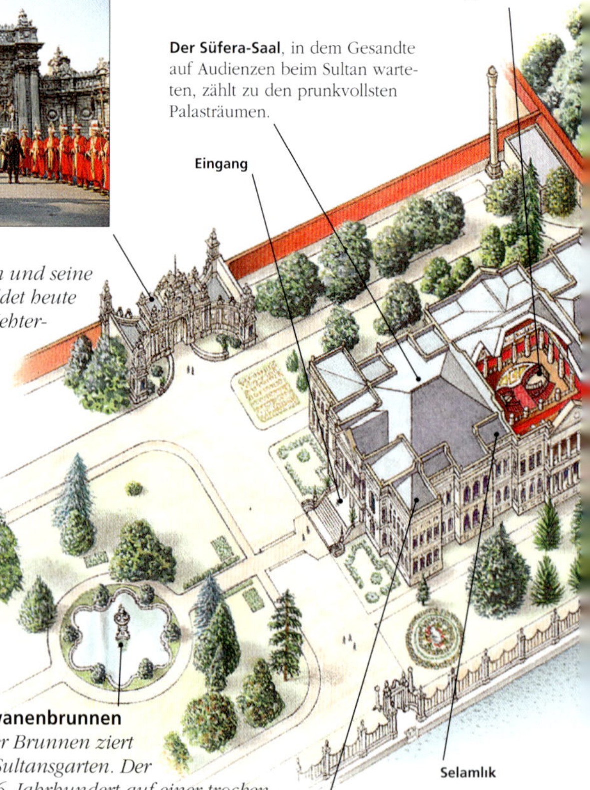

Der Süfera-Saal, in dem Gesandte auf Audienzen beim Sultan warteten, zählt zu den prunkvollsten Palasträumen.

Eingang

Sultanstor
Dieses einst für den Sultan und seine Minister reservierte Tor bildet heute den Haupteingang. Die Mehteroder Janitscharenkapelle (siehe S. 126 f) tritt im Sommer jeden Dienstagnachmittag vor dem Tor auf.

Schwanenbrunnen
Dieser Brunnen ziert den Sultansgarten. Der im 16. Jahrhundert auf einer trockengelegten Parzelle entstandene Garten gab dem Palast seinen Namen: Dolmabahçe bedeutet »aufgeschüttete Gärten«.

Selamlık

Im Roten Gemach
empfing der Sultan Gesandte.

★ Zeremonienhalle

Der majestätische Kuppelsaal fasst 2500 Personen. Der in England erworbene Kronleuchter soll der schwerste der Welt sein.

INFOBOX

Dolmabahçe Cad., Beşiktaş.
Stadtplan 8 B4. **Karte** M2.
📞 (0212) 236 90 00. 🚃 25E, 40.
🕐 Di–So 8.30–16.30 Uhr
(Museum: 9–17 Uhr). ● einige
religiöse Feiertage. 🖼🎥📷📱
www.millisaraylar.gov.tr

Blauer Saal

In diesem Hauptraum des Harems empfing die Sultansmutter an religiösen Feiertagen die Hauptfrauen und Favoritinnen des Sultans.

Zülvecheyn oder Panoramaraum

Harem

Der Rosarote Saal diente als Gesellschaftsraum des Harems.

Empfangsraum der Sultansmutter

Atatürks Schlafzimmer

Hier starb Atatürk (siehe S. 30f) am 10. November 1938 um 9.05 Uhr. Sämtliche Uhren im Palast stehen seither still.

Haupttor am Ufer

Sultan Abd ül-Asis' Schlafzimmer war mit einem für den Amateurringer speziell angefertigten Bett ausgestattet.

★ Großes Bad

Edelster ägyptischer Marmor verkleidet die Wände dieses Bads, die Wasserhähne sind aus massivem Silber. Die mit Messing gerahmten Fenster geben einzigartige Blicke auf den Bosporus frei.

NICHT VERSÄUMEN

* ★ Großes Bad
* ★ Kristalltreppe
* ★ Zeremonienhalle

Stadtplan *siehe Seiten 246–263*

Asiatische Seite

Auf asiatischer Seite liegen die großen Stadtteile Üsküdar und Kadıköy, deren Geschichte ins 7. Jahrhundert v. Chr. *(siehe S. 19)* zurückreicht. Üsküdar hieß früher nach dem (zerstörten) Scutarion-Palast aus dem 12. Jahrhundert gegenüber dem Leanderturm Scutari. Hier begannen die byzantinischen Handelswege nach Asien. Es wahrte im Osmanischen Reich seine Bedeutung und ist heute für seine vielen klassisch-osmanischen Moscheen bekannt. Mehrere Wohnviertel umgeben Üsküdar und Kadıköy. Das angenehme grüne Moda ist ein Tipp für Eiscremefans. Ein Leuchtturm und ein Park locken in Fenerbahçe. Von dort erreicht man zu Fuß bequem die Bağdat Caddesi, eine von Istanbuls Haupteinkaufsstraßen *(siehe S. 212)*.

Der Leanderturm auf seinem Inselchen

Şemsi-Paşa-Moschee **❷**
Şemsi Paşa Camii

Sahil Yolu, Üsküdar. **Stadtplan** 10 A2. **Karte** N4. ⛴ *Üsküdar.* ⭘ *tägl.*

Diese Moschee zählt zu den kleinsten, die von Großwesiren *(siehe S. 29)* gestiftet wurden. Doch gerade ihre bescheidenen Ausmaße und dazu die malerische Uferlage machen sie zu einer der reizendsten der Stadt.

Großwesir Şemsi Ahmed Paşa war Amtsnachfolger von Sokollu Mehmed Paşa *(siehe S. 82)* und womöglich in dessen Ermordung verwickelt. 1580 ließ er Sinan *(siehe S. 91)* die Moschee errichten.

Der Garten blickt über den Bosporus. Die Medrese *(siehe S. 38)* begrenzt ihn an zwei Seiten, die Moschee an der dritten, die Seemauer an der vierten Seite. Şemsi Ahmeds Grab ist vom Hauptgebäude der Moschee nur durch ein Gitter getrennt.

Sehenswürdigkeiten auf einen Blick

Atik-Valide-Moschee **❺**
Bahnhof Haydarpaşa **❾**
Fayencenmoschee **❻**
Großer Pinienhügel **❿**
İskele-Moschee **❸**
Karacaahmed-Friedhof **❼**
Leanderturm **❶**
Selimiye-Kaserne **❽**
Şemsi-Paşa-Moschee **❷**
Yeni-Valide-Moschee **❹**

0 Kilometer   1

LEGENDE

⛴ Fähranlegestelle
🚉 Bahnhof
Ⓓ Dolmuş-Haltestelle
═ Autobahn
═ Hauptstraße
═ Nebenstraße

Leanderturm **❶**
Kız Kulesi

Üsküdar. **Stadtplan** 10 A3. **Karte** N5. ⛴ *Üsküdar.* 📞 *(0216) 342 47 47.* ⭘ *ab 9 Uhr.* **www**.kizkulesi.com.tr

Der kleine weiße Turm (18. Jh.) ist ein bekanntes Wahrzeichen am Bosporus. Er steht vor Üsküdar auf einem Inselchen, auf dem einst eine byzantinische, im 12. Jahrhundert unter Manuel I. Komnenos aufgezogene Feste Konstantinopel schützte. Der Turm diente während einer Choleraepidemie als Quarantänelager, Leuchtturm und Zollstation.

Heute ist er tagsüber ein Café, abends ein Restaurant mit Nachtclub *(siehe S. 206)*.

Den türkischen Namen Kız Kulesi, »Mädchenturm«, erklärt eine Sage: Ein Seher sagte einer Prinzessin den Tod durch Schlangenbiss voraus. Um das Schicksal abzuwenden, schloss man sie in dem Turm ein. Die Schlange fand trotzdem zu ihr: Sie kroch aus einem Korb mit Feigen. Der Name Leanderturm gedenkt des griechischen Helden, der allnächtlich zum Stelldichein mit seiner Geliebten Hero den Hellespont (die Dardanellen; *siehe S. 170f)* durchschwamm.

Şemsi-Paşa-Moschee, gestiftet vom Großwesir Şemsi Ahmed Paşa

İskele-Moschee ❸
İskele Camii

Hakimiyeti Milliye Cad., Üsküdar.
Stadtplan 10 B2. **Karte** P4.
Üsküdar. tägl.

Dieses prägnante, auch Mihrimah-Sultan-Moschee genannte Wahrzeichen von Üsküdar ist nach dem Fähranleger benannt, in dessen Nähe es steht. Sinan baute die stattliche Moschee 1547/48 für Mihrimah Sultan, Lieblingstochter von Süleyman I. und Gattin des Großwesirs Rüstem Paşa *(siehe S. 88f)*.

Sinan musste aus Platzmangel auf einen Hof verzichten. Er stellte die Moschee dafür auf ein Podest. Ihr weit vorspringendes Dach überdeckt den vorgesetzten *şadırvan* (Reinigungsbrunnen), raubt aber Vorhalle und Innenraum Licht. Vom erhöhten Portikus hat man einen ausgezeichneten Blick auf den Hauptplatz, den Ahmed III. 1726 mit einem Barockbrunnen herausputzen ließ.

Tor der Yeni-Valide-Moschee mit *mektep* **(Koranschule) unter dem Dach**

In das Podest der İskele-Moschee eingelassener Brunnen

Yeni-Valide-Moschee ❹
Yeni Valide Camii

Hakimiyeti Milliye Cad., Üsküdar.
Stadtplan 10 B2. **Karte** P5.
Üsküdar. tägl.

Am Hauptplatz gegenüber der İskele-Moschee steht diese »Neue Moschee der Sultansmutter«. Ahmed III. ließ sie 1708–10 zu Ehren seiner Mutter Gülnuş Emetullah errichten. Ein imposantes Eingangstor mit einer *mektep* (Koranschule) im Obergeschoss führt in den großzügigen Hof. Die Anlage lässt erkennen, dass die osmanische Architektur damals an einem Wendepunkt stand: Die Moschee hält am klassischen Stil fest, während sich am Grab der Sultansmutter, dem benachbarten *sebil* (Brunnen zum Ausschenken von Getränken) und dem *şadırvan* barocker Zierrat findet.

Atik-Valide-Moschee ❺
Atik Valide Camii

Çinili Camii Sok., Üsküdar. **Stadtplan** 10 C3. 12C *(von Üsküdar)*.
Gebetszeiten.

Der Komplex der »Alten Moschee der Sultansmutter« am Hügel über Üsküdar gehörte zu den größten der Stadt. Sinan vollendete ihn 1583 für die in Venedig geborene Nur Banu, die Gemahlin von Selim II. und Mutter von Murad III. Sie war die erste Sultansmutter, die vom Harem aus die osmanische Politik dirigierte *(siehe S. 27)*. Sinan setzte der Moschee, seinem letzten großen Werk, eine niedrige, weite Kuppel auf, die auf fünf Halbkuppeln ruht. Über das Eingangsportal spannte er einen flachen Bogen.

Emporen umziehen drei Wände des Innenraums. An ihren Unterseiten ist der zeittypische reiche Schablonendekor in Schwarz, Rot und Gold erhalten. Erlesene İznik-Fayencen *(siehe S. 161)* verkleiden fast vollständig die Apsis des Mihrab, der wie der Minbar aus kunstvoll behauenem Marmor besteht. Die Seitenschiffe im Norden und Süden kamen im 17. Jahrhundert, das Gitterwerk und die *Trompe-l'œil*-Malereien der Sultansloge auf der Westempore im 18. Jahrhundert hinzu.

Von einer Tür in der Nordmauer des Hofes führen Stufen hinab zur Medrese. Gestützt von einem Bogen, überragt der *dershane*, der Lehrraum der Medrese, die schmale Straße. Von den übrigen Gebäuden des Komplexes ist nur der *şifahane*, das Hospital, restauriert und zu besichtigen. Seine 40 Zellen sind östlich der Moschee um einen Hof angeordnet. Genutzt wurde das Krankenhaus bis weit in das 20. Jahrhundert hinein.

Kuppel im Eingang zur Atik-Valide-Moschee

Stadtplan siehe Seiten 246–263

Frauen beim Religionsunterricht in der Fayencenmoschee

Fayencenmoschee ❻
Çinili Camii

Çinili Camii Sok., Üsküdar. **Stadtplan** 10 C3. 🚢 *Üsküdar, dann 20 Min. zu Fuß.* ⬤ *nur zu Gebetszeiten.*

Der Name verrät die größte Attraktion dieser Sehenswürdigkeit: das herrliche Fliesendekor. Die Moschee von 1640 ist erheblich kleiner als andere Stiftungen von Sultansfamilien aus dem 17. Jahrhundert. Ein Grund dafür liegt darin, dass um die Jahrhundertmitte weite Teile der begehrtesten Grundstücke bebaut waren und diese Parzelle keinen größeren Bau zuließ. Zudem nahm die Bereitschaft ab, der Stadt noch mehr Großmoscheen zu bescheren.

Stifterin der Moschee war Mahpeyker Kösem Sultan. Als Gemahlin Sultan Ahmeds I. *(siehe S. 33)* und Mutter der Sultane Murad IV. und İbrahim »der Verrückte« war sie sehr einflussreich und brillierte als eine der letzten Haremsdamen auf dem politischen Parkett *(siehe S. 27)*.

Der Reinigungsbrunnen im Hof ist so mächtig wie die Medrese *(siehe S. 38)* daneben winzig. Bunte İznik-Fliesen überziehen die Moschee innen und außen. Rote und grüne Farbpigmente, ein Merkmal der Blütezeit der İznik-Fayencenkunst, fehlen zwar, doch fachen die Muster dieses Manko wett. Der Minbar hat eine gefliste kegelförmige Überdeckung.

Zu den öffentlichen Einrichtungen der Moschee gehört das türkische Bad in der Çinili Hamam Sokağı.

Karacaahmed-Friedhof ❼
Karacaahmet Mezarlığı

Nuh Kuyusu Cad., Selimiye. **Stadtplan** 10 C4. **Karte** Q7. 🚌 *12.* ⬤ *tägl.* **Grab** ⬤ *tägl.*

Dieser Friedhof ist eine Oase, in der man unter Zypressen spazieren kann. Der älteste erhaltene Grabstein wurde 1521 aufgestellt, der Friedhof allerdings bereits 1338 angelegt. Der Grabsteinschmuck ist wie ein Buch, in dem man lesen kann *(siehe S. 121)*. Männergräber erkennt man oft an einem Fes oder Turban, an dessen Machart der Rang des Verstorbenen ablesbar ist. Die Reliefs an Frauengräbern zeigen Blumen, Hüte und Tücher.

Krimkrieg-Denkmal, britischer Soldatenfriedhof

Zwischen Gündoğumu Caddesi und Nuh Kuyusu Caddesi steht das Grabmal von Karaca Ahmed, der Mitte des 14. Jahrhunderts bei der osmanischen Eroberung der byzantinischen Städte Chrysopolis und Chalkedon (Üsküdar und Kadıköy) fiel. Sein Grab und das Denkmal seines Lieblingspferdes stammen aus dem 19. Jahrhundert.

Selimiye-Kaserne ❽
Selimiye Kışlası

Çeşme-i Kebir Cad., Selimiye. **Stadtplan** 10 B5. **Karte** P8. ☎ *(0216) 343 73 10.* 🚢 *Harem.* 🚌 *12.* ⬤ *Sa, So 9–17 Uhr.*

Selim III. ließ hier 1799 eine Kaserne einrichten, um darin ein potenzielles Nachfolgeheer des Janitscharenkorps *(siehe S. 127)* zu stationieren. Ein Aufstand der Janitscharen 1807/08 *(siehe S. 30)* führte jedoch zu seiner Absetzung und Ermordung. Kurz danach brannte die Kaserne ab. Nachdem Mahmud II. 1826 das Janitscharenkorps aufgelöst hatte, begann er 1828 mit dem Bau des Komplexes, der heute die asiatische Ufersilhouette beherrscht. Abd ül-Medschid I. ließ 1842–53 drei neue Trakte hinzufügen.

Als die Kaserne im Krimkrieg (1853–56) als Lazarett diente, wirkte hier ab 1854 Florence Nightingale. Die berühmt gewordene Krankenpflegerin wohnte und arbeitete im Nordostturm. Ihre Räume stehen als einziger Teil der Kaserne für Besucher offen. Das kleine Museum zeigt die Einrichtung und die Leuchte, die Florence Nightingale posthum den Beinamen »Lady with the Lamp« eintrug. Besucher müssen sich unter der Faxnummer (0216) 333 10 09 anmelden.

Betender am Grab des Kriegers Karaca Ahmed

Hotels und Restaurants bei den Abstechern *siehe Seiten 189f und 203–205*

Der Bahnhof Haydarpaşa, Endstation von Zügen aus Anatolien

Nahe der Kaserne lohnen die Selimiye-Moschee und der britische Soldatenfriedhof einen Besuch. Ein lieblicher, wenn auch etwas vernachlässigter Hofgarten umgibt die 1804 erbaute Moschee. Blickfänge im schlichten, durch hohe Bogenfenster erhellten Innenraum sind die in klassischer Manier bemalte Kuppel und der Minbar aus grauem Marmor. Bogen flankieren den Sultanspavillon im Nordwesteck des Geländes.

Ein kurzer Bummel nach Süden führt zum britischen Soldatenfriedhof an der Burhan Felek Caddesi. Dort ruhen Gefallene aus dem Krimkrieg, dem Ersten Weltkrieg (Schlacht von Gallipoli) und dem Zweiten Weltkrieg. Es gibt keine festen Öffnungszeiten; der Wächter lässt Sie ein.

Bahnhof Haydarpaşa ❾
Haydarpaşa Garı

Haydarpaşa İstasyon Cad., Haydarpaşa. **[** (0216) 336 04 75 oder 336 20 63. **🚢** Haydarpaşa oder Kadıköy. **◯** tägl.

Seine Uferlage und Grandezza sowie der fayencenverzierte Pier nebenan machen diesen Bahnhof zu einem der stimmungsvollsten An- und Abreiseorte Istanbuls. Von hier aus dampften 1873 die ersten Eisenbahnen in Richtung Anatolien nach İznik *(siehe S. 160)*.

Der Streckenausbau war ein wesentlicher Teil des Modernisierungsprogramms von Abd ül-Hamid II. Als die Gelder versiegten, wandte der Sultan sich an seinen Verbündeten, den deutschen Kaiser Wilhelm II. Die Deutsche Bank gewährte daraufhin Kredite für Bau und Betrieb der Bahn. 1898 wurden deutsche Ingenieure für den Bau von Strecken engagiert, die durch Anatolien zu den äußersten Zipfeln des Osmanischen Reichs führten. Im Zuge dessen entstanden Bahnhöfe. Der größte ist der 1908 fertiggestellte Bahnhof Haydarpaşa, von dem die Züge zu Zielen in Asien abfahren.

Großer Pinienhügel ❿
Büyük Çamlıca

Çamlıca. **🚌** 11F, KÇ1, dann 30 Min. zu Fuß. **Park ◯** tägl. 9–23 Uhr.

Bei klarem Wetter blickt man vom Gipfel dieses Hügels über die Prinzeninseln, das Marmarameer, das Goldene Horn, Beyoğlu und den Bosporus bis hin zum Schwarzen Meer. Im Süden kann man sogar die Schneekappe des Uludağ bei Bursa *(siehe S. 169)* ausmachen. Mit 261 Metern ist der vier Kilometer östlich von Üsküdar aufragende Büyük Çamlıca oder Großer Pinienhügel Istanbuls höchste Erhebung. Nicht einmal der Wald von Rundfunk- und Fernsehantennen an den unteren Hängen kann die Aussicht verstellen.

Der Türkische Touring- und Automobilclub *(siehe S. 181)* ließ 1980 am Gipfel einen Park mit Marmorkiosken und zwei Cafés im Stil des 18. Jahrhunderts gestalten.

Der Küçük Çamlıca (Kleiner Pinienhügel) ist weniger erschlossen und sein Teegarten daher noch touristisches Stiefkind. Auch er bietet Spazierwege und Aussichten.

Florence Nightingale

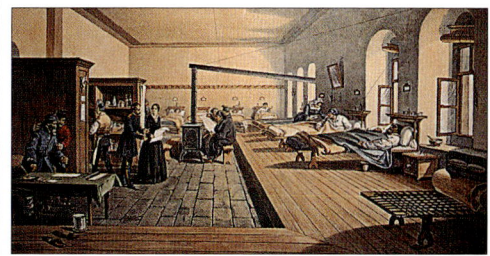

Florence Nightingale in der Selimiye-Kaserne (Gemälde 19. Jh.)

Die britische Krankenschwester Florence Nightingale (1820–1910) engagierte sich für Verbesserungen der Sozial-, Kriegsversehrten- und Krankenfürsorge. Als Frankreich und Großbritannien im Krimkrieg auf Seiten des Osmanischen Reichs gegen Russland kämpften, mobilisierte sie ein Team von 38 britischen Krankenpflegerinnen, die das Lazarett in der Selimiye-Kaserne von Scutari (Üsküdar) betreuten. Dadurch wurde die Sterberate des Lazaretts von 20 auf zwei Prozent gesenkt und eine fortschrittliche medizinische Basis geschaffen. Bei Kriegsende 1856 kehrte Nightingale nach Großbritannien zurück, wo sie eine Schwesternschule gründete.

Schöne Strandhäuser (yalılar; siehe S. 139) am Bosporus-Ufer von Yeniköy ▷

Umgebung
von Istanbul

Bosporus

Wenn Hitze und Hektik der Stadt die Nerven strapazieren, ist der beste Fluchtort der Bosporus (türkisch Boğaz, »Schlund«; *siehe S. 144–149*), die Meerenge, die Europa von Asien trennt und das Schwarze Meer mit dem Marmarameer verbindet. Mit dem Schiff reist man am bequemsten, auf dem Landweg lassen sich die Ufer besser nach eigenem Gutdünken erkunden. Schöne Bauten säumen den Bosporus: *yalı* (Plural: *yalılar*) genannte Villen, Moscheen

Faik Yalı und Bekir Bey Yalı in Yeniköy

und Paläste aus dem 19. Jahrhundert. Die Reichen versahen ihre Residenzen mit Eingängen zum Ufer, da sie zur Fortbewegung auf dem Bosporus Kajiken (Holzboote) benutzten. Zwischen den repräsentativen Bauten liegen ehemalige Fischerdörfer, in denen Sie einige von Istanbuls feinsten Clubs und Restaurants finden.

An der Oberfläche fließt das Wasser vom Schwarzen Meer ins Marmarameer, in 40 Metern Tiefe gibt es eine Unterströmung in entgegengesetzter Richtung.

Sehenswürdigkeiten auf einen Blick

Museen und Paläste
Aşiyan-Museum ➎
Beylerbeyi-Palast ➋
Khedivenpalast ⓫
Küçüksu-Palast ➍
Maslak-Pavillons ➓
Sadberk-Hanım-Museum ⓭
Sakıp-Sabancı-Museum ➒

Städte und Dörfer
Bebek ➌
Beykoz ⓬
Kanlıca ➐
Rumeli Kavağı ⓮

Historische Bauwerke
Bosporus-Brücke ➊
Europäische Festung ➏

Park
Emirgan-Park ➑

LEGENDE
- Zentrum von Istanbul
- Großraum Istanbul
- Fähranlegestelle
- Autobahn
- Hauptstraße

0 Kilometer   5

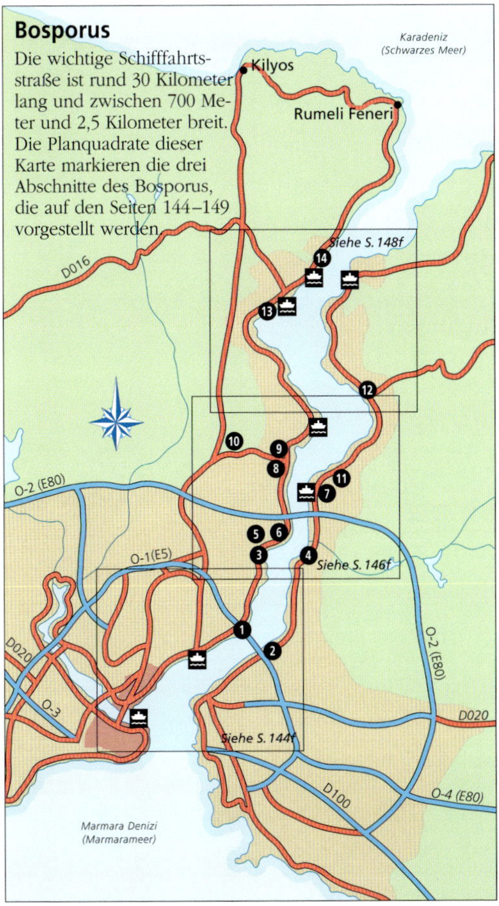

Bosporus
Die wichtige Schifffahrtsstraße ist rund 30 Kilometer lang und zwischen 700 Meter und 2,5 Kilometer breit. Die Planquadrate dieser Karte markieren die drei Abschnitte des Bosporus, die auf den Seiten 144–149 vorgestellt werden.

Karadeniz (Schwarzes Meer)
Kilyos
Rumeli Feneri
D016
O-2 (E80)
O-1(E5)
O-3
D020
D100
O-4 (E80)
D020
O-2 (E80)
Siehe S. 148f
Siehe S. 146f
Siehe S. 144f
Marmara Denizi (Marmarameer)

◁ **Anadolu Hisarı, die Anatolische Festung** *(siehe S. 147)* **auf der asiatischen Seite des Bosporus**

Die Bosporus-Hängebrücke zwischen Ortaköy und Beylerbeyi

Bosporus-Brücke ❶
Boğaziçi Köprüsü

Ortaköy und Beylerbeyi. **Stadtplan**
9 F2. 🚌 40, 200, 202 (Doppeldecker,
ab Taksim).

Diese Brücke zwischen
Ortaköy und Beylerbeyi,
auch Atatürk-Brücke genannt,
überspannte als erste die
Meerenge, die Istanbul durchtrennt. Sie wurde am 29. Oktober 1973 eingeweiht, dem
50. «Geburtstag» der türkischen
Republik *(siehe S. 31)*. Mit
1074 Metern ist sie die neunt-
längste Hängebrücke der Welt,
der Abstand zum Wasserspie-
gel beträgt rund 64 Meter.

Beylerbeyi-Palast ❷
Beylerbeyi Sarayı

Beylerbeyi Cad., asiatische Seite.
📞 (0216) 321 93 20. 🚌 15 (ab
Üsküdar). 🚢 ab Üsküdar. ◯ Di, Mi,
Fr–So 9.30–17 Uhr (Okt–Apr: bis
16 Uhr). 📷 📹

Verglichen mit den extra-
vaganten älteren Palästen
Dolmabahçe *(siehe S. 128f)*
und Küçüksu *(siehe S. 140)*,
wirkt dieser Barockpalast
maßvoll. Sultan Abd ül-Asis
(siehe S. 30) ließ ihn von
Sarkis Balyan 1861–65 als
Sommerresidenz und Gäste-
haus für ausländische Staats-
oberhäupter errichten. Kaiserin Eugénie von Frankreich
logierte hier 1869 auf dem
Weg zur Eröffnung des Suez-
kanals – und fing sich eine
Ohrfeige der Sultansmutter
ein, weil sie den Palast an
Abd ül-Asis' Arm betrat.

Beylerbeyi entzückte Kaiserin
Eugénie so sehr, dass sie für
ihr Schlafgemach im Pariser
Palais des Tuileries ein Fenster
des Gästezimmers kopieren
ließ. Weitere blaublütige
Gäste waren Mitglieder des
britischen Königs-
hauses Windsor.

Vom Bosporus
hat man den
schönsten Blick
auf den Palast
und seine zwei
Badepavillons,
einer bestimmt
für die Frauen
des Harems, der
andere für die
Männer im *selamlık* (öffentlicher Empfangsbereich).

Der reizvollste Raum, der
Empfangssaal, ist mit Bassin
und Brunnen ausgestattet.
Fließendes Wasser war wegen
seines beruhigenden Plät-
scherns und des kühlenden
Effekts ein beliebtes Element
osmanischer Wohnkultur. Als

natürliches Isoliermaterial
dient der Bodenbelag des
Palasts aus ägyptischen Schilf-
matten. Akzente setzen – vorwiegend böhmische – Kristall-
lüster und wunderschöne
Hereke-Teppiche *(siehe
S. 218f)*.

Bebek ❸

Europäische Seite. 🚌 25E, 40.

Bebek, bekannt für sein
Marzipan *(badem ezmesi)*
und seine Ufercafés, zählt zu
den schicksten Plätzen am
Bosporus. Es war beliebter
Standort von Sommervillen
und Palästen der osmani-
schen Oberschicht. Ende des
19. Jahrhunderts fuhren von
der Bucht Abendgesellschaf-
ten in Kajiken *(siehe S. 126)*

**Detail am Tor des Ägyptischen
Konsulats in Bebek**

zu Mondschein-
partien aus. Die
Frauen warfen an
Satin- oder Samt-
streifen befestigte
silberne Fische
über Bord und
ließen sie im Kiel-
wasser tanzen,
während in Be-
gleitbooten Musi-
ker aufspielten.

An diesen Festen nahm
auch die Mutter des letzten
Khediven von Ägypten *(siehe
S. 29)*, Abbas Hilmi II., teil.
Das Haus des ägyptischen
Konsulats aus dem späten
19. Jahrhundert ist der letzte
in Bebek erhaltene Prunkbau.
Es entstand wie der Khedivenpalast *(siehe S. 142)* im Auftrag von Abbas Hilmi II.
Das steile Mansardendach
erinnert an nordfranzösi-
sche Häuser des 19. Jahr-
hunderts. Einen elegante-
ren, vom Jugendstil
geprägten Touch geben
ihm die von schmiede-
eisernen Weinranken um-
laubten Gitter und die
zwischen zwei Türmchen
strahlende Sonne, Symbol
des anbrechenden Jahr-
hunderts.

Der Khedive nutzte das
prächtige *yalı* als Sommerpalast, bis ihn die Briten
1914 absetzten und den
Titel abschafften. Seither
ist hier der Sitz des ägyptischen Konsulats.

**Prächtiger oberer Treppenabsatz
im Beylerbeyi-Palast**

Villen am Bosporus

Am Ende des 17. Jahrhunderts begannen *paşalar*, Großwesire und andere feine Leute des osmanischen Istanbul, sich an den Ufern des Bosporus Villen zuzulegen. Diese *yalılar* dienten als Sommerhäuser, ihre Bauweisen spiegelten den Status der Besitzer wider. Mit der Zeit ent-

Altes *yalı* im asiatischen Kandilli

standen zunehmend größere und einfallsreichere Villen und Paläste, ihre Architektur nahm Anleihen bei Barock und später beim Jugendstil. Dabei hielt man meist am Prinzip fest, die Uferseite bestmöglichst zu nutzen und innen die Schlafzimmer um einen geräumigen Salon zu gruppieren.

Köprülü Amcazade Hüseyin Paşa Yalı
(siehe S. 147), *1699 nahe der Feste Anadolu Hisarı errichtet, ist das älteste Gebäude am Bosporus-Ufer. Wie dieses standen die* yalılar *anfänglich unmittelbar am Wasser, später eine Spur abgerückt.*

Ein *cumba*
(Erkerfenster) ragt über das Wasser vor.

Ein traditionelles hölzernes *yalı* hatte in der Regel einen rostroten Anstrich.

Jüngere *yalılar*, d. h. ab dem 18. Jahrhundert erbaute Villen, tünchte man in Pastelltönen.

Stützbalken sichern das vorspringende Obergeschoss.

Fethi Ahmet Paşa Yalı (siehe S. 145) *oder Mohan Yalı, erbaut im späten 18. Jahrhundert, war Sommerresidenz für Gäste wie den Komponisten Franz Liszt und den Architekten Le Corbusier. Wegen des auffälligen Fassadenanstrichs ist sie als «Rosafarbene Villa» bekannt, allerdings vom Land aus kaum zu sehen.*

Ethem Pertev Yalı (siehe S. 147) *bei Kanlıca ist ein Musterbeispiel des «kosmopolitischen Stils», der von 1867 bis 1908 die Fantasie von Architekten beflügelte. Es steht über einem Bootshaus und verbindet die jüngere Vorliebe für verschlungene Holzschnitzereien mit den traditionelleren Merkmalen eines* yalı.

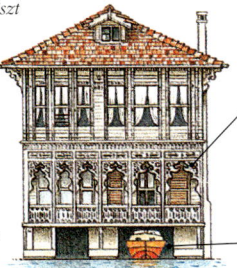

Barockeinflüsse zeigen sich am üppigen Schnitzwerk des Balkons.

Bootshaus unter dem *yalı*

Das ägyptische Konsulat (siehe S. 146) *in Bebek zeigt deutlich Jugendstilelemente wie das schmiedeeiserne Blattwerk der Gitter. Der Khedive von Ägypten (siehe S. 138) ließ es um 1900 erbauen.*

Mansardendach in französischer Manier

Der Bauschmuck hatte Vorbilder im Wiener Jugendstil.

Ein schmaler Kai trennt die *yalılar* aus dem 19. Jahrhundert vom Ufer.

Küçüksu-Palast ❹
Küçüksu Kasrı

Küçüksu Sahili, Beykoz, asiatische Seite. **C** (0216) 332 02 37. 🚌 15 (ab Üsküdar) oder 101 (ab Beşiktaş). ◻ Di, Mi, Fr–So 9.30–17 Uhr (Okt–Apr: bis 16 Uhr).

Der schmucke Küçüksu-Palast am Bosporus aus dem Jahr 1856

Die marmorverkleidete Palastfassade ist eine der schönsten am Bosporus und die geschwungene Doppeltreppe vor dem Haupteingang am Ufer ein gekonnter Schönheitstupfer.

Sultan Abd ül-Medschid I. *(siehe S. 30)* bestellte den Hofarchitekten Nikoğos Balyan *(siehe S. 128)* für den Bau. Der Palast sollte seinem Hofstaat bei Ausflügen an die »süßen Wasser Asiens« – ein schwärmerischer europäischer Begriff für die Flüsse Küçüksu und Göksu – Quartier bieten. In die Auen zwischen diesen beiden Wasserarmen zog es die osmanische Oberschicht seit Jahrhunderten.

Als 1856 der Palast stand, war er dem Sultan zu schlicht. Also erhielt er mehr Zierrat, so das in die Fassade gemeißelte Sultansmonogramm. Unter Abd ül-Asis *(siehe S. 30)* wurde die Fassade weiter geschmückt – mit dem Ergebnis, dass das Dekor das Original kaum erkennen lässt.

Die Anordnung der Räume entspricht osmanischem Brauch: Mittelpunkt jeder Etage ist ein Salon, von dem vier Eckzimmer abgehen. Ausstaffiert wurde der Palast von Charles-Polycarpe Séchan, Bühnenbildner der Pariser Oper, u.a. mit Hereke-Teppichen *(siehe S. 218f)* und böhmischen Kristalllüstern.

Am Ufer nahe dem Palast steht der pittoreske Brunnen der Valide Sultan Mihrişah, ein türmchenbesetztes Stück türkischen Barocks aus dem Jahr 1796.

Unmittelbar südlich des Palasts strahlt am Bosporus die weiße Fassade des 1760 errichteten Kıbrıslı Yalı – mit ganzen 60 Metern das längste *yalı (siehe S. 139)*. Von ihm hebt sich etwas weiter südlich das wunderschöne karmesinrote, um 1830 für Sultan Mahmud II. gebaute Kırmızı Yalı ab.

Aşiyan-Museum ❺
Aşiyan Müzesi

Aşiyan Yolu, Bebek, asiatische Seite. **C** (0212) 263 69 86. 🚌 25E, 40. ◻ Di–Sa 9–16 Uhr.

Dieses Holzhaus mit dem Namen Aşiyan (»Vogelnest«) war das Heim von Tevfik Fikret (1867–1915), einem Lehrer, Sozialutopisten und bekannten türkischen Dichter. Fikret selbst schuf es 1906 und hinterließ damit ein Vorzeigestück traditionell türkischen Hausbaus. Die Aussicht vom Balkon ist umwerfend.

Ausgestellt sind Fikrets persönliche Habe und Abd ül-Medschids Gemälde *Sis* (»Nebel«, 1922–24), das Titel und Thema eines Gedichts von Fikret ins Bild setzt.

Europäische Festung ❻
Rumeli Hisarı

Yahya Kemal Cad., europäische Seite. **C** (0212) 263 53 05. 🚌 25E, 40. ◻ Do–Di 9.30–16.30 Uhr. 🅿

Mit dem Bau der Feste bereitete Mehmed II. 1452 seine Belagerung Konstantinopels *(siehe S. 26)* vor. Hier, an der schmalsten Stelle des Bosporus, konnte er eine wichtige Nachschublinie der Byzantiner kontrollieren. Gegenüber, auf der asiatischen Seite des Bosporus, wacht Anadolu Hisarı, die von Beyazıt I. im Jahre 1395 aufgezogene Anatolische Festung.

Mehmed selbst entwarf die Anlage. Die Verantwortung für den Bau der drei mächtigen Türme übertrug er seinem Großwesir *(siehe S. 29)* und zwei Wesiren, während er sich um die Wehrmauern kümmerte. Seine Festung stand binnen vier Monaten. Schon bald hatte sie den

Die Europäische Festung, angelegt von Mehmed II. für den Sturm auf Konstantinopel

Spitznamen Boğazkesen, »Halsabschneider«, schnürte sie doch an der Bosporus-Gurgel Konstantinopel die Luft ab. Die stationierte Janitscharengarnison *(siehe S. 127)* hinderte fremde Schiffe mit Kanonen an der Passage. Nachdem sie ein venezianisches Schiff versenkt hatte, war Konstantinopels Bosporus-Ader abgebunden. Nach Einnahme der Stadt verlor die Feste ihre militärische Bedeutung. Später diente sie als Kerker, vorzugsweise für missliebige ausländische Gesandte.

1953 restauriert, ist die Burg heute Freilichtbühne für Vorstellungen im Rahmen der Istanbuler Musik- und Tanzfestspiele *(siehe S. 45)*.

Ein Café, das Kanlıcas Delikatesse, vorzüglichen Joghurt, serviert

Kanlıca 🟢

Asiatische Seite. 🚌 15, 101.

Die İskender-Paşa-Moschee, ein kleineres Werk Sinans *(siehe S. 91)*, überblickt den Dorfplatz Kanlıca. Sie entstand 1559/60 für Süleymans Großwesir İskender Paşa. Später wurde ihre Holzkuppel durch das Flachdach ersetzt und der Vorbau angefügt.

In und um Kanlıca finden Sie mehrere *yallar*, etwa am südlichen Dorfrand das Köprülü Amcazade Hüseyin Paşa Yalı *(siehe S. 139)*. Dieses älteste erhaltene *yalı* am Bosporus wurde 1698 für Hüseyin Paşa, den Großwesir von Mustafa II., gebaut. In ihm wurde 1699 der Frieden von Karlowitz unterzeichnet, in dem die Osmanen an Österreich, Venedig, Polen und Russland Gebiete abtreten mussten *(siehe S. 27)*. Holzbalken sichern die Kup-

pel des T-förmigen Salons, des einzigen Überrests des *yalı*, der leider für Besucher nicht zugänglich ist.

Emirgan-Park 🔵
Emirgan Parkı

Emirgan Sahil Yolu, europäische Seite. 📞 *(0212) 277 57 82.* 🚌 *25E, 40.* 🚌 *tägl. 7–22.30 Uhr.* 🅿️ *für Fahrzeuge.*

Die berühmten Tulpengärten dieses Parks entfalten ihre volle Schönheit zum Tulpenfest im April *(siehe S. 44)*. Tulpen, ursprünglich heimisch in Asiens Steppen, wurden in großem Maßstab erstmals in den Niederlanden gezüchtet. Mehmed IV. (1648–1687) verhalf den Tulpen zu einem Comeback, sein Sohn Ahmed III. liebte sie so sehr, dass seine Regierungszeit als »Tulpenzeit« bekannt wurde *(siehe S. 27)*.

Im späten 19. Jahrhundert übereignete Sultan Abd ül-Asis den Park İsmail Paşa, dem Khediven von Ägypten *(siehe S. 29)*. Aus dieser Zeit stammen die drei nach ihren Farben benannten Pavillons. Die Fassade des aus Beton rekonstruierten Sarı Köşk (»Gelber Pavillon«) ähnelt wie das 1954 abgebrannte Holzoriginal einem Schweizer Chalet, der Beyaz Köşk (»Weißer Pavillon«) einer klassizistischen Villa. Der Pembe Köşk (»Rosafarbener Pavillon«) ist im Stil eines traditionellen osmanischen Hauses gebaut. Alle drei Pavillons beherbergen heute Cafés.

Pembe Köşk im Emirgan-Park

Sakıp-Sabancı-Museum 🟢
Sakıp Sabancı Müzesi

Sakıp Sabancı Cad. 42, Emirgan, europäische Seite. 📞 *(0212) 277 22 00.* 🚌 *40, 41 vom Taksim-Platz; dann Richtung İstinye oder Sarıyer.* ⭕ *Di–So 10–18 Uhr (Mi bis 20 Uhr).* ⚫ *1. Jan, 1. Tag religiöser Feiern.* 📷 🅿️ ♿ 🎁 📖
http://muze.sabanciuniv.edu

Am Ufer des Bosporus, etwa eine halbe Autostunde vom Stadtzentrum entfernt, steht die prachtvolle Sabancı-Villa. Seit 2002 ist hier das auch Altı Kösk (Pferdepavillon) genannte Sakıp-Sabancı-Museum untergebracht. Die rund 130 Exponate stammen vornehmlich aus Familienbesitz. Zu sehen sind Gemälde, Statuen, Kunstobjekte, Porzellan aus der Türkei und aus Europa sowie über 400 Jahre alte osmanische Kalligrafien aus der privaten Sammlung Sakıp Sabancıs (1933–2004).

Vögel am Bosporus

Im September und Oktober ziehen Tausende Weißstörche und Greifvögel von ihren Brutplätzen in Osteuropa über den Bosporus zu den Winterquartieren in Afrika. Große Vögel überqueren zumeist lieber schmale Wasserstraßen wie den Bosporus als weite Gewässer wie das Mittelmeer. Zu den Greifvögeln, die den Bosporus passieren, zählen Schreiadler und Wespenbussard. Man sieht die Vögel auch bei ihrem Rückzug im Frühjahr, allerdings, da vor der Brutzeit, in kleineren Scharen.

Weißstorch, einer der Bosporus-»Überflieger«

Treibhausgewächse im Wintergarten der Maslak-Pavillons

in der Mitte orientalische Atmosphäre.

Im Wintergarten, hinter dem eleganten kleinen Mabeyn-i Hümayun, dem Privatpavillon, wuchern, fast wie in einer kleinen Oase, Kamelien, Farne und Bananenstauden. Am nahen Waldsaum fällt ein winziger achteckiger Zierbau mit verspieltem Balkon ins Auge: der Çadır Köşkü («Zeltpavillon»), nun ein Buchladen. An der entgegengesetzten Seite des Anwesens liegen die Wohngemächer, die Paşalar Dairesi.

Maslak-Pavillons ❿
Maslak Kasırları

Büyükdere Cad., Maslak, europäische Seite. 📞 *(0212) 276 10 22.* 🚌 *40S (ab Taksim).* 🕐 *Di, Mi, Fr–So 9.30–17 Uhr (Nov–Feb: bis 16 Uhr).*

Dieses kleine Ensemble war wegen seiner Aussicht ein beliebtes Jagdhaus des Sultanshofs. Seine Pavillons entstanden Anfang bis Mitte des 19. Jahrhunderts. Damals verlagerte sich der Brennpunkt des höfischen Lebens vom Topkapı-Palast *(siehe S. 54– 59)* im Stadtzentrum zu den luxuriösen Sultansresidenzen am Bosporus. Vermutlich ließ Abd ül-Asis (1861–1871) die meisten

Gebäude errichten. Er schenkte Maslak seinem Sohn Abd ül-Hamid in der Hoffnung, dem Kronprinzen damit das ihm zu riskante Segeln bei Tarabya *(siehe S. 148)* abzugewöhnen.

Dass die vier Hauptbauten schlichter ausfielen als andere Istanbuler Pavillons des 19. Jahrhunderts, mag an Abd ül-Hamids ernstem Naturell gelegen haben. Die Balustraden der reizvollen zentralen Treppe des Kasr-ı Hümayun, des Sultanspavillons, schuf er selbst, und auch die Aufsätze der Spiegel zeigen in lateinischer Schrift seine Initialen. Das Wohnzimmer des Pavillons verströmt mit dem tiefen Sofa und dem Kohlenbecken

Khedivenpalast ⓫
Hıdiv Kasrı

Hıdiv Kasrı Yolu 32, Çubuklu, asiatische Seite. 📞 *(0216) 413 96 44.* 🚌 *15, 15A, 15P (ab Üsküdar) oder 221 (ab Taksim), dann 5 Min. zu Fuß von Kanlıca.* 🕐 *tägl. 9–23 Uhr (Mai–Okt: bis 22.30 Uhr).* 🚇

Der letzte Khedive (erblicher Titel des Vizekönigs von Ägypten; *siehe S. 29*), Abbas Hilmi II., ließ diesen Sommerpalast 1907 errichten. Der Bau ist einer der erstaunlichsten seiner Zeit in Istanbul und sein Turm auffälliger Blickfang. Der Italiener Delfo Seminati gestaltete den Palast in italienischem Villenmanier mit Prisen von Jugendstil und osmanischem Hausbau. Glanzlicht ist die Eingangshalle: Jugendstil-Glastüren führen in den runden Raum, in dessen Mitte unter einem Buntglas-Oberlicht ein Brunnen steht, umgeben von acht eleganten Säulenpaaren.

Der vom Türkischen Touring- und Automobilclub TTOK *(siehe S. 245)* renovierte Palast ist heute ein Luxusrestaurant *(siehe S. 206).*

Beykoz ⓬

Asiatische Seite. 🚌 *15 (ab Üsküdar) oder 221 (ab Taksim).*

Walnüsse und seine Glaskunst des 19. Jahrhunderts haben das Dorf bekannt gemacht. Satte Farben und graziöse Muster zeichnen die meist undurchsichtigen Beykoz-Glaswaren *(siehe S. 213)*

Jason und die Symplegaden

Der Bosporus gilt als ein Schauplatz der griechischen Sage von den Argonauten, die unter Jasons Führung das Goldene Vlies eroberten. Auf ihrer Reise erlösten sie König Phineus von den Harpyien, grässlichen von Zeus gesandten Vögeln. Zum Dank verriet Phineus ihnen, wie sie die Symplegaden durchfahren konnten, zwei der Sage nach im Wasser treibende Felsen im Bosporus, die schon viele Schiffe zerquetscht hatten: Flöge eine Taube dazwischen hindurch, wäre die Passage zu wagen. Die Argonauten ließen eine Taube fliegen. Als die Felsen ihr nur die Schwanzfedern abklemmten, folgten sie und kamen nahezu heil hindurch.

Jason und die Argonauten beim Durchqueren der Symplegaden

Brunnen am Dorfplatz von Beykoz

aus, die Museen landesweit bestücken. Heute machen die Fischrestaurants, die erstklassigen Steinbutt servieren, Beykoz' Hauptattraktion aus.

Den kunstvollen Brunnen am Hauptplatz stiftete Sultan Mahmud I. *(siehe S. 33)* im 18. Jahrhundert. Er heißt nach dem Zollinspektor İshak Ağa Çeşmesi, der ihn 1780 in Auftrag gab. Das Wasser perlt unter einer luftigen, überkuppelten Säulenloggia aus zehn Düsen.

Das Dorf hat für den Einzug von Industrie, vor allem Flaschenabfüllungs- und Lederwarenfabriken, Tribut gezahlt. Vom alten Glanz zeugen nur noch einige wenige Bauten wie das schmucke Halil Ethem Yalı aus dem 19. Jahrhundert. Das mit Klassizismus und Neobarock kokettierende *yalı* steht an der İbrahim Kelle Caddesi gleich südlich der Fähranlegestelle.

Sadberk-Hanım-Museum ⓭
Sadberk Hanım Müzesi

Piyasa Cad. 27–29, Büyükdere, europäische Seite. 📞 *(0212) 242 38 13.* 🚌 *25E.* 🕐 *Do–Di 10–17 Uhr.* 🔴 *1. Jan, 1. Tag von rel. Feiern.* 🎫 📷 **www**.sadberkhanimmuzesi.org.tr

Dieses älteste, 1981 eröffnete Privatmuseum der Türkei ist in zwei hölzernen Bilderbuch-*yalı (siehe S. 139)*

am Bosporus untergebracht. Das größere vierstöckige Azaryan Yalı aus dem Jahr 1911 war das Sommerhaus der reichen Familie Koç. Wie viele zeitgleich entstandene Bauten europäisch beeinflusst, hebt sich die Villa von ihren Nachbarn durch die überkreuzten Holzlatten der Fassade ab. Sie hütet beachtliche völkerkundliche Sammelstücke von Sadberk Hanım. Die Gattin des Unternehmers Vehbi Koç und Namenspatronin des Museums trieb viele dieser Objekte im Großen Basar *(siehe S. 98f)* und auf anderen Istanbuler Märkten auf. Mithilfe einiger Exponate hat man Szenen des osmanischen Lebens im 19. Jahrhundert dargestellt, etwa eine Hennanacht, in der weibliche Verwandte des Bräutigams die Hände der Braut mit Henna bestreichen. Eine andere zeigt einen Knaben in traditioneller Tracht auf dem Beschneidungsbett. Sehenswert sind auch die zarten, zum Teil im 18. Jahrhundert in Palastharems angefertigten Stickereien, *oyalar* genannt: Täuschend echt wirken die gestickten Girlanden von Nelken, Rosen, Lilien und anderen Blumen, die Schals und Unterröcke säumen.

Der Nachbarbau, der Sevgi-Gönul-Flügel, entstammt

Attische Vase, Sadberk-Hanım-Museum

ebenfalls dem frühen 20. Jahrhundert. Er wurde für die Ausstellung der archäologischen Sammlung von Hüseyin Kocabaş angekauft, einem Freund der Familie Koç. Die chronologisch präsentierten Exponate reichen vom späten Neolithikum (5400 v. Chr.) bis zur osmanischen Zeit. Sie werden gelegentlich ausgewechselt, umfassen in der Regel aber assyrische Keilschrifttafeln aus dem 2. Jahrtausend v. Chr., phrygische Metallarbeiten, griechische Keramiken aus der späten Geometrischen Periode (750–680 v. Chr.) sowie altrömischen Goldschmuck, byzantinische Reliquienschreine und Kreuzanhänger.

Rumeli Kavağı ⓮

Europäische Seite. 🚌 *25A (ab Beşiktaş).* ⛴ *Rumeli Kavağı.*

Das hübsche Dorf offeriert eine breite Restaurantauswahl. Hiesige Spezialitäten sind Fisch und gebratene Muscheln. Die Lokale scharen sich um den Hafen, der Blick auf die rauen, steinigen Ufer vor dem Schwarzen Meer bietet. Auf dem Hügel über dem Dorf befinden sich die spärlichen Reste der Burg İmros Kalesi. Manuel I. Komnenos ließ sie im 12. Jahrhundert als Zollposten errichten.

Nördlich von Rumeli Kavağı erreicht von Rumeli Kavağı die Bosporus-Uferstraße den Strand von Altın Kum. Der schmale, von Restaurants gesäumte Sandstreifen wird gern von Einheimischen besucht.

Das Fischerdorf Rumeli Kavağı

Unterer Bosporus

Pruntor des Çırağan-Palasts

Zu den Höhepunkten eines Istanbul-Besuchs zählt eine Fahrt auf dem Bosporus. Sie können sich einer Sightseeing-Kreuzfahrt anschließen oder in Eminönü eines der vielen kleinen Passagierboote besteigen. Empfehlenswert ist die auf den folgenden Seiten dargestellte Ausflugsfahrt von İDO *(siehe S. 242f)*: Schiffe fahren auf einer sechsstündigen Tour den Bosporus hinauf und wieder zurück und legen unterwegs an etwa sechs Stellen an. Von Rumeli Kavağı, dem letzten Stopp auf europäischer Seite, können Sie auch mit dem Bus, Dolmuş oder Taxi nach Eminönü zurückfahren. Von Eminönü und Üsküdar werden auch zweistündige Fahrten angeboten.

Zur Orientierung

Schwarzes Meer

EUROPA

ASIEN

Istanbul

Schifffahrts-museum *(siehe S. 126)*

Dolmabahçe-Palast
Verzierte Tore prägen die Uferfassade des prunkvollen Palasts aus dem 19. Jahrhundert (siehe S. 128f). Durch sie betrat der Sultan von seiner Prunkbarke aus den Palast.

Barbaros Hayrettin Paşa   Beşi

İnönü-Stadion

Kabataş

Museum der Schönen Kü *(siehe S. 126*

Stadtansicht
Beim Auslaufen der Schiffe umfasst der Blick zahlreiche altehrwürdige Bauwerke Istanbuls, darunter – wie im Bild oben – die Süleymaniye-Moschee.

Die Dolmabahçe-Moschee wurde wie der Palast 1856 fertiggestellt *(siehe S. 126).*

Galata-Brücke   Karaköy

Eminönü

Eminönü
Am geschäftigen Fährhafen legen Linienfähren und Ausflugsschiffe für Bosporus-Touren ab.

Leanderturm
Der weiße Turm, ein Wahrzeichen der Stadt, ist auf seinem Inselchen nahe dem asiatischen Ufer unübersehbar (siehe S. 130).

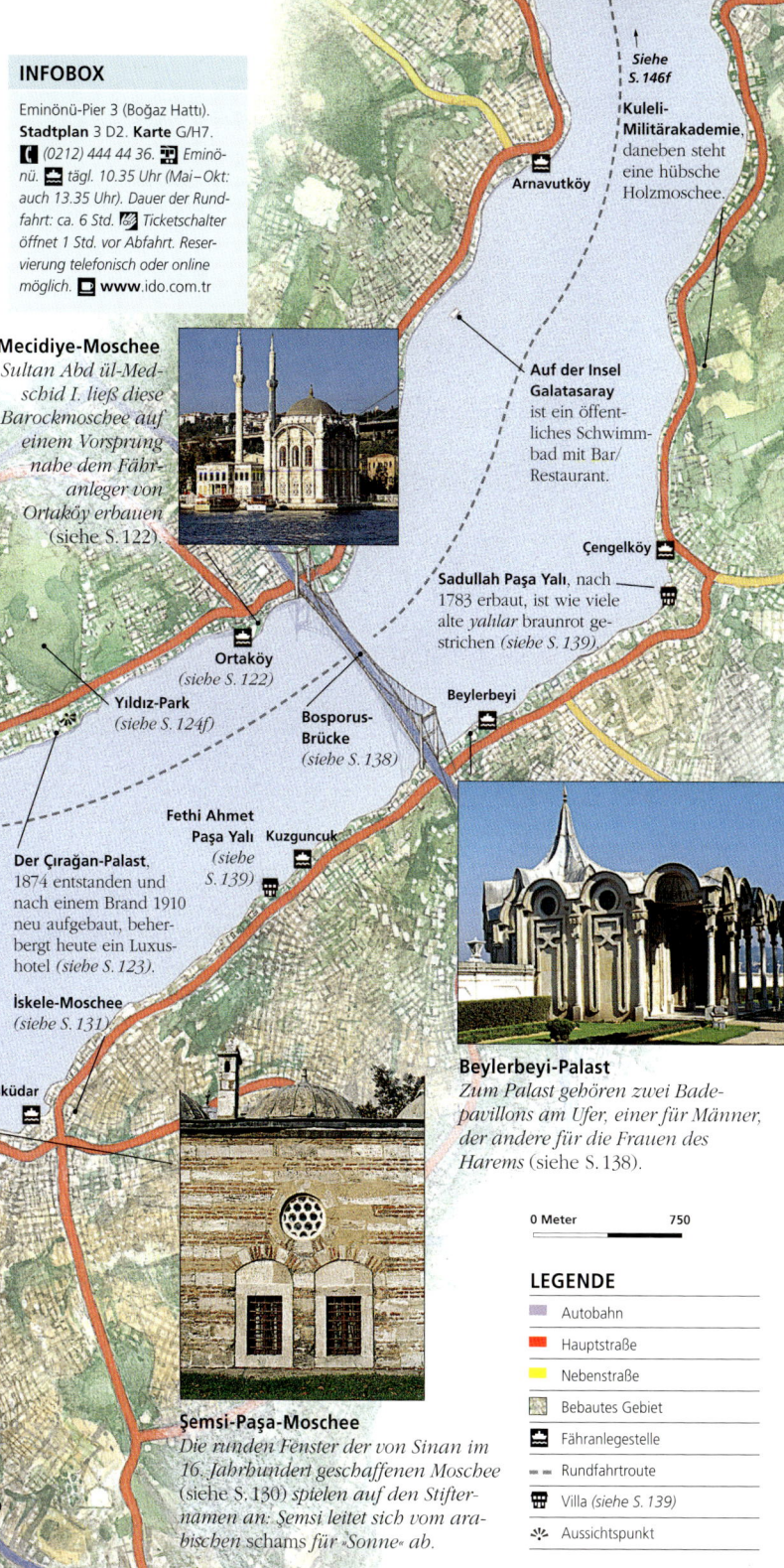

**Siehe
S. 146f**

INFOBOX

Eminönü-Pier 3 (Boğaz Hattı).
Stadtplan 3 D2. **Karte** G/H7.
☎ (0212) 444 44 36. 🚇 Eminönü. 🚢 tägl. 10.35 Uhr (Mai–Okt:
auch 13.35 Uhr). Dauer der Rundfahrt: ca. 6 Std. 🎫 Ticketschalter
öffnet 1 Std. vor Abfahrt. Reservierung telefonisch oder online
möglich. 🖥 www.ido.com.tr

**Kuleli-
Militärakademie,**
daneben steht
eine hübsche
Holzmoschee.

Arnavutköy 🚢

Mecidiye-Moschee
*Sultan Abd ül-Medschid I. ließ diese
Barockmoschee auf
einem Vorsprung
nahe dem Fähranleger von
Ortaköy erbauen
(siehe S. 122).*

**Auf der Insel
Galatasaray**
ist ein öffentliches Schwimmbad mit Bar/
Restaurant.

Çengelköy 🚢

Sadullah Paşa Yalı, nach
1783 erbaut, ist wie viele
alte *yalılar* braunrot gestrichen *(siehe S. 139).* 🏠

Ortaköy 🚢
(siehe S. 122)

Yıldız-Park
(siehe S. 124f)

**Bosporus-
Brücke**
(siehe S. 138)

Beylerbeyi 🚢

**Fethi Ahmet
Paşa Yalı** **Kuzguncuk**
(siehe 🚢
S. 139) 🏠

Der Çırağan-Palast,
1874 entstanden und
nach einem Brand 1910
neu aufgebaut, beherbergt heute ein Luxushotel *(siehe S. 123).*

İskele-Moschee
(siehe S. 131)

Üsküdar 🚢

Beylerbeyi-Palast
*Zum Palast gehören zwei Badepavillons am Ufer, einer für Männer,
der andere für die Frauen des
Harems* (siehe S. 138).

Şemsi-Paşa-Moschee
*Die runden Fenster der von Sinan im
16. Jahrhundert geschaffenen Moschee
(siehe S. 130) spielen auf den Stifternamen an: Şemsi leitet sich vom arabischen schams für »Sonne« ab.*

0 Meter   750

LEGENDE

▬ Autobahn

🟥 Hauptstraße

🟨 Nebenstraße

🟩 Bebautes Gebiet

🚢 Fähranlegestelle

- - Rundfahrtroute

🏠 Villa *(siehe S. 139)*

❊ Aussichtspunkt

Mittlerer Bosporus

Brunnen beim Küçüksu

Nördlich von Arnavutköy weichen die städtischen Randbezirke aparten Orten wie Bebek, einem Zentrum der Bar- und Cafészene. Schnell strömt der Bosporus auf seinen 700 Meter schmalen, von der Fatih-Sultan-Mehmed-Hängebrücke überspannten Engpass zu. An dieser Stelle überquerten der Perserkönig Darius I. und seine Truppen 512 v. Chr. beim Feldzug gegen die Griechen auf einer Pontonbrücke die Meerenge. In der Nähe stehen sich zwei alte Festungen gegenüber: Rumeli Hisarı und Anadolu Hisarı. Auch so manches elegante *yalı* sieht man an diesem Bosporus-Abschnitt, die meisten an den Flüssen Göksu und Küçüksu, die Europäer als »süße Wasser Asiens« priesen.

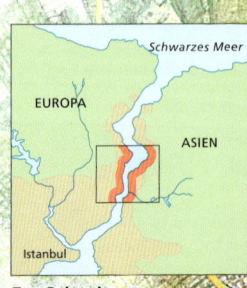

Zur Orientierung

İstinye-Bucht
Diese weite natürliche Bucht, die größte am Bosporus, dient seit Jahrhunderten als Ankerplatz. Am Ufer des Kais findet jeden Morgen ein Fischmarkt statt.

Emirgan-Park
Dieser Park über dem hübschen Dorf Emirgan ist für seine Tulpenpracht im Frühling berühmt (siehe S. 44). *Er beherbergt Pavillons und angenehme Cafés* (siehe S. 141).

Die Bosporus-Universität genießt eine großartige Aussicht und landesweit hohes Ansehen. Hauptunterrichtssprache ist Englisch.

Bebek
(siehe S. 138)

Ägyptisches Konsulat
(siehe S. 138)

Kandilli

Europäische Festung (Rumeli Hisarı)
Die Feste (siehe S. 140f) *an der schmalsten Stelle des Bosporus wurde 1452 von Mehmed II. in Vorbereitung seiner Belagerung Konstantinopels* (siehe S. 26) *aufgezogen.*

Arnavutköy   *Siehe S. 144f*

Siehe S. 148f

Yeniköy

Hübsche Häuser aus dem 19. Jahrhundert stehen am Ufer des Ortes, in dem zahlreiche wohlhabende Istanbuler leben.

Yeniköy

Paşabahçe

Sait Halim
Paşa Yalı

İstinye

Kanlıca, ein ansprechendes Dorf *(siehe S. 141)* mit einer von Sinan *(siehe S. 91)* geschaffenen Moschee, ist bekannt für seinen köstlichen Joghurt.

Çubuklu

Khedivenpalast

Der Palast oberhalb von Çubuklu entstand um 1900 im Auftrag von Abbas Hilmi II., dem letzten Vizekönig von Ägypten. Heute ist er Domizil eines Hotels (siehe S. 142).

Kanlıca

Ethem
Pertev Yalı
(siehe S. 139)

Anadolu Hisarı

Die Anatolische Festung ist 50 Jahre älter als die Europäische Festung gegenüber. Beyazıt I. ließ sie 1395 bauen.

Fatih-Sultan-
Mehmed-
Brücke

öprülü
mcazade
üseyin
aşa Yalı
siehe S. 141

Anadolu
Hisarı

Küçüksu-
Palast
*(siehe
S. 140)*

mızı
ı *(siehe
40)*

Göksu

Hübsche Häuser säumen den kleinen Fluss Göksu und den Küçüksu, der südlich davon fließt (siehe S. 140).

0 Meter   750

LEGENDE

▮	Autobahn
▮	Hauptstraße
▮	Nebenstraße
▮	Bebautes Gebiet
⛴	Fähranlegestelle
- -	Rundfahrtroute
▦	Villa *(siehe S. 139)*
☀	Aussichtspunkt

Oberer Bosporus

Schwarzmeer-
Muscheln

A usländische Gesandte bauten sich im 19. Jahrhundert zwischen Tarabya und Büyükdere am europäischen Bosporus-Ufer Sommerhäuser. Wo die Hänge steiler nach Norden hin abfallen, wird die Besiedlung dünner. Die Ausflugsschiffe legen bei Anadolu Kavağı auf asiatischer Seite eine Mittagspause ein, bevor sie nach Istanbul zurückfahren. Als Alternative für die Rückreise bieten sich Bus, Dolmuş oder Taxi an. Der Bosporus mündet ungefähr acht Kilometer weiter nördlich ins Schwarze Meer. Beide Ufer dieser Strecke sind militärisches Sperrgebiet.

Zur Orientierung

**Sadberk-
Hanım-Museum**
Die in zwei hölzernen
yalılar *präsentierten Exponate dieses Museums umfassen antike griechische und römische Fundstücke sowie osmanisches Kunsthandwerk*
(siehe S. 143).

Sarıyer

Büyükdere

Tarabya-Bucht
Reiche Griechen »entdeckten« im 18. Jahrhundert das Dörfchen in dieser idyllischen Bucht. Die Bucht ist heute noch ein exklusives Ferienrevier mit feinen Fischrestaurants.

Huber Köşkü,
ein *yalı*
(19. Jh),
gehört der
Regierung.

Fischfang am Bosporus

Eine wahre Armada, große Trawler ebenso wie winzige Ruderboote mit Angelleinen, betreibt im Bosporus Fischfang. Bei der Schiffsreise werden Sie oft Scherbrettnetze sehen, die von schwimmenden Holzbrettern herabhängen. Makrelen, Meerbarben, Sardinen und die sardellenähnlichen *hamsiler* (siehe S. 194) machen das Gros der Ausbeute aus. Ein Gutteil des Fangs geht direkt an Restaurants, der andere Teil wird auf Istanbuls größtem Fischmarkt in Kumkapı angeboten.

Fischerboote in Sarıyer, dem wichtigsten Fischerhafen am Bosporus

Rumeli Kavağı

*Das Dorf ist der
nördlichste Fähr-
anleger am europä-
ischen Ufer* (siehe S. 143).
*Ab hier wird der Bosporus
immer breiter, bis er ins
Schwarze Meer übergeht.*

**Rumeli
Kavağı**

**Anadolu
Kavağı**

Anadolu Kavağı

*Bei diesem Dorf, letzter Stopp der Ausflugsboote,
führt ein kurzer Aufstieg zur Ruine einer byzantinischen Burg, einem Kastell der Genuesen aus
dem 14. Jahrhundert. Dort tut sich eine großartige Aussicht über den Bosporus auf.*

Beykoz

*Der Brunnen aus dem
Jahr 1746 steht am
Hauptplatz von Beykoz,
dem größten Fischer-
dorf auf asiatischer
Seite. Die Fischrestau-
rants in der Nachbar-
schaft sind im Sommer
äußerst beliebt*
(siehe S. 142f).

Beykoz

LEGENDE

🟥	Hauptstraße
🟨	Nebenstraße
🟫	Bebautes Gebiet
⛴	Fähranlegestelle
– –	Rundfahrtroute
🏛	Villa *(siehe S. 139)*
❀	Aussichtspunkt

0 Meter   750

Halil Ethem Yalı
(siehe S. 143)

Siehe S. 146 f

Ausflüge

Seine Lage an einer natürlichen Wegscheide macht Istanbul zum guten Ausgangspunkt für Ausflüge in das europäische Thrakien und das asiatische Anatolien. Ob Ihnen der Sinn nach Meisterwerken islamischer Baukunst oder Vogelbeobachtung, Basargewimmel oder Ausruhen auf einer Insel steht: In bequemer Reichweite der Stadt erfüllt eine Palette von Zielen Ihre Wünsche.

An Wochenenden und Feiertagen fliehen die Istanbuler ins Umland, in längeren Ferien lieber ans Mittelmeer oder ans Ägäische Meer. Wer Massen scheut, dem empfiehlt sich daher der Sommer für Trips zum Marmarameer und ans westliche Schwarze Meer.

Die Landschaften um Istanbul reichen von dichten Wäldern zu offenen Ebenen mit dräuenden Bergen am Horizont. Wer wenig Zeit hat, findet nahe Oasen wie den Belgrader Wald und – mit dem Boot ein Katzensprung – die Prinzeninseln, deren Pinienwälder und Klöster man gemütlich in Pferdekutschen erkunden kann.

Leuchtende Sonnenblumenfelder begleiten die Fahrt zum ferneren, schönen Edirne, das schon seit dem

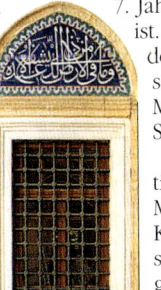

Fenster der Selimiye-Moschee, Edirne

7. Jahrhundert v. Chr. besiedelt ist. Besonders sehenswert in der ehemaligen osmanischen Hauptstadt sind ihre Moscheen, allen voran die Selimiye-Moschee.

Architektonische Attraktionen bietet südlich des Marmarameers auch der Kurort Bursa, als griechische Siedlung 183 v. Chr. gegründet und später die erste Hauptstadt des Osmanischen Reichs. Beim Ausgang der Dardanellen, der Meerenge zwischen Ägäis und Marmarameer, grub man das sagenumwobene Troja aus, dessen älteste Schichten auf rund 3600 v. Chr. datiert werden. Nördlich der Dardanellen erinnern Friedhöfe an die im Ersten Weltkrieg bei Gallipoli (Gelibolu) Gefallenen.

Der Hafen von Burgaz auf den Prinzeninseln *(siehe S. 159)* ist nur eine kurze Überfahrt von Istanbul entfernt

◁ Das Grüne Grab Mehmeds I. *(siehe S. 162)*, eines der Wahrzeichen von Bursa *(siehe S. 162–168)*

Überblick: Ausflüge

Zu den Ausflugszielen im Umkreis von 250 Kilometern von Istanbul zählt Edirne im Nordwesten, eine Provinzhauptstadt mit Universität und exquisiten Moscheen. Im Süden liegt das Handelszentrum Bursa am Fuß des von Wintersportlern geschätzten Uludağ. Schneller erreicht man Şile, Polonezköy und Kilyos, bekannte Badeorte am Schwarzen Meer, und mit der Fähre die im Sommer viel besuchten Prinzeninseln. Mehr Zeit erfordern Exkursionen zu den Soldatenfriedhöfen der Dardanellen und zum antiken Troja.

Die Beyazıt-Moschee aus dem 15. Jahrhundert in Edirne

Burgas
BULGARIEN

Lalapaşa
Khaskovo
Süloğlu
İğnea
Demirköy
Kırklareli
Yıldız Dağı

EDIRNE ❶
Hasköy
Pınarhisar
Vize

Havsa
Karacaoğlan
Saray

GRIECHEN-LAND
Babaeski
Uzunköprü
Büyükkarıştıran
Lüleburgaz

Hayrabolu
Muratlı
Çorlu

Meriç
Küplü
Hamidiye
Banarlı
Seym

Ergene Irmağı
Susuzmüsellim
İpsala
Paşayiğit
Malkara
İnecik
Tekirdağ

Keşan
Ballı
Kumbağ

Alexandroúpoli
Karahisar
İstiklâl Dağı

Enez
Mecidiye
Şarköy
Marmara
Marmara

Saros Körfezi
Bolayır
MARMARA INSELN ⓬

Gelibolu
Avşa

Çanakkale Boğazı (Dardanellen)
Erdek

Lâpseki
VOGELPARADIES-NATIONALPARK

Gökçeada
Eceabat
Biga
Kuş Gö

Halbinsel Gallipoli
ÇANAKKALE
DARDANELLEN ⓭
Gönen

Kap Helles
Çan
Gönen *Çayı*

TROJA ⓮

Bozcaada
Ezine

ÄGÄISCHES MEER
Balıkesir

Ayvacık
Edremit
İvrindi

Edremit Körfezi
Burhaniye
Savaştepe

Ayvalık

İzmir

LEGENDE

▬▬	Autobahn
▬▬	Hauptstraße
┈┈	Nebenstraße
▬▬	Panoramastraße
┅┅	Eisenbahn (Hauptstrecke)
──	Eisenbahn (Nebenstrecke)
▬▬	Staatsgrenze

0 Kilometer   50

Weitere Zeichenerklärungen *siehe hintere Umschlagklappe*

Sehenswürdigkeiten auf einen Blick

Die pittoreske Stadt Bursa

Iğneada Burnu

Kıyıköy

KARADENIZ (SCHWARZES MEER)

Safaalan
Karacaköy
Durusu
KİLYOS ❷
Bahçeköy
Sariyer
Sinekli
BELGRADER WALD ❸
Beykoz
ŞİLE ❹
Çatalca
POLONEZKÖY ❺
Silivri
Büyük Çekmece
Küçük Çekmece
İSTANBUL
Kandıra
020
020
605
100
0-3
0-4
130
100
0-4
PRINZEN-INSELN ❻
Gebze
İzmit
Adapazarı
Ankara

Marmara Denizi (Marmarameer)

Yalova
Gölcük
Geyve
Armutlu
❼ **TERMAL**
Gemlik
İznik Gölü
❽ **İZNİK**
andırma
Mudanya
Yenişehir
650
Sakarya Nehri
575
Karacabey
200
Ulubat Gölü
❾ **BURSA**
Cumalıkızık
Bilecik
Mustafakemalpaşa
565
❿ **ULUDAĞ-NATIONALPARK**
İnegöl
200
Susurluk

Sımav Çayı

Kepsut

In der Umgebung von Istanbul unterwegs

Das Straßennetz um Istanbul wird stetig ausgebaut. Moderne Busse *(siehe S. 244)* bringen Sie preiswert zu den meisten Zielen, Fähren und Wasserbusse *(siehe S. 244)* zu Häfen am Südufer des Marmarameers sowie zu den Marmara- und Prinzeninseln.

Eines der Skizentren im Uludağ-Nationalpark

Edirne ❶

Die Provinzhauptstadt am Fluss Tunca dicht an der Grenze zu Griechenland ist Sitz einer Universität und einer Hauptattraktion der Türkei: der Selimiye-Moschee *(siehe S. 156f)*. Das großartige Baudenkmal lässt die historische Bedeutung der Stadt erahnen. Sie entstand, Hadrianopolis oder Adrianopel genannt, 125 n. Chr. unter dem römischen Kaiser Hadrian. Von 1368, nach der Eroberung durch Murad I. *(siehe S. 25)*, bis zum Fall von Konstantinopel 1453 *(siehe S. 26)* war Edirne Hauptstadt des Osmanischen Reichs. Für Fans des türkischen Nationalsports Ölringen ist Edirne ein Begriff als Austragungsort der Meisterschaften Ende Juni/Anfang Juli.

Torbogen der Drei-Galerien-Moschee

Blick vom inneren Hof auf den Eingang der Beyazıt-Moschee

⬛ Beyazıt-Moschee

Beyazıt II Külliyesi
Yeniimaret Mah., Beyazıt Cad. ⬭ *tägl.* Medizinmuseum ⬛ *(0284)* 212 09 22. ⬭ *tägl.* 9.30–17.30 Uhr.
⬛ ⬛

Die Moschee liegt eineinhalb Kilometer vom Zentrum entfernt beschaulich am Nordufer des Flusses Tunca. Sultan Beyazıt II. *(siehe S. 32)* ließ sie 1484–88 erbauen, kurz nachdem er die Nachfolge von Mehmed II. *(siehe S. 26)* angetreten hatte.

Die Moschee und ihre Höfe stehen Besuchern offen. Das zur Anlage gehörige Hospital, heute ein **Medizinmuseum**, umfasste ein fortschrittliches Heim für psychisch Kranke und Drogenabhängige, die man mit Wasser-, Farben- und Blumentherapie behandelte. Wie der türkische Schriftsteller Evliya Çelebi (1611–1684) berichtete, spielten dreimal wöchentlich Musiker, begleitet von Sängern, besänftigende Weisen. Kolonnaden umgeben den Innenhof, der,

anders als später üblich, die dreifache Fläche der Moschee einnimmt. Im Innenraum beeindruckt die Wirkung der Kuppel, die auf geschwungenen, knapp über Kopfhöhe ansetzenden Pendentifs ruht.

⬛ Drei-Galerien-Moschee

Üç Şerefeli Camii
Hükümet Cad. ⬭ *tägl.* ⬛

Die 1447 fertiggestellte Moschee war bis zur Eroberung von Konstantinopel der großartigste Bau im Osmanischen Reich. Ihr Name verweist auf die drei Umgänge des südöstlichen – seinerzeit höchsten – Minaretts. Ungewöhnlich sind die individuelle Formgebung und die Höhe der drei übrigen Minarette. Anders als ihre Vorgängerinnen in Bursa *(siehe S. 162–168)* besitzt die Moschee einen offenen Hof,

was Istanbuls große Sultansmoscheen kopierten.

Die Gestaltung des Innenraums war ebenfalls ein Novum: Fast jeder Winkel des Gebetssaals bietet unverstellte Sicht auf Mihrab und Minbar. Wie die Höhe der Minarette waren auch die Ausmaße der Kuppel seinerzeit unübertroffen.

⬛ Alte Moschee

Eski Cami
Talat Paşa Asfaltı. ⬭ *tägl.* ⬛

Diese kleine Ausgabe der Großen Moschee in Bursa *(siehe S. 164)* ist die älteste Moschee in Edirne. Der Bau wurde unter dem ältesten Sohn Beyazıts I. *(siehe S. 32)*, Süleyman, 1403 begonnen und 1414 unter dem jüngsten Sohn Mehmed I. vollendet. Die Anlage hat exakt den Grundriss eines Quadrats. Vier Pfeiler gliedern sie in neun überkuppelte Bereiche. Am Eingang zum Gebetssaal prangen große arabische Inschriften der Namen »Allah« und »Mohammed«.

Ölringen

In einer Arena am Stadtrand treten Ringer im Juni/Juli zu den jährlichen Kırkpınar-Meisterschaften im Ölringen an. Festtrubel begleitet das einwöchige, landesweit berühmte Spektakel. Vor Kampfbeginn übergießen sich die bis auf

Vor dem Ölringen präsentieren sich die Sportler

knielange Lederhosen *(kispet)* nackten Ringer von Kopf bis Fuß mit Olivenöl, was den Einsatz von Hebeln und Griffen sehr erschwert. Dirigiert vom Zeremonienmeister *(cazgır)*, paradieren sie dann zu den Klängen einer Trommel *(davul)* und einer Oboe *(zurna)* durch die Arena. Die bis zu zweistündigen Kämpfe gehen mit langen Konzentrationsphasen einher, gefolgt von jähen Versuchen, den Gegner mit den Schultern zu Boden zu drücken.

Hotels und Restaurants bei den Ausflügen *siehe Seiten 191 und 207*

Rüstem-Paşa-Karawanserei

Rüstem Paşa Kervansarayı

İki Kapılı Han Cad. 57. *(0284) 212 61 19.*

Sinan *(siehe S. 91)* schuf diese Karawanserei 1560/61 für Rüstem Paşa, Süleymans mächtigsten Großwesir *(siehe S. 88f)*. Er entwarf zwei Komplexe: Der größere Hof *(han; siehe S. 96)* für Edirnes Kaufleute ist heute das Hotel Rüstempaşa Kervansaray *(siehe S. 191)*, der kleinere Hof für andere Reisende ist ein Studentenheim.

Auf dem nahe gelegenen Semiz-Ali-Paşa-Basar an der Westseite der Saraçlar Caddesi bieten Händler ihre Waren an. Sinan gestaltete den Basar im Jahr 1589 als schmale Straße, an der Läden mit Gewölben liegen.

Museum für türkische und islamische Kunst

Türk ve İslam Eserleri Müzesi

Kadir Paşa Mektep Sok. *(0284) 225 16 25.* *Di–So 9–12, 13.30–17 Uhr.*

Edirnes kleine Kollektion türkischer und islamischer Kunst kann man sich in der schön gestalteten Medrese der Selimiye-Moschee *(siehe S. 156f)* ansehen.

Die Ausstellung im ersten Raum widmet sich der 600-jährigen Tradition des Ölringens. Sie umfasst vergrößerte Reproduktionen von Miniaturen, auf denen die Champions dieses Nationalsports in ihren Lederhosen verewigt sind. Zu den weiteren Exponaten zählen die originalen Türen der Beyazıt-Moschee. Kunstvoll gearbeitete, mit Seide bespannte osmanische Schilde aus dem 18. Jahrhundert und Gemälde bestücken eine Sammlung zum Thema »Kunst der Kriegsführung«.

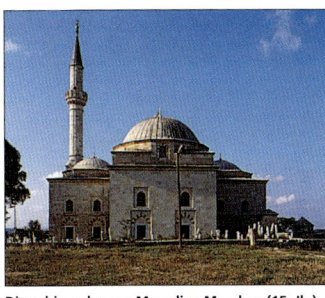

Die ruhig gelegene Muradiye-Moschee (15. Jh.)

INFOBOX

210 km nordwestl. von Istanbul. *154 000.* *Ayşekadin, (0284) 235 26 73.* *Talat Paşa Cad., (0284) 225 19 79.* *Hotel Rüstempaşa Kervansaray.* *Hürriyet Meydanı 17, (0284) 213 92 08.* *Mo–Do, Sa.* *Meisterschaften im Ölringen (Ende Juni); Befreiungstag (25. Nov).*
www.edirnekulturturizm.com

Muradiye-Moschee

Muradiye Camii

Küçükpazar Cad. *nur zu Gebetszeiten.*

Murad II. *(siehe S. 32)* ließ den Bau 1421 als *zaviye* (Hospiz eines Derwischklosters) errichten, nachdem der Sufi-Meister Jelaleddin Rumi *(siehe S. 104f)* ihm dies im Traum angetragen hatte. Erst später machte man daraus eine Moschee. Große Schriftzeichen und İznik-Fliesen aus dem 15. Jahrhundert *(siehe S. 161)* schmücken den Innenraum.

Zentrum von Edirne

Alte Moschee ③
Beyazıt-Moschee ①
Drei-Galerien-Moschee ②
Muradiye-Moschee ⑦
Museum für türkische und islamische Kunst ⑥
Rüstem-Paşa-Karawanserei ④
Selimiye-Moschee ⑤ *(siehe S. 156f)*

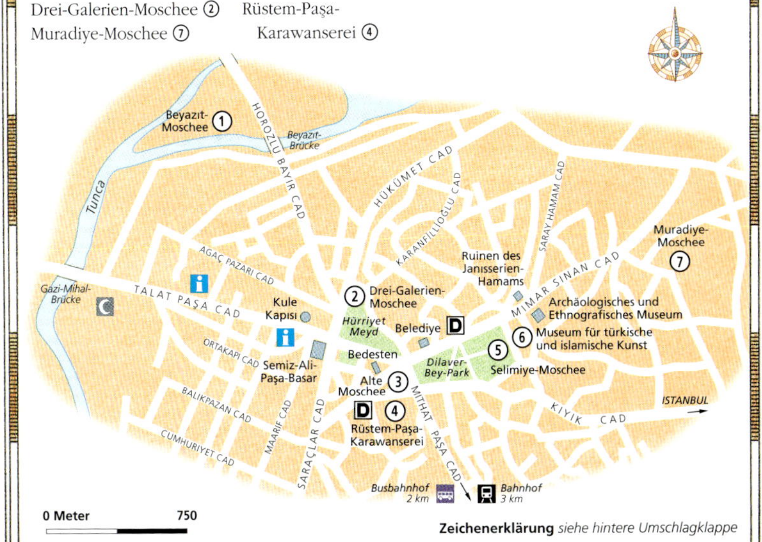
Beyazıt-Moschee ①
HOROZLU BAYIR CAD
Beyazıt-Brücke
Tunca
HÜKÜMET CAD
KARANFILLIOGLU CAD
SARAY HAMAM CAD
Muradiye-Moschee ⑦
Ruinen des Janısserien-Hamams
MIMAR SINAN CAD
AGAÇ PAZARI CAD
Gazi-Mihal-Brücke
TALAT PAŞA CAD
Kule Kapısı
② Drei-Galerien-Moschee
Hürriyet Meyd
Belediye
Archäologisches und Ethnografisches Museum
⑥ Museum für türkische und islamische Kunst
ORTAKAPI CAD
Semiz-Ali-Paşa-Basar
Bedesten
Dilaver-Bey-Park
⑤ Selimiye-Moschee
Alte Moschee ③
ISTANBUL
BALIKPAZAN CAD
④ Rüstem-Paşa-Karawanserei
MITHAT PAŞA CAD
KIYIK CAD
MAARIF CAD
SARAÇLAR CAD
CUMHURIYET CAD
Busbahnhof 2 km
Bahnhof 3 km
0 Meter
750

Zeichenerklärung *siehe hintere Umschlagklappe*

Edirne: Selimiye-Moschee
Selimiye Camii

Die größte osmanische Moschee ist die Krönung einer Kunstform und des Lebenswerks des Baumeisters Sinan *(siehe S. 91)*. Sie wurde auf eine kleine Anhöhe gebaut und prägt Edirnes Silhouette. Zu ihr gehören eine Medrese *(siehe S. 38)*, nun Museum für türkische und islamische Kunst *(siehe S. 155)*, eine Schule und der überdachte Kavaflar-Arasta-Basar. Selim II. *(siehe S. 27)* stiftete den 1569 begonnenen und 1575, ein Jahr nach seinem Tod, abgeschlossenen Bau. Mit der Kuppel vollbrachte Sinan eine Glanzleistung: »Dank Allahs Hilfe und der Gunst des Sultans Selim Khan ist mir der Bau einer Kuppel gelungen, die sechs Ellen breiter und vier Ellen höher ist als jene der Hagia Sophia«, bemerkte er in seinen Memoiren. Tatsächlich ist der Durchmesser gleich, die Selimiye-Kuppel ist jedoch ein klein wenig flacher als die Hagia Sophia *(siehe S. 72–75)*, der Sinan zeitlebens nacheiferte.

★ Minarette
Jedes der vier schlanken, 84 Meter hohen Minarette besitzt drei Umgänge. In den beiden nördlichen Minaretten führen drei umeinandergewundene Wendeltreppen auf die einzelnen Galerien.

Reinigungsbrunnen
Feine, durchbrochene Meißelungen zieren die obere Einfassung des offenen, 16-seitigen şadırvan (Reinigungsbrunnen) im Zentrum des Hofs. Die Überdachung fehlt der Geschlossenheit des Hofs zuliebe.

NICHT VERSÄUMEN

★ Kuppel

★ Minarette

★ Minbar

Die Säulen der Hofarkaden bestehen aus dem Marmor abgetragener byzantinischer Bauten.

Hofportale
Der auffällige Rahmen der Bogen über den Hofportalen ist aus wechselnden Folgen roten und honigfarbenen Steins gefügt. Dieses Dekor wiederholt sich im Hof an den Bogen der großartigen Arkaden.

★ Kuppel

Das Innere der Moschee lebt von der räumlichen Wirkung der Kuppel. Nicht einmal die komplexe Ausmalung – das Originaldekor aus dem 16. Jahrhundert wurde im 19. Jahrhundert erneuert – vermag davon abzulenken.

★ Minbar

Der Minbar der Selimiye-Moschee gilt mit seiner verfliesten Kegelkappe und filigranen, wie duftige Spitze wirkenden Seitenverkleidung vielen als schönster im Lande.

Mihrab aus Marmara-Marmor

Eingang vom Kavaflar-Arasta-Basar

Haupteingang

INFOBOX

Mimar Sinan Cad., Edirne. ((0284) 213 97 35. ○ tägl. ● Gebetszeiten. **www**.selimiyecamii.com

Innenraum

Die Moschee ist ein Triumph islamischer Baukunst. Wegen des achteckigen Grundrisses benötigte die Kuppel weniger mächtige Stützpfeiler. Dies ermöglichte mehr Fenster und damit die außergewöhnliche Helligkeit des Innenraums.

An der müezzin mahfili
(siehe S. 38) blieb an der Unterseite die aufwendige Ornamentmalerei aus dem 16. Jahrhundert erhalten. Darunter befindet sich ein kleiner Brunnen.

Sultansloge

Grüne Marmorsäulen stützen die Sultansloge. Ihre zugespitzten Verbindungsbogen sind umrahmt von floralen İznik-Fayencen (siehe S. 161). *Der reich verzierte Mihrab der Loge besitzt – sehr selten – ein Fenster mit Holzladen, das ehemals eine ländliche Aussicht eröffnete.*

Kilyos ❷

27 km nördl. von Istanbul.
⛭ 1700. 🅳 ab Sarıyer.

Kilyos am Schwarzen Meer ist der Istanbul nächstgelegene Badeort und viel besucht. Sosehr der lange Sandstrand und das klare Wasser verlocken: Baden Sie nur, wenn Rettungsschwimmer wachen, denn die Strömung unter der glatten Oberfläche ist heimtückisch.

Die Ruine eines (nicht zu besichtigenden) genuesischen Kastells aus dem 14. Jahrhundert überragt auf einer Klippe das Dorf.

An der Haupteinfahrt nach Kilyos sehen Sie links drei verfallene Wassertürme, Teile des alten Versorgungssystems, das Wasser aus dem Belgrader Wald speicherte.

Damm und Wasserspeicher Büyük Bent im Belgrader Wald

Belgrader Wald ❸
Belgrad Ormanı

20 km nördl. von Istanbul. 🚌 42, 40S ab Taksim bis Çayırbaşı, dann 42 bis Bahçeköy. Park 📞 (0212) 226 23 35. ⭘ Mai–Sep: tägl. 6–21 Uhr; Okt–Apr: tägl. 7–19.30 Uhr. 🅿️ ♿

Das einzige große stadtnahe Waldgebiet zählt zu den beliebtesten Erholungszielen der Istanbuler. Unter den Kiefern, Eichen, Buchen, Kastanien und Pappeln bilden Wildblumen im Frühjahr Blütenteppiche. Den weiten Waldpark auf seinem Gelände besucht man besser nicht am Wochenende, da ihn dann Heerscharen von Picknickausflüglern belagern. Der Picknickplatz Neşetsuyu liegt einen halbstündigen Marsch vom Haupteingang des Parks nahe dem Dorf Bahçeköy entfernt, bei dem hübsche Waldwege ihren Anfang haben.

Einen Reiz des Parks machen die Relikte der Dämme, Speicher und Aquädukte aus, die über ein Jahrtausend Istanbul Quellwasser zuführten. Vom Picknickplatz Neşetsuyu führt eine angenehme halbstündige Wanderung zum ältesten Bauwerk, dem frühbyzantinischen »Großen Reservoir« (Büyük Bent). Der marmorne Sultan-Mahmud-Damm vor dem Parktor wurde 1839 angelegt.

Eğri Kemer (»Gebogener Aquädukt«) und Uzun Kemer (»Langer Aquädukt«) an der Straße 016 zwischen Levent und Kısırmandıra erreicht man am einfachsten mit dem Taxi. Ersterer wurde vermutlich im 12. Jahrhundert, Letzterer unter Süleyman I. (siehe S. 26) von Sinan (siehe S. 91) erbaut.

Şile ❹

72 km nordöstl. von Istanbul.
⛭ 28000. 🚌 ab Üsküdar.

In der Antike diente Şile, das damals Kalpe hieß, als Hafen für Schiffe, die vom Bosporus ostwärts segelten. Heute ist es ein typischer Urlaubsort am Schwarzen Meer

Şile, ein Badeort am Schwarzen Meer und Zentrum der Baumwollindustrie

mit feinen Sandstränden. Auf einer Klippe wacht der schwarz-weiß gestreifte, von Franzosen für Sultan Abd ül-Asis (siehe S. 30) 1858/59 erbaute Leuchtturm. Er ist der größte der Türkei und nach Einbruch der Dunkelheit zu besichtigen.

Außer vom Tourismus lebt Şile von der Herstellung grober Baumwollstoffe für Kleidung, die an der Üsküdar Caddesi verkauft wird.

Polonezköy ❺

25 km nordöstl. von Istanbul.
⛭ 500. 🚌 221 ab Taksim bis Beykoz, dann Dolmuş.

Früher hieß dieser Ort Adampol – nach dem polnischen Prinzen Adam Czartoryski, der hier 1842 für polnische Immigranten bestes Ackerland aufkaufte. 1853 zog ein Kosakenverband dieser Polen für Abd ül-Medschid I. (siehe S. 30) in den Krimkrieg. Zum Dank erklärte der Sultan ihr Land zum steuerfreien Gebiet.

Heute schlägt Polonezköy aus seinem rustikalen Charme Profit, wie Heilbäder und Villen anzeigen. Einige Restaurants (siehe S. 207) servieren noch das Schweinefleisch, das ein Markenzeichen dieser polnischen Enklave war.

Ein angenehmes Wanderrevier ist der Buchenwald am Ortsrand. Er steht unter Naturschutz, den Einheimische mit Verzicht auf das Schlagen von Brennholz unterstützen.

Prinzeninseln ⑥
Prens Adaları

12 km südöstl. von Istanbul. 🚣 14000. ⛴ tägl. 8–10 Überfahrten von Kabataş nach Büyükada. ℹ (0216) 382 70 71.

Südöstlich von Istanbul, mit der Fähre nur einen Katzensprung entfernt, bieten die Prinzeninseln Erholung vom urbanen Stress. Die meisten Fähren laufen nacheinander die vier größten der neun Inseln an: Kınalıada, Burgazada, Heybeliada und Büyükada.

Die pinienbestandenen Inseln sind bequem an einem Tag zu erkunden. Sie heißen nach dem Palast, den Justin II. 569 auf Büyükada, damals Prinkipo («Prinzeninsel») genannt, errichten ließ. Im Byzantinischen Reich waren die Inseln berüchtigt als Ort der Verbannung. In ihren Klöstern verstummten viele Mitglieder der Herrscherfamilien und andere Prominente.

Portal des Georgsklosters

Als in der zweiten Hälfte des 19. Jahrhunderts Dampfer regelmäßigen Fährverkehr aufnahmen, richteten sich wohlhabende Istanbuler auf den Inseln ein. Auch ausländische Exilanten kamen, so Leo Trotzki, der 1929–33 in der Çankaya Caddesi Nr. 55 eine der schönsten Villen auf Büyükada bewohnte.

Die Hauptinsel **Büyükada** zieht mit ihren Sandstränden, den Eisdielen und der Fin-de-Siècle-Eleganz die meisten Besucher an. Die allgegenwärtigen Pferdekutschen unterstreichen die nostalgische Atmosphäre: Auf Büyükada (und Heybeliada) sind Motorfahrzeuge verboten und die vierrädrigen Zweispänner das einzige öffentliche Transportmittel. Auf Büyükadas südlichem Hügel erhebt sich in einer Waldlichtung über byzantinischen Fundamenten das Georgskloster (20. Jh.).

Am Fährhafen von **Heybeliada**, der zweitgrößten Insel, imponiert das ehemalige, 1942 erbaute Quartier der Marineakademie (Deniz Harp Okulu). Eine großartige Lage am Nordhügel der Insel genießt die griechischorthodoxe theologische Hochschule (1841). Die Schule ist geschlossen, nicht aber ihre in orthodoxen Gelehrtenkreisen berühmte Bibliothek. Bei Çam Limanı Köyü an der Südküste lockt ein hübscher Strand.

Von den kleineren Inseln empfehlen sich **Kınalıada** und **Burgazada** für eine Einkehr.

Termal ⑦

38 km südöstl. von Istanbul. 🚣 5000. ⛴ ab Kabataş bis Yalova. ℹ Yalova Termal, (0226) 675 74 00.

In diesem kleinen Heilbad, das zwölf Kilometer vom Hafenort Yalova entfernt tief in einem bewaldeten Tal liegt,

Zierbrunnen vor Atatürks ehemaligem Haus in Termal

kurt seit der Römerzeit die Oberschicht. Sultan Abd ül-Hamid II. *(siehe S. 33)* belebte den Kurbetrieb, als er im frühen 20. Jahrhundert **Yalova Termal** renovieren ließ. Das Bad gehört jetzt zu Turban Termal, einer Anlage mit fünf Heilbädern, vier Hotels, türkischen Bädern *(siehe S. 67)*, Saunen und Swimmingpools.

Auch Atatürk schätzte die Thermalquellen. Er besaß im Talgrund ein kleines Haus, in dem heute das **Atatürk-Museum** sein Andenken hochhält.

💧 **Yalova Termal**
Termal. 📞 (0226) 675 74 00. ⏰ tägl. 8–22 Uhr. www.yalovatermal.com

🏛 **Atatürk-Museum**
Atatürk Köşkü, Termal. 📞 (0226) 675 70 28. ⏰ Di, Mi, Fr–So 9–17 Uhr (Nov–Apr: 9.30–16 Uhr).

Der Hafen von Burgazada, einer der malerischen, erholsamen Prinzeninseln nahe Istanbul

İznik ❽

87 km südöstl. von Istanbul.
🏛 22 000. 🚉 Yeni Mahalle, Yakup
Sok., (0224) 757 25 83. 🛈 Belediye
Hizmet Binasi, Kılıçaslan Cad. 97,
(0224) 757 10 10. 🚢 Mi. 🎨 İznik-
Messe (5.–10. Okt); Unabhängigkeits-
tag (28. Nov).

Der großartige Kuppelvorbau des Archäologischen Museums

Dass er zeitweise den Rang einer byzantinischen Hauptstadt bekleidete, sieht man dem reizenden, an einem See gelegenen Ort nicht an. Nachhaltigen Ruhm erlangte er ab dem 16. Jahrhundert durch seine Manufakturen, aus denen die hochwertigsten Keramiken des osmanischen Kulturraums kamen.

Von sich reden machte die Stadt erstmals im Jahr 325 unter dem Namen Nicäa, als hier das erste, von Konstantin (siehe S. 20) einberufene ökumenische Konzil tagte. Dieses fasste das Nicänische Glaubensbekenntnis ab, das erste offizielle christliche Glaubensbekenntnis, das die Wesenseinheit von Vater und Sohn (Jesus Christus) lehrt.

Die Seldschuken (siehe S. 21) besetzten Nicäa 1081 und nannten es İznik. 1097, im ersten Kreuzzug, fiel İznik an Kaiser Alexios I. Komnenos zurück. Nach Konstantinopels Eroberung durch die Kreuzfahrer 1204 (siehe S. 24) fungierte die Stadt ein knappes Jahrhundert als Metropole des »Kaiserreichs Nicäa«, eines

kläglichen Restbestands des Byzantinischen Reichs. 1331 verleibte sie Orhan Gasi (siehe S. 32) dem Osmanischen Reich ein.

İzniks Straßennetz blieb darüber unverändert: Vom Kreuz der beiden Hauptachsen zweigen Seitenstraßen im Schachbrettmuster ab. Die drei Kilometer lange, von mächtigen Toren durchbrochene **Stadtmauer** markiert heute noch die Stadtgrenzen. Im Jahr 300 v. Chr. unter dem hellenistischen Machthaber Lysimachos angelegt, wurde sie von Byzantinern wie Osmanen fleißig ausgebessert. Byzantinische Türme flankieren den Haupteingang, das Istanbul Tor (İstanbul Kapısı), am Nordzipfel. Auf seinem Schmuckrelief sind kämpfende Reiter zu sehen.

Am Schnittpunkt der Hauptstraßen Atatürk Caddesi und Kılıçaslan Caddesi liegt das verfallene **Hagia Sophia Mu-**

Innenseite des Istanbuler Tors

seum, eines von İzniks ältesten erhaltenen Bauwerken. Der heutige Bau entstand nach einem Erdbeben 1065. Glas schützt die Überreste eines Bodenmosaiks und eines Freskos, das Christus zwischen Maria und Johannes dem Täufer zeigt.

Aus dem 14. Jahrhundert stammt die **Grüne Moschee** (Yeşil Cami) am Ostende der Kılıçaslan Caddesi. Sie verdankt ihren Namen der Farbe der Minarettfliesen, die leider durch minderwertige moderne Kopien ersetzt wurden.

Gegenüber der Moschee steht eines von İzniks hübschesten Gebäuden: Nilüfer Hatun İmareti, eine Armenküche, die 1388 von Nilüfer Hatun, der Gemahlin von Orhan Gasi, eingerichtet wurde und auch als Herberge für wandernde Derwische diente. Fünf Kuppeln überdachen den weiten Portikus am Eingang, zwei weitere die Seitenschiffe des zentralen Kuppelraums. Heute präsentiert hier das städtische **Archäologische Museum** seine Schätze, darunter altrömische Funde, Glasarbeiten sowie jüngst entdeckte seldschukische und osmanische Fayencen.

🏛 **Hagia Sophia Museum**
Müze Cad. 📞 (0224) 757 10 27.
🕐 Di–So 8–12, 13–17 Uhr. 🚫

☪ **Grüne Moschee**
Müze Sok. 🕐 tägl. (nach den Gebetszeiten).

🏛 **Archäologisches Museum**
Müze Sok. 📞 (0224) 757 10 27.
🕐 nach Vereinbarung. 🚫

İzniks Grüne Moschee, so genannt wegen der grünen Minarettfliesen

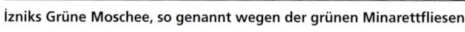

Hotels und Restaurants bei den Ausflügen siehe Seiten 191 und 207

İznik-Fayencen

Gegen Ende des 15. Jahrhunderts begannen İzniks Töpfer, in großer Zahl Schalen, Krüge und später auch Fliesen für Istanbuls zahlreiche Paläste und Moscheen herzustellen. Dank örtlicher Vorkommen hochwertigen Lehms und chinesischer Vorbilder brachten sie bald handwerkliche wie ästhetische Meisterstücke hervor. Dabei handelte es sich um – in Ägypten seit etwa dem 12. Jahrhundert be-

Moscheelampe (16. Jh.) aus İznik

kanntes – Frittenporzellan. Mit seiner Struktur aus feingeschlämmten Tonsorten, der weiß deckenden Glasur und dem glänzenden Überzug ähnelt es »echtem« Porzellan. Zunächst bemalte man es leuchtend blau, dann auch in anderen Farben, gern in kräftigem Rot. Kurz nach der Blüte im späten 16. und frühen 17. Jahrhundert setzte der Niedergang der İznik-Keramikkunst ein.

Chinesisches Porzellan *gelangte ab dem 14. Jahrhundert in die heutige Türkei; der Topkapı-Palast (siehe S. 54–59) zeigt eine reiche Sammlung. Chinesische Schmuckmotive inspirierten İzniks Töpfer, die im 16. Jahrhundert auch Kopien von Stücken wie diesem Ming-Teller schufen.*

Randmuster aus Felsen und Wellen

Kobaltblau *und Weiß kennzeichneten die frühe İznik-Keramikkunst (um 1470–1520). Fliesen wie diese an der Wand des Beschneidungssaals im Topkapı-Palast zeigten häufig chinois-araabeskes Dekor. Auch Pflanzen und Tiere waren beliebte Ziermotive dieser Periode.*

Damaskus-Keramik *lautete der irreführende Begriff für İznik-Produkte aus der ersten Hälfte des 16. Jahrhunderts. Merkmal waren fantasievolle Blumenmotive in den neuen Farben Türkis, Salbeigrün und Mangan. Weil man in Damaskus Fliesen dieses Stils entdeckte, glaubte man, die ähnlichen İznik-Keramiken seien dort hergestellt worden.*

Armenischer Bolus, *eine eisenhaltige rote Tonerde, wurde ab etwa 1550 verwendet (rechts ein Trinkgefäß aus dem 16. Jh.). Zugleich kamen realistische Tulpen- und andere Pflanzenmotive auf. Kreative Schübe förderten die Blüte der İznik-Keramikkunst, die bis ungefähr 1630 währte.*

Wandfliesen *wurden bis zur Regierungszeit Süleymans I. (1520–66) nur begrenzt hergestellt. Süleyman ließ mit İznik-Fliesen u. a. Jerusalems Felsendom ausschmücken. Schöne Beispiele sind in Istanbuls Moscheen zu bewundern, etwa in der Süleymaniye- (siehe S. 90 f), der Rüstem-Paşa- (siehe S. 88 f) und der Blauen Moschee (siehe S. 78 f).*

Töpfer auf einem Miniaturbild

Bursa 9

Wasserbecken, Museum für türkische und islamische Kunst

B ursa schmiegt sich an die nördlichen Ausläufer des Uludağ *(siehe S. 169)*. Der bithynische König Prusias I. soll hier im 3. Jahrhundert v. Chr. die Siedlung Prusa gegründet haben. Es waren die Römer, die das Potenzial der Mineralquellen erkannten: Schätzungsweise 3000 Bäder besitzt Bursa heute. 1326, nach der Einnahme durch Osman I. *(siehe S.25)*, stieg Bursa zur ersten Hauptstadt des Osmanischen Reichs auf. Heute ist Bursa eine lebhafte Provinzhauptstadt mit stetig wachsender Einwohnerzahl und – wie die vielen Läden, Basare und breiten Boulevards anzeigen – eine Handels- und Industriehochburg. Besucher zieht es vor allem zum Marktviertel im Zentrum *(siehe S. 164f)* sowie zur Grünen Moschee und dem Grünen Grab im Stadtteil Yeşil östlich des Flusses Gök.

Blick auf Bursa

C Yıldırım-Beyazıt-Moschee
Yıldırım Beyazıt Camii
Yıldırım Cad. ◯ tägl.
Beyazıt I. *(siehe S. 32)* kam zu dem Beinamen Yıldırım (»der Blitz«), weil er blitzschnell auf feindliche Schachzüge reagierte. Die Moschee ließ er 1389, kurz nachdem er den Sultansthron bestiegen hatte, errichten. Anfangs diente der Bau auch als Unterkunft für Sufi-Derwische *(siehe S. 104)*.

Kuppeln überwölben den anmutigen fünfjochigen Portikus. Den inneren, im Bursa-Stil überdachten »Hof« (spätere osmanische Architekten bevorzugten offene Höfe) trennt ein mächtiger, aus zwei mihrabähnlichen Nischen aufsteigender Bogen vom Gebetssaal. Schwungvolle Kalli-

grafien *(siehe S. 95)* ziehen an den Wänden des Gebetssaals den Blick auf sich.

☪ Grünes Grab
Yeşil Türbe
Yeşil Cad. ◯ tägl. 📷 Spende.
Das Grabmal Mehmeds I., eines von Bursas auffälligsten Wahrzeichen, ragt zwischen Zypressen erhöht neben der gleichnamigen Moschee auf. Es wurde 1414–21 errichtet und ähnelt weit mehr seldschukischen *(siehe S. 21)* als klassisch-osmanischen Bauten. Die grünen Fassadenfliesen sind größtenteils Imitationen aus dem 19. Jahrhundert, doch einige Originale blieben an der Umfassung des Eingangsportals erhalten.

Betritt man durch die herrlich geschnitzte Doppeltür

das Innere, bleibt man wie angewurzelt stehen: So klein der Raum, so farbenfroh und detailreich ist das in satten Farben komponierte Dekor. Außergewöhnlich aufwendige Fliesen verkleiden den Mihrab; ein Ziermotiv zeigt eine Moscheelampe mit goldener Kette zwischen zwei Kerzen.

Exquisite Fayencen und ein langes Koranzitat schmücken den prächtigen Sarkophag des Sultans. In den anderen Särgen ruhen seine Söhne und Töchter sowie sein Kindermädchen.

C Grüne Moschee
Yeşil Cami
Yeşil Cad. ◯ tägl.
Mehmed I. stiftete diese 1412 begonnene Moschee. Bei seinem Tod 1421 war sie immer noch unvollendet, und einen Portikus hat sie bis heute nicht. Gleichwohl stellt sie die schönste osmanische Moschee aus der Zeit vor Konstantinopels Eroberung *(siehe S.26)* und Bursas berühmtestes Baudenkmal dar.

Das elegante hohe Hauptportal trägt ein kunstvoll geschnitztes Schutzdach. Es führt in den Innenhof mit einem skulptierten Brunnen im Zentrum. Vom Hof steigen Stufen zum Gebetssaal auf. In den Nischen beiderseits der Stufen stellten Gläubige ihre Schuhe ab *(siehe S.39)*. Raffinierte Fliesen bekleiden die Sultansloge über dem hofseitigen Eingang. Man wandte bei ihnen die *cuerda seca* (»Trockenschnur«) genannte Technik an: Nach dem Brand aufgebrachte Goldstreifen lockern die in bezaubernden Grün-, Blau- und Gelbtönen glasierten Fliesen auf.

Grünes Grab und Grüne Moschee, Bursas bedeutendste Baudenkmäler

Hotels und Restaurants bei den Ausflügen *siehe Seiten 191 und 207*

Der Gebetssaal strahlt im Licht bodennaher Fenster. Ali İbn İlyas Ali, der sein Handwerk in Samarkand gelernt hatte, schuf den Fliesenschmuck. Die schlichte grüne Wandverkleidung aus achteckigen Fliesen unterstreicht den Effekt des zauberhaften Mihrab: eine Sinfonie in Türkis, Dunkelblau und Weiß, dazu ein Hauch Gold, bemalt mit arabesken und geometrischen Blumen- und Blattmotiven. Erstmals zeigte eine osmanische Moschee ein derart reiches Fayencendekor –

ein Beispiel, das die İznik-Keramikkunst *(siehe S. 161)* berühmt machte. Die Außenverfliesung der Moschee ist leider nicht erhalten.

🏛 Museum für türkische und islamische Kunst

Türk ve İslam Eserleri Müzesi
Yeşil Cad. 📞 (0224) 327 76 79.
🕐 Di–So 10–17 Uhr. 🖼

Dieses Museum residiert in einer schmucken osmanischen Anlage, der ehemaligen Medrese *(siehe S. 38)* der Grünen Moschee. Kolonnaden mit – zu Ausstellungsräu-

INFOBOX

90 km südl. von Istanbul.
🏙 1,9 Mio. ✈ 20 km nordwestl.
🚌 Kıbrıs Şehitler Cad. 🅓 Atatürk Cad., Osmangazi Cad. ℹ Selçuk Hatun Mh. Kültür Sok. 2, Heykel Osmangazi, (0224) 225 19 00, 222 60 00. 🎭 Seidenstraßen-Filmfestival (Anfang Mai); Volkstanz-Festival (Juli); Bursa-Festival (Juni/Juli). **www**.bursa.gov.tr

men umgewandelten – Wohnzellen säumen drei Seiten des Hofs. Am hintersten Hofende liegt der einstige Lehrraum, ein großer Kuppelsaal.

Die Sammlung mit Exponaten aus dem 12. bis 20. Jahrhundert umfasst osmanische und seldschukische Keramiken, bibliophile Koranausgaben, Leinengewänder von Derwischen, prächtige Hochzeitskleider und andere Trachten. Bestickte Handtücher und Exotika wie hochhackige silberne Badepantinen sind in der Ausstellung über türkische Bäder *(siehe S. 67)* zu bestaunen, außerdem ein rekonstruiertes traditionelles Beschneidungszimmer samt Himmelbett.

Fassade des Museums für türkische und islamische Kunst

Zentrum von Bursa

Alaeddin-Moschee ⑦
Archäologisches Museum ⑩
Grabmäler von Osman und Orhan Gasi ⑥
Grünes Grab ②
Grüne Moschee ③
Hüsnü-Züber-Haus ⑨
Muradiye-Moschee ⑧
Museum für türkische und islamische Kunst ④
Tophane-Zitadelle ⑤
Yıldırım-Beyazıt-Moschee ①

LEGENDE

🟧 Detailkarte *siehe S. 164f*

Zeichenerklärung
siehe hintere Umschlagklappe

ANKARA CAD
KIBRIS ŞEHITLER CAD
STADYUM CAD
⑩ Archäologisches Museum
Kültür Parkı
HAMZABEY CAD
ÇEKIRGE CAD

0 Meter 750

Flughafen
20 km
ANKARA ISTANBUL

Hüsnü-Züber-Haus ⑨
⑧ Muradiye-Moschee
ALTIPARMAK CAD
SAKARYA CAD
FEVZI ÇAKMAK CAD
MURADIYE
HASTALARYURDU CAD
KAPLICA CAD
HAŞIM IŞCAN CAD
HAŞIM IŞCAN CAD
① Yıldırım-Beyazıt-Moschee
DEMIRKAPI CAD
ORHANELI CAD
ORTAPAZAR CAD
Grab von ⑥ Osman Gasi
⑤ Tophane-Zitadelle
CUMHURIYET CAD
İNÖNÜ CAD
TOPHANE
Alaeddin-Moschee ⑦
Çakir Aia Hamami
UZUN ÇARŞI CAD
ATATÜRK CAD
INCIRLI CAD
Museum für türkische und islamische Kunst
ALACAHIRKA CAD
NIEBEY CAD
MAKSEM CAD
NAMAZGAH CAD
YEŞIL CAD
④ ③ Grüne Moschee
② Grünes Grab
PINARBAŞI CAD
Gök Dere
YEŞIL

Bursa: Marktviertel

Das Marktviertel, ein Labyrinth verschachtelter
Straßen und alter osmanischer Höfe *(hanlar)* im
Zentrum, ist heute noch Brennpunkt des Handels und
ideal, um die Nase in Bursas Alltag zu stecken – und
natürlich nach Herzenslust einzukaufen: zum Beispiel
reizende handbemalte Karagöz-Puppen *(siehe S. 168)*
aus Kamelhaut oder die bekannten Bursa-Textilien, ins-
besondere handgearbeitete
Spitzen sowie Handtuch- und
Seidenstoffe. Die Byzantiner
führten im 6. Jahrhundert die
Seidenraupenzucht ein. Im
Koza Hanı floriert bis heute
das ganze Jahr über ungebro-
chen der Handel mit Kokons.

★ Große Moschee

*Ein dreistöckiger Reinigungs-
brunnen steht unter der
zentralen Kuppel dieser
gewaltigen, 1396–99
erbauten
Moschee.*

**Şengül
Hamamı
(türkisches
Bad)**

FEVZI ÇAKMAK CAD

★ Überdachter Basar

*Der unter Mehmed I. im
15. Jahrhundert installierte
Basar besteht aus einer
langen Halle mit vier überkuppelten Jochen und einer
angeschlossenen Gewölbe-
halle. Im Bedesten haben
die Juweliere ihre Läden.*

Der Bey Hanı, auch Emir Hanı
genannt, wurde zur Finanzierung
des Unterhalts der Orhan-Gasi-
Moschee eingerichtet.

Cafés

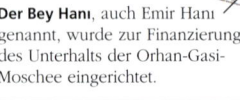

Das Bey Hamamı,
das älteste (1339)
türkische Bad der
Welt, beherbergt
heute Werkstätten.

KOZA PARKI

ATATÜRK CAD

Koza-Park

*Brunnen, Bänke und beschattete Kaffee-
haustische machen diesen Garten vor
dem Koza Hanı zum beliebten Treffpunkt
von Einheimischen und Besuchern.*

★ Koza Hanı
Beyazıt II. ließ 1491 dieses Gebäude errichten. Es ist das schönste und faszinierendste im Marktviertel und nach wie vor ein Zentrum des Seidenhandels.

Geyve Hanı ist auch als İvaz Paşa Hanı bekannt.

Den Fidan Hanı ließ ein Großwesir Mehmeds II. um 1470 bauen.

İçkoza Hanı

Blumenmarkt
In den Straßen um das Rathaus liegen Meere von Blumensträußen aus – eine Augenweide im Marktviertel.

0 Meter   40

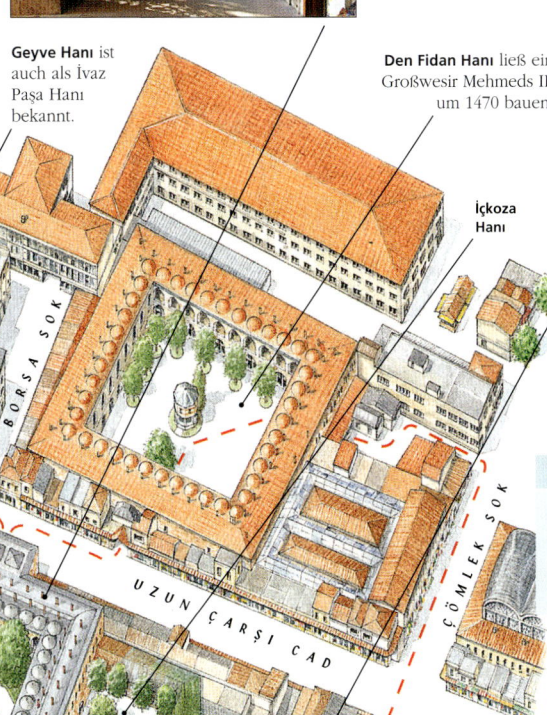

B O R S A   S O K

Ç Ö M L E K   S O K

U Z U N   Ç A R Ş I   C A D

B E L E D İ Y E   C A D

NICHT VERSÄUMEN

★ Große Moschee

★ Koza Hanı

★ Überdachter Basar

Bursas Rathaus, ein Fachwerkbau im Stil eines Schweizer Chalets, ist ein bizarrer Blickfang im Stadtzentrum.

Orhan-Gasi-Moschee
Die 1339, nur 13 Jahre nach Bursas osmanischer Eroberung entstandene Moschee ist die älteste Sultansmoschee der Stadt.

LEGENDE

– – – Routenempfehlung

Bursa: Tophane und Muradiye

Der Uhrturm in Tophane

Tophane ist Bursas ältestes Viertel. Sein Wahrzeichen ist der Uhrturm hoch auf einem Hügel. Weil in dieser Gegend einst die Zitadelle stand, wird dieser Stadtteil auch Hisar (»Festung«) genannt. Die Reste der byzantinischen Stadtmauer bestimmen seine Grenzen. Zwei Kilometer westlich von Tophane, jenseits des Flusses Cılımboz, stößt man auf das historische Viertel Muradiye. Es ist nach der Muradiye-Moschee aus dem 15. Jahrhundert, einer von Bursas beeindruckendsten herrschaftlichen Moscheenanlagen mit Gräberkomplex, benannt.

Überblick: Tophane

Der besterhaltene Abschnitt der Stadtmauer markiert auf einem Felsvorsprung Tophanes Nordgrenze. Auf der Anhöhe liegt ein hübscher Park mit Cafés, dem imposanten Uhrturm, den Gräbern der Gründer der Osmanen-Dynastie und guter Aussicht auf Tophanes Unterstadt, in der viele traditionelle osmanische Häuser die gewundenen Straßen säumen. Durch das Pınarbaşı Kapısı, das Tor an Tophanes Südspitze, zog Orhan Gasi (Orhan I.) 1326 in Bursa ein (siehe S. 25).

🏛 Tophane-Zitadelle

Hisar

Osmangazi Cad. ◯ tägl. ♿

Die Stufen, die an der Kreuzung der Cemal Nadir Caddesi mit der Atatürk Caddesi aufsteigen, eröffnen Blicke auf die Zitadellenmauern, um oberhalb davon bei einem entzückenden Teegarten zu enden. Nachdem Orhan Gasi die Zitadelle gestürmt hatte,

ließ er auf ihrem Gelände einen Holzpalast errichten und die byzantinischen Wälle ausbessern. Zugleich »sprengte« er Bursas von den Mauern gezogene Grenzen, indem er die urbane Expansion förderte und weiter östlich die Grundsteine für das heutige Handelszentrum legte.

Alte osmanische Häuser (siehe S. 61), meist mit vorspringenden Obergeschossen, prägen ein Viertel südlich der Hastalaryurdu Caddesi. Ihre Gerüste bestehen aus Holz und sind mit luftgetrockneten Lehmziegeln ausgefüllt; der Gipsverputz wurde in heiteren Farben aufgetragen. Von der Hastalaryurdu Caddesi führt die Karadut Sokağı zur Kaleiçi Sokağı, einer der malerischsten alten Gassen der ganzen Stadt.

🔲 Grabmäler von Osman und Orhan Gasi

Osman & Orhan Gazi Türbeleri

Ulu Cami Cad. ◯ tägl. 📷 Spende.

Mit Osman Gasi begann im 13. Jahrhundert die Ausbreitung der Osmanen (siehe S. 25). Lange belagerte er Bursa, das kurz vor seinem Tod von seinem Sohn Orhan eingenommen wurde. Orhan ließ seinen Vater in der Taufkapelle einer vormaligen Kirche beisetzen. Er selbst wurde im Hauptschiff bestattet. 1855 zerstörte ein Erdbeben die Kirche mitsamt den Gräbern. Die heute zu sehenden Grabmäler stammen aus dem Jahr 1868. Orhan Gasis Mausoleum birgt im Inneren Fragmente des Bodenmosaiks der Kirche.

Grabmal von Osman Gasi, dem Begründer der Osmanen-Dynastie

🔲 Alaeddin-Moschee

Alaeddin Camii

Alaeddin Mahallesi. ◯ nur zu Gebetszeiten. 🚫

Beim Streifzug durch Tophane stößt man auf die älteste Moschee der Stadt, einen Kuppelbau mit quadratischem Grundriss. Sie entstand binnen zehn Jahren nach Bursas osmanischer Eroberung im Auftrag von Orhan Gasis Bruder und Großwesir Alaeddin Bey. Den Portikus tragen vier byzantinische Säulen mit Kapitellen.

Überblick: Muradiye

Das grüne Muradiye ist vornehmlich ein Wohnviertel. Nahe der Muradiye-Moschee bezeugen das Hüsnü-Züber-Haus und das Osmanische Haus die stilvolle Tradition türkischer Wohnkultur. Ein See zum Bootfahren und das Archäologische Museum zählen zu den Attraktionen des Parks im Norden.

🔲 Muradiye-Moschee

Muradiye Külliyesi

Murat II Cad. ◯ tägl. 📷 Spende.

Murad II., der Vater Mehmeds II., stiftete im frühen 15. Jahrhundert diesen Komplex. Ein graziöser überkuppelter Portikus und ein

Beliebtes Café im Park über der verfallenen Tophane-Zitadelle

Prinz Mustafas achteckiges Mausoleum im Garten der Muradiye-Moschee

fein geschnitztes Holztor leiten in den mit frühen Iznik-Fliesen *(siehe S. 161)* dekorierten Gebetssaal. Die Medrese nebenan, heute eine Armenapotheke, bildet ein perfektes Quadrat mit um den zentralen Gartenhof gruppierten Wohnzellen. Ihr großzügig verflieste *dershane*, der Lehrraum, fällt durch seine reich ornamentierte Backsteinfassade auf.

Der Garten ist mit seinen Zypressen, gepflegten Blumenbeeten und Brunnen eine der stimmungsvollsten grünen Oasen der Stadt. Neben der Moschee und der Medrese steht das 1437 errichtete Mausoleum Murads II., der als letzter osmanischer Sultan in Bursa bestattet wurde. Murads Sarkophag ist unter einer Dachöffnung platziert und mit Erde aufgeschüttet. Aus dem 16. Jahrhundert stammt der

Vorbau des Grabs mit originaler Ornamentmalerei an den Dachkanten.

Der Garten beherbergt elf weitere Gräber. In einigen ruhen meuchlings ermordete Prinzen, so Mustafa, jener Sohn Süleymans I., dessen Tod seinem jüngeren Bruder Selim II. auf den Thron verhalf *(siehe S. 76)*. Laut einer Inschrift »verdankt« Mustafa Selim sein Mausoleum. Das Innere bekleiden einige sehr schöne, mit Nelken, Tulpen und Hyazinthen bemalte Fayencen aus dem späten 16. Jahrhundert, der Blütezeit der Iznik-Keramikkunst.

🕌 Hüsnü-Züber-Haus

Hüsnü Züber Evi, Yaşayan Müze
Uzunyol Sok. 3, Muradiye.
📞 *(0224) 221 35 42.* 🕐 *Di–So 10–12, 13–17 Uhr.*
Osmanisches Haus 📞 *(0224) 285 48 13.* 🕐 *Di–So 10–17 Uhr.*

Die 150 Jahre alte Villa, einer der zahlreichen gut erhaltenen Altbauten im Muradiye-Viertel, wurde von ihrem gegenwärtigen Besitzer Hüsnü Züber als Museum eingerichtet. Anfangs diente sie als Gästehaus für hohen Besuch, dann als russisches Konsulat und schließlich als Privatdomizil.

Die Villa ist ein interessantes Beispiel traditionell osmanischen Hausbaus *(siehe S. 61)*. Das Obergeschoss ragt in die Straße hinein, während eine früher offene,

nun aber verglaste Loggia den Innenhof überblickt. Vom Hof gehen an drei Seiten Zimmer ab. Aus neuerer Zeit stammende Highlights des Interieurs sind die sehr dekorativen, teils mit handbemalten Bordüren umrandeten Holzdecken.

In der Villa kann man sich eine Sammlung von Holzschnitzereien, darunter Löffel, Musikinstrumente und bäuerliche Gerätschaften, ansehen. Alles ist mit charakteristischen anatolischen Brandmalereien verziert.

Aus dem 18. Jahrhundert stammt das ebenfalls äußerst geschmackvolle, allerdings derzeit geschlossene **Osmanische Haus** (Osmanlı Evi) am Platz vor der Muradiye-Moschee. Das obere Stockwerk wird von kunstvoll gemustertem Mauerwerk geschmückt. Die Fenster verstecken sich hinter schützenden Läden und Gittern.

Das Hüsnü-Züber-Haus aus der Mitte des 19. Jahrhunderts

🏛 Archäologisches Museum

Arkeoloji Müzesi
Kültür Parkı. 📞 *(0224) 234 49 18.*
🕐 *Di–So 10–17 Uhr.* ♿

Das Museum spannt mit seinen Exponaten einen Bogen vom 3. Jahrtausend v. Chr. bis zur osmanischen Eroberung Bursas. Der erste Saal dokumentiert mit Gefäßen und einer Inschrift die phrygische Kulturgeschichte. Zu sehen sind außerdem Schmuck und Keramiken aus Griechenland und Rom, römische Statuen der Fruchtbarkeitsgöttin Kybele, eine römische Apollo-Bronze mit sehr lebensecht wirkenden Augen, byzantinische Sakralkunst und Münzen.

Die von Murad II. gestiftete Muradiye-Moschee

Bursa: Çekirge

Dem »Reich der Zikaden«, so die wörtliche Übersetzung von Çekirge, verdankt Bursa seinen Beinamen Yeşil (»grün«), unter dem es in der Türkei bekannt ist. Grün ist dieser westliche Vorort heute noch und seit der Römerzeit ein beliebtes Thermalbad: Kaiser Justinian *(siehe S. 20)* ließ im 6. Jahrhundert ein Badehaus errichten, das seine Gemahlin Theodora mit 4000 Gefolgsleuten aufsuchte. Çekirge bietet mehr feine Hotels als andere Teile der Stadt und durch seine Hanglage großartige Ausblicke.

Çekirges Altes Thermalbad, unter Murad I. im 14. Jahrhundert erbaut

🔆 Neues Thermalbad
Yeni Kaplıca

Mudanya Yolu 6. 🕻 *(0224) 236 69 68.* ⏱ *tägl. 5–24 Uhr.*

Entgegen dem Namen besitzt dieses Bad eine altehrwürdige Tradition. Es entstand 1522 im Auftrag von Rüstem Paşa, Großwesir *(siehe S. 29)* Süleymans I. *(siehe S. 26)*, über einem byzantinischen Bad. In diesem hatte Süleyman, heißt es, seine Gicht kuriert und zum Dank die Modernisierung des Bads angeordnet.

Herrliche, aber leider beschädigte İznik-Kacheln *(siehe S. 161)* verkleiden die Nischen, die das zentrale Becken des Männern vorbehaltenen »Neuen Bads« umgeben. Zum Komplex gehören weiter das Kaynarca-Bad für Frauen und das Karamustafa-Bad für Paare.

🏨 Hotel Çelik Palas
Çelik Palas Otel

Çekirge Cad. 79.
🕻 *(0224) 233 38 00.*

An der Hauptverkehrsader steht dieses Fünf-Sterne-Haus, Bursas ältestes und renommiertestes Kurhotel, in dem auch Atatürk *(siehe S. 30f)* oft wohnte. Den Mittelpunkt der für Männer und Frauen geöffneten Badeanlage bildet ein mit Marmor verkleideter Kuppelraum mit elegantem rundem Bassin.

🔆 Altes Thermalbad
Eski Kaplıca

Hotel Kervansaray, Çekirge Meydanı, Kervansaray. 🕻 *(0224) 233 93 00.* ⏱ *tägl. 8–22.30 Uhr.*

Dieses Bad wurde von Murad I. im späten 14. Jahrhundert gestiftet und 1512 unter Beyazıt II. renoviert. Vom byzantinischen, wahrscheinlich unter Kaiser Justinian *(siehe S. 20)* erbauten Vorgänger sind einige Reste erhalten, so im *hararet* (Heißraum) der Männerabteilung *(siehe S. 67)* Säulen und Kapitelle. Man be-

tritt das Bad durch das neue Hotel Kervansaray Termal. In den zentralen Becken beider Abteilungen blubbert 45 °C warmes Quellwasser, das Haut- und Rheumaleiden lindern soll. Die jüngere Frauenabteilung ist zwar weniger großartig, gleichwohl aber das schönste Frauenbad in ganz Bursa.

🅲 Moschee von Murad I. Hüdavendigar
Murat I Hüdavendigar Camii

Murat Cad., Çekirge. ⏱ *tägl.*

Bursas sicherlich ausgefallenste Moschee wurde 1385 im Auftrag Murads I. erbaut, der sich selbst »Hüdavendigar« nannte, »Schöpfer des Universums«. Sie ist die einzige osmanische Moschee mit ebenerdigem Gebetssaal und einer Medrese im Obergeschoss.

Ihre Fassade ähnelt mehr der eines Palasts. Den fünfbogigen Portikus krönen Arkaden mit wiederum fünf doppelbogigen, von byzantinischen Säulen unterteilten Fensterfächern. Dahinter besetzen den überkuppelte Innenhof und die Gebetssaal zwei Stockwerke.

Oben gehen von den Arkaden die Zellen der Medrese ab, während beiderseits der Moschee Gänge zu einem Raum über dem Mihrab führen, dessen Zweck bis heute unbekannt blieb.

Karagöz-Schattenspiel

Über der Çekirge Caddesi prangt ein Denkmal für Karagöz und Hacıvat, Bursas berühmteste Schildbürger. Angeblich wurden die beiden im 14. Jahrhundert hingerichtet, weil sie beim Bau der Orhan-Gasi-Moschee *(siehe S. 165)* ihre Kollegen von der Arbeit abhielten. Aus Reue soll Sultan Orhan *(siehe S. 32)* sie zu den Stars eines volksnahen Schattenspiels gemacht haben. Tatsächlich fand das (wohl in Südostasien entwickelte) Schattentheater erst später via Ägypten, das Selim I. 1517 unterworfen hatte, ein Massenpublikum. Die farbenfrohen, 35–40 Zentimeter hohen und durch eine Ölschicht transparent wirkenden Figuren aus Kamelhaut werden heute noch hergestellt. Nevzat Çiftçi gibt Vorstellungen im Bursa Karagöz Museum und weiß auch, wo man die Puppen kaufen kann.

Die Hexe Cadi, eine Figur des Karagöz-Schattenspiels

Der Uludağ-Nationalpark, ein beliebtes Skigebiet

Uludağ-Nationalpark ➓
Uludağ Milli Parkı

100 km südl. von Istanbul.
☎ *(0224) 283 21 97.* 🚡 *Teleferik bis Sarıalan, dann Dolmuş.* 🅿 *tägl.*
🎫 *für Fahrzeuge.*

Mehrere Berge in der Türkei rühmen sich als Olymp, so auch der Uludağ, der den Bithyniern im nordwestlichen Kleinasien als Göttersitz galt. Im Byzantinischen Reich zog er mehrere Mönchsorden an. Nach Bursas osmanischer Eroberung übernahmen Derwische *(siehe S. 104)* die verlassenen Klöster. Die Spuren dieser religiösen Gemeinschaften sind allerdings ausgelöscht.

Im Frühjahr und Sommer, wenn die Hochgebirgsluft angenehm kühlt, ist der Uludağ-Nationalpark ein geschätztes Wander- und Picknickrevier. Der Park umschließen 67 000 Hektar Wald. Beim Aufstieg weichen Buche, Eiche und Hasel allmählich Espe und Wacholder und schließlich Zwergwacholder. Im Frühling bedecken Hyazinthen und Krokusse die bewaldeten Hänge. Im Winter verwandelt sich der Uludağ in das beliebteste Skigelände der Türkei. Hochburg des Wintertourismus ist das Oteller-Gebiet mit guten Berghotels.

Der Dynastiebegründer Osman Gasi (Osman I.) *(siehe S. 25)* soll für seine sieben Söhne und ihre Bräute in Bursas Umgebung sieben Dörfer gegründet haben. Fünf Dörfer

sind erhalten geblieben, am besten davon **Cumalıkızık** an den unteren Hängen des Uludağ. Das Dorf mit seinen vielen charmanten, bis zu 750 Jahre alten Fachwerkhäusern ist zum Nationaldenkmal erklärt worden und von Bursa aus gut mit Minibussen zu erreichen.

Vogelparadies-Nationalpark ⓫
Kuşcenneti Milli Parkı

115 km südwestl. von Istanbul.
☎ *(0266) 735 54 22.* 🅓 *ab Bandırma.* 🅿 *tägl. 8–20 Uhr.* ♿

Dieser Nationalpark wird von ungefähr 250 Vogelarten bevölkert. Er liegt am Ufer des Sees Kuş Gölü (vormals Manyas Gölü) an Hauptrouten des Vogelzugs zwischen Europa und Asien. Mit seiner dichten Pflanzendecke, den Schilfbeständen und den mindestens 20 Fischarten im See ist er wahrhaftig ein Paradies für Vögel.

Am Parkeingang findet man ein kleines Museum, das über die reiche Vogelwelt infor-

Löffelreiher im Vogelparadies-Nationalpark

miert. Dort kann man sich auch mit Ferngläsern ausrüsten und den Aussichtsturm erklimmen.

Die gefiederten Gäste des Sees kommen hauptsächlich aus zwei Gründen: die einen zur Brut (Mai/Juli), die anderen zur Rast auf ihrem langen Zug nach Süden (November) beziehungsweise nach Norden (April/Mai). Unter anderem brüten hier der vom Aussterben bedrohte Krauskopfpelikan sowie Haubentaucher, Kormorane, Reiher, Rohrdommeln und Löffelreiher. Im Frühjahr und im Herbst machen Störche, Kraniche, Pelikane, Greifvögel wie Sperber, Schreiadler und andere Zugvögel hier Station.

Sandstrand auf Avşa, der beliebtesten Marmara-Insel

Marmara-Inseln ⓬
Marmara Adaları

120 km südwestl. von Istanbul.
🚢 *ab Yenikapı.* 🛈 *Neyire Sıtkı Cad. 31/3, Erdek, (0266) 835 11 69.*

Auf diesem reizvollen Archipel im Marmarameer machen vor allem Istanbuler gern Urlaub. Im Sommer verbinden Fähren Istanbul regelmäßig mit Avşa, der schönsten und zunehmend auch von ausländischen Besuchern angesteuerten Insel. Sie legen bei Türkeli an der Westküste an. Zum beliebtesten Strand bei Maviköy gelangt man mit einer von einem Traktor gezogenen Bahn.

Marmara (Marmara Adası), die größte und seit der Antike für ihren weißen Marmor berühmte Insel, lockt zum Wandern und – bei Çınarlı – mit einem Sandstrand.

Dardanellen ⓭
Çanakkale Boğazı

200 km südwestl. von Istanbul. 🚢
Autofähre Çanakkale–Eceabat. 🚌
Çanakkale. 🛈 *Çanakkale İskele
Meydanı 27, (0286) 217 11 87.*

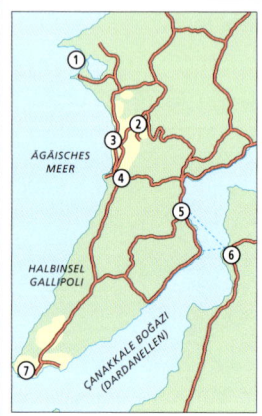

Sehenswürdigkeiten auf einen Blick

Anzac-Bucht ③
Çanakkale ⑥
Chunuk Bair ②
Kabatepe-Besucher-
  zentrum ④
Kap Helles ⑦
Nationalpark-Informations-
  zentrum ⑤
Suvla-Bucht ①

LEGENDE

☐ Areal der Kriegerdenkmäler
— Straße
--- Fährroute

D er Name Dardanellen
geht zurück auf Darda-
nos, den König der gleichnamigen antiken Stadt bei
Çanakkale. Er bezeichnet die
etwa 40 Kilometer lange, an
der schmalsten Stelle wenig
mehr als einen Kilometer
breite Meerenge zwischen
Ägäischem Meer und Marma-
rameer. Legenden umranken
diese seit Jahrtausenden stra-
tegisch wichtige Scheide zwischen der europäischen Türkei und Asien. Heute ist sie
als Schauplatz einer Niederlage der Alliierten im Ersten
Weltkrieg bekannt.

In der Antike hieß die Meerenge Hellespont. Die Göttin
Helle stürzte, erzählt die griechische Mythologie, von
einem geflügelten goldenen
Widder ins Wasser. Laut einer
anderen Sage schwamm Leander allnächtlich durch den
Hellespont, um seine Geliebte
Hero zu treffen (wobei er
eines Nachts ertrank). Leander
vor Augen, durchschwamm
1810 der englische Dichter
Lord Byron die – nach seinem
Bericht unromantisch tücki-
sche – Meerenge.

Die alte Stadt **Çanakkale**
nahe der Agäis hat zwei Museen. Einen kurzen Fußweg
vom Fährkai entfernt hütet
das **Militär- und Marinemuseum** u. a. die Taschenuhr,

die Atatürk *(siehe S. 30f)* das
Leben rettete, als ein Schrap-
nell ihn traf. Das **Archäologische Museum** südlich des
Zentrums zeigt Funde aus
dem antiken Troja.

Ein Teil der **Halbinsel Gallipoli** (Gelibolu) im Westen
wurde zum Nationalpark
erklärt; das Informa-
tionszentrum befin-
det sich bei Ecea-
bat. Die blutige
Schlacht,
die hier
1915 aus-
getragen
wurde, hat deutliche
Spuren hinterlassen.
Ziel des alliierten An-
griffs war es, durch
die Meerenge nach
Istanbul vorzusto-
ßen, die Türkei in
die Knie zu zwin-
gen und eine
Nachschublinie
bis Russland zu schaffen. Am
25. April 1915 landeten britische und französische Truppen beim **Kap Helles**. Das
australisch-neuseeländische
Armeekorps ANZAC hatte den
Strand von Kabatepe ange-
peilt. Die Strömung trieb es
jedoch 1,5 Kilometer nördlich
in eine Bucht mit einer Klippe
und unbekanntem, widrigem
Terrain. Dieser Fleck heißt
heute **Anzac-Bucht**.

Die Türken hielten ihre
hochgelegene Stellung
Chunuk Bair. Binnen drei
Tagen fielen 28 000 Männer.
Nachdem die Alliierten keinen
Boden gewonnen hatten, lan-
dete eine britische Verstär-

**Mehmetcik-Denkmal
bei der Anzac-Bucht**

kung am 6. August in der
Suvla-Bucht. Diese erneute
Offensive hätte Erfolg haben
können. Doch die alliierten
Befehlshaber unterschätzten
den Gegner und das schwie-
rige Gelände. Der mörderi-
sche Stellungskrieg dauer-
te an, bis am
19. Dezem-
ber die alli-
ierten Trup-
pen abzogen.
Mehr als
500 000 alliierte
und türkische
Soldaten verloren
dabei ihr Leben.
An das Grauen erin-
nern heute Denkmäler
und Friedhöfe.

Ein guter Aus-
gangspunkt für
eine Erkundung
der Kriegsschau-
plätze ist das
**Kabatepe-
Besucherzentrum**. Es zeigt
eine Sammlung von Hinter-
lassenschaften wie Waffen,
Uniformen und erschütternde
Briefe. Nördlich davon findet
man nahe der Anzac-Bucht
mehrere Friedhöfe und Denkmäler, bei Chunuk Bair, heute
ein friedlicher Pinienhain,
eine Gedenkstätte für die gefallenen Neuseeländer und
rekonstruierte Schützengräben
der Türken. Beim Kap Helles
am äußersten Zipfel der Halbinsel steht das britische, weiter östlich an der Küste das
französische Kriegerdenkmal
sowie das kleine und Çanakkale Şehitleri zu Ehren der bei
Gallipoli gefallenen Türken.

**Çanakkale Şehitleri, Gedenkstätte
für die türkischen Gefallenen**

🏛 **Militär- und Marinemuseum**

Çimenlik Kalesi, Çanakkale.
📞 (0286) 213 17 30. ⭘ Di, Mi, Fr–So 9–12, 13.30–17.30 Uhr. 💳

🏛 **Archäologisches Museum**

Atatürk Cad., Çanakkale. 📞 (0286) 217 67 40. ⭘ tägl. 8.30–17.30 Uhr. 💳

ℹ **Nationalpark-Informationszentrum**

Nahe Eceabat. 📞 (0286) 814 11 28. ⭘ Mo–Fr 9–18 Uhr. **Park** ⭘ tägl.

ℹ **Kabatepe-Besucherzentrum**

Nahe Kabatepe. 📞 (0286) 814 12 97. ⭘ tägl. 9–18 Uhr. 💳

Troja ⑭

Truva

350 km südwestl. von Istanbul.
🚌 ab Çanakkale. ℹ Çanakkale, Iskele Meydanı 27, (0286) 217 11 87. ⭘ tägl. 8–19 Uhr (Nov–Apr: bis 17 Uhr). 💳

Nachbau des berühmt-berüchtigten Trojanischen Pferdes

Zehn Jahre belagerten die Griechen Troja, so erzählt Homer in seinem Epos *Ilias* (ca. 730 v. Chr.). Lange Zeit hielten die meisten Gelehrten die Stadt für ebenso legendär wie Achilles, Hektor und all die anderen Helden des homerischen Epos. Im 19. Jahrhundert aber machten sich einige Archäologen bei den Dardanellen auf die Suche nach dem sagenhaften Troja. Sie sahen in Homers Epos mehr als Dichtung. Der britische Konsul Frank Calvert initiierte

1865 Ausgrabungen am Hügel von Hisarlık. Dies inspirierte Heinrich Schliemann, der bald Beweise dafür vorlegte, dass die freigelegte antike Siedlung das homerische Troja war. Unter Fachleuten ist heute unbestritten, dass Troja bzw. *Ilion* oder *Ilios* Schauplatz des von Homer beschriebenen Trojanischen Krieges war. Als fragwürdig gilt nach wie vor, ob dieser Krieg im 12. oder 13. Jahrhundert v. Chr. tatsächlich stattgefunden hat.

Bis heute wurden bei Ausgrabungen zehn Siedlungsschichten entdeckt. Dabei ist die sogenannte Schicht Troja I der Zeit von 2950–2550 v. Chr. zuzurechnen, während Troja X noch im frühen Mittelalter existierte. Schliemann hielt Troja II für das homerische Troja. Heute geht man davon aus, dass die Schicht VII dem Troja Homers entspricht. Seit 1992 wird in Troja erneut gegraben (von dem Archäologen Korfmann und seinen Nachfolgern). Beim neuen Streit um Troja geht es um die Frage, ob es, wie Korfmann behauptet, tatsächlich ein wichtiges Handelszentrum war oder nur eine unbedeutende Siedlung. Korfmanns These gilt als relativ gesichert.

Nur mit viel Fantasie fügen sich dem Besucher die verschiedenen Ruinen – Wehrmauer, Paläste und Häuser aus diversen Epochen, zwei Heiligtümer (vermutlich 8. Jh. v. Chr.) und ein Amphitheater – zu einem Stadtbild. Im Besucherzentrum erläutern ein Videofilm und ein maßstabgetreues Modell die Ausgrabungen. Blickfang ist das nachgebaute Trojanische Pferd. 1998 wurde Troja zur UNESCO-Welterbestätte erklärt. Geplant ist ein Museum vor den Toren der Stadt.

Schliemanns Suche nach Troja

Mit dem Vermögen, das er als Kaufmann erworben hatte, realisierte Heinrich Schliemann seinen großen Traum: die Entdeckung Trojas. Nach 1860 erforschte er mehrere Stätten, ab 1870 Hisarlık. Aber Schliemann war ein Laie, und indem er einen großen Graben durch den Hügel ziehen ließ, zerstörte er vieles. Bald verkündete er die Entdeckung Trojas, obwohl er wusste, dass einiges dagegen sprach. »Schatz des Priamos« (siehe S. 65) nannte er seinen kostbarsten Fund, den er mit nach Deutschland nahm. Aber die Objekte sind 300–1000 Jahre älter als das von Homer beschriebene Troja. Nach dem Zweiten Weltkrieg war der Schatz verschollen, erst 1994 tauchte ein Teil in Moskau auf.

Schliemanns Frau, geschmückt mit dem »Schatz des Priamos«

Drei Spaziergänge

Sich zu Fuß durch Istanbul zu bewegen, das heißt, diese pulsierende Großstadt hautnah an sich heranzulassen. Die Stadt kommt Ihnen dabei entgegen. Nicht nur, dass Sie an jeder Ecke etwas entdecken, was sich anzusehen lohnt, Sie finden auch überall Cafés, in denen Sie das bunte Treiben aus der Beobachterperspektive genießen können.

Auf den folgenden fünf Seiten schlagen wir Ihnen drei Spazierrouten vor, bei denen Sie viele der interessantesten Sehenswürdigkeiten streifen. Sie entdecken dabei verschiedene Gesichter Istanbuls. Da sind zum einen die

Wahrzeichen des Istanbul Modern

alten griechischen und jüdischen Viertel Balat und Fener mit ihren Holzhäusern, byzantinischen Kirchen und Synagogen. Ein ganz anderes Bild vermittelt das quirlige Galata-Viertel, wo exotische Düfte die Luft schwängern, wo es nach Gewürzen, Kaffee und Fisch riecht. Ein Bummel durch die elegante İstiklal Caddesi lässt verstehen, warum sich diese Bosporus-Seite eher als europäisch definiert. Ziel dieses Spaziergangs ist das Istanbul Modern – Museum für Moderne Kunst *(siehe S. 107)*. Detaillierte Informationen zu einzelnen Sehenswürdigkeiten finden Sie in *Die Stadtteile Istanbuls*.

Spaziergänge auf einen Blick

Gewürzbasar in Eminönü *(siehe S. 88)*

Drei Spaziergänge
Auf dieser Karte sehen Sie die Spaziergänge und die wichtigsten Viertel im Zentrum Istanbuls.

Blick vom Goldenen Horn auf den Stadtteil Beyoğlu *(siehe S. 100–107)*

BEYOĞLU

Vom Taksim-Platz zum Istanbul Modern *(siehe S. 174f)*

Balat und Fener *(siehe S. 173)*

SARAY BURNU

BASAR-VIERTEL

SULTANAHMET

0 Kilometer   1

Von Beyazıt nach Galata *(siehe S. 176f)*

LEGENDE

•••••• Routenempfehlung

Spaziergang in Balat und Fener (45 Min.)

Die Viertel Balat und Fener machen die kulturelle Vielfalt und die Toleranz deutlich, die typisch für die Osmanenzeit waren. Fener war primär ein griechisches Viertel, Balat ein jüdisches. Der Spaziergang führt Sie durch malerische Seitenstraßen, vorbei an alten Kirchen, Synagogen, Moscheen und türkischen Bädern. All diese Bauwerke haben schon bessere Tage gesehen, aber man ist dabei, sie zu sanieren und zu restaurieren.

ROUTENINFOS

Start: Ahrida-Synagoge.
Länge: 1,5 Kilometer.
Anfahrt: Nehmen Sie am Eminönü-Bus-Terminal an der Galata-Brücke den Bus Nr. 99 oder einen in Richtung Eyüp oder Ayvansaray. Der Fahrer soll Sie in Balat aussteigen lassen. In Balat und Fener sind außerdem Fähranlegestellen.
Rasten: Das Hotel Daphnis ⑬ ist eine gute Adresse zum Essen.

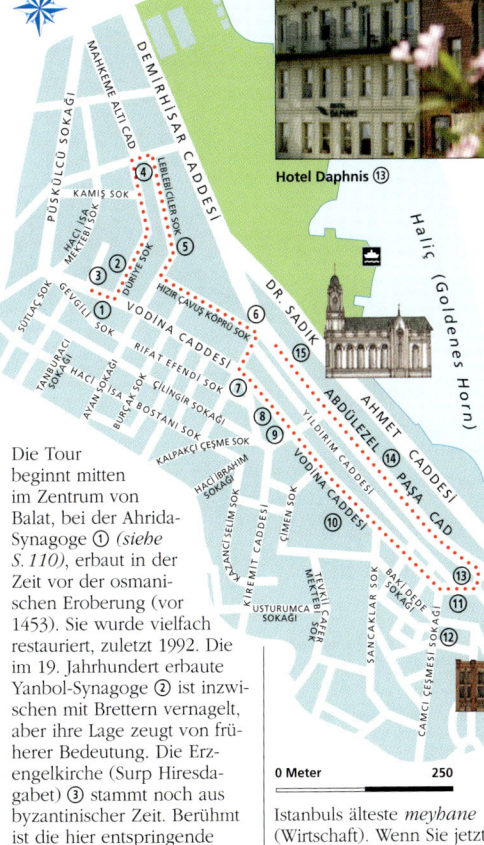

Hotel Daphnis ⑬

Die Tour beginnt mitten im Zentrum von Balat, bei der Ahrida-Synagoge ① *(siehe S. 110)*, erbaut in der Zeit vor der osmanischen Eroberung (vor 1453). Sie wurde vielfach restauriert, zuletzt 1992. Die im 19. Jahrhundert erbaute Yanbol-Synagoge ② ist inzwischen mit Brettern vernagelt, aber ihre Lage zeugt von früherer Bedeutung. Die Erzengelkirche (Surp Hiresdagabet) ③ stammt noch aus byzantinischer Zeit. Berühmt ist die hier entspringende Quelle. Gläubige aller Religionen beten daran am 14. September um Genesung.

Gehen Sie weiter zur Leblebiciler Sokak. Das auf der rechten Seite liegende Haus Nr. 51 ist das seit ca. 1870 bestehende Süßwarengeschäft Merkez Şekerci ④. Ein Stückchen weiter liegt Agora ⑤,

LEGENDE

• • • Routenempfehlung

⚓ Fähranlegestelle

Istanbuls älteste *meyhane* (Wirtschaft). Wenn Sie jetzt links in die Hızır Çavuş Köprü Sokak einbiegen, kommen Sie zu Köfteci Arnavut ⑥. Das traditionelle *Köfte*-Restaurant versorgt seine Gäste seit 1947 mit leckeren Fleischbällchen.

Gehen Sie jetzt nach rechts und gleich wieder nach links. In der Vodina Caddesi liegt Tahtalı Minare Hamam ⑦, eines der ältesten türkischen Bäder der Stadt (16. Jh.). Werfen Sie einen Blick auf den Kamin. Gleich rechts steht die Tahtalı-Minare-Moschee ⑧,

die 1458 von Fatih Sultan Mehmed II. erbaut wurde. Im nächsten Eingang finden Sie das Grab von Hazreti Hüseyin Sadık ⑨, der 1450 als *gazi* (Glaubenskämpfer) beigesetzt wurde. Noch weiter bergab, und Sie entdecken das Kreuz der Aya-Yorgi-Metokhi-Kirche ⑩ (kein Zutritt).

Wenn Sie am Ende der Straße links gehen, sehen Sie rechts das Griechisch-orthodoxe Patriarchat ⑪ *(siehe S. 111)*. Der rote Ziegelbau oberhalb ist die schon in byzantinischer Zeit gegründete Fener Greek Boys High School ⑫. Rechts liegt das Hotel Daphnis ⑬. Jetzt nach links in die Abdülezel Paşa Caddesi, dann liegt rechts Women's Library ⑭, ein ausschließlich Frauen vorbehaltenes Informationszentrum. Weiter oben liegt die Kirche St. Stephan von Bulgarien ⑮ *(siehe S. 110)*. Von hier kommt man mit der Fähre zurück ins Zentrum.

Malerische Gasse im Balat-Viertel

Spaziergang vom Taksim-Platz zum Istanbul Modern (1:30 Std.)

Pera, vormals das »Paris des Ostens« genannt, ist ein kosmopolitisches Viertel. Das war so, als es noch Stadtteil von Konstantinopel war, das war im 19. Jahrhundert so, als Botschaften und Residenzen den Lebensstil des Topkapı-Palastes auf der anderen Seite des Goldenen Horns widerspiegelten, und das ist heute noch so. Aber auch hier verändert sich viel. Noch gibt es das alte Pera, etwa in der Avrupa Pasajı oder auf dem Balık Pazar, aber das neue, für das z. B. das raffinierte Museum Istanbul Modern steht, drängt sich kraftvoll vor.

Restaurant auf dem Çiçek Pasajı ④

Basar in der Avrupa Pasajı ⑥

Die İstiklal Caddesi entlang
Beginnen Sie Ihren Fußmarsch am Taksim-Platz ① bei dem von Pietro Canonica 1928 geschaffenen Unabhängigkeitsdenkmal, das Atatürk und seine politischen Zeitgenossen zeigt. Bevor Sie in die Tram steigen, mit der Sie die İstiklal Caddesi hinunterfahren, sollten Sie dem achteckigen Steinturm an der Ecke zur Taksim Caddesi, dem sogenannten Maksem ②, einen Blick gönnen. Er wurde 1832 erbaut, diente als Wasserreservoir und beherbergt heute eine Kunstgalerie. Rechts liegt das Französische Kulturzentrum. Das Haus Nr. 127 auf der rechten Seite ist ein traditioneller Süßwarenladen, Hacı Bekir, der seit 1777 existiert. Saray Muhallebicisi ③ ist die perfekte Adresse für eine Pause mit Kaffee und Kuchen.

Die Märkte entdecken
Folgen Sie der Yeşil Çam Sokak, wo früher türkische Filmfirmen ihren Sitz hatten, bis zum Şarabi-Weinhaus.

Dann gehen Sie rechts durch den früheren Blumenmarkt Çiçek Pasajı ④, der 1856 von Michel Capello erbaut wurde und heute vielen Restaurants Platz bietet. Am Restaurant Stop biegen Sie rechts in die Sahne Sokak, die Hauptstraße des Balık Pazar ⑤, des Fischmarkts.

Gehen Sie die Sahne Sokak zurück, wenden Sie sich nach rechts in die Avrupa Pasajı ⑥, eine Spiegelhalle mit Arkaden, Marmorböden und Statuen im Stil der Neorenaissance. Früher wurde die Halle von Gaslaternen erleuchtet. Die Spiegel sollten das Licht verstärken.

Wenn Sie jetzt rechts und gleich wieder links gehen, kommen Sie in die Meşrutiyet Caddesi. Folgen Sie dieser Straße. Sie passieren das Britische Generalkonsulat ⑦, den Radio- und Fernsehsender TRT und das berühmte,

inzwischen etwas verblasste Grand Hotel de Londres und kommen zum Pera-Museum ⑧ (vorm. Bristol Hotel), wo u.a. die Kunstsammlung der Familie Koç zu sehen ist.

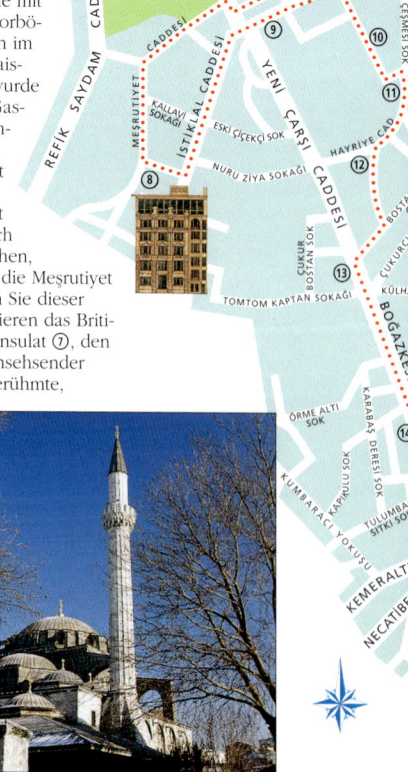
Kuppel der Kılıç-Ali-Paşa-Moschee ⑯

Historische Gebäude

Gehen Sie durch die Odakule-Arkade und biegen Sie dann links wieder in die İstiklal Caddesi. Gegenüber der Galatasaray High School steht die alte Post von Beyoğlu ⑨. Gegen ihre Schließung wurde erfolglos protestiert. 1998 wurde der barocke Marmorbau, ursprünglich eine Kaufmannsresidenz, geschlossen. Es existiert noch ein ornamentaler Brunnen.

Istanbul Modern ⑳

Nehmen Sie jetzt die zweite Seitenstraße rechts, die Turnacıbaşı Sokak. Links sehen Sie die Griechisch-orthodoxe Schule, Zografyon ⑩, und vor Ihnen liegt Galatasaray Hamamı ⑪, ein 1481 erbautes türkisches Bad, das heute noch genutzt wird.

Die gepflasterte Gasse, die links vom türkischen Bad hinunterführt, ist die Çapanoğlu Sokak, die in Stufen endet. Gehen Sie jetzt nach rechts auf der Hayriye Caddesi bis zur Abzweigung Çezayir Sokak ⑫. Hier bekommt Beyoğlu französisches Flair, genießen Sie es in einem der Cafés.

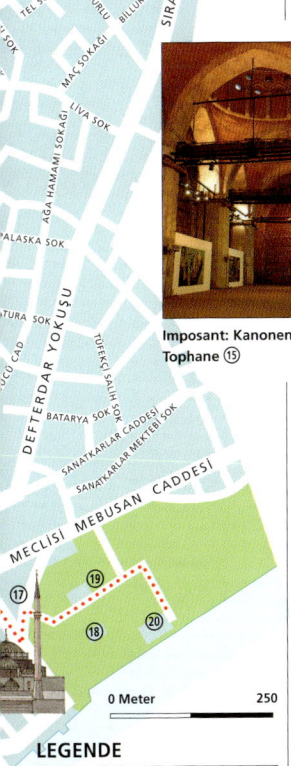

Imposant: Kanonengießerei Tophane ⑮

Weiter geht es die Çezayir Sokak entlang bis zur Boğazkesen Caddesi. Hier wenden Sie sich erst nach rechts, dann gehen Sie nach links zur Tomtom-Kaptan-Moschee ⑬. Ihr Brunnen stammt aus dem 17. Jahrhundert, wurde aber leider schändlich vernachlässigt.

ROUTENINFOS

Start: *Taksim-Platz.*

Länge: *2,5 Kilometer.*

Anfahrt: *Von Sultanahmet nehmen Sie die Tram nach Karaköy und von dort die Tünel-Standseilbahn zum Tünel-Platz am Südende der İstiklal Caddesi in Beyoğlu. Zwischen Tünel-Platz und Taksim-Platz fährt die Nostalgie-Tram die İstiklal Caddesi entlang.*

Rasten: *Auf dem Fischmarkt in der Sahne Sokak gibt es gute Fischlokale. Cafés im »französischen Viertel« sind ideal für eine Pause.*

Shopping und Museen

Dort, wo sich Çukurcuma Caddesi und Tomtom Kaptan Sokağı schneiden, gibt es Kuriositätenläden wie z. B. Tüteler ⑭ mit der Nr. 186. Am Ende dieser Straße, an der Ecke Defterdar Yokuşu, steht das imposante Bauwerk Tophane ⑮, zu osmanischen Zeiten eine Kanonengießerei.

Überqueren Sie die Tram-Gleise bei der Necatibey Caddesi, dann stehen Sie vor der Kılıç-Ali-Paşa-Moschee ⑯ *(siehe S. 106),* einem der letzten Meisterwerke Mimar Sinans. Der Tophane-Brunnen ⑰ *(siehe S. 106)* gegenüber wurde 1732 erbaut. Er liefert Trinkwasser, das abgefüllt wird. Von hier sehen Sie den barocken Glockenturm ⑱.

Gehen Sie links weiter über den Salı Pazarı ⑲ mit seinen Shops, Restaurants und *Narghile-*(Pfeifen-)Rauchern. Hier finden Sie einen Wegweiser zum Istanbul Modern ⑳, dem Museum für Moderne Kunst *(siehe S. 107).*

Von hier können Sie mit der Tram über die Galata-Brücke bequem nach Sultanahmet zurückfahren.

Moderne Kunst im Pera-Museum ⑧

0 Meter   250

LEGENDE

• • • •   Routenempfehlung

Ⓜ   U-Bahn-Station (Metro)

Spaziergang von Beyazıt nach Galata (1:30 Std.)

Istanbul ist ein absolut verführerischer Mix aus alt und modern, religiös und weltlich. Auf diesem Spaziergang tauchen Sie in die verschiedenen Milieus der Stadt ein. Vom Beyazıt-Turm im Altstadtzentrum geht es durch enge, gepflasterte Gassen mit Buden und kleinen Läden über die Galata-Brücke hinüber nach Beyoğlu und ins trendige Tünel-Viertel mit seinen Shops, Bars und Cafés, wo Istanbul dann eine schicke Großstadt ist.

Die beleuchtete Sülemaniye-Moschee ③

Architektur von Mimar Sinan

Start bei diesem Spaziergang ist die Sami Onar Cadessi, und zwar dort, wo Sie den beeindruckenden Beyazıt-Turm ① sehen können. Er wurde 1828 als Feuerwache erbaut und steht auf dem Gelände der Universität von Istanbul ②, die einmal als Kriegsministerium diente und deren große, ornamentale Tore ein Muss für jeden Foto-

ROUTENINFOS

Start: Beyazıt-Turm.
Länge: 1 Kilometer.
Anfahrt: Steigen Sie aus der Tram, die zwischen Zeytinburnu (nahe Flughafen) und Eminönü verkehrt, in Beyazıt aus. Andere Möglichkeit: Buslinie T4 oder 61B. Beide pendeln zwischen Taksim und Sultanahmet.
Rasten: In Istanbul ist das nächste Café oder die nächste Bar nie weit. Aber es liegt nahe, auf der Galata-Brücke »Halbzeit« zu machen. Im Tünel-Viertel gibt es viele Kneipen (meyhanes) und Restaurants, wo Sie Ihren Spaziergang mit einem gemütlichen Essen oder einem Glas Wein ausklingen lassen können.

grafen sind. Schwenken Sie jetzt nach rechts in die Prof Siddik Sokak, die an der Sülemaniye-Moschee ③ (siehe S. 90f) vorbeiführt. Dieser atemberaubende Bau wurde 1577 von Baumeister Sinan (siehe S. 91) fertiggestellt. Gehen Sie weiter bis zur Sifahane Sokak und dann rechts. Wenn Sie jetzt eine Stärkung brauchen, sollten Sie dem historischen Dârüzziyafe ④ einen Besuch abstatten. Das Lokal (siehe S. 200), in dem das 16. Jahrhundert noch präsent scheint, befindet sich in der ehemaligen Suppenküche der Sülemaniye-Moschee.

Wenn Sie jetzt rechts in die Mimar Sinan Caddesi einbiegen, gehen Sie auf das Grab Mimar Sinans ⑤ zu – ein berührendes Denkmal für den großen Mann, auch wenn es im Vergleich zu seinen Werken bescheiden wirkt.

Kaffee und Gewürze

Wenden Sie sich auf der İsmetiye Caddesi nach links, dann gleich wieder links, in die Uzunçarşı Caddesi. Am Ende dieser Straße stoßen Sie auf die lebhafte Tahtakale Caddesi, wo sich Einheimische und Fremde drängeln und wo gehandelt wird, was das Zeug hält – um Elektroartikel, Kleidung oder Ähnliches. Rechter Hand liegt Tahtakale Hamamı Çarşısı ⑥, ein 500 Jahre altes türkisches Badehaus, das zu einem Shopping-Center umfunktioniert wurde. In dem hübschen Café unter dem Kuppeldach können Sie eine Pause einlegen.

Nehmen Sie jetzt eine der Seitenstraßen, die links abgehen und alle zur Hasırcılar Caddesi ⑦ führen. Die Straße ist berühmt für ihre Gewürzläden, Kaffeebuden und Delis.

Biegen Sie am Ende der Straße links in die Tahmis Caddesi. Dort finden Sie Kurukahveci Mehmet Efendi ⑧, ein traditionelles, seit 1871 bestehendes Kaffeegeschäft.

Galata-Brücke

Über die Galata-Brücke ⑨ müssen Sie allein schon wegen des fantastischen Blicks gehen. Entweder nehmen Sie die obere Passage

Kaffeemaschine,
Kurukahveci
Mehmet Efendi ⑧

Auf der Galata-Brücke ⑨: Entspannung und Hoffnung auf einen guten Fang

LEGENDE

• • • Routenempfehlung

Tünel (U-Standseilbahn)

0 Meter   250

Judentum und Islam

Gehen Sie die Haraççi Ali Sokak hinauf bis zum Jüdischen Museum ⑪ am Karaköy Meydanı. Dieses Museum, ursprünglich eine Synagoge aus dem 17. Jahrhundert, zeigt eine faszinierende Sammlung alter Fotografien, Dokumente und religiöser Objekte, alle mit Bezug zur jüdischen Bevölkerung der Stadt.

Von hier gehen Sie die Camekan Sokak hinauf bis zum gotisch wirkenden Beyoğlu-Hospital ⑫, das 1904 von den Briten als Marinehospital erbaut wurde. Wenn Sie weitergehen, kommen Sie zum Galata-Turm ⑬ *(siehe S. 105)* am Galata-Platz, dem zentralen Platz dieses Viertels. Der Rundumblick vom Turm oben gibt dem Betrachter das Gefühl, dass ihm nahezu die ganze Stadt zu Füßen liegt.

Jetzt rechts und gleich wieder links, dann sind Sie in der Yüksek Kaldırım Caddesi ⑭, einer gepflasterten Straße, an der Sie viele Instrumentalien-

handlungen finden. Hier gibt es alle Instrumente, die man sich nur vorstellen kann, klassische und ganz moderne. Gleich rechts in der Galip Dede Caddesi liegt etwas versteckt das Mevlevi-Kloster ⑮ *(siehe S. 104f)*, einst Wohnstatt der Tanzenden Derwische.

Trendiges Viertel: Tünel

Am Tünel-Platz haben Sie die Möglichkeit, mit der Tünel-Bahn ⑯, der 1877 eröffneten, unterirdisch geführten Standseilbahn, zurück nach Karaköy zu fahren. Sie ist, nach London und New York, die drittälteste U-Bahn der Welt. Aber lassen Sie sich nicht die Gelegenheit entgehen, zuvor noch ein wenig in der näheren Umgebung des Tünel-Platzes herumzubummeln. Gegenüber dem U-Bahn-Zugang liegt Tünel Geçedi, eine Passage mit osmanischen Gebäuden. Im Erdgeschoss sind fast alle zu Cafés oder Läden ausgebaut. Wenn Ihnen der Sinn nach einem Eiskaffee in wienerischem Ambiente steht, dann sollten Sie einen Abstecher ins KV-Restaurant ⑰ machen, bevor Sie sich im Artrium ⑱ *(siehe S. 213)* nach Souvenirs umsehen.

Um von Karaköy nach Sultanahmet zurückzukommen, nehmen Sie am besten die Tram oder einen der zahlreichen Busse, die auf der Galata-Brücke das Goldene Horn überqueren.

und sehen beim Schlendern den Amateurfischern ein wenig beim Angeln zu, oder Sie nehmen die untere, überdachte Passage, in der sich auch Cafés, Bars und Restaurants befinden. Und dann lassen Sie noch einmal den Blick schweifen, bevor Sie sich ins Getümmel des Fischmarkts von Karaköy ⑩ stürzen, wo Sie den billigsten und frischesten Fisch ganz Istanbuls erstehen können.

Angebot auf dem Fischmarkt von Karaköy ⑩

Zu Gast
in Istanbul

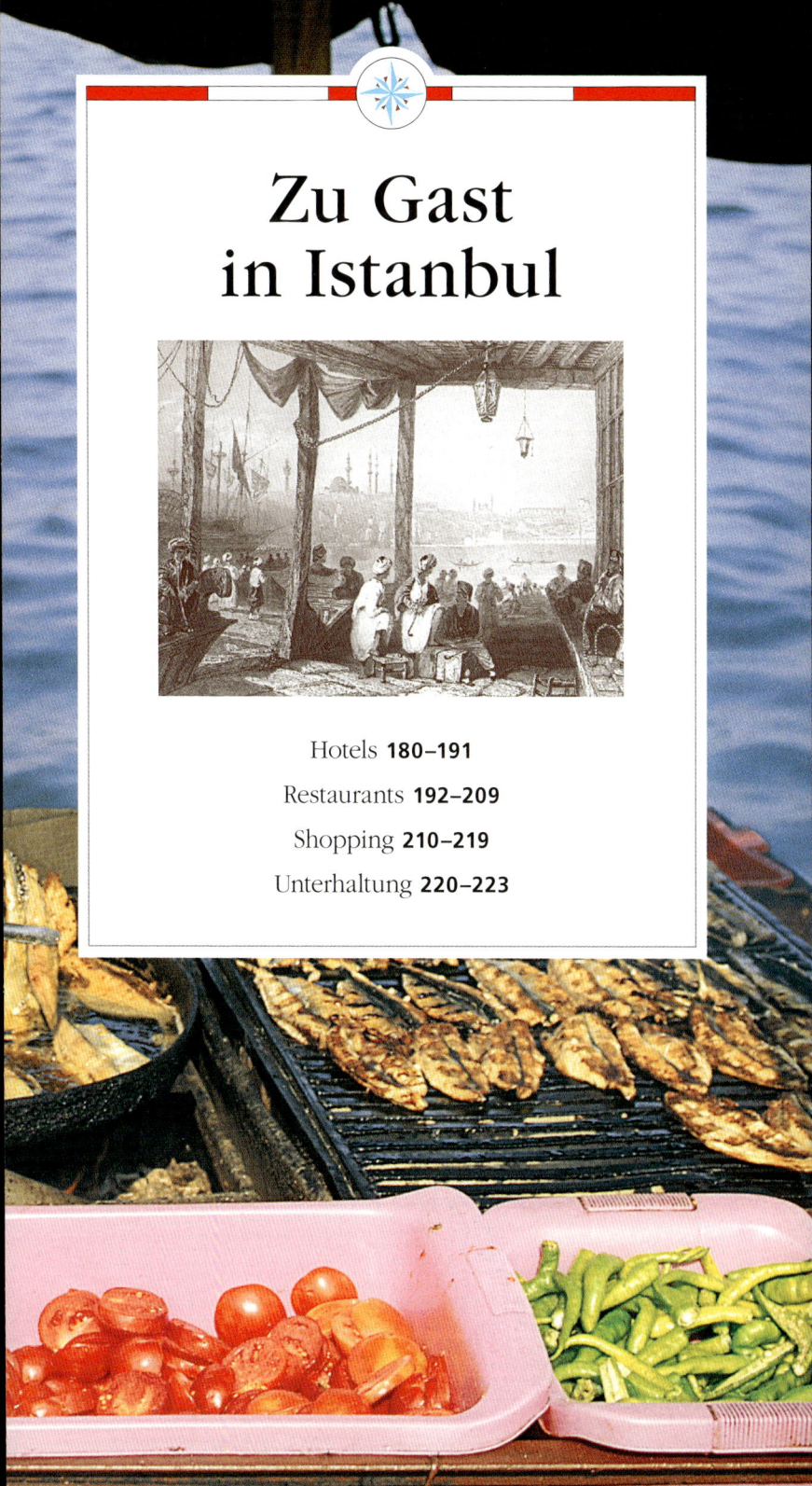

Hotels

Wollen Sie in einem Sultanspalast oder in einem traditionellen Holzhaus übernachten? Oder einmal in einem umgebauten Gefängnis schlafen? In Istanbul finden Sie bestimmt ein Hotel nach Ihrem Geschmack. Dank wachsender Urlauberzahlen bieten die Hotels und Gästehäuser der Stadt für jeden Geldbeutel etwas. In den für Besucher interessantesten Vierteln reiht sich Hotel an Hotel. Sultanahmet ist ein Stadtteil mit vielen historischen Hotels, neuen Boutique-Hotels

Portier des Hilton (S. 190)

und Gästehäusern. In Beyoğlu, auf der anderen Seite des Goldenen Horns, wurden zahlreiche Luxushotels errichtet und Grandhotels aus dem 19. Jahrhundert wieder in Betrieb genommen. Viele Luxushotels befinden sich auch im Viertel Taksim. In der Hotelauswahl auf den Seiten 184–191 sind empfehlenswerte Häuser in allen Preiskategorien beschrieben. Infos finden Sie auch im Internet unter www.istanbulhotels.com, weitere Übernachtungsmöglichkeiten auf den Seiten 182f.

Hotelauswahl

Viele Hotels werden vom Ministerium für Kultur und Tourismus nach einem Sternesystem bewertet: vom einfachen Ein-Stern-Hotel bis zum Fünf-Sterne-Luxushotel. Das Ministerium erteilt auch Lizenzen für umgebaute Gebäude, sogenannte Hotels mit Sonderlizenz. Die Stadtverwaltung wiederum lizenziert auch einfache Unterkünfte. Diese Hotels sind meist durchaus akzeptabel, entsprechen aber nicht unbedingt den internationalen Standards.

Unterkünfte finden Sie in den meisten zentralen Stadtvierteln. Sultanahmet liegt so günstig, dass Sie die meisten Sehenswürdigkeiten zu Fuß erreichen können. Die Hotels mit Sonderlizenz muss man allerdings in den abgelegeneren Seitenstraßen suchen. So stehen Gästehäuser an der Divanyolu Caddesi und an den Hängen, die zum Mar-

Lounge des Hotels Ceylan Intercontinental in Taksim *(siehe S. 189)*

marameer hin abfallen. Im Zentrum von Sultanahmet gibt es auch Mittelklassehotels.

Westlich von Sultanahmet, in Beyazıt, Lâleli und Aksaray, finden Sie zahlreiche Ein-, Zwei- und Drei-Sterne-Hotels. Die billigeren Hotels werden primär von zentralasiatischen und russischen Händlern aufgesucht, während viele der Drei-Sterne-Hotels auf Reisegruppen eingestellt sind.

In Beyoğlu und Taksim findet man komfortable Hotels der unteren Preisklasse und internationale Hotelketten. Diese beiden Stadtteile sind das alte europäische Zentrum Istanbuls und insofern für Besucher ideal gelegen.

Der östliche, auf asiatischem Boden liegende Teil Istanbuls ist primär Wohngegend, aber auch hier gibt es einige Hotels. Allerdings werden z. B. die Hotels in Kadıköy mehr von Einheimischen denn von Ausländern und Gästen besucht.

Luxushotels

Der Bau von Luxushotels boomt, inzwischen sind die meisten internationalen Hotelketten in Istanbul vertreten. Fast alle Fünf-Sterne-Hotels rühmen sich eines atemberaubenden Blicks auf Marmarameer oder Bosporus, und in ihrer Gesamtheit verfügen sie über die besten Restaurants der Stadt. Alle haben Pool und Fitness-Center, häufig auch ein türkisches Bad. Viele sind inzwischen behindertengerecht ausgestattet. In der Regel hat jedes Zimmer Internet-Zugang (meist WLAN), überall stehen Konferenzräume zur Verfügung.

Auch das Unterhaltungsangebot lässt keine Wünsche offen. Die Hotels organisieren Stadttouren und Ausflüge, viele arrangieren auch Aktivitäten für Kinder *(siehe S. 182)*.

Rauchen ist allerdings in immer weniger Bereichen der Hotels erlaubt.

Das luxuriöse Hotel Four Seasons, einst ein Gefängnis *(siehe S. 187)*

◁ Frische Fischsandwiches werden auf einem Schiff in Eminönü zubereitet *(siehe S. 208)*

Hotels mit Sonderlizenz

Zahlreiche alte Gebäude Istanbuls wurden renoviert und in Hotels umgewandelt. In manche Häuser können allerdings wegen ihrer Baubeschaffenheit keine modernen Einrichtungen wie Aufzüge eingebaut werden, daher unterliegen sie auch nicht dem offiziellen Sternesystem. Sie bilden die Extrakategorie der Hotels mit Sonderlizenz.

Dazu gehören einige der interessantesten und attraktivsten Hotels Istanbuls. Sie stehen oft in den Wohnstraßen der historischen Viertel und reichen von kleinen, preisgünstigen, traditionellen Holzhäusern bis hin zu luxuriösen Osmanenpalästen. Obwohl sie einige moderne Annehmlichkeiten vermissen lassen, verfügen diese Hotels in der Regel über einen hohen Standard. Selbst die größeren Hotels haben sich durch ein authentisches Interieur ihr ursprüngliches Flair erhalten. Den Bemühungen des Türkischen Touring- und Automobilclubs (TTOK; *siehe S. 245*) ist die Existenz vieler dieser Hotels zu verdanken. Unter Leitung seines Direktors Çelik

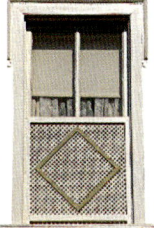

Fenster eines Hotels mit Sonderlizenz

Gülersoy konnte der Club in einigen Stadtteilen alte Gebäude vor der Zerstörung bewahren, sodass sie wieder restauriert werden konnten, und somit die Atmosphäre erhalten. Ein gutes Beispiel für die Leistungen des Clubs sind die Hotels in der Soğukçeşme Sokağı *(siehe S. 61).*

Inzwischen ist es so, dass es viele der neu entstandenen Boutique-Hotels gar nicht mehr darauf anlegen, offizielle Beurteilungen oder Sterne zu ergattern. Das geht aber keineswegs auf Kosten des Standards und der Annehmlichkeiten. All diese Hotels haben ihre eigene Website und informieren den Gast auf diesem Weg.

Blick auf Sultanahmet von einer Hotelterrasse

Preiswerte Hotels

Istanbul hat zahlreiche günstige Unterkünfte, die den Vorschriften des Ministeriums für Kultur und Tourismus entsprechen. Bei der Wahl eines preiswerteren Hotels sollten Sie sich allerdings nicht von einer schicken Fassade oder Lobby beeinflussen lassen. Sehen Sie sich zuerst die Zimmer an.

Ein-Stern-Hotels bieten einfachste Grundausstattung, aber dennoch verfügen viele Zimmer über eine eigene Dusche und Toilette. Zwei- und Drei-Sterne-Hotels haben komfortablere Zimmer, in denen es häufig auch TV und Minibar gibt.

Gästehäuser sind unterschiedlich ausgestattet. Die meisten bieten Bettwäsche und Handtücher, die besseren haben Zimmer mit Bad. In allen sollte

eine Gemeinschaftsküche vorhanden sein. Billigere Hotels haben zwar alle Zentralheizung, oft jedoch keine Klimaanlage. In einigen kleinen Hotels gibt es nicht rund um die Uhr heißes Wasser.

Ausstattung

Alle aufgeführten Hotels sind komfortabel, freundlich und sicher. Das Empfangspersonal spricht gewöhnlich Deutsch oder Englisch und kann Tipps und Empfehlungen geben.

Hotelzimmer in Istanbul sind in der Regel mit zwei Einzelbetten eingerichtet, haben aber, falls nötig, genug Platz für ein drittes. Den Wunsch nach einem Doppelbett sollten Sie bereits bei der Reservierung äußern.

Die meisten Hotels mit drei oder mehr Etagen haben einen Aufzug – allerdings nicht die Hotels mit Sonderlizenz. Generell bemühen sich immer mehr Hotels um rollstuhlgerechte Einrichtungen.

Selbst in gehobenen Hotels kann es sehr laut sein. Wählen Sie daher ein in lebhaften Vierteln ein Zimmer, das nicht zur Straße liegt. Sie können jederzeit ein anderes Zimmer verlangen, wenn Sie nicht zufrieden sind.

Frühstück ist in der Regel im Zimmerpreis inbegriffen. Normalerweise handelt es sich dabei um ein großzügiges Buffet, auf dem auch Wurst, frisches Obst, Joghurt und Müsli zu finden sind. Zu vielen größeren Hotels gehört ein Restaurant, in dem man à la carte speisen kann. Fast alle gehobeneren Hotels haben mindestens einen Speisesaal, in dem das Abendessen serviert wird.

Yeşil Ev *(siehe S. 187)*, ein Hotel mit Sonderlizenz

Rezeption des Istanbul Hilton *(siehe S. 190)*

Preise und Rabatte

Hotelpreise werden in Türkischer Lira (TL), auf Websites manchmal auch in Euro oder US-Dollar angegeben. Die Preise sind pro Zimmer, nicht pro Person zu verstehen. Das Frühstück ist normalerweise inklusive. Sämtliche Steuern sind bereits eingerechnet. Standardpreise, die das ganze Jahr über gelten, gibt es selten, fast alle Hotels haben saisonale Preise. Als Hauptsaison und damit als teuerste Zeit gelten die Monate April bis Oktober sowie die kurze Zeit zwischen Weihnachten und Neujahr. Fast nirgendwo gibt es Einzelzimmer, aber alle Hotels gewähren einen angemessenen Preisnachlass für Einzelpersonen.

Einen Versuch ist es immer wert, über Preise zu verhandeln. Aber machen Sie sich keine großen Hoffnungen. Bei längerem Aufenthalt können Sie vielleicht eine Ermäßigung aushandeln, manche Hotels geben auch Preisnachlass bei Frühbuchung, Barzahlung oder in der Nebensaison.

Reservierung

Es wird Ihnen immer gelingen, ein Zimmer zu finden, aber in der Hochsaison sollten Sie besser im Voraus reservieren. Sie können sich mit jedem hier vorgestellten Hotel telefonisch, per Fax oder E-Mail in Verbindung

Lounge des Empress Zoe *(siehe S. 185)*

setzen, viele Hotels bieten auf ihren Websites auch Online-Reservierung an. In der Regel müssen Sie dabei Angaben zu Ihrer Kreditkarte machen. Das heißt aber nicht automatisch, dass Sie bei Abreise auch mit Kreditkarte bezahlen können, erkundigen Sie sich also.

Wenn Sie in keinem der von Ihnen bevorzugten Hotels ein Zimmer bekommen, können Sie es über eine Agentur wie **Gazella Travel Designer**, **Meptur** oder **Vip Tourism** versuchen.

Falls Sie kein Zimmer reserviert haben, sind die Tourismusbüros am Atatürk-Flughafen, im Bahnhof Sirkeci, am Sultanahmet-Platz oder im internationalen Passagierterminal von Karaköy *(Adressen siehe S. 229)* hilfsbereit bei der Hotelsuche. Direkt nehmen die Tourismusbüros aber keine Hotelreservierungen vor.

Abreise und Bezahlung

Gäste müssen bis zum Mittag ihr Hotelzimmer verlassen. Bessere Hotels akzeptieren gängige Kreditkarten, Türkische Lira (TL) und harte Währung (bevorzugt US-Dollar oder Euro). Einige nehmen auch Reiseschecks. Mehrwertsteuer und Service sind immer im Zimmerpreis enthalten. Untergeordnetes Personal und Reinigungskräfte sind meist unterbezahlt, es ist üblich, ihnen ein Trinkgeld zu geben. Lassen Sie für die Reinigungskraft etwas Geld im Zimmer liegen oder geben Sie dem Empfangspersonal eine größere Summe, die unter dem Personal aufgeteilt wird. Telefonate vom Zimmer aus können sehr teuer sein.

Mit Kindern reisen

Kinder unter sechs Jahren übernachten oft gratis, viele Hotels gewähren auch einen Nachlass von 50 Prozent für Kinder bis zu zwölf Jahren. Möglicherweise können Sie handeln, wenn das Kind älter ist, aber im Zimmer der Eltern schläft. Die meisten Hotels haben Kinderbetten.

Einige Hotels bieten spezielle Kinderprogramme an, das Swissôtel *(siehe S. 190)* sogar ein Kinder-Wochenend-Paket.

Jugendherbergen

Für all diejenigen, die weniger Geld zur Verfügung haben, bietet Istanbul eine Anzahl von Jugendherbergen (Hostels), die meisten zentral in Sultanahmet.

Doppelzimmer im Hotel Kariye, einem Hotel mit Sonderlizenz *(siehe S. 189)*

In einer Istanbuler Jugendherberge

Zu Recht beliebt ist das **Sultan Hostel** mitten im Herzen von Sultanahmet in der Akbıyık Caddesi. Neben Schlafsälen mit 6, 18 oder 26 Betten bietet das Haus auch Einzel-, Zwei-Bett- und Drei-Bett-Zimmer an. Das Hostel ist Mitglied im Internationalen Jugendherbergsverband (IYHF) und gewährt Gästen mit internationalem Jugendherbergsausweis Preisnachlass. Unter den zahlreichen attraktiven Service-Einrichtungen sind eine rund um die Uhr besetzte Rezeption, Gepäckaufbewahrung, Safe-Schließfächer, freier Internet-Zugang, Aufenthaltsraum, Bibliothek sowie Grill- und Picknickbereich.

In derselben Straße befindet sich das **Orient Hostel**, ein modernes Haus, das kaum teurer ist und zudem mit einer exzellenten Ausstattung lockt. Hier gibt es alle Wahlmöglichkeiten vom Einzel- oder Doppelzimmer mit eigenem Bad bis hin zum preiswerten Bett im Schlafsaal. Der Hit ist die Bar auf der Dachterrasse. Von dort blickt man auf die Blaue Moschee, auf Hagia Sophia und über den Bosporus.

Camping

Camping und Caravaning sind in der Türkei immer beliebter geworden. Demzufolge gibt es eine wachsende Zahl guter Campingplätze mit entsprechender Ausstattung. Allerdings haben die meisten Plätze nur in der Sommersaison, also zwischen Mitte Mai und Oktober, geöffnet.

Londra Kamping liegt zwar nicht sehr idyllisch, hat aber das ganze Jahr geöffnet. Hier gibt es Wasch- und Kochgelegenheiten, ein Fast-Food-Restaurant, eine Bar und einen Fußballplatz. Außerdem kann man auch zweiräumige Bungalows mieten.

Mit einer schöneren Lage lockt der deutlich weiter entfernte Campingplatz **Kumbaba Moteli** an der Küste des Schwarzen Meers außerhalb von Şile *(siehe S. 158)*.

Für mehr und detailliertere Informationen können Sie Kontakt mit der **Ulusal Kamp ve Karavan Federasyonu** aufnehmen. Auch auf der (leider nur auf Türkisch verfügbaren) Website www.kampkaravan.org finden Sie eine Liste von Plätzen mit allen Infos.

Blick vom Swissôtel *(siehe S. 190)* **auf die Dolmabahçe-Moschee**

Ferienwohnungen

Istanbul besitzt zahlreiche Apartmenthotels, die meist auch gut in zentralen Geschäfts- oder Wohnvierteln liegen. Sie sind voll eingerichtet und für Reisende gedacht, die die Hotelatmosphäre weniger schätzen. Das **Akmerez Residence Apart Hotel** am Akmerkez-Einkaufszentrum in Etiler *(siehe S. 211)* wird primär von Geschäftsleuten genutzt. Die luxuriös eingerichteten Apartments sind voll klimatisiert. Das **Entes Apart Hotel** bietet ebenfalls moderne Apartments an.

Internationale Immobilienmakler wie **Century 21** und **Remax** können dabei behilflich sein, Wohnraum für kürzere oder längere Aufenthalte zu finden.

AUF EINEN BLICK

Hotelvermittlung

Gazella Travel Designer
Cumhuriyet Cad., Babil Sok. 2, Elemdağ. *(0212) 233 15 98.*
www.gazella.com

Meptur
Büyükdere Cad. 26, Mecidiyeköy.
(0212) 275 02 50.
www.meptur.com

Vip Tourism
(0212) 241 65 14.
www.viptourism.com.tr

Jugendherbergen

Orient Hostel
Akbıyık Cad. 13, Sultanahmet.
Stadtplan 3 E5 (5 E5).
(0212) 517 94 93.
www.orienthostel.com

Sultan Hostel
Akbıyık Cad. 21, Sultanahmet.
Stadtplan 3 E5 (5 E5).
(0212) 516 92 60.
www.sultanhostel.com

Camping

Kumbaba Moteli
Şile. *(0216) 711 50 38.*
FAX *(0216) 711 48 51.*

Londra Kamping
Londra Asfaltı, Bakırköy.
(0212) 560 42 00.
FAX *(0212) 559 34 38.*

Ulusal Kamp ve Karavan Federasyonu
İstanbul Cad., Pelin İş Hanı K. 3 No. 91–92, Bakırköy.
(0212) 571 42 44.
www.ukkf.org

Ferienwohnungen

Akmerkez Residence Apart Hotel
Akmerkez-Einkaufs- und Geschäftszentrum, Etiler.
(0212) 282 01 20.
www.akmerkez.com.tr

Century 21
Topçular Kışla Cad. 5, Rami-Eyüp.
(0212) 493 26 00.
www.century21.com.tr

Entes Apart Hotel
İpek Sok. 19, Taksim.
Stadtplan 7 E4.
(0212) 293 22 08.
www.entesapart.com

Remax
(0212) 232 48 20.
www.remax.com.tr

Stadtplan *siehe Seiten 246–263*

Hotelauswahl

Die Hotels auf den folgenden Seiten wurden aufgrund ihres guten Preis-Leistungs-Verhältnisses, ihrer Ausstattung und Lage ausgewählt. Sie sind innerhalb der einzelnen Viertel nach Preiskategorien und in alphabetischer Reihenfolge aufgelistet. Die Symbole in der oberen Zeile geben die besonderen Merkmale des Hauses an.

PREISKATEGORIEN
Die Preise gelten für ein Doppelzimmer pro Nacht, inkl. Frühstück (falls angeboten), Steuern und Service.

TL unter 150 TL
TL 150–250 TL
TL TL 250–300 TL
TL TL TL 300–450 TL
TL TL TL TL über 450 TL

Saray Burnu

Ayasofya Konakları

Soğukçeşme Sok., Sultanahmet, 34122 **(** *(0212) 513 36 60* FAX *513 43 93* **Zimmer** *64* **Stadtplan** *5 F3* **Karte** *W4*

Das charmante Quartier, das an einer gepflasterten Straße hinter der Hagia Sophia liegt, besteht aus neun restaurierten Holzhäusern. Sie haben so hübsche Namen wie Jasmin oder Rose und sind in Pastellfarben gehalten. Die Zimmer sind elegant und mit Antiquitäten ausstaffiert. Buchung erforderlich. **www.ayasofyapensions.com**

Kybele Hotel

Yeribatan Caddesi 35, 34410 **(** *(0212) 511 77 66* FAX *513 43 93* **Zimmer** *16* **Stadtplan** *5 E3* **Karte** *V4*

Das winzige, mehrstöckige Hotel liegt im Herzen des Touristenviertels und hat viele Stammgäste. Ein wilder Mix von Antiquitäten und Kunsthandwerk trägt zu einer freundlich-gemütlichen Atmosphäre bei. Das Frühstück, im Sommer im Garten und im Winter drinnen serviert, ist großartig. **www.kybelehotel.com**

Sultanahmet

Antea

Piyerloti Cad. 21, Çemberlitaş, 34400 **(** *(0212) 638 11 21* FAX *517 79 49* **Zimmer** *42* **Stadtplan** *4 C4* **Karte** *T5*

Das Antea ist ein ruhiges Hotel in einer Seitenstraße von Sultanahmet, abseits des großen Touristenstroms. Es ist, wie die Nachbarhäuser, ein restauriertes Haus, die Zimmer sind modern und hübsch eingerichtet. Im Restaurant wird türkisch und international gekocht. Perfekt, um nach einem anstrengenden Tag zu entspannen. **www.anteahotel.com**

Apricot

Amiral Tafdil Sok. 18, Sultanahmet, 34122 **(** *(0212) 638 16 58* FAX *458 35 74* **Zimmer** *6* **Stadtplan** *5 E/F5* **Karte** *W5*

Das hübsche kleine türkische Hotel hat durch die Renovierung unglaublich gewonnen. Die Zimmer sind gut möbliert, die Betten komfortabel und die polierten Holzböden eine Augenweide. Viele Annehmlichkeiten und auch Internet-Zugang werden geboten. Auf Wunsch kann man hier auch speisen. **www.apricothotel.com**

Hotel Mina

Piyerloti Cad., Dostluk Yurdu Sok. 6, Sultanahmet, 34122 **(** *(0212) 458 28 00* **Zi** *46* **Stadtplan** *4 C4* **Karte** *T/U4*

Das Hotel Mina liegt etwas versteckt in einer Seitengasse und bleibt so vom touristischen Trubel unberührt. Die Besitzer sind sehr gastfreundlich, die Zimmer angenehm und hübsch, aber schlicht möbliert. Man hat auf übermäßigen Schmuck verzichtet. Guter Ausgangspunkt, um Sultanahmet zu Fuß zu erkunden. **www.minahotel.com.tr**

Hotel Sultanahmet

Divanyolu Cad. 20, Sultanahmet, 34122 **(** *(0212) 527 02 39* FAX *512 11 33* **Zi** *20* **Stadtplan** *5 D/E4* **Karte** *U/V4*

Ein preiswertes Hotel in guter Lage, ganz in der Nähe der Sehenswürdigkeiten. Auf Kinkerlitzchen jeglicher Art hat man hier verzichtet, aber es ist nett und sauber. Auf der Terrasse werden abends Snacks und kleine Gerichte serviert. Das Haus wird gut geführt, das Personal ist freundlich. **www.hotelsultanahmet.com**

Orient Hostel

Akbıyık Caddesi 13, Sultanahmet, 34000 **(** *(0212) 517 94 93* FAX *518 38 94* **Zi** *15* **Stadtplan** *5 E5* **Karte** *W5*

Das Orient Hostel ist ein sehr preiswertes Quartier in Sultanahmet, ein Paradies für Rucksacktouristen. Die Einzel-, Doppel- und Mehrbettzimmer sind zwar nicht luxuriös, dafür aber sauber. Es gibt immer heißes Wasser, und man trifft junge Leute aus aller Welt an. Wunderbare Dachterrasse. **www.orienthostel.com**

Şebnem

Adliye Sokak 1, Sultanahmet, 34122 **(** *(0212) 517 66 23* FAX *638 10 56* **Zimmer** *15* **Stadtplan** *5 F4* **Karte** *W5*

Das kleine, einladende Gästehaus wirkt fast wie eine Puppenstube. Es bietet hübsche, farbenfroh gestaltete und mit Holzmöbeln ausgestattete Zimmer. Von der Dachterrasse aus genießt man einen Panoramablick über die Dächer von Sultanahmet, auf den Bosporus und aufs Marmarameer. **www.sebnemhotel.net**

Sidera

Kadırga Meydanı, Dönüş Sok. 14, Sultanahmet ☎ *(0212) 638 34 60* 🆎 *518 72 62* **Zi** *18*   **Stadtplan** *4 B5* **Karte** *G10*

Das Sidera, ein umgebautes Holzhaus aus dem 19. Jahrhundert, ist in auffälligem Grün gestrichen und wirkt eher wie ein Wohnhaus. Es ist klein, aber mit allen Annehmlichkeiten ausgestattet. Die Zimmer sind teils etwas dunkel, aber die enge Gasse mit den alten Häusern hat ihren eigenen nostalgischen Charme. **www.hotelsiderapalace.com**

Ararat

Torun Sokak 3, Sultanahmet, 34122 ☎ *(0212) 458 20 31* 🆎 *518 52 41* **Zimmer** *12*   **Stadtplan** *5 E5* **Karte** *V5*

Ein außergewöhnliches, sehr individuelles, familiengeführtes Hotel in der Nähe der Blauen Moschee. Jedes Zimmer ist einem Thema gewidmet und einzigartig ausgestattet. Der Besitzer ist immer erreichbar und steht jederzeit mit Rat und Tat zur Verfügung. Die obere Terrasse bietet einen großartigen Blick aufs Marmarameer. **www.ararathotel.com**

Aziyade

Piyerloti Caddesi 62, Çemberlitaş, 34490 ☎ *(0212) 638 22 00* 🆎 *518 50 65* **Zi** *105*   **Stadtplan** *4 C4* **Karte** *T4/5*

Das Aziyade bietet einige Highlights, die vorzufinden man normalerweise nur in luxuriöseren Hotels erwarten würde. Dazu gehört der kleine Swimmingpool auf dem Dach, einmalig in diesem Viertel. Die Zimmer sind geschmackvoll elegant, das Café erinnert an das Früchtezimmer des Topkapı-Palastes *(siehe S. 58)*. **www.aziyadehotel.com**

Dersaadet

Küçük Ayasofya Caddesi, Kapıağası Sokak 5, 34122 ☎ *(0212) 458 07 60/61* **Zi** *17* **Stadtplan** *5 D5* **Karte** *G/H10*

Hier wurde, was die Restaurierung betrifft, eine Pionierleistung erbracht. Alles ist authentisch wiederhergerichtet, die Möbel wurden traditionell von Hand gefertigt. Überall stößt man auf interessante Details. Der Besitzer bemüht sich sehr um seine Gäste. Wunderbarer Blick vom Balkon der Penthouse-Suite. **www.hoteldersaadet.com**

Empress Zoe

Akbıyık Caddesi, Adliye Sokak 10, 34122 ☎ *(0212) 518 25 04* 🆎 *518 56 99* **Zi** *25*   **Stadtplan** *5 F4* **Karte** *W5*

Es wird behauptet, dass Kaiserin Zoe tatsächlich hier gelebt habe. Das aus zwei Gebäuden bestehende, restaurierte Hotel genügt in Ausstattung und Design hohen Ansprüchen. Es verfügt über zahlreiche geräumige Suiten. Im idyllischen Garten stehen die Ruinen eines alten Badehauses von 1483. **www.emzoe.com**

Historia

Amiral Tafdil Sokak 23, 34122 ☎ *(0212) 517 74 72* 🆎 *516 81 69* **Zimmer** *22*   **Stadtplan** *5 F5* **Karte** *W5*

Das attraktive Hotel, ein Holzbau, bietet von der Dachterrasse aus einen großartigen Blick aufs Meer. Die meisten Zimmer sind schlicht, aber trotzdem hübsch und gemütlich eingerichtet. Manche der Zimmer haben einen Balkon mit Blick auf den rückliegenden Garten. Gefrühstückt wird im malerischen Innenhof. **www.historiahotel.com**

Hotel Nena

Binbirdirek Mahallesi, Klodfarer Caddesi 8–10, 34122 ☎ *(0212) 516 52 64* **Zi** *29*   **Stadtplan** *5 D4* **Karte** *U4/5*

Die Atmosphäre im Nena wirkt byzantinisch. Das Haus ist aufwendig geschmückt und außerordentlich komfortabel. Einige Zimmer haben Balkone mit dem klassischen Blick auf Moschee und Meer. Besonders schön ist der sonnige Wintergarten mit seinen schmiedeeisernen Möbeln und tropischen Grünpflanzen. **www.istanbulhotelnena.com**

Nomade

Ticarethane Sokak 15, Cağaloğlu, 34122 ☎ *(0212) 513 81 72* 🆎 *513 24 04* **Zi** *16*   **Stadtplan** *5 D3* **Karte** *U/V4*

Das Nomade, eines der ältesten Häuser im Viertel, wurde aufwendig renoviert – und das mit großem Erfolg. Die Besitzer haben den ohnehin schon sehr individuell gestalteten Zimmern und Bädern noch einen reizvollen Designertouch verliehen. Speisen und Drinks werden auf der Dachterrasse serviert. **www.hotelnomade.com**

Sarı Konak

Mimar Mehmet Ağa Caddesi 42–46, Sultanahmet, 34122 ☎ *(0212) 638 62 58* **Zi** *17*   **Stadtplan** *5 E5* **Karte** *V5*

Sarı bedeutet auf Türkisch »gelb«. Man erkennt das Hotel auch sofort an seiner unverwechselbaren Farbe. Es hat einen bezaubernden Patio mit Marmorbrunnen. Die Balkone sind mit den typischen dekorativen Geländern versehen. Die Zimmer sind sehr geschmackvoll, die Suiten verfügen über Internet. **www.istanbulhotelsarikonak.com**

Sarnıç

Küçük Ayasofya Caddesi 26, 34122 ☎ *(0212) 518 23 23* 🆎 *518 24 14* **Zi** *21*   **Stadtplan** *5 D5* **Karte** *G/H10*

Das Sarnıç ist ein schmuckes, sauberes Hotel, in dem man sich gleich zu Hause fühlt. Es ist in sanftem Pink gestrichen und steht inmitten eines historischen Häuserensembles. Die Zimmer sind hübsch, außerdem gibt es Dachterrasse und Bar. Angebotene Dienstleistungen: Babysitting sowie Wasch- und Parkservice. **www.sarnichotel.com**

Spectra Hotel

Şehit Mehmet Paşa Yok. 2, Sultanahmet, 34122 ☎ *(0212) 516 35 46* **Zimmer** *19*   **Stadtplan** *5 D5* **Karte** *U5*

Der größte Aktivposten des Hotels ist der Eigentümer selbst, ein ehemaliger Archäologe und eine Quelle des Wissens. Die Zimmer sind komfortabel und gut ausgestattet. Gefrühstückt wird auf der Terrasse, mit Blick auf die Blaue Moschee. Freier Internet-Zugang für Gäste. Gute Ausgangslage zum Sightseeing. **www.hotelspectra.com**

Alzer

Atmeydanı Cad. 72, Sultanahmet, 34122 ☎ *(0212) 516 62 62/63* 🆎 *516 00 00* **Zi** *22*   **Stadtplan** *5 D4* **Karte** *U5*

Das renovierte Stadthaus mit seinen gut geschnittenen und geschmackvoll möblierten Zimmern ist durch seine vielen erlesenen Details etwas Besonderes. Im Sommer stehen vor dem Hotel Tische im Freien, aber der Hit ist die Dachterrasse. Das Alzer ist ein Schmuckstück mit aufmerksamem Personal. **www.alzerhotel.com**

Stadtplan *siehe Seiten 246–263*

Avicenna

Amiral Tafdil Sokak 31–33, 34122 **(** *(0212) 517 05 50-54* FAX *516 65 55* **Zimmer** *50* **Stadtplan** *5 E5* **Karte** *W5*

Das günstig gelegene Mittelklassehotel besteht aus zwei stattlichen, renovierten osmanischen Häusern, die luxuriös möbliert und ausgestattet sind: traditionelle Holzböden, üppige Tapeten und prächtige Teppiche. Versuchen Sie, ein Zimmer im Obergeschoss zu buchen, um in den Genuss des Meerblicks zu kommen. **www.avicennahotel.com**

Citadel

Kennedy Caddesi, Sahil Yolu 32, Ahırkapı, 34122 **(** *(0212) 516 23 13* **Zimmer** *31* **Stadtplan** *5 F5* **Karte** *J10*

Das Citadel, ein großer, etwas verstaubt wirkender Steinbau unterhalb der Stadtmauern, gehört inzwischen zur Best-Western-Gruppe. Die Zimmer sind klein, aber hübsch möbliert, und bieten alles, was dem Gast den Aufenthalt angenehm macht. Einige Zimmer mit Meerblick. **www.citadelhotel.com**

Hotel Alp Guest House

Akbıyık Cad., Adliye Sok. 4, Sultanahmet, 34122 **(** *(0212) 517 70 67* **Zimmer** *14* **Stadtplan** *5 F4* **Karte** *W5*

Das Hotel liegt etwas versteckt hinter der Blauen Moschee. Das Haus bietet exzellenten Service und wurde grundlegend renoviert. Die Zimmer sind mit neu gefertigten Möbeln im traditionellen Stil ausgestattet. Von der Dachterrasse genießt man einen schönen Blick. **www.alpguesthouse.com**

İbrahim Paşa

Terzihane Sokak 5, Sultanahmet, 34122 **(** *(0212) 518 03 94* FAX *518 44 57* **Zimmer** *16* **Stadtplan** *5 D4* **Karte** *U5*

Das charmante Hotel liegt gegenüber dem Museum für türkische und islamische Kunst *(siehe S. 77)*. Die Zimmer sind sehr individuell ausgestattet. Besonders schön sind diejenigen, die entlang der Dachterrasse liegen. Vom Stil her kann man das Interieur als Art déco mit traditionellen türkischen Einflüssen beschreiben. **www.ibrahimpasha.com**

Mavi Ev

Dalbastı Sokak 14, Sultanahmet, 34122 **(** *(0212) 638 90 10* FAX *638 90 17* **Zimmer** *27* **Stadtplan** *5 E4/5* **Karte** *V5*

Mavi Ev, was in etwa »Blaues Haus« bedeutet, wird von demselben erfolgreichen Unternehmen gemanagt wie der berühmte Pudding Shop. Das taubenblaue, restaurierte *konak* (Herrenhaus) liegt im Herzen von Sultanahmet. Es hat einen beschaulichen Garten und ein Gourmetrestaurant im Dachgeschoss. **www.bluehouse.com.tr**

Pierre Loti

Piyerloti Caddesi 5, Çemberlitaş, 34122 **(** *(0212) 518 57 00* FAX *516 18 86* **Zi** *38* **Stadtplan** *4 C4* **Karte** *T4/5*

Das Hotel, benannt nach einem Dichter, der in Istanbul gelebt hat, war eines der ersten im Viertel, das renoviert und aufgewertet wurde. Es liegt im Herzen der Stadt. Vom Garten oder vom Café aus kann man wundervoll die Leute beobachten. Die Zimmer sind klein, aber sehr komfortabel. **www.pierrelotihotel.com**

Side Hotel und Pension

Utangaç Sokak 20, Sultanahmet, 34122 **(** *(0212) 517 66 23* FAX *638 10 56* **Zi** *36* **Stadtplan** *3 E4* **Karte** *V5*

Das Side ist ein Familienbetrieb, und zwar gleichzeitig eine Pension für preisbewusste Gäste und ein elegantes Hotel. Die Pensionszimmer sind günstiger, aber auch schlichter und haben z. B. keine Air-Condition. Die Hotelzimmer hingegen sind sehr komfortabel. Manche verfügen über einen eigenen Jacuzzi. **www.sidehotel.com**

Valide Sultan Konağı

Kutlugün Sokak 1, Sultanahmet, 34122 **(** *(0212) 638 06 00* FAX *638 07 05* **Zi** *17* **Stadtplan** *5 F4* **Karte** *W5*

Das Valide Sultan zählt zu den Favoriten der Istanbul-Besucher, nicht zuletzt wegen seiner Nähe zum Topkapı-Palast. Die edle Nachbarschaft zeigt auch hier ihre Spuren. Die Zimmer sind klein, aber sehr individuell und behaglich. Der Hit ist die Sommerterrasse. **www.hotelvalidesultan.com**

Armada

Ahır Kapı Sokak 24, Sultanahmet, 34122 **(** *(0212) 638 13 70* FAX *518 50 60* **Zi** *110* **Stadtplan** *5 F5* **Karte** *J10*

Das Armada ist eine Adresse, die zu Istanbuls bestgehüteten Geheimtipps zählt. Es ist gediegen und dennoch unglaublich freundlich. Die eleganten Zimmer verströmen Ruhe und Behaglichkeit, das Hotelrestaurant ist ausgezeichnet. Ab und zu spielt Live-Musik, oder es werden Tangoabende veranstaltet. **www.armadahotel.com.tr**

Hotel Sultanahmet Palace

Torun Sokak 19, Sultanahmet, 34122 **(** *(0212) 458 04 60* FAX *518 62 24* **Zimmer** *36* **Stadtplan** *5 E5* **Karte** *V5*

Ein idealer Ort, um sich verwöhnen zu lassen. Das Interieur ist zwar nicht so authentisch wie in anderen entsprechenden Häusern, aber trotzdem raffiniert. Das Hotel verdient den Beinamen Palast voll und ganz. Der Blick auf die Kuppeln der Blauen Moschee und das exzellente Personal vervollkommnen das Erlebnis. **www.sultanahmetpalace.com**

Kalyon

Sahil Yolu, Kennedy Cad., 34122 **(** *(0212) 517 44 00* FAX *638 11 11* **Zimmer** *112* **Stadtplan** *5 F5* **Karte** *J10*

Das Kalyon gilt als erstklassiges Business-Hotel, aber auch Besucher und Einheimische steigen hier ab. Die etwas dezentrale Lage bietet den Vorteil, dass es ruhig ist und man einen direkten Blick aufs Marmarameer hat. Die Zimmer sind sehr schön, der Standard ist hoch und das Restaurant hervorragend. **www.kalyon.com**

Seven Hills

Tevkifhane Sokak 8A, Sultanahmet, 34122 **(** *(0212) 516 94 97* FAX *517 10 85* **Zi** *20* **Stadtplan** *5 E/F5* **Karte** *W5*

In diesem Hotel scheut man keine Mühen, um dem Gast den Aufenthalt angenehm zu machen und seine Erwartungen zu erfüllen. Die Zimmer sind groß und stilsicher ausgestattet, jedes verfügt über Jacuzzi und Fitness-Einrichtungen. Großartiger Blick und Gourmetrestaurant mit Terrasse. **www.hotelsevenhills.com**

Preiskategorien *siehe Seite 184* **Zeichenerklärung** *siehe hintere Umschlagklappe*

Yeşil Ev

Kabasakal Sokak 5, Sultanahmet, 34122 **(** *(0212) 517 67 85* FAX *517 67 80* **Zi** *19*   **Stadtplan** *5 E4* **Karte** *V5*

Das Yeşil Ev (Grünes Haus) verkörpert den Geist und das Verständnis von osmanischem Luxus. Die Zimmer sind mit Antiquitäten ausgestattet, eines hat sogar sein eigenes türkisches Bad. Der Service ist unvergleichlich. Das Hotel verfügt außerdem über einen abgeschlossenen Garten und ein exquisites Restaurant. **www.yesilev.com.tr**

Eresin Crown

Küçük Ayasofya Caddesi 40, Sultanahmet, 34122 **(** *(0212) 639 44 28* **Zi** *60*   **Stadtplan** *5 D5* **Karte** *G/H10*

Das hochdekorierte Luxushotel steht an der Stelle, wo sich früher der Große Palast *(siehe S. 82f)* befand. Im hoteleigenen Museum kann man einige außergewöhnliche byzantinische Schätze sowie freigelegte Mosaiken bewundern. Es gibt diverse Bars und Speisesäle. Das Eresin Crown ist einfach eine Klasse für sich. **www.eresincrown.com.tr**

Four Seasons

Tevkifhane Sokak 1, Sultanahmet, 34110 **(** *(0212) 402 30 00* FAX *402 30 10* **Zi** *65*   **Stadtplan** *5 F4* **Karte** *W5*

Das Hotelgebäude, 1917 als Gefängnis für regimekritische Schriftsteller errichtet, wurde zu einer neoklassizistischen Luxusoase umgebaut. Jedes Zimmer hat ein Motto. Überall ist es gelungen, türkische Traditionen mit modernem Komfort in Einklang zu bringen. Ideal ist auch die zentrale Lage in Sultanahmet. **www.fourseasons.com/istanbul**

Basarviertel

Antik Hotel

Ordu Cad., Darphane Sok. 10, Beyazıt, 34130 **(** *(0212) 638 58 58* FAX *638 58 65* **Zi** *96* **Stadtplan** *4 A3* **Karte** *R4*

Das Antik wurde um eine 1500 Jahre alte Zisterne herumgebaut. Neben einem schönen Blick aufs Marmarameer kommt man hier in den Genuss eines Pubs, einer Weinbar und eines guten Restaurants. Die Zisterne wurde zu einem unterirdischen Nachtclub umfunktioniert. Die Atmosphäre im Hotel ist locker und lebendig. **www.antikhotel.com**

Bulvar Palas

Atatürk Bul. 152, Saraçhane, 34470 **(** *(0212) 528 58 81* FAX *528 60 81* **Zimmer** *70*   **Stadtplan** *2 A3* **Karte** *D8*

Das Hotel überzeugt mit seiner fröhlich-freundlichen Atmosphäre. Zu Friseursalon und türkischem Bad sind nach einer Renovierung noch Schönheitssalon und Fitness-Center gekommen. Das Dekor ist traditionell, aber das Haus steht für ein gutes Preis-Leistungs-Verhältnis. Großes Restaurant mit türkischer Küche. **www.hotelbulvarpalas.com**

President

Tiyatro Caddesi 25, Beyazıt, 34126 **(** *(0212) 516 69 80* FAX *516 69 98* **Zimmer** *204* **Stadtplan** *4 A4* **Karte** *R4/5*

Das President gehört zur Best-Western-Kette und genießt einen sehr guten Ruf. Es liegt absolut zentral, die Zimmer sind bestens ausgestattet, der Service ist ausgezeichnet. WLAN ist an der Rezeption, aber auch in vielen Zimmern verfügbar. Der Nachtclub mit Bauchtanz-Vorführungen ist legendär. **www.thepresidenthotel.com**

Beyoğlu

La Casa di Maria Pia

Yeni Çarşı Caddesi 37, Galatasaray, 34425 **(** *(0541) 624 54 62* **Zimmer** *6*   **Stadtplan** *7 D4* **Karte** *H3/4*

Die komfortablen Apartments liegen in einer ruhigen Seitenstraße und bieten bis zu fünf Personen Platz. Man betritt das Haus durch eine bunte, von Pflanzen umrankte Türe. Gäste leben hier wie Einheimische im alten Bohème-Viertel Pera. In der Gegend gibt es viele Lebensmittelgeschäfte und Restaurants. Der Besitzer lebt im unteren Apartment.

Galata Residence Camondo Apart Hotel

Bankaler Cad., Felek Sok. 2, Beyoğlu, 34420 **(** *(0212) 292 48 41* FAX *244 23 23* **Zi** *15* **Stadtplan** *7 D3* **Karte** *G5*

Die Villa aus dem 19. Jahrhundert gehörte einmal der berühmten Bankiersfamilie Camondo. Hier gibt es drei große, komfortabel ausgestattete Apartments, die allerdings etwas altmodisch sind. Das Haus liegt zentral, jedoch abseits der Touristenströme. Es beherbergt noch ein griechisches Restaurant und eine Bar. **www.galataresidence.com**

Hotel the Pera Hill

Meşrutiyet Caddesi 95, Beyoğlu, 34430 **(** *(0212) 245 66 06* FAX *245 66 42* **Zi** *35*   **Stadtplan** *7 D4* **Karte** *G4*

Das Hotel, ein solider Steinbau, der früher einmal die Libysche Botschaft beherbergte, liegt mitten im kulturellen Zentrum von Beyoğlu. Es ist ein schlichtes, aber gemütliches und peinlich sauberes Quartier und hat sich einen guten Ruf als ideal gelegene, preiswerte Unterkunft erworben. **www.hoteltheperahill.com**

Galata Antique Hotel

Meşrutiyet Caddesi 119, Beyoğlu, 34430 **(** *(0212) 245 59 44* FAX *245 59 47* **Zi** *23*   **Stadtplan** *7 D5* **Karte** *H3*

Das kleine, familiengeführte Boutique-Hotel ist in einer osmanisch-klassizistischen Residenz untergebracht, ein Bau des Architekten Alexandre Vallaury. Es hat Stil und Charme und liegt ideal für Unternehmungen in Beyoğlu. Manche Zimmer sind allerdings laut. Das Personal arrangiert gerne Ausflüge und Touren. **www.galataantiquehotel.com**

Stadtplan *siehe Seiten 246–263*

Hotel La Villa 🌐 🏃 ▤ Ⓟ ⓣⓣ

Topçu Caddesi 28, Taksim, 80090 📞 *(0212) 256 56 26/27* 📠 *297 53 28* **Zimmer** *28* **Stadtplan** *7 E3* **Karte** *J2*

La Villa ist ein kleines, preisgünstiges, aber hübsches Hotel im Schatten der Hochhäuser. Es bietet alles, was ein angenehmes Hotel ausmacht, angefangen beim Internet-Zugang bis hin zum 24-Stunden-Zimmerservice. Organisation von Tagesausflügen und türkischen Gästeabenden. **www.boutiquehotellavilla.com**

Hotel Villa Zurich 🌐 🏃 ▤ ♿ ⓣⓣ

Akarsu Yokuşu 44/6, Cihangir, 34437 📞 *(0212) 293 06 04* 📠 *249 02 32* **Zimmer** *42* **Stadtplan** *7 E5* **Karte** *J4*

Im Herzen des beliebten Viertels Cihangir, in dem es viele Cafés, Restaurants, Galerien und Antiquitätenläden gibt, bietet das Hotel große, gut ausgestattete Zimmer. Jeder Raum hat z. B. WLAN. Das Frühstück nimmt man auf der Terrasse mit Blick auf den Bosporus ein, nachts genießt man hier seinen Drink. **www.hotelvillazurich.com**

House Hotel Galatasaray ▤ ⓣⓣ

Bostanbası Caddesi 19, Çukurcuma, 34440 📞 *(0212) 244 34 00* 📠 *245 23 07* **Zi** *20* **Stadtplan** *7 D5* **Karte** *H4*

Das Hotel liegt inmitten der malerischen, verwinkelten Gassen von Çukurcuma, einem der bekanntesten Viertel, wenn es um Antiquitäten geht. Die Zimmer sind stylish, luxuriös und bezahlbar. Das 1890 erbaute Gebäude wurde kürzlich von den Eigentümern des House-Café-Unternehmens *(siehe S. 205)* umgebaut. **www.thehouse-hotels.com**

Santa Ottoman Boutique Hotel 🌐 ❚❚ 🏃 ▤ ⓣⓣ

Zambak Sokak 1, Taksim, 34500 📞 *(0212) 252 28 78* 📠 *252 28 89* **Zimmer** *18* **Stadtplan** *7 E3/4* **Karte** *J2/3*

Komfortable Zimmer und freundliches Personal machen das Boutique-Hotel am Taksim-Platz zu einem netten Rückzugsort, obwohl es an Wochenenden etwas laut werden kann. Das zugehörige Café La Boheme ist einer Brasserie nachempfunden. Serviert werden französische und türkische Gerichte. **www.santaottomanboutiquehotel.com**

Seminal 🌐 ❚❚ 🏃 🏸 ▤ ⓣⓣ

Şehit Muhtar Bey Cad. 23–25, Taksim, 80090 📞 *(0212) 297 34 34* 📠 *297 28 18* **Zi** *88* **Stadtplan** *7 E3* **Karte** *J2*

Das im Jahr 2005 komplett renovierte Hotel der gehobenen Mittelklasse verfügt über 88 gut ausgestattete Zimmer. Die Rezeption ist 24 Stunden besetzt. Gastronomisch bietet das Hotel ein gemütliches Café, eine einladende Bar und ein gutes Restaurant. Zimmer- und Wäscheservice gegen Gebühr. **www.seminalotel.com**

Suite Home Cihangir 🌐 ❚❚ 🏸 ▤ Ⓟ ⓣⓣ

Pürtelaş Sokak 12, Taksim, 34433 📞 *(0212) 243 31 01* 📠 *243 29 05* **Zimmer** *13* **Stadtplan** *7 E/F4* **Karte** *J/K3*

Suite Home bietet in Taksim gleich zwei Apartmenthotels an, das Cihangir und eines an der belebten İstiklal Caddesi. In den komfortablen Apartments kann man sich zu Hause fühlen. Alle Zimmer haben WLAN. Die Gäste beider Häuser können Sauna und Fitness-Einrichtungen im Cihangir nutzen. Parkplatz gegen Gebühr. **www.istanbulsuite.com**

Taxim Hill 🌐 ❚❚ 🏃 ▤ ⓣⓣ

Sıraselviler Caddesi 5, Taksim, 80090 📞 *(0212) 334 85 00* 📠 *334 85 98* **Zimmer** *58* **Stadtplan** *7 E4* **Karte** *J3*

Das Hotel ist ein Wahrzeichen am großen Platz von Taksim. Wer verwöhnt werden will, ist hier am richtigen Platz. Jacuzzis und ein Health Club erwarten die Gäste. Die Zimmer sind sehr schön, manche haben Blick auf den Bosporus. Auch auf Geschäftsleute ist man hier bestens eingerichtet. **www.taximhill.com.tr**

Lamartine 🌐 ❚❚ 🏃 ▤ ⓣⓣⓣ

Lamartin Caddesi 25, Taksim, 80090 📞 *(0212) 254 62 70* 📠 *256 27 76* **Zimmer** *67* **Stadtplan** *7 E3* **Karte** *J2*

Das Lamartine, benannt nach dem französischen Dichter, der Istanbul einmal besucht hat, liegt, was die Sehenswürdigkeiten in Taksim und die Möglichkeiten zum Shopping betrifft, sehr zentral und ist nur einen Katzensprung von dem sehr lebendigen Stadtteil Beyoğlu entfernt. Gutes Preis-Leistungs-Verhältnis. **www.lamartinehotel.com**

Tomtom Suites 🌐 ❚❚ 🏃 ▤ ⓣⓣⓣ

Tomtom Kaptan Sokak 18, Beyoğlu, 34413 📞 *(0212) 292 49 49* 📠 *292 42 30* **Zi** *20* **Stadtplan** *7 D5* **Karte** *H4*

Das schöne historische Gebäude liegt versteckt in einer ruhigen Straße. Hier verdient alles eine gute Note: der hervorragende Service, die modernen, gut ausgestatteten Zimmer und der wundervolle Blick von der Terrasse. Manche Zimmer haben sogar Jacuzzi und Balkon. Erstklassiges Restaurant und Bar. **www.tomtomsuites.com**

Central Palace 🌐 ❚❚ 🏃 🏸 ▤ ⓣⓣⓣⓣ

Lamartin Caddesi 18, Taksim, 34437 📞 *(0212) 313 40 40* 📠 *313 40 39* **Zimmer** *54* **Stadtplan** *7 E3* **Karte** *J2*

Im renommierten Central Palace hat man es verstanden, osmanischen Stil mit modernem Luxus zu verquicken. Die Zimmer sind äußerst elegant und komfortabel. Für das leibliche Wohl sorgt ein exquisites Healthfood-Restaurant. Alkohol wird nicht ausgeschenkt, kann aber mit aufs Zimmer genommen werden. **www.thecentralpalace.com**

Germir Palas 🌐 ❚❚ 🏃 ▤ ⓣⓣⓣⓣ

Cumhuriyet Caddesi 7, Taksim, 34437 📞 *(0212) 361 11 10* 📠 *361 10 70* **Zimmer** *49* **Stadtplan** *7 E3* **Karte** *J2*

Eine Perle von einem Stadthaus, dessen Eingang an der belebten Hauptstraße man aber leicht übersehen kann. Die Lobby und die Bars sind sehr vornehm, die Zimmer sind stilvoll möbliert und mit interessanten Textilien ausstaffiert. Großartiges Terrassenrestaurant mit Bosporus-Blick und stylishes Vanilla Café. **www.germirpalas.com**

Marmara Pera 🌐 ❚❚ 🏛 🏃 ▤ Ⓟ ⓣⓣⓣⓣ

Meşrutiyet Cad., Tepebaşı, 34437 📞 *(0212) 251 46 46* 📠 *249 80 33* **Zimmer** *200* **Stadtplan** *7 D4* **Karte** *H3/4*

Das Marmara bietet Service vom Feinsten und einen Rundblick über die ganze Stadt. Ideal ist das Haus auch für Geschäftsleute, denn jedes Zimmer verfügt über WLAN. Optisch reizvoll ist die roh belassene Mauer in der Lobby, in der man viele Sitzgelegenheiten vorfindet. **www.themarmarahotels.com**

Preiskategorien *siehe Seite 184* **Zeichenerklärung** *siehe hintere Umschlagklappe*

Witt Istanbul Suites

Defterdar Yokuşu 26, Cihangir, 34433 ☎ *(0212) 393 79 00* FAX *310 24 94* **Zimmer** *15* **Stadtplan** *7 E5* **Karte** *J4*

Die luxuriösen Suiten sind komfortabel und haben eine Küchenzeile, manche auch eine Terrasse mit Meerblick. Das Haus liegt ruhig. Mit der Tram von der Haltestelle Tophane aus erreicht man die Sehenswürdigkeiten von Sultanahmet. Das Zentrum von Cihangir ist zu Fuß erreichbar. Freies Parken in der Nähe. **www.wittistanbul.com**

Ceylan Intercontinental

Asker Ocağı Cad. 1, Taksim, 34435 ☎ *(0212) 368 44 44* FAX *368 44 99* **Zimmer** *390* **Stadtplan** *7 F3* **Karte** *K2*

Das Ceylan gehört zu den Spitzenhotels Istanbuls. Es eignet sich für Gruppen wie auch für Einzel- und Geschäftsreisende. Prominente Gäste werden die Sicherheitsmaßnahmen am Ein- und Ausgang begrüßen. Nachmittags erklingt im Teesalon traditionell Harfenmusik. In der City-Lights-Bar geht es viel lebhafter zu. **www.interconti.com.tr**

Marmara Taksim

Taksim Meydanı, Taksim, 34437 ☎ *(0212) 251 46 96* FAX *244 05 09* **Zimmer** *458* **Stadtplan** *7 E4* **Karte** *J3*

Die Zimmer hier sind unvergleichlich schön und gemütlich, das Personal ist freundlich und liest dem Gast jeden Wunsch von den Lippen ab. Das Panoramarestaurant im Dachgeschoss bietet den stilvollen Rahmen für ein Diner. Das Kitchenette-Café im Erdgeschoss zählt zu Istanbuls beliebten Treffpunkten. **www.themarmarahotels.com**

Pera Palas

Meşrutiyet Cad. 52, Tepebaşı, 34430 ☎ *(0212) 222 80 90* FAX *222 81 79* **Zimmer** *145* **Stadtplan** *7 D5* **Karte** *G4*

Das Pera Palas *(siehe S. 104)* ist eine wirkliche Legende. Die Liste der Berühmtheiten, die hier abgestiegen sind, ist lang. Agatha Christies Zimmer beispielsweise wurde unverändert belassen. Luxus findet man auch in anderen Hotels, aber für viele ist hier das Flair einfach unvergleichlich. **www.perapalas.com**

Abstecher

Hush Hostel

Miralay Nazım Sokak 20, Kadıköy, 34710 ☎ *(0216) 330 91 88* **Zimmer** *13*

Das Hostel in einem restaurierten osmanischen Haus ist eine gute Adresse für Leute, die ein schmales Budget haben. Zur Auswahl stehen Schlafsaal und Privatzimmer. Gäste können den Garten, die Küche und die Lounge mit TV, DVD-Player und Musikinstrumenten nutzen. Im Haus befindet sich auch eine Galerie. **www.hushhostelistanbul.com**

Büyükada Princess

23 Nisan Caddesi, Makar Sok. 2, Büyükada ☎ *(0216) 382 16 28* FAX *382 19 49* **Zimmer** *24*

Der 1895 errichtete, große und elegante klassizistische Bau, den das Hotel einnimmt, liegt am Hauptplatz der größten Prinzeninsel. Die Zimmer sind hübsch, manche haben Balkon und Meerblick. Im Freien gibt es Pool und Kinderspielplatz. Dementsprechend entspannt ist auch die Atmosphäre. **www.buyukadaprincess.com**

Polka Country Hotel

Cumhuriyet Yolu 20, Polonezköy, 81650 ☎ *(0216) 432 32 20* FAX *432 32 21* **Zimmer** *15*

Der Fachwerkbau aus dem frühen 20. Jahrhundert erinnert mit seiner Atmosphäre an einen alten Landgasthof. Stadt und Umgebung – hier siedelten im 19. Jahrhundert polnische Einwanderer – sind noch relativ unberührt, aber an den Wochenenden zieht es die Städter hierher. Ideal zum Radfahren, Wandern und Ausspannen. **www.polkahotel.com**

Taşhan

Taşhan Caddesi 57, Bakırköy, 34142 ☎ *(0212) 543 65 75* FAX *561 09 88* **Zimmer** *40*

Das Taşhan, vormals ein mittelmäßiges Hotel, gehört heute zur Best-Western-Kette. Die Distanz zum Lärm der Stadt ist erholsam, trotzdem sind es nur wenige Schritte zur Ataköy Marina und zum Galleria-Shopping-Center *(siehe S. 220)* sowie zehn Minuten Fahrt bis zum Flughafen. Ein freundliches, praktisches Hotel. **www.tashan.com.tr**

Güneş

Nadide Caddesi, Günay Sokak 1, Merter, 34173 ☎ *(0212) 483 30 30* FAX *483 30 45* **Zimmer** *130*

Das Hotel liegt in einem ruhigen Vorort, ist nur zehn Kilometer vom Flughafen entfernt und wird besonders von Geschäftsreisenden gerne besucht. Für Urlauber ist interessant, dass auch die Tramstation nur fünf Gehminuten entfernt liegt. Buchen Sie online, um in den Genuss von ermäßigten Preisen zu kommen. **www.guneshotel.com.tr**

Kariye

Kariye Camii Sokak 6, Edirnekapı, 34240 ☎ *(0212) 635 79 97* FAX *521 66 31* **Zi** *27* **Stadtplan** *1 B1* **Karte** *A4*

Das Kariye, ein renoviertes *konak* (Herrenhaus) aus dem frühen 19. Jahrhundert, liegt im Schatten der Erlöserkirche des Chora-Klosters *(siehe S. 118 f.)*. Typisch sind die glänzend polierten Holzböden und die verspielt vergitterten Fenster. Das Restaurant Asitane *(siehe S. 204)* ist berühmt für seine seltenen alten Rezepte. **www.kariyeotel.com**

Splendid Palace

23 Nisan Caddesi 53, Büyükada, 81330 ☎ *(0216) 382 69 50* FAX *382 67 75* **Zimmer** *70*

Einflüsse von Jugendstil und die Verquickung von östlicher und westlicher Architektur – das macht das 1908 erbaute Splendid Palace zum auffälligsten und schönsten Haus auf Büyükada. Silbern schimmern die Kuppeln, die Zimmer reihen sich um einen Innenhof, Säulen geben dem Haus etwas Majestätisches. **www.splendidhotel.net**

Stadtplan *siehe Seiten 246 – 263*

Village Park Country Resort

Ayazma Mahallesi 19, Ishaklı Köyü, Beykoz, 81680, asiatische Seite (0216) 434 59 99 FAX 434 59 31 **Zi 20**

Diejenigen, denen es in der Stadt zu hektisch ist, finden hier Ruhe und Erholung. Das Village Park macht attraktive Wochenendangebote. Dazu gehören auch Jagdpartien oder Reitertage. Hunde sind willkommen, es stehen sogar Hundehütten bereit. Restaurants, Bars und ein Grillplatz komplettieren das Angebot. **www.villagepark.com.tr**

Barceló Eresin Topkapı

Millet Caddesi 186, Topkapı, 34093 (0212) 631 12 12 FAX 631 37 02 **Zimmer 231**

Der Name hat nichts mit dem Topkapı-Palast zu tun. Bei dem Hotel handelt es sich um das frühere Eresin, das jetzt von einer spanischen Gruppe geführt wird. Der große Hotelkasten liegt etwas abseits, aber die meisten Sehenswürdigkeiten sind schnell und einfach zu erreichen. Hervorragendes Restaurant. **www.barcelo.com**

Bentley Hotel

Halaskargazi Caddesi 75, Harbiye, 34367 (0212) 291 77 30 FAX 291 77 40 **Zimmer 50**   **Stadtplan 7 F1**

Das Bentley ist bekannt für Luxus und Lifestyle im Herzen der Stadt. Dem Gast stehen wundervolle Suiten zur Verfügung. Die Liste der Reichen und Schönen, die hier schon logiert haben, ist beeindruckend. Die Zusammenlegung von Küche, Restaurant und Bar hat dem Haus viele Auszeichnungen eingebracht. **www.bentley-hotel.com**

Çınar

Şevketiye Mahallesi, Fener Mevkii, Yeşilköy, 34149 (0212) 663 29 00 FAX 663 29 21 **Zimmer 220**

Das Çınar liegt direkt am Marmarameer. Achten Sie also darauf, dass Ihr Zimmer die richtige Ausrichtung hat. Die Restaurants und Bars sind erwartungsgemäß gut, der Hit im Sommer sind Pool und Terrasse. Sportliche Gäste können hier ausgiebig am Ufer joggen. Nur fünf Minuten vom Flughafen entfernt. **www.cinarhotel.com.tr**

Hilton

Cumhuriyet Caddesi, Harbiye, 34367 (0212) 315 60 00 FAX 240 41 65 **Zimmer 499**   **Stadtplan 7 F2**   **Karte K1**

Das Hilton gehört zweifellos zu den wenigen absoluten Luxushotels der Türkei. Das zeigt sich natürlich an den Zimmern, am Komfort und am Service. Ebenso selbstverständlich sind gute Restaurants und gepflegte Tennisanlagen. Besonders erholsam ist der Garten mit Pool und Joggingpfad. Exklusives Konferenzzentrum. **www.hilton.com**

Istanbul International Airport Hotel

Atatürk-Flughafen, Internationaler Terminal, Yeşilköy, 34831 (0212) 465 40 30 FAX 465 47 30 **Zimmer 131**

Das Airport Hotel ist das Flaggschiff des Atatürk-Flughafens. Man geht zu Fuß von der Gepäckausgabe dorthin. Geboten wird alles, was das Herz begehrt – zum entsprechenden Preis. Nirgendwo sonst auf dem Flughafen werden Sie so gute Bars, eine so hervorragende Küche und so exzellenten Service finden. **www.airporthotelistanbul.com**

Swissôtel The Bosphorus

Bayıldım Caddesi 2, Maçka, 34104 (0212) 326 11 00 FAX 326 11 22 **Zimmer 600**   **Stadtplan 8 A/B4**   **Karte L1**

Das von der Raffles Group geführte Swissôtel ist die erste Wahl vieler Weltenbummler, wenn sie nach Istanbul kommen. Zur Verfügung stehen 26 Hektar mit Bosporus-Blick, zehn Restaurants, zahlreiche Bars, Spa, Wellness-Center und Tennisplätze. Außerdem zieht die mondäne Shopping-Arkade ihre Klientel magnetisch an. **www.swissotel.com**

W Hotel

Suleyman Seba Cad. 22, Akaretler, 34357 (0212) 381 21 21 FAX 381 21 81 **Zi 160**   **Stadtplan 8 B4**   **Karte M1**

In der Nähe von Istanbuls trendigstem Shopping-Viertel, Nişantaşı, ist das W Hotel das Herzstück der historischen Akaretler-Häuser, die 1875 für die hohen Offiziere des Osmanischen Reichs gebaut wurden. In den Zimmern findet man stilvollen Luxus und alle Annehmlichkeiten vor – von WLAN bis Flat-TV. **www.whotel.com/istanbul**

Bosporus

Bebek

Cevdet Paşa Caddesi 34, Bebek, 34342, europäische Seite (0212) 358 20 00 FAX 263 26 36 **Zimmer 21**

Was gibt es Schöneres, als gut zu speisen, sich dabei frische Seeluft um die Nase wehen und sich rundum verwöhnen zu lassen? Die Bar im Bebek war jahrzehntelang eine Legende, heute, nach der Renovierung, sind die geräumigen Designerzimmer der Hit. Das Restaurant ist erstklassig, der Blick aufs Meer erst recht. **www.bebekhotel.com.tr**

A'jia Hotel

Ahmet Rasim Paşa Yalısı, Çubuklu Caddesi 27, Kanlıca, asiatische Seite (0216) 413 93 00 **Zimmer 16**

Schlichtheit und minimalistisches Design erfahren in diesem luxuriösen Boutique-Hotel eine neue Definition. Vorbei sind die Zeiten authentischer osmanischer Interieurs, vorbei die der Paschazimmer. Kühle, zurückhaltende Eleganz ist angesagt. Das A'jia liegt abseits des Touristenstroms und garantiert Ungestörtheit. **www.ajiahotel.com**

Sumahan on the Water

Kuleli Caddesi 51, Çengelköy, 34684, asiatische Seite (0212) 422 80 00 **Zimmer 20**

Das Sumahan liegt auf der asiatischen Seite Istanbuls, unmittelbar am Bosporus. In dem kleinen Luxushotel passt einfach alles: Der Service ist aufmerksam, die von Designern ausgestatteten Zimmer mit Blick aufs Meer sind unvergleichlich, Hamam und Wellness-Bereich ein Erlebnis. Ein Wassertaxi bringt Gäste ins Zentrum. **www.sumahan.com**

Ausflüge

Anzac ⚡🏃🅿 ⓉⓁ
Saat Kulesi Meydanı 8, Çanakkale ☎ *(0286) 217 77 77* ℻ *(0286) 217 20 18* **Zimmer** 27

Das Anzac ist eine Legende, ebenso wie das Armeekorps *(siehe S. 170)*, nach dem es benannt wurde. Die Dekoration aller Zimmer hat mit den Ereignissen auf der Gallipoli-Halbinsel zu tun. Beliebt ist die Terrasse, wo man günstig eine Kleinigkeit essen kann. Um den 25. April, den ANZAC-Gedenktag, ist es immer recht voll. **www.anzachotel.com**

Çamlık Motel ⚡▤ ⓉⓁ
Sahil Yolu, İznik, 16860 ☎ *(0224) 757 13 62* ℻ *(0224) 757 16 31* **Zimmer** 26

Die Zimmer sind ordentlich, sauber, aber schlicht. Dafür ist die Lage im Städtchen İznik unvergleichlich. Von manchen Balkonen kann man auf den See blicken. Das Hotelrestaurant, eines der wenigen Fischrestaurants, die auch außerhalb der Saison geöffnet haben, bietet gute, günstige Gerichte an. **www.iznik-camlikmotel.com**

Geçim Pansiyon 🏃🅿 ⓉⓁⓉⓁ
Türkeli, Avşa Ada ☎ *(0266) 896 14 93* ℻ *(0266) 896 23 45* **Zimmer** 15

Familien, die in Türkei Urlaub machen wollen, sind hier gut untergebracht. Das Haus liegt ruhig und etwas zurückgesetzt vom Meer, es bietet Gemeinschaftsküchen für diejenigen, die sich selbst versorgen wollen, außerdem noch einige gut ausgestattete Apartments. Guter Ausgangspunkt, um das schöne Avşa zu erkunden.

Hotel Maşukiye ⚡🏃🅿 ⓉⓁⓉⓁ
Soğuksu Mahallesi, Sarmaşık Sokak 18, Maşukiye, Kartepe, Kocaeli, 41295 ☎ *(0262) 354 21 74* **Zimmer** 10

Maşukiye heißt so viel wie »Dorf der Liebenden«. Dieses verträumte Hotel lässt wirklich romantische Gefühle aufkommen. Es liegt zwischen Wäldern, Seen und Bergen und bietet dem Gast viel Natur und frische Luft, um ihn anschließend mit gutem Essen und alten Weinen zu verwöhnen. **www.hotelmasukiye.com**

Rüstempaşa Kervansaray ⚡🏃🅿 ⓉⓁⓉⓁ
İkikapalıhan Caddesi 57, Eski Camii Yanı, Edirne, 22100 ☎ *(0284) 212 61 19* ℻ *(0284) 214 85 22* **Zimmer** 75

Die alte Karawanserei (Herberge) aus dem 16. Jahrhundert wurde von dem berühmten Hofbaumeister Sinan *(siehe S. 155)* erbaut. In früheren Zeiten konnten fahrende Händler hier unter dem Schutz des Sultans übernachten. Das ehrwürdige Gebäude hat dicke Steinmauern und atmet Geschichte. **www.edirnekervansarayhotel.com**

Safran ⚡🏃▤🅿 ⓉⓁⓉⓁ
Ortapazarı Caddesi, Arka Sokak 4, Bursa, 16040 ☎ *(0224) 224 72 16* ℻ *(0224) 224 72 19* **Zimmer** 10

Man erkennt das charmante Hotel sofort an seinem safrangelben Anstrich. Es ist über 100 Jahre alt und liegt im Zentrum von Bursa. Die Zimmer sind klein, aber sehr überlegt eingerichtet. Das Restaurant ist bekannt für seine guten Gerichte und seine *meze* (Vorspeisen). Manchmal gibt es auch Live-Musik. **www.safranotel.com**

İznik Çini Vakfı 🏃🅿 ⓉⓁⓉⓁⓉⓁ
Sahil Yolu Vakıf Sokak 13, İznik, 16860 ☎ *(0224) 757 60 25* ℻ *(0224) 757 60 25* **Zimmer** 9

Das abgelegene Gästehaus wird von der Stiftung unterhalten, die sich die Restaurierung der traditionellen İznik-Fayencen zur Aufgabe gesetzt hat. Erwarten Sie kein Fünf-Sterne-Haus. Aber hier ist es ruhig, sehr angenehm, und man trifft immer interessante Leute, u. a. Künstler, Wissenschaftler und Kulturfreaks. Ein spannender Aufenthalt.

Sığınak (The Retreat) 🖥🅿 ⓉⓁⓉⓁ
İbrice Limanı Yolu, Mecidiye, Keşan, 22800 ☎ *(0284) 783 43 10* ℻ *(0284) 783 43 86* **Zimmer** 8

Gegenüber der Gallipoli-Halbinsel, am Golf von Saros, ist die Landschaft noch unverbraucht. Die ganze Gegend ist nur dünn besiedelt. Das Hotel ist abgelegen, aber am Meer ist man in wenigen Minuten. Die Zimmer sind gemütlich und volkstümlich dekoriert. Primär gibt es hier frische Luft, gutes Essen und guten Wein. **www.siginak.com**

Acqua Verde ⚡🏃🅿 ⓉⓁⓉⓁⓉⓁ
Kurfallı, Şile, 81740 ☎ *(0216) 721 71 43* ℻ *(0216) 721 72 33* **Zimmer** 25

Ein kleines, ruhiges Örtchen am Fluss Ağva bei Şile. Bäume, Tiere, Wildnis – drei Gründe, warum das Hotel so beliebt ist. Man kann kleine Bungalows mieten, es gibt Grillplätze, auch ein sehr gutes Restaurant. Am Wochenende wird es allerdings sehr voll. Wenn Sie Ruhe suchen, sollten Sie also während der Woche buchen. **www.acquaverde.com.tr**

Almira Hotel 🖥⚡🏃🖥▤🅿 ⓉⓁⓉⓁⓉⓁ
Ulubatlı Hasan Bulvarı 5, Bursa, 16200 ☎ *(0224) 250 20 20* ℻ *(0224) 250 20 38* **Zimmer** 235

Das Almira Hotel hat schon mehr als einen Hauch von Herrschaftlichkeit. Nach vielen Renovierungen und Umbauten ist es inzwischen ein beachtlich komfortables Hotel, das auch mit seiner Geschichte prunken kann. Die Zimmer sind groß und schön, die öffentlichen Bereiche mondän, das Restaurant exzellent. **www.almira.com.tr**

Çırağan Palace Kempinski 🖥⚡🏃🖥🖥▤🅿 ⓉⓁⓉⓁⓉⓁⓉⓁ
Çırağan Cad. 32, Beşiktaş, 34349, europäische Seite ☎ *(0212) 326 46 46* ℻ *(0224) 259 66 87* **Zimmer** 315

Die Gäste sollen sich hier fühlen wie der Sultan persönlich. Das gelingt dem Çırağan auch. Der ehemalige osmanische Sultanspalast ist heute ein Kempinski-Hotel, das an Pracht und Fünf-Sterne-Opulenz nichts zu wünschen übrig lässt. Großartige Sommerterrasse über dem Bosporus. **www.kempinski.com/istanbul**

Stadtplan *siehe Seiten 246–263* **Regionalkarte** *siehe Seiten 152f*

Restaurants

Restaurants findet man in Istanbul für jeden Geschmack und Geldbeutel. Da gibt es gemütliche *lokantalar* und *meyhanes*, Kebab-Häuser an jeder Straßenecke, und die vielen Restaurants *(restoranlar)* bieten sowohl türkische als auch internationale Küche von französisch bis japanisch an. Auf den Seiten 194–196 finden Sie traditionelle türkische Gerichte, und mithilfe des Sprachführers *(siehe S. 279f)* kommen Sie mit der

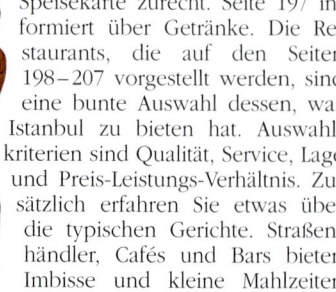

Simit-Verkäufer

Speisekarte zurecht. Seite 197 informiert über Getränke. Die Restaurants, die auf den Seiten 198–207 vorgestellt werden, sind eine bunte Auswahl dessen, was Istanbul zu bieten hat. Auswahlkriterien sind Qualität, Service, Lage und Preis-Leistungs-Verhältnis. Zusätzlich erfahren Sie etwas über die typischen Gerichte. Straßenhändler, Cafés und Bars bieten Imbisse und kleine Mahlzeiten für zwischendurch an. Die werden auf den Seiten 208f beschrieben.

Restaurantauswahl

Die gepflegtesten und teuersten Restaurants sind im europäischen Teil der Stadt konzentriert: am Bosporus in Ortaköy, am und um den Taksim-Platz, in den eleganten Shopping-Vierteln Nişantaşı, Maçka, Bebek und Teşvikiye und in den modernen Wohngebieten Levent und Etiler westlich des Bosporus. Die besten Restaurants für westliche und türkische Küche befinden sich meist in Fünf-Sterne-Hotels.

In Beyoğlu, besonders an der İstiklal Caddesi *(siehe S. 102f)*, gibt es die lebhaftesten Restaurants, Cafés und Fast-Food-Lokale, in die v. a. jüngere Gäste gerne gehen.

Sultanahmet und die benachbarten Viertel Sirkeci, Eminönü und Beyazıt beherbergen viele preiswerte, typisch türkische Lokale. In den letzten Jahren haben in diesen Bezirken auch viele schicke Restaurants eröffnet. In Fatih, Fener, Balat und Eyüp finden Sie vor allem einfache Restaurants und Cafés.

Restauranttypen

Am weitesten verbreitet ist die traditionelle *lokanta*, ein einfaches Restaurant mit einer Auswahl an Gerichten, die oft neben dem Eingang angeschrieben sind. Gewöhnlich wird *hazır yemek* (hausgemachtes Essen) serviert, das sind normalerweise warme Fleisch- und Gemüsegerichte. Andere Gerichte sind *sulu yemek* (Suppe oder Eintopf) und *et* (Fleisch – gegrillt oder als Kebab).

Kebab-Häuser *(kebapçı* oder *ocakbaşı)* sind überall zu finden. Neben Grillfleisch serviert beinahe jedes Kebab-Haus *lahmacun*, die »türkische Pizza« aus einem sehr dünnen Teig mit einem Belag

Pierre Loti Café, Eyüp *(siehe S. 120)*

aus Hackfleisch, Zwiebeln und Tomatensauce. In den preiswerteren Restaurants und Kebab-Häusern erhalten Sie auch *pide*, ein Fladenbrot mit Belägen wie Ei, Käse oder Lamm. Es gibt auch einige spezialisierte *Pide*-Restaurants.

Wenn Sie zu viel getrunken haben, können Sie vor dem Schlafengehen eine Kuttelsuppe *(işkembe)* zu sich nehmen, angeblich ein bewährtes Heilmittel gegen Kater. *İşkembe*-Restaurants haben bis frühmorgens geöffnet.

In Fischrestaurants *(balık lokantası)* herrscht immer eine lebhafte Atmosphäre. Die besten findet man am Bosporus *(siehe S. 205–207)* und in Kumkapı am Marmarameer. Bevor Sie einen Fisch bestellen, wird Ihnen ein typisches Fischrestaurant eine große Auswahl an Vorspeisen *(siehe S. 196)* anbieten. Zu den beliebtesten Fischen gehören junger Thunfisch *(palamut)*, Sardinen *(sardalyeler)* und Seebarsch *(levrek)*. Häu-

Poseidon, ein Luxusrestaurant mit Blick auf den Bosporus

Gäste des Restaurants Konyalı *(siehe S. 198)* im Topkapı-Palast

fig werden aber auch *hamsi* (Sardinen aus dem Schwarzen Meer), *istavrit* (Makrele) oder *mezgit* (Wittling) angeboten. Obwohl Fisch inzwischen seltener und dementsprechend teurer geworden ist, erfreut er sich wachsender Beliebtheit. Vor allem *alabalık* (Forelle) und *cipura* (eine Brachsenart) werden immer begehrter. Die Fische werden gebraten oder gegrillt serviert, oft mit einem großen Salatteller und *rakı* *(siehe S. 197)*. Die meisten Fischrestaurants in den genannten Bezirken nehmen keine Reservierungen entgegen. Aber falls es voll ist, finden Sie sicher im nächsten Fischlokal einen Platz.

Inzwischen haben türkische Küchenchefs auch international kulinarische Erfahrungen gesammelt und bieten innovative, kreative Gerichte an. So gibt es immer mehr Restaurants, wo man in gepflegter Atmosphäre köstlich speisen kann. Besonders wohlhaben-

de Türken wissen internationale Küche zu schätzen, und dazu gibt ihnen Istanbul auch reichlich Gelegenheit. Der Besuch von Ketten wie Starbucks und Gloria Jean's gehört ohnehin zum Alltag.

Meyhane nennt man eine Art Taverne, in der Alkohol und *meze* angeboten werden. Meist geht es hier lockerer zu als in traditionellen Restaurants, die Gäste sind auch jünger. Für Atmosphäre sorgt manchmal die mit Zither und Trommeln vorgetragene *Fasıl*-Musik.

Auswahl an Gebäck

Öffnungszeiten

Viele Türken essen zwischen 12.30 und 14 Uhr zu Mittag und gegen 20 Uhr zu Abend. Einfachere Restaurants und Kebab-Häuser haben von 11 bis 23 Uhr geöffnet, Fischrestaurants bleiben oft noch länger offen. Internationale Restaurants pflegen engere Öffnungszeiten, in der Regel von 12 bis 15.30 Uhr sowie von 19.30 bis 24 Uhr. *Meyhanes* öffnen um 19 Uhr und schließen erst nach Mitternacht.

Die meisten Restaurants haben jeden Tag geöffnet, aber einige haben entwede sonntags oder montags Ruhetag. Während des Ramadan *(siehe S. 47)* fasten Muslime, viele Restaurants bleiben dann geschlossen.

Einige schließen nur während der Tagesstunden und servieren nach Einbruch der Dunkelheit Ramadan-Gerichte, andere, vor allem in Bezirken wie Fatih und Eyüp, haben den ganzen Monat geschlossen.

Angebote und Service

Die meisten Restaurants in Istanbul sind auf besondere Bedürfnisse eingestellt und haben z.B. Kinderstühle. Bei der Restaurantwahl sollten Sie beachten, dass viele preiswerte Lokale und Kebab-Häuser keinen Alkohol ausschenken. Viele Restaurants sind barrierefrei bzw. leicht zugänglich, da sie im Erdgeschoss liegen.

Vegetarische Gerichte werden fast überall angeboten. Immer beliebter werden auch rein vegetarische Restaurants.

Außerhalb Istanbuls, etwa in Bursa oder Edirne, können allein reisende Frauen nach dem *Aile-salonu*-Schild Ausschau halten. Es kennzeichnet einen Raum für Frauen und Kinder, da diese im Hauptlokal oft nicht gern allein gesehen sind.

Seit Juli 2009 gilt in der Türkei ein landesweites Rauchverbot in Restaurants, Kaffeehäusern und Bars.

Allgemein ist man in der Türken stolz auf Gastfreundlichkeit und Service, allerdings trifft der Gast fast ausschließlich in teureren Restaurants auf gut geschultes Personal. Freundlich sind die Kellner jedoch überall.

Bezahlung

Gängige Kreditkarten werden akzeptiert, außer in billigeren Restaurants, Kebab-Häusern, *bufés* und *locantalar*. Oft erkennt man an den Kartensymbolen im Eingangsbereich, wer bargeldlose Bezahlung akzeptiert. Die Mehrwertsteuer (türkisch KDV) ist im Rechnungsbetrag enthalten. Für den Service werden teils zehn Prozent erhoben, oft bleibt es aber der Großzügigkeit des Gastes überlassen.

Verkauf von gebratenen und gegrillten Makrelen am Eminönü-Kai *(siehe S. 208)*

Türkische Spezialitäten

Die Türkei umfasst viele verschiedene Klimazonen, deshalb gehört sie zu den wenigen Ländern, die ihren kompletten Lebensmittelbedarf selbst decken können. Tee wird in den Bergen am Schwarzen Meer angebaut, die Bananen wachsen im feuchtwarmen Süden, in Anatolien findet man Weizenfelder und Wiesen, auf denen Rinder grasen. Früchte und Gemüse gedeihen überall, an den Küsten wird gefischt. Frische ist das Markenzeichen der abwechslungsreichen Küche, zu der viele Kulturen in den fünf Jahrhunderten osmanischer Herrschaft beigetragen haben.

Nar (Granatäpfel)

Stand auf dem Gewürzbasar, dem berühmtesten Markt Istanbuls

Denn zu einem nomadischen Lebensstil gehören Gerichte, die schnell und einfach zubereitet werden können. Der berühmte türkische Joghurt, Fladenbrot und Kebab stammen ursprünglich aus dieser Region.

Die Nutzung von Früchten wie Granatäpfel, Feigen und Aprikosen zur geschmacklichen Verfeinerung ist auf die Perser zurückzuführen, die von Norden her in die Step-pe einfielen. Aus dem Mittleren Osten brachten die Nomaden feurigen Chili mit, den sie nutzten, um Fleisch in der Hitze zu konservieren.

Osmanische Küche

In den riesigen, dampfenden Küchen des Topkapı-Palastes entstanden Gerichte, die es mit den gefeierten Küchen von Frankreich und China aufnehmen konnten.

Anatolische Einflüsse

Die anatolische Steppe erstreckt sich von Zentralasien bis Anatolien und ist eines der ältesten bewohnten Gebiete der Welt. Gerichte, die aus dieser Region stammen, sind so vielfältig wie die Kulturen der Ethnien, die hier leben. Aber eines haben alle Rezepte gemeinsam: Sie sind traditionell und schlicht.

Lamm *şiş kebab*

Hähnchen *şiş kebab*

Gefüllte Aubergine (*imam bayıldı*)

Chilisauce

Shrimps Kebab

Lammkotelett

Dönerkebab

Eine Auswahl typischer türkischer Kebabs

Typische Gerichte und Spezialitäten

Dank Istanbuls Lage am Meer ist frischer Fisch leicht erhältlich und hat eine entsprechende Bedeutung auf den Speisekarten der Stadt. Der Bosporus war schon immer berühmt für seinen Fischreichtum. Speziell in den Wintermonaten tummeln sich hier allerlei fettreiche Seefischarten – von Makrelen bis Steinbutt. Aus dem Schwarzen Meer wird die Stadt mit Muscheln und *hamsi*, einer Sardellenart, versorgt. Auch Süßes ist sehr beliebt und wird den ganzen Tag über gegessen. Naschwerk kann man in Läden, auf Märkten und bei Straßenverkäufern erstehen. Besonders beliebt ist in Istanbul *baklava*, ein mit Sirup getränktes und oft mit Nüssen gefülltes Gebäck aus Blätter- oder Filoteig (*yufka*).

Lokum (Süßes aus Sirup)

Midye dolması sind pikant mit Reis, Pinienkernen und Korinthen gefüllte Muscheln, gewürzt mit Zitronensaft.

Köstliches auf dem Gewürzbasar – hier lacht das Herz des Genießers

Frisches vom Basar

Der Besuch des Markts, der sich rund um den Gewürzbasar *(siehe S. 88)* entwickelt hat, ist ein absolutes Muss. Eine Fülle von Produkten – Aprikosen, Wassermelonen, Kirschen und Feigen neben Zwiebeln, Auberginen und Tomaten – wird täglich frisch aus den nahen Anbaugebieten hergebracht und verführt den Käufer. Außerdem werden Dörrfleisch, Käse, Pickles, Kräuter, Gewürze, Honig und Naschwerk angeboten.

Zu den Glanzzeiten des Osmanischen Reiches, im 16. und 17. Jahrhundert, schufteten Legionen von Küchenhelfern für das leibliche Wohl des Sultans. Für fast jedes Gericht gab es einen speziellen Hofkoch. Manche waren für Suppen zuständig, andere für Gegrilltes, wieder andere für Gemüsekreationen, Brot, Pudding oder Sorbets.

Als die Osmanen nach Nordafrika, auf den Balkan und ins südliche Russland vorstießen, fanden auch die kulinarischen Einflüsse dieser entlegenen Gebiete Eingang in die herrschaftliche türkische Küche. Aufwendige Gerichte mit würzig gefülltem Gemüse oder Fleisch wurden kreiert, oft mit so fantasievollen Namen wie »Frauenlippen«, »Wesirfinger« oder »Der Imam fiel in Ohnmacht«

(imam bayıldı). Diese Tradition lebt in vielen Restaurants Istanbuls fort, wo dann Gerichte wie *karniyarik* (mit Hackfleisch gefüllte Auberginen) und *hünkar beğendili köfte* (Hackfleischbällchen mit Auberginen-Käse-Püree) serviert werden.

Fischstand in Karaköy: frischer Fang aus dem Bosporus

Kleine Fischkunde

In den Gewässern rund um Istanbul gibt es so viele Fischarten, dass dem Fischliebhaber das Herz höherschlägt.

Barbunya	Rote Meerbarbe
Çupra	Seebrasse
Dilbaliği	Seezunge
Hamsi	Sardinen
Kalamar	Tintenfisch
Kalka	Steinbutt
Kefaln	Seebarbe
Kiliç	Schwertfisch
Levrek	Seebarsch
Lüfer	Blaubarsch
Midye	Muscheln
Palamut	Thunfisch
Uskumru	Makrele

İmam bayıldı *Auberginen werden mit Tomaten, Knoblauch und Zwiebeln gefüllt und im Ofen gebacken.*

Levrek pilakisi *In diesen Eintopf kommen Seebarsch, Kartoffeln, Karotten, Tomaten, Zwiebeln und Knoblauch.*

Kadayif *ist Nudelteig, der mit Walnüssen gefüllt und in Sirup getränkt wird – eine üppige Nachspeise.*

Meze

Wie in vielen südeuropäischen Ländern sind auch in der Türkei die Vorspeisen, *meze*, der Auftakt für ein richtiges Essen. Sie werden auf den Tisch gestellt, und jeder kann sich bedienen. In einfachen Lokalen *(meyhanes)* bekommt man z. B. Oliven, Käse und Melonenstücke vorgesetzt. In gehobeneren Restaurants ist die Auswahl riesig. Normalerweise handelt es sich um kalte Gemüse und verschiedenste Salate, aber es können auch warme Gerichte dabei sein, etwa *börek* (gefüllter Strudel), gebratene Muscheln und Tintenfisch. *Meze* werden mit Brot gegessen und traditionell mit *rakı* (klarer Anisschnaps) hinuntergespült.

Humus mit *pide*

Zeytinyağli (Artischocken)

Çoban salatasi
(Salat mit Tomaten, Zwiebeln und Gurken)

Ayşe fasulye
(Bohnen mit Tomatensauce)

Melone mit *beyaz peynir*
(cremiger Schafskäse)

Yalancı yaprak dolması
(gefüllte Weinblätter)

Tarama (Dip aus Fischrogen, Knoblauch und Olivenöl)

Türkisches Brot

Brot gehört in der Türkei zwingend zu jeder Mahlzeit. Es wird in den verschiedensten Formen und Geschmacksrichtungen angeboten. Neben *ekmek* (krustige weiße Laibe) sind auch *yufka* und *pide* weitverbreitet. *Yufka* ist das typische Nomadenbrot. Dünn ausgerollter Teig wird auf einer heißen Platte gebacken und getrocknet – und damit haltbar gemacht. Es kann bei Bedarf wieder aufgebacken und so zu jeder Mahlzeit gereicht werden. *Pide* ist das typische Fladenbrot, das es normalerweise zu *meze* und *kebab* in den Restaurants gibt. Es ist ein ovaler oder runder Teigfladen, der manchmal mit Sesamkörnern oder Kreuzkümmel bestreut und im Ofen gebacken wird. An religiösen Feiertagen ist *pide* das wichtigste Nahrungsmittel, auch während des Ramadan ist eine Mahlzeit ohne *pide* unvollständig. Eine weitere beliebte Brotart ist *simit*, ein knuspriger, schmackhafter Brotring, der mit Sesam bestreut ist.

Eine Lieferung von frisch gebackenem *simit*

Türkische Getränke

D as in Istanbul beliebteste Getränk ist Tee *(çay)*. Der Schwarztee wird normalerweise in kleinen, tulpenförmigen Gläsern serviert und überall angeboten: in Läden, auf Basaren, sogar in Banken und Büros. Auch zum Frühstück gibt es gewöhnlich Tee. Kleine Tassen starken türkischen Kaffees *(kahve)* werden am späten Morgen und nach dem Essen getrunken. Zu den kalten Getränken gehören eine große Auswahl an frischen Fruchtsäften und erfrischende Sorbets auf Sirupbasis. Die Türkei stellt zwar eigenen Wein und eigenes Bier her, das gängige alkoholische Getränk in Istanbul ist aber *rakı*, der meist zu Vorspeisen angeboten wird.

Fruchtsaftverkäufer

Alkoholfreies

M ineralwasser in der Flasche *(su)* wird in jedem Laden verkauft und in allen Restaurants angeboten. Wenn Sie Lust haben, probieren Sie *ayran*, einen salzigen Flüssigjoghurt, oder *boza*, ein anderes

Vişne suyu   **Ayran**

einheimisches Getränk aus Bulgur *(siehe S. 92)*. Verschiedene erfrischende Fruchtsäfte erhalten Sie immer und überall. Dazu gehören Kirschsaft *(vişne suyu)* und Rübensaft *(şalgam suyu)*.

Kaffee und Tee

T ürkischer Kaffee *(kahve)* ist dunkel und stark. Er wird nach gewünschter Zuckermenge bestellt: *az* (wenig), *orta* (mittel) oder *çok* (viel). Viele Restaurants werden Ihnen Instantkaffee anbieten, fragen Sie daher nach türkischem Kaffee. Das Hauptgetränk ist jedoch Tee mit Zucker. Er wird oft aus dem Samowar ausgeschenkt. Die Alternative dazu sind Kräutertees. Im Winter sehr beliebt ist *sahlep*, ein heißes Milchgetränk.

Traditioneller Samowar

Alkoholische Getränke

D as alkoholische Nationalgetränk der Türkei ist *rakı* (»Löwenmilch«), ein Branntwein mit Anisgeschmack, der nach Zugabe von Wasser trübe wird. *Rakı* wird zu Fisch und Vorspeisen getrunken. Die türkische Weinindustrie stellt einige gute Rot- und Weißweine her, die in vielen Restaurants angeboten werden. Zu den führenden Marken gehören Doluca und Kavaklıdere. Das türkische Bier Efes Pilsen ist überall zu bekommen. Beachten Sie, dass einige Restaurants und Kebab-Häuser keinen Alkohol ausschenken.

Rakı   **Bier**   **Rotwein**   **Weißwein**

Türkischer Kaffee ist sehr stark und für manche Besucher gewöhnungsbedürftig.

Sahlep ist ein heißes Wintergetränk: Milch mit pulverisierter Knabenkrautwurzel.

Apfeltee   **Lindenblütentee**

Restaurantauswahl

D ie Restaurants wurden wegen ihrer guten Küche, des interessanten Ambientes oder der guten Lage ausgewählt. Als weitere Kriterien gelten beispielsweise Sitzplätze im Freien und Live-Musik. Die Restaurants sind nach Vierteln und innerhalb der jeweiligen Preiskategorie alphabetisch aufgelistet.

PREISKATEGORIEN
Die Preise gelten für ein Drei-Gänge-Menü mit den entsprechenden Extras, Service und Steuern pro Person.
ⓉⓁ unter 30 TL
ⓉⓁⓉⓁ 30–50 TL
ⓉⓁⓉⓁⓉⓁ 50–65 TL
ⓉⓁⓉⓁⓉⓁⓉⓁ 65–80 TL
ⓉⓁⓉⓁⓉⓁⓉⓁⓉⓁ über 80 TL

Saray Burnu

Sultanahmet Fish House
Prof. Kasım İsmail Gürkan Caddesi 14, Sultanahmet, 34110 ☎ *(0212) 527 44 41*　　　　　***Stadtplan** 3 E4* **Karte** *U3*

Ein zwangloses Lokal, wenn man Appetit auf Fisch und *meze* hat und nicht zu viel bezahlen möchte. Das Mittagsmenü, Fischsuppe, Salat und Fisch des Tages, ist eine gute Wahl. Angeboten werden aber auch Fleisch- und andere Gerichte. Antike Lampen und bunte Textilien sorgen für Atmosphäre. Es wird Alkohol ausgeschenkt.

Faros Restaurant
Hüdavendigar Caddesi 5, Sultanahmet, 34110 ☎ *(0212) 514 98 28*　　　　　***Stadtplan** 3 E3* **Karte** *V2*

Das zum Faros Hotel gehörige Restaurant bietet gute türkische Küche und auch eine große Auswahl an vegetarischen Gerichten. Die Atmosphäre ist angenehm, oft gibt es Musik- und Tanzdarbietungen. Eine Spezialität ist *mahmudiye* (gegrillte Hähnchenbrust mit Mandelreis, gewürzt mit Zimt, Rosinen und Honig). Alkoholausschank.

Konyalı
Topkapı-Palast, Sultanahmet, 34110 ☎ *(0212) 513 96 96*　　　　　***Stadtplan** 3 F3* **Karte** *W3*

Das Konyalı ist eine gastronomische Instanz, und das seit vier Jahrzehnten. Auf den Tisch kommen leckere *meze*, Fleisch, Fisch und Salat. Besonders gut soll das Lamm sein. Außerdem findet man auf der Karte ein preisgekröntes Menü. Das Lokal liegt innerhalb des Topkapı-Palastgeländes, hat nur tagsüber geöffnet und ist dienstags geschlossen.

Sarnıç
Soğukçeşme Sokak, Sultanahmet, 34110 ☎ *(0212) 512 42 91*　　　　　***Stadtplan** 3 E4 (5 F3)* **Karte** *W4*

Eine byzantinische Zisterne mit prächtigen Säulen und Kuppelgewölbe wurde hier zum Restaurant umfunktioniert. Das Sarnıç ist nur mit Kerzen erleuchtet, und natürlich gibt es einen offenen Kamin. Abends werden die Gäste oft mit Klaviermusik unterhalten. Aber sie kommen eher wegen der Atmosphäre als wegen der hervorragenden Küche.

Sultanahmet

Backpackers Restaurant
Yeni Akbıyık Caddesi 14/1, Sultanahmet, 34400 ☎ *(0212) 638 55 86*　　　　　***Stadtplan** 3 E5 (5 E5)* **Karte** *W5*

Hier gibt es nur einfache Snacks. Wichtiger als das Essen ist der Ausschank von Wein und Bier. Wer hierherkommt, will Leute treffen und nicht zu viel Geld ausgeben. Und das gelingt: Hier geht es laut und fröhlich zu, man trinkt zusammen, erzählt von den Erlebnissen, die man unterwegs hatte, und plant vielleicht schon die nächste Reise.

Café Camille
Bab-ı Ali Caddesi 8, Cağaloğlu, 34110 ☎ *(0212) 527 81 77*　　　　　***Stadtplan** 3 D4 (5 D3)* **Karte** *U4*

Das kleine Café ist der richtige Ort, um sich eine Tasse Kaffee oder Cappuccino und hausgemachten Kuchen zu Gemüte zu führen. In der Küche geht es hoch her. Dort bereitet man einfache Gerichte wie Quiches, Omeletts und Salat zu. Köstlich sind auch die frischen Fruchtsäfte und die Milchshakes. Die Bedienung ist schnell und freundlich.

Doy-Doy
Şifa Hamamı Sokak 13, Sultanahmet, 34110 ☎ *(0212) 517 15 88*　　　　　***Stadtplan** 3 D5 (5 D5)* **Karte** *U5*

Geboten wird hier eine beeindruckende Auswahl an Suppen, Kebabs, *pide* (Fladenbrot), bunten Salaten, vegetarischen Gerichten und leckersten Desserts. Alles wird frisch zubereitet. Man trifft sich gerne im Doy-Doy, und es ist auch nicht teuer. Allerdings wird hier kein Alkohol ausgeschenkt. Besonders schön ist im Sommer die Dachterrasse.

Group Restaurant
Şehit Mehmet Paşa Yokuşu 4, Sultanahmet, 34110 ☎ *(0212) 517 47 00*　　　　　***Stadtplan** 3 D5 (5 D5)* **Karte** *U5*

Geschenkartikelladen, Café und Restaurant in einem – kein Wunder, dass sich die Urlauber hier die Klinke in die Hand geben. Sehr beliebt sind der Kaffee und die klebrigen Süßigkeiten, aber es gibt auch Herzhaftes. Gegrilltes, Salate und Eintopfgerichte werden serviert, große Portionen zu kleinen Preisen. Es wird auch Alkohol ausgeschenkt.

Zeichenerklärung *siehe hintere Umschlagklappe*

Sofa Café

Mimar Mehmet Ağa Caddesi 32, Sultanahmet, 34122 (*(0212) 458 36 30* **Stadtplan** 3 E5 (5 E4) **Karte** V5

Zwanglos und locker geht es im Sofa Café zu, die ideale Adresse, wenn man sich einmal aus den Touristenströmen in Sultanahmet ausklinken möchte. Angeboten werden unkomplizierte türkische Gerichte, z. B. *alinazik* (Auberginen-püree mit Joghurt und Hackfleisch) oder Kebab. Dazu schmeckt ein kühles Bier oder ein Glas Wein.

Sultanahmet Köftecisi

Divanyolu Caddesi 12A, Sultanahmet, 34110 (*(0212) 520 05 66* **Stadtplan** 3 E4 (5 E4) **Karte** U/V4

Dieses Lokal ist aus Sultanahmet nicht mehr wegzudenken. Seit 1920 werden die Gäste hier mit einfachen, aber guten traditionellen Gerichten wie *köfte* (Fleischklößchen), *piyaz* (mit Essig angemachte Bohnen) und *pilav* (Reis) verwöhnt. Viele Einheimische essen hier zu Mittag, vor dem Lokal bilden sich immer Warteschlangen.

Amedros

Hoca Rüstem Sokak 7, Sultanahmet, 34400 (*(0212) 522 83 56* **Stadtplan** 3 E4 **Karte** U4

Das Bistro im Western Style serviert türkische und internationale Gerichte. Auf der Karte findet man aber auch Spe-zialitäten wie *testi kebab*, einen pikanten, im Tontopf gekochten Eintopf aus Lamm und Gemüse. Die Kellner sind freundlich, das Interieur ist hübsch und nicht überladen. Eine angenehme Adresse. Alkoholausschank.

Khorasani

Divanyolu Cad., Ticarethane Sok. 39–41, Sultanahmet, 34110 (*(0212) 519 59 59* **Stadtplan** 3 E4 **Karte** U/V4

Das hübsche Restaurant ist von der Kategorie her etwas besser als die üblichen Kebab Shops. Gekocht werden hier Gerichte aus den südlichen Regionen von Gaziantep und aus Antakya. Auch Vegetarier haben hier eine große Auswahl. Ein Holzfeuer macht es auch im Winter möglich, draußen zu essen. Gelegentlich Musikdarbietungen.

Valide Sultan Konak

Kutlugün Sokak 1, Sultanahmet, 34110 (*(0212) 638 06 00* **Stadtplan** 3 E4 (5 E4) **Karte** W5

Das halbrunde Restaurant auf dem Dach des Valide Sultan Konağı Hotel *(siehe S. 186)* bietet einen atemberauben-den Blick aufs Meer und die Umgebung. Angeboten werden Fleisch, Gemüse, *meze*, Eintopfgerichte, Kebabs, aber auch Fisch und Pizza. Die Gemüsekreationen sehen nicht nur gut aus, sie schmecken auch köstlich.

Ahırkapı Lokanta

Armada Hotel, Ahır Kapı Sokak, Sultanahmet, 34110 (*(0212) 638 13 70* **Stadtplan** 3 E5 (5 F5) **Karte** J10

Hier fühlt man sich in eine Taverne aus den 1930er Jahren zurückversetzt, vor allem wenn *Fasıl*-Musik gespielt wird. Alles sieht typisch türkisch aus – und schmeckt auch so. Viele köstliche *meze* (Vorspeisen) und Hauptgerichte werden angeboten, z. B. *yoğurtlu yaprak dolması* (Hackfleisch in Weinblättern mit Joghurt). Schöne Dachterrasse.

Djazzu

İncili Çavuş Çıkmazı 5–7, Sultanahmet, 34110 (*(0212) 512 22 42* **Stadtplan** 3 E4 (5 E4) **Karte** V4

Dank seines japanischen Küchenchefs, der sich in Frankreich seine Sporen verdiente, bietet das stilvolle, aber unprä-tentiöse Restaurant sehr gute internationale Küche. Abends gibt es verschiedene Angebote, seien es Sushi, Spaghetti oder Kebab. Das Djazzu ist ganzjährig angenehm: Im Sommer sitzt man draußen, im Winter brennt der Kamin.

Balıkcı Sabahattin

Seyit Hasan Kuyu Sokak 1, Sultanahmet, 34110 (*(0212) 458 18 24* **Stadtplan** 5 F5 **Karte** W5

In diesem Fischrestaurant passt einfach alles. Seit 1927 wird es betrieben, die Karte lässt keine Wünsche offen. Der Fisch und die Meeresfrüchte sind wunderbar, dazu werden Gerichte wie pikanter Kürbis mit Joghurt serviert. Das Lokal ist bekannt für gute Küche und freundlichen Service.

Kathisma

Yeni Akbıyık Caddesi 26, Sultanahmet, 34400 (*(0212) 518 97 10* **Stadtplan** 3 E5 (5 C3) **Karte** W5

Das stylishe Restaurant wurde nach der Kaiserloge benannt, von der aus der byzantinische Kaiser das Hippodrom *(siehe S. 80)* überblickte. Zu den türkischen Gerichten gehören *mücver* (gebratene Zucchini), *fırında kuzu* (geröstetes Lamm) und typische Desserts wie *sakızlı sutlaç* (klebriger Reispudding).

Rumeli Café

Ticarethane Sokak 8, Sultanahmet, 34110 (*(0212) 512 00 08* **Stadtplan** 3 E4 (5 D3) **Karte** U/V4

Das entzückende kleine Restaurant liegt neben der geschäftigen Divanyolu. Das Rumeli ist in einer alten Druckerei untergebracht, die Speisekarte weist griechische Einflüsse auf und hat generell einen mediterranen Touch. Zu den Spezialitäten gehört gegrilltes Lamm in verschiedenen Variationen, aber auch Vegetarier kommen auf ihre Kosten.

Seasons Restaurant

Tevkifhane Sokak 1, Sultanahmet, 34110 (*(0212) 402 30 00* **Stadtplan** 5 E/F4 **Karte** W5

Das Seasons steht dem opulenten Four Seasons Hotel *(siehe S. 187)* an Luxus in nichts nach. Gäste werden im Speise-saal oder im Innenhof verwöhnt, es gibt mediterrane Gerichte mit asiatischem Touch. Am Freitagabend wird immer Wein verkostet. Dazu werden Käse, Brot und Früchte gereicht. Legendärer Nachmittagstee an den Wochenenden.

Giritli Restoran

Keresteci Hakkı Sok. 8, Ahır Kapı Sok., Sultanahmet, 34122 (*(0212) 458 22 70* **Stadtplan** 3 E5 (5 F5) **Karte** H10

In dem Restaurant im kretischen Stil werden nur Menüs mit mehreren Gängen angeboten. Aber das Angebot an kalten und warmen Vorspeisen sowie an gut zubereitetem Fisch ist groß. Dazu werden Bier, Wein oder Raki (Anis-schnaps) ausgeschenkt. Gespeist wird in dem von Mauern umgebenen Garten oder im eleganten Speiseraum.

Stadtplan *siehe Seiten 246–263*

Basarviertel

Akdeniz Restaurant

Mustafa Kemalpaşa Caddesi 48, Aksaray, 36420 ☎ *(0212) 458 13 00*   **Stadtplan** *2 A4* **Karte** *D9*

Eine anspruchslose *lokanta* mit einem großen Angebot an Häppchen, Kebabs, *lahmacun* (sog. türkische Pizza; dünnes Fladenbrot mit würzigem Ragout), *pide* (Fladenbrot) und Pizzas. Die Spezialität ist Tandoori-Lamm. Wenn Sie in Ruhe essen wollen, suchen Sie sich einen Tisch, der weit weg vom TV steht. Alkohol wird ausgeschenkt.

Havuzlu

Gani Çelebi Sokak 3, Großer Basar, Beyazıt, 36420 ☎ *(0212) 527 33 46*   **Stadtplan** *2 C4 (4 B3)* **Karte** *S3*

Ins Havuzlu geht man, wenn man beim Shopping plötzlich vom Heißhunger überfallen wird. Das kleine Lokal serviert gute bodenständige Küche, in der alles frisch zubereitet wird: Suppen, *dolma* (gefüllte Weinblätter) und Kebabs, ideal für den Hunger zwischendurch. Havuzlu bedeutet »mit Brunnen« – im Lokal steht ein Brunnen.

İskender Saray

Atatürk Bulvarı 116, Aksaray, 36420 ☎ *(0212) 520 34 04*   **Stadtplan** *2 B3* **Karte** *D7/E6*

Das klassische Restaurant serviert Dönerkebabs, aber auch speziellere Gerichte wie *İskender kebab* (Dönerfleisch auf Brot mit Sauce) oder *saç kavurma* (flambiertes Lamm und Gemüse). Die weiß eingedeckten Tische und das freundliche Personal verleihen dem Lokal einen angenehmen Touch. Auch Gerichte zum Mitnehmen. Kein Alkohol.

Karaca

Gazi Sinan Paşa Sokak, Vezir Han 1A, Nuruosmaniye, 36420 ☎ *(0212) 512 90 94*   **Stadtplan** *4 C3* **Karte** *T3*

Eine osmanische Karawanserei bietet Platz für dieses große Restaurant. Das Essen ist gut und herzhaft, auf der Karte findet man Gerichte wie *pazı dolması* (gefüllter Mangold) und *islim kebabı* (Lamm mit Aubergine). Lassen Sie sich den *kabak tatlısı* (Kürbispudding) nicht entgehen. Zu den Stammgästen gehören auch die Händler vom Großen Basar.

Özbolu Kebap House

Hoca Paşa Sokak 33, Sirkeci, 34430 ☎ *(0212) 522 46 63*   **Stadtplan** *3 E3 (5 D2)* **Karte** *U2*

In der Straße, in der es viele billige Kebab-Häuser gibt, fällt das Özbolu angenehm auf. Es bietet eine große Auswahl an warmen und kalten Gerichten. Gegrilltes, Eintöpfe, Fisch und Pudding sind herzhaft, frisch und köstlich. Speziell zu empfehlen sind die saftigen Kebabs. Statt Alkohol werden Kirschsaft und Softdrinks ausgeschenkt.

Sefa Lokantası

Nuruosmaniye Caddesi, Cağaloğlu, 34110 ☎ *(0212) 520 06 70*   **Stadtplan** *3 D4 (4 C3)* **Karte** *T/U3*

Das schlichte Restaurant versorgt seine Gäste mit *»ev yemek lokantası«* (»Essen wie zu Hause«). Hier essen die Einheimischen, die Händler und die Arbeiter vom nahe gelegenen Großen Basar. Die Portionen – frisch gekochte Eintöpfe, Kebabs und Gemüsegerichte – sind groß und günstig. Kein Alkoholausschank.

Borsa Lokanta

Yalı Köşkü Caddesi, Yalı Köşkü Han 60, Sirkeci, 36420 ☎ *(0212) 511 80 79*   **Stadtplan** *3 D2 (5 D1)* **Karte** *U1*

In diesem Haus gibt es zwei Esslokale: Im Parterre befindet sich ein Selbstbedienungsrestaurant, im ersten Stock geht es förmlicher zu. Das Borsa Lokanta besitzt viele Filialen in Istanbul. Eines der typischen Gerichte, die hier angeboten werden, ist *beğendili kebabı* (Fleisch mit cremiger Auberginensauce). Freundliches Personal. Ausschank von Alkohol.

Hamdi Restaurant

Kalçın Sokak 17, Eminönü, 34110 ☎ *(0212) 528 03 90*   **Stadtplan** *3 D2 (4 C1)* **Karte** *T1*

Das Highlight dieses beliebten Restaurants hinter dem Gewürzmarkt ist der spektakuläre Blick übers Goldene Horn, den man von den oberen Etagen aus hat. Die große Vielfalt an sorgfältig zubereiteten Kebabs und vor allem das hervorragende *baklava* sind eine angenehme Beigabe zu diesem Blick. Alkoholausschank.

Dârüzziyafe

Şifahane Caddesi 6, Süleymaniye, 36420 ☎ *(0212) 511 84 14 oder 511 84 15*   **Stadtplan** *2 B2/3 (4 A1)* **Karte** *E7*

Dieses überwältigende Restaurant lässt die einstige Armenküche der Süleymaniye-Moschee *(siehe S. 90 f)* zu neuem Leben erwachen. Serviert werden osmanische Spezialitäten. Die Haussuppe besteht aus Spinat, Gemüse und Fleisch. Tipp fürs Dessert: *keşkül* (Milchpudding mit Pistazien und Mandeln). Reservierung empfohlen. Kein Alkohol.

Beyoğlu

Falafel House

Şehit Muhtar Bey Caddesi 19/1A, Beyoğlu, 34437 ☎ *(0212) 253 77 30*   **Stadtplan** *7 E3* **Karte** *J2*

Einfach, günstig und gut – man wird sich in ganz Istanbul schwertun, *falafel*, *hummus*, *tabouleh* und andere Gerichte aus dem Mittleren Osten in derselben Qualität zu bekommen wie in diesem winzigen Restaurant. Der Service ist freundlich, und man kann den Köchen bei der Arbeit zusehen. Es gibt auch Außentische. Kein Alkoholausschank.

Preiskategorien *siehe Seite 198* **Zeichenerklärung** *siehe hintere Umschlagklappe*

Özkonak

Akarsu Yokuşu Sokak 46B, Cihangir , 34433 (*(0212) 249 13 07*   **Stadtplan** *7 E5* **Karte** *J4*

Istanbuls prominente Journalisten, Schriftsteller und Models kommen ständig hierher, um sich an den frischen, guten Eintöpfen, *pilavs* (Reisgerichte), Salaten und Puddings gütlich zu tun. Manche kommen auch nur wegen des besten *tavuk göğsü* (Milchpudding mit Hähnchenbruststreifen) der Stadt. Vor allem mittags interessant. Kein Alkohol.

Smyrna

Akarsu Caddesi 29, Cihangir, Taksim, 34430 (*(0212) 244 24 66*   **Stadtplan** *7 E5* **Karte** *J4*

Das Smyrna wurde in einem ehemaligen Antiquitätenladen als Café und Restaurant eingerichtet. Auf der einen Seite der Bar findet man kleine Tischchen, auf der anderen den Speisesaal mit hohen Fenstern. Besonders empfehlenswert sind die Fleischgerichte. Hier trifft man viele der im Viertel Cihangir lebenden Ausländer an.

Zencefil

Kurabiye Sokak 8A, Taksim, 34430 (*(0212) 243 82 34*   **Stadtplan** *7 E4* **Karte** *J3*

Das Zencefil gehört zu den ersten vegetarischen Restaurants Istanbuls. Die Tagesgerichte werden hier auf einer Tafel angeschrieben. Alles ist speziell frisch und bekömmlich, und das Personal ist sehr kompetent. Gemüsegerichte, hausgebackenes Brot, Suppen und Kräutertees sind immer angesagt. Köstliche Desserts. Alkoholausschank.

Ara Café

Tosbağ Sokak 8A, Taksim-Platz, Galatasaray, 34433 (*(0212) 245 41 05*   **Stadtplan** *7 D4* **Karte** *J2*

Das Café, in dem es immer lebhaft zugeht, liegt im angesagten Szeneviertel. Vor ein paar Jahren wurde es von einem Filmemacher eröffnet. Alles erinnert hier an den Namensgeber, den berühmten Fotografen Ara Güler: die Fotografien, die Tischsets, selbst die Servietten. Hier kann man gut seinen Nachmittag verbringen. Kein Alkoholausschank.

Chez Vous

Cezayir Sokak 21, Galatasaray, 34430 (*(0212) 245 95 32*   **Stadtplan** *7 D4/5* **Karte** *H4*

Über Beyoğlu schwappt im Moment die Designwelle. Vor dem Chez Vous hat sie nicht haltgemacht. Das kleine Café, Teil eines früheren Herrenhauses, liegt an den Stufen, die zur Französischen Straße hinaufführen. Es gibt Snacks und Salate, das Personal wirkt immer gestresst, der Wein ist teuer, aber: Spaß macht's trotzdem. Es ist eben trendy.

Cuppa

Yeni Yuva Sokak 22A, Cihangir, 80090 (*(0212) 249 57 24*   **Stadtplan** *7 E5* **Karte** *J4*

Dieses Café ist nicht gerade typisch für Istanbul, aber ein guter Ort zum Frühstücken oder für eine Pause. Es gibt eine Vielfalt an frisch gepressten Obst- und Gemüsesäften, leckerste Smoothies sowie eine kleine Auswahl an Gerichten, die meist aus biologischen Produkten frisch zubereitet werden.

Ficcin

Kallavi Sokak 13/1, Beyoğlu, 34433 (*(0212) 293 37 86*   **Stadtplan** *7 D4* **Karte** *H3*

Wer dem verrückten Treiben auf der Nevizade aus dem Weg gehen, in einer *meyhane* essen und dazu Bier oder Raki trinken möchte, der ist in dem etwas versteckt liegenden Ficcin genau richtig. Hier gibt es traditionelle, tscherkessisch angehauchte *meze*, auch Fleischpastete und *manti* (gefüllte Teigtaschen). Von gegenüber erklingt *Fasil*-Musik.

Gani Gani

Taksim Kuyu Sokak 13, Taksim, 34433 (*(0212) 244 84 01*   **Stadtplan** *7 E4* **Karte** *J3*

Im Gani Gani sitzen die Gäste entspannt auf bunten Kissen, während die traditionellen türkischen Gerichte auf niederen Tischen serviert werden. Gerne bestellt man hier *manti* (gefüllte Teigtaschen mit Joghurtsauce), *pide* (türkische Pizza) und *künefe*, eine beliebte orientalische Süßspeise mit Schafskäse. Kein Alkoholausschank.

Hacı Baba

İstiklal Caddesi 49, Taksim, 34430 (*(0212) 244 18 86*   **Stadtplan** *7 E4* **Karte** *J3*

Die lebhafte und beliebte *lokanta* erstreckt sich über zwei Geschosse. Angeboten wird eine Vielfalt an leckeren, farbenfrohen Gerichten – 40 verschiedene Hauptgerichte, *meze* und 25 unterschiedliche Desserts. Das Highlight ist *kuzu tandir* (im eigenen Saft geschmortes Lamm). Das Personal ist professionell, die Ausstattung leider etwas trist.

Konak

İstiklal Caddesi 153, Beyoğlu, 34433 (*(0212) 249 14 86*   **Stadtplan** *7 D4* **Karte** *H3*

Das Konak, in dem es sehr lebhaft zugeht, ist der perfekte Einstieg in die türkische Kebab-Kultur. Angeboten werden leckere Fleischgerichte, sei es *beyti kebab*, eingerollt in *lavash* (Fladenbrot), oder *İskender kebab* in Joghurt und Tomatensauce. Gut schmecken auch *lahmacun* (Fladenbrot mit Hackfleisch) und *ezme* (pikanter Tomatendip). Kein Alkohol.

Natural Grill House

Şehit Muhtar Bey Caddesi 30A, Taksim, 34430 (*(0212) 238 33 61*   **Stadtplan** *7 E3* **Karte** *J2*

Rustikale Tische und talentiertes Kochen sind hier angesagt. Frische Salate, gegrilltes Fleisch und vegetarische Gerichte stehen auf dem Plan, und das in hervorragender Qualität. Spezialität des Hauses ist das mexikanische Steak. Das Grill House ist auch bei Einheimischen sehr beliebt. Außerdem werden verschiedene Biersorten angeboten.

Taksimoda Café

Siraselviler Caddesi 5A, Taksim, 34430 (*(0212) 334 85 00*   **Stadtplan** *7 E4* **Karte** *J3*

Mit einer großen Speisenvielfalt und leckerem Kuchen wird der Gast im Taksimoda verwöhnt. Das Café gehört zum Taksim Hill Hotel und ist ein angenehmer Treffpunkt. Der Service ist unglaublich bemüht – und chaotisch. Aber das wird durch die gute Küche wettgemacht. Es gibt Alkohol und eine kleine Bar.

Stadtplan *siehe Seiten 246–263*

11 Leblon

Asmalı Mescit Sokak 7, Tünel, 34430 (0212) 252 86 36 **Stadtplan** 7 D5 **Karte** G4

Das Leblon ist hinlänglich bekannt aus dem beliebten türkischen Film *Issız Adam*. Besonders auffällig sind die Ziegel-wände des Tünel-Restaurants. Gekocht wird international – Fleischgerichte, Fisch und Pasta. Das Essen spricht für sich und würde die Film-Publicity gar nicht benötigen. Gute Weinkarte. Am späteren Abend Tanz.

Asır Rest

Kalyoncu Kulluğu Caddesi 94, Beyoğlu, 34430 (0212) 297 05 57 **Stadtplan** 7 D4 **Karte** H2/3

Hier ist das Essen ausnehmend gut und der Service freundlich und aufmerksam. Es gibt über 50 verschiedene *meze* und ansonsten ein großes Angebot an kreativen Gerichten, sei es mit Fisch, Huhn oder Kichererbsen. Abends wird manchmal *Fasıl*-Musik live gespielt.

Cezayir Restaurant

Hayriye Caddesi 12, Beyoğlu, 34425 (212) 245 99 80 **Stadtplan** 7 E4 **Karte** H3/4

Das Cezayir besticht mit hohen, lichten Räumen. In den Sommermonaten ist auch der Garten geöffnet. Man sitzt elegant, aber entspannt und kann Essen und leckere Drinks genießen. Gekocht wird modern mediterran mit türkischer Note, man hat die Wahl zwischen Essen à la carte oder einem Menü. Es wird Alkohol ausgeschenkt.

Galata House

Galata Kulesi Sokak 15, Galata, 34420 (0212) 245 18 61 **Stadtplan** 3 D1 **Karte** G5

Im Galata House ist alles ungewöhnlich. Das Haus selbst, ein weitläufiger alter Bau, wurde im frühen 20. Jahrhundert von den Engländern als Gefängnis genutzt. Die Küche wiederum ist georgisch. Wer Gelüste auf leckere Blini, Borschtsch oder Knödelgerichte hat, kommt hier voll auf seine Kosten. Alkohol wird ausgeschenkt.

Leb-i Derya

İstiklal Cad., Kumbaracı Yokuşu, Kumbaracı Han 115/7, Beyoğlu, 34430 (0212) 293 49 89 **Stadtplan** 7 D5 **Karte** H4/5

Es ist kaum möglich, es mit dem Blick über Istanbul, den man von diesem Restaurant aus hat, aufzunehmen. Glas, Holz und dezente Beleuchtung sind der Rahmen für die aparten Kleinigkeiten und die mediterran angehauchten Gerichte, die köstlichen Gemüsekreationen und Salate. In der Bar treffen sich die Leute gerne zur Happy Hour.

Refik

Asmalı Mescit Sokak, Tünel, 34430 (0212) 243 28 34 **Stadtplan** 7 D5 **Karte** G4

Das Refik, eine sehr authentische *meyhane*, ist eine Hochburg der Bohemiens des Beyoğlu-Viertels. Die Zeit scheint hier stehen geblieben zu sein, auf den Tischen liegen immer noch die ausgeblichenen Plastikdecken. Allabendlich treffen sich hier Intellektuelle und Medienleute. Gutes Essen, große Meze-Portionen, und der Alkohol fließt ständig.

Yakup 2

Asmalı Mescit Sokak 21, Tünel, 34430 (0212) 249 29 25 **Stadtplan** 7 D5 **Karte** G4

Das Yakup war einmal der Treffpunkt der Journalisten und Medienleute. Inzwischen hat es sich allerdings mehr auf Gruppen und Urlauber spezialisiert. Es liegt in einer der schicken, atmosphärischen Seitengassen von Beyoğlu. Das Essen ist von bester Qualität – hervorragende Salate, Grillgerichte und *meze*. Große Auswahl an Alkoholika.

Zindan

İstiklal Cad., Emir Nevruz Sok., Olivya Geçida 5/5A, Beyoğlu, 34430 (0212) 252 73 40 **Stadtplan** 7 E4 **Karte** J3

Terrakotta und Gewölbedecken prägen das Interieur des Zindan. Zelebriert wird hier im Grunde die klassische osma-nische Küche, aber man entdeckt doch verblüffende, köstliche Abweichungen. Dazu gehören das Brennnessel-*börek* oder die Kebabs, die mit Früchten aufgepeppt werden. Alles schmeckt hervorragend, die Weinauswahl ist gut.

Fischer

İnönü Caddesi 41A, Gümüşsuyu, 34430 (0212) 245 25 76 **Stadtplan** 7 F4 **Karte** K3

Das Fischer war eines der ersten mitteleuropäischen Restaurants in Istanbul, und die Gäste sind ihm schon jahr-zehntelang treu geblieben. Borschtsch, Strudel, Schnitzel und Piroggen sind so beliebt wie eh und je. Das Lokal selbst wirkt etwas angestaubt, aber die Besitzer sind eben der Meinung, dass gut ist, was einmal gut war.

Gitane

Firuzağa Mah, Cezayir Sokak 3, Galatasaray, 34430 (0212) 245 92 63 **Stadtplan** 7 D4 **Karte** H4

Das Gitane gehört einem der berühmtesten türkischen Modedesigner. Auf der umfangreichen Karte findet man Angebote für Frühstück, Mittag- und Abendessen, aber auch für ein festliches Diner. Das Weinangebot ist hervor-ragend, und die Käseplatte versammelt das Beste an anatolischen Käsesorten.

Şerif

Cumhuriyet Caddesi 36A, Elmadağ, 34430 (0212) 291 99 55 **Stadtplan** 7 F2 **Karte** J2

Café-Bar und Restaurant des Şerif sind absolut stylish und up to date mit einer perfekt ausgeklügelten Speisekarte. Häppchen, Hamburger und Pizzas sind gut. Wenn man Steak, Pommes frites, Gemüsegerichte oder Eintopfgerichte bestellt, erhält man großzügige Portionen. Türkische Weine und gut ausgestattete Bar.

Sofyalı

Sofyalı Sokak 9, Tünel, Beyoğlu, 34430 (0212) 245 03 62 **Stadtplan** 7 D5 **Karte** G4

Das Restaurant liegt relativ versteckt in einem Seitengässchen, und das in einer Gegend, wo die Konkurrenz groß ist. Aber das Sofyalı überzeugt: hübsch gedeckte Tische, hausgemachte *meze* und der Ruf, solide und gut zu kochen. Die Karte ist klein, aber gut. Der gefüllte Mangold ist legendär, aber versuchen Sie auch den gefüllten Fisch.

Preiskategorien *siehe Seite 198* **Zeichenerklärung** *siehe hintere Umschlagklappe*

Yeni Hong Kong
🚹🍽 ⓣⓣⓣⓣ

Dünya Sağlik Sokak 12B, Taksim, 34430 📞 *(0212) 252 42 68* — **Stadtplan** *7 F4* **Karte** *J3*

Mitten in Taksim ein Hauch von China – das Yeni Hong Kong ist leicht erkennbar an seiner Türe, die die Form einer Pagode hat. Zur Dekoration gehören außerdem asiatische Laternen und Drachen. Die pikanten Szechuan-Gerichte oder das Rindfleisch mit Pickles und Reis sind eine gute Wahl. Ausgeschenkt werden chinesisches Bier und Reiswein.

Asmalımescit Balıkçısı
🚹🔳🍽 ⓣⓣⓣⓣ

Asmalı Mescit Mah., Sofyalı Sokak 5A, Tünel, Beyoğlu, 34430 📞 *(0212) 251 39 39* — **Stadtplan** *7 D5* **Karte** *G4*

Ein reines Fischrestaurant, in dem man ein Gefühl dafür bekommt, wie es in Beyoğlu tickt. Leinen, Tafelsilber und Kerzenlicht verleihen den gemauerten Wänden Flair und Atmosphäre. Auf den Tisch kommt, was in und um Istanbul frisch gefangen wurde. Gute Desserts und gute Weinkarte. Im Restaurant monatlich wechselnde Kunstausstellungen.

Ayazpaşa Rus Lokantasi
🍽 ⓣⓣⓣⓣ

Inönü Caddesi 77A, Gümüşsuyu, 34430 📞 *(0212) 243 48 92* — **Stadtplan** *7 F4* **Karte** *K3*

Das russische Restaurant liegt nicht weit vom Taksim-Platz. Hier kann man russische, französische und türkische Küche genießen, vor allem aber Sarı Votka, russischen gelben Wodka, der in kalten Karaffen serviert wird. Das Getränk wurde von Weißrussen im Ersten Weltkrieg nach Istanbul gebracht. Freundliches, lange bewährtes Personal.

Flamm
🚹🍽 ⓣⓣⓣⓣ

Sofyalı Sokak 12/1, Asmalı Mescit, 34430 📞 *(0212) 245 76 04/05* — **Stadtplan** *7 D5* **Karte** *G4*

Das Flamm ist eines dieser neuen, lockeren Restaurants, die sehr einladend wirken, ein kleines, intimes Lokal mit zwangloser Cocktailbar. Der Besitzer kam von Bodrum nach Istanbul und brachte aus dieser sonnigen Mittelmeerregion einige Rezepte mit. Die Pasta- und Reisgerichte sind köstlich. Wer einmal da war, kommt immer wieder.

Mikla
♿🚹🍽 ⓣⓣⓣⓣ

Marmara Pera Hotel, Meşrutiyet Cad. 167/185, Tepebaşı, Beyoğlu, 34430 📞 *(0212) 293 56 56* **Stadtplan** *7 D4* **Karte** *H3/4*

Im Mikla zu speisen ist eine Erfahrung der besonderen Art – wenn Sie es schaffen, einen Platz zu ergattern. Die Karte wird, nicht unüblich, von Fisch und Meeresfrüchten dominiert. Aber die Zubereitung zeugt von ungewohnten kulinarischen Einflüssen. Exquisit. Das Interieur ist subtil, das Publikum ebenso. Bar im Dachgeschoss des Hotels.

The Panorama
🚹🎵🍽 ⓣⓣⓣⓣ

Marmara Hotel, Taksim-Platz, Taksim, 34430 📞 *(0212) 251 46 96* — **Stadtplan** *7 E4* **Karte** *J3*

Das Restaurant im Obergeschoss des Marmara Hotel war eines der ersten der Stadt, das sich der internationalen Küche verschrieben hat. Es verdient nach wie vor Lob für seine kreative Leistung. Die Gäste schwelgen in französischen und italienischen Delikatessen von herausragender Qualität. An Wochenenden Live-Jazz und Tanzmusik.

Abstecher

Beyti
🚹🍽 ⓣⓣ

Orman Sokak 8, Florya, 34710 📞 *(0212) 663 29 90*

Beyti ist seit 60 Jahren eine Istanbuler Institution und in Sachen Fleisch und Kebab eine preisgekrönte Legende. Der riesige Essbereich erstreckt sich über zwölf Speisezimmer, und trotzdem ist es hier zur Mittags- und Abendzeit immer voll. Da ist gutes Personal gefragt. Die Spezialität ist *beyti kebap*. Gute Weinauswahl.

Çiya Kebap
♿🚹🔳🍽 ⓣⓣ

Güneşlibahçe Sokak 48B, Kadıköy 34710 📞 *(0216) 336 30 13*

»Çiya empire«, das sind drei Restaurants an der gleichen Straße. Türkische und ausländische Gourmets strömen hierher, um die Gerichte zu goutieren, deren Rezepte der Eigentümer in der ganzen Türkei sammelt. Kosten Sie den Eintopf mit Fleisch, Quitten und Kastanien und das Dessert mit kandierten Walnüssen. Kein Alkohol.

Koşebaşı Ocakbaşı
♿🚹🔳🍽 ⓣⓣ

Çamlık Sokak 15/3, Levent 📞 *(0212) 270 24 33*

Das international renommierte und ausgezeichnete Kebab-Restaurant hat viele Niederlassungen, in Istanbul und in der ganzen Türkei. Man sitzt hier hell und angenehm. Die Kebabs, die in der Tradition der Osttürkei zubereitet werden, sind absolut köstlich. Außerdem: Nirgends ist *künefe* (Süßspeise aus Fadennudeln und Käse) besser als hier.

Da Mario
♿🚹🍽 ⓣⓣ

Dilhayat Sokak 7, Etiler, 56730 📞 *(0212) 265 15 96*

Da Mario war eines der ersten italienischen Restaurants in Istanbul. Der Ruf von Raffinesse und Qualität ist ihm geblieben. Das vornehme Interieur harmoniert mit der elaborierten Küche. Fleischgerichte sind besonders zu empfehlen. Köstliche Desserts, gute Weinkarte und aufmerksamer Service runden das Ganze ab. Reservierung anzuraten.

Il Piccolo
♿🚹🔳🎵🍽 ⓣⓣ

Bağdat Caddesi, Ogün Sokak 2, Caddebostan, asiatische Seite, 95230 📞 *(0216) 369 64 43*

Il Piccolo ist ein Dauerbrenner. Seit Jahren hat sich die Küche bewährt, und sie ist ständig bemüht, mit den Trends Schritt zu halten. Das Lokal liegt in einem dynamischen Einkaufsviertel auf der asiatischen Seite. Im Sommer wird draußen gespeist, an Wochenenden gibt es Live-Musik. Gute Pizzas und Pasta, hervorragende Weine und Käse.

Stadtplan *siehe Seiten 246–263*

Zeyrekhane

Sinanağa Mahallesi, Ibadethane Arkası Sok. 10, Zeyrek, Fatih, 35600 **(** *(0212) 532 27 78* **Stadtplan** *2 B2* **Karte** *D6*

Café und Restaurant befinden sich in einem restaurierten osmanischen Haus. Im Café gibt es leckere Snacks und kleine, leichte Gerichte, im Restaurant werden die Gäste mit traditioneller osmanischer Küche verwöhnt. Im Sommer sitzt man besonders schön im begrünten, schattigen Innenhof. Alkoholausschank. Reservierung empfehlenswert.

Akdeniz Hatay Sofrasi

Ahmediye Caddesi 44A, Fatih, 34093 **(** *(0212) 531 33 33* **Stadtplan** *1 C5* **Karte** *C8*

Das große, freundliche Restaurant bietet Leckeres aus der südöstlichen Türkei, z. B. saftige, einen Meter lange Kebabs mit Pistazien oder Lammfleisch mit Reis, das im Salzbett gegart wurde. Die Salzkruste wird dabei erst am Tisch aufgebrochen. Lecker ist auch der warme Hummus mit *pastirma* (gedörrtes Rindfleisch). Kein Alkohol.

Cercis Murat

Yazmacı Tahir Sokak 22, Suadiye, 34740 **(** *(0216) 410 92 22*

Wer die Küche von Mardin genießen will, ist hier richtig. Versuchen Sie die Platte mit Salaten, Dips und anderen *meze* – ständig entdecken Sie neue Geschmacksnoten – oder das Tandoori-Lamm. Der Service ist tadellos, die Präsentation eine Augenweide. Per Fähre von der europäischen Seite aus erreichbar. Alkoholausschank.

Develi

Gümüşyüzük Sokak 7, Samatya, Kocamustafapaşa, 35420 **(** *(0212) 529 08 33*

Ohne Übertreibung kann man sagen, dass erst, wer bei Develi Kebab gegessen hat, wirklich Kebab gegessen hat. Denn Kebab wird hier sehr ungewöhnlich zubereitet, und das mit dauerhaft guter Qualität. Der Service ist hervorragend, überhaupt ist alles dazu angetan, es dem Gast angenehm zu machen. Develi toppt die Kebab-Charts!

Hünkar

Akdeniz Caddesi 21, Fatih, 35600 **(** *(0212) 621 64 33* **Stadtplan** *1 C4* **Karte** *B7/C6*

Seit Jahrzehnten ist dieses Restaurant in Familienbesitz. Auf dem Plan stehen typisch osmanische, teils auch weniger bekannte Gerichte. Mitten im Speiseraum plätschert ein kleiner Brunnen. Versuchen Sie *börek* (gefüllter Strudel), *köfte* (Fleischklößchen) oder *pilav* (Reisgerichte), aber auch die Salate und Desserts sind hervorragend.

Sedef

Fevzipaşa Caddesi 19, Fatih, 35600 **(** *(0212) 532 82 33* **Stadtplan** *1 C3* **Karte** *B6*

Das helle und geräumige Restaurant lobt sich selbst für seine Fleischgerichte. Am beliebtesten sind tatsächlich die Grillgerichte – der Chef hat eben ein Händchen für Hamburger und Kebabs –, aber das tut den köstlichen Gemüseeintöpfen keinen Abbruch. Kinderstühle stehen zur Verfügung. Kein Alkohol, wie in den meisten Lokalen in Fatih.

Uludağ Et Lokantası

İstanbul Caddesi 12, Florya, 34710 **(** *(0212) 624 95 90*

Eines der vielen renommierten Kebab-Häuser, die ihre eigene Kebab-Variante servieren. Das riesige Restaurant, das Platz für über 1000 Gäste bietet, liegt am Ufer und ist nicht weit vom Flughafen entfernt. Hier können Sie einen typisch türkischen Abend mit verlässlich gutem Essen verbringen. Das Personal ist freundlich, der Wein akzeptabel.

Asitane

Kariye Hotel, Kariye Camii Sokak 18, Edirnekapı, 38100 **(** *(0212) 635 79 97* **Stadtplan** *1 B1* **Karte** *A4*

Das Asitane, das sich auf osmanische Küche spezialisiert hat, ist sehr empfehlenswert. Einige der seltenen Rezepte stammen aus Aufzeichnungen, die im Topkapı-Palast gefunden wurden. Aber natürlich gibt es auch Steak, Fisch und kreative Reisgerichte. Versuchen Sie unbedingt ein Dessert, z. B. *incir tatlısı* (Feigen mit Walnüssen, in Sirup gekocht).

Denizkızı

Çakmaktaşı Sokak 3/5, Kumkapı, 28601 **(** *(0212) 518 86 59* **Stadtplan** *4 A5* **Karte** *F10*

In den gepflasterten Gassen des alten Fischerviertels von Kumkapı findet man Restaurants und *meyhanes* (traditionelle Wirtschaft) en masse. Das Denizkızı (übersetzt: Meerjungfrau) ist nur eines dieser lebhaften Restaurants mit guten Fischgerichten. Der Fisch wird je nach Wunsch zubereitet. Im Sommer kann man draußen sitzen.

Doğa Balık

Akarsu Yokuşu 46, Cihangir, Taksim, 34433 **(** *(0212) 293 91 44* **Stadtplan** *7 E5* **Karte** *J4*

Sehr renommiertes Fischrestaurant in attraktiver Lage. Alles hier wirkt freundlich und ist komfortabel. Die *meze* werden frisch zubereitet und sind ein kulinarischer und optischer Hochgenuss. Auf dem Programm steht immer auch ein Tagesgericht. Köstliche Salate. Es gibt eine Weinkarte, aber zum Fisch schmeckt *rakı* am besten.

Hacıbey

Teşvikiye Caddesi 156B, Teşvikiye, 80400 **(** *(0212) 231 71 34* **Stadtplan** *8 A2*

Das moderne, sich über zwei Stockwerke erstreckende Restaurant wird vor allem von Leuten besucht, die beim Shopping eine Lunchpause brauchen. Versuchen Sie saftiges Bursa kebab mit Butter, Tomatensauce und etwas Joghurt. Fleisch wird auf einem traditionellen Kohlegrill zubereitet. Im Hacıbey ist es lebhaft, manchmal auch laut.

La Maison

Müvezzi Caddesi 63, Beşiktaş, 82500 **(** *(0212) 227 42 63* **Stadtplan** *9 D3*

La Maison ist ein durch und durch seriöses Lokal. Hier nimmt man die klassische französische Küche sehr ernst. Außer mit dem guten Essen wird man mit einem grandiosen Blick auf den Bosporus verwöhnt. Das Restaurant eignet sich für Empfänge, aber auch für intime Diners. Es ist sehr beliebt, und man sollte unbedingt reservieren.

Mezzaluna

Abdi İpekçi Caddesi 38/1, Nişantaşı, 80400 📞 *(0212) 231 31 42*   ***Stadtplan** 8 A3*

Mittags trifft man hier Spaziergänger und Leute, die beim Shopping eine Pause einlegen, abends ist das Publikum gesetzter. Das Mezzaluna hat Ableger in verschiedenen türkischen Städten und orientiert sich an Yuppies, denen der Sinn nach kontinentalem Essen steht. Schwerpunkt: italienische Küche, köstlich: Muscheln. Und danach: Grappa.

Café du Levant

Rahmi-Koç-Museum, Hasköy Caddesi 27, Hasköy, 69800 📞 *(0212) 369 66 07*

Lange bevor es zum Trend wurde, begann das Café du Levant, Gourmetküche in musealer Umgebung anzubieten. Das elegante französische Bistro konnte über die Jahre seinen Standard halten. Das Essen hier ist nicht billig, aber sein Geld wert. Die Küche ist sehr kreativ und bedient sich türkischer und internationaler geschmacklicher Nuancen.

Halat Restaurant

Rahmi-Koç-Museum, Hasköy Caddesi 27, Hasköy, 69800 📞 *(0212) 369 66 16*

Halat offeriert französische Küche mit extravaganter mediterraner Note. Unbedingt empfehlenswert ist das Steak. Auf der separaten Dessertkarte findet man wahre Meisterwerke. Aber auch die Lage ist erwähnenswert: Speist man auf der Terrasse, sitzt man fast direkt am Goldenen Horn.

Şans

Hacı Adil Caddesi 6, Aralık, Levent 📞 *(0212) 280 38 38*

Die Besucher des Şans lieben die behagliche Atmosphäre und den ruhigen Garten. Tatsächlich überlässt man hier nichts dem Zufall. Das Restaurant wurde mit Preisen ausgezeichnet, den Gast erwartet eine pikante Mittelmeerküche. Die Karte wechselt oft, aber Favoriten wie z. B. Spinatwurzeln in Olivenöl bleiben. Exzellente Weinkarte.

Bosporus

Çınaraltı

İskele Meydanı 44, Ortaköy, europäische Seite 📞 *(0212) 261 46 16*   ***Stadtplan** 9 F3*

Am malerischen Ufer in Ortaköy gibt es eine Menge Restaurants. Das Çınaraltı ist nur eines unter vielen. *Meze*, Salate, Fleisch und Fisch werden hier frisch zubereitet und schön angerichtet. Die Tische stehen recht eng. Speziell an den Wochenenden tummelt sich hier ein trendiges Publikum. Wenn Sie's romantisch suchen – dann woanders.

À la Turka

Hazine Sokak 8, Ortaköy, 34349 📞 *(0212) 258 79 24*

Das einfache, aber hübsche Lokal liegt etwas versteckt in einer Seitenstraße, ganz in der Nähe der Ortaköy-Moschee. À la Turka serviert vor allem klassische, perfekt zubereitete türkische Gerichte, wobei der Chef ein Händchen für das Würzen mit Kräutern hat. Besonders empfehlenswert sind *dolma* (gefüllte Weinblätter).

Abracadabra

İskelenin Çapraz 50/1, Arnavutköy, 34275 📞 *(0212) 358 60 87*

Das Abracadabra ist in einem ungewöhnlichen alten Haus im Viertel Arnavutköy untergebracht. In dem stylishen Restaurant hat man sich auf Fusionsküche spezialisiert. Zum Einsatz kommen saisonale, lokale Bioprodukte, eine Seltenheit in Istanbul. Ein sehr spezielles Dessert ist Bananenmousse mit Curry. Alkoholausschank.

House Café

Salhane Sokak 1, Ortaköy, 34349 📞 *(0212) 227 26 99*   ***Stadtplan** 9 F3*

Kaum ein Restaurant verkörpert Istanbuls dynamischen Aufschwung so sehr wie das House Café. Hier gibt es bunte Salate, die Snacks und Hauptgerichte sind hervorragend, das unkonventionelle Interieur macht Laune. Witzig auch der Barleuchter in Form eines Tintenfischs. Viele Prominente kommen hierher, und es ist immer was los.

Pafuli

Kuruçeşme Caddesi 116, Kuruçeşme, europäische Seite 📞 *(0212) 263 66 38*

Das Pafuli ist seit über 20 Jahren im Geschäft. Das spricht für sich. Man kann drinnen und draußen sitzen. Fisch und Meeresfrüchte, z. B. Shrimps und Tintenfisch, werden frisch zubereitet. Sehr zu empfehlen sind Schwarzmeer-Fische. *Mıhlama* (Kartoffeln mit Eiern), *hamsi* (Sardinen) und der Käse sind legendär. Große Speise- und Weinkarte.

Picante

İskele Caddesi, Salhane Sokak 2, Ortaköy, 34349 📞 *(0212) 236 17 35*

In diesem schicken Lokal serviert man vor allem lateinamerikanische Gerichte und Texmex-Küche. Besonders beliebt sind die *fajitas* und die starken Margaritas. Das ursprüngliche Picante eröffnete 1993 in Bodrum, der Ortaköy-Ableger ist in einem der schönsten Gebäude im Viertel zu finden. Besonders der Blick über den Bosporus ist ein Highlight.

Deniz Restaurant

Kefeliköy Caddesi 23, Kefeliköy, europäische Seite 📞 *(0212) 262 04 07*

Das Deniz liegt am Wasser, und die Küche bietet, was in dieser Lage Sinn macht: frischen Fisch und Spezialitäten von Meeresfrüchten. Absolut exzellent! Das Restaurant ist ideal, um sich mit gutem Essen verwöhnen zu lassen. Im Sommer sitzt man draußen. Zu Deniz kommen auch viele Einheimische. Reservierung empfohlen.

***Stadtplan** siehe Seiten 246–263*

Feriye

🚹 🏪 🎵 📋   ₺₺₺

Çırağan Caddesi 40, Ortaköy, europäische Seite 📞 *(0212) 227 22 16*   **Stadtplan** *9 E3* **Karte** *P/Q1*

Gegrillter Fisch mit Safran, Oktopus mit Zimt oder Huhn mit Pistazien stehen hier auf der Karte. Das Restaurant liegt direkt am Ufer in einem Gebäude aus dem 19. Jahrhundert. Am Wochenende wird hier ein üppiges Brunch-Buffet angeboten. Verschiedene gute Weine kann man glasweise bestellen. Aufmerksamer Service.

Hidiv Kasrı

🚹 🏪   ₺₺₺

Hidiv Yolu 32, Çubuklu, asiatische Seite 📞 *(0216) 413 96 44*

Der frühere Palast steht inmitten eines wundervollen Parks, und zwar auf einem Hügel, sodass man den Blick weit rundum schweifen lassen kann. Im großen, förmlichen Restaurant zelebriert man türkische kulinarische Tradition. Auf der Terrasse wird an Wochenenden Brunch serviert. Der Blick und die frische Brise sind großartig. Kein Alkohol.

Kız Kulesi

🚹 🏪 🎵 📋   ₺₺₺

Leanderturm, ab Fähranlegestelle Üsküdar, asiatische Seite 📞 *(0216) 342 47 47*   **Stadtplan** *10 A3* **Karte** *N5*

Das alte Gebäude liegt direkt vor Üsküdar, und zwar auf einer eigenen kleinen Insel im Bosporus. Tagsüber ist es eine Selbstbedienungs-Cafeteria, aber abends wird es spektakulär: Man genießt einen wunderbaren Blick auf das erleuchtete Istanbul und hört Live-Musik. Dazu wird ein Menü serviert. Reservierung für Restaurant und Fähre empfohlen.

Konak

♿ 🚹 🏪 📋   ₺₺₺

İstinye Caddesi 23–25, Emirgan, europäische Seite 📞 *(0212) 32 65 00/01*

Das restaurierte alte Holzhaus liegt direkt am Wasser. Es besticht mit seiner Auswahl an Salaten, Fleisch- und internationalen Gerichten, aber Highlight ist und bleibt der Fisch. Im Sommer diniert man unter Sonnenschirmen und lässt sich von der frischen Brise streicheln. Die Weine sind durchschnittlich, aber die Küche kompensiert dieses Manko.

Kordon

♿ 🚹 🏪 📋   ₺₺₺

Kuleli Caddesi 51, Çengelköy, asiatische Seite 📞 *(0216) 321 04 75*

Das Restaurant liegt in einem hübsch und geschickt renovierten Lagerhaus. Meeresfrüchte werden hier geradezu artistisch präsentiert, außerdem gibt es immer eine gute Auswahl an frischem Fisch. Die Leute kommen aber nicht nur wegen des Essens, sondern auch wegen des Blicks hinüber aufs europäische Ufer. Im Sommer Tische im Freien.

Sardunya Fındıklı Restaurant

🚹 🏪 📋   ₺₺₺

Meclisi Mebusan Caddesi 22, Salıpazarı, Fındıklı, europäische Seite 📞 *(0212) 249 10 92*   **Stadtplan** *7 F4* **Karte** *K3*

Im Sardunya Fındıklı liegt der Schwerpunkt auf italienischer Küche, aber der Gast wird auch mit einigen ungewöhnlichen internationalen Klassikern überrascht. Im Sommer sitzt man auf der Terrasse. Auffällig ist, dass die Kellner, was den Wein betrifft, Vollprofis sind. Sehr erfolgreich ist auch das Schwesterunternehmen in Gayrettepe.

A'jia

♿ 🚹 🏪 📋   ₺₺₺₺

A'jia Hotel, Kanlıca, asiatische Seite 📞 *(0216) 413 93 53*

Abseits vom Trubel der Stadt liegt das edle Hotelrestaurant in einer *yalı* (Sommerresidenz in Holzbauweise) am asiatischen Bosporus-Ufer. Das Interieur wirkt sehr minimalistisch, fast klinisch, aber das Essen ist hervorragend. Klassische italienische Rezepte und neue Mittelmeerküche mit subtilen Aromen. Reservierung empfohlen.

Les Ambassadeurs

🚹 📋   ₺₺₺₺

Bebek-Hotel, Cevdet Paşa Caddesi 34, Bebek, europäische Seite 📞 *(0212) 358 15 65*

Die Gäste zahlen hier allein schon für Seeluft und Blick aufs Wasser. Aber Les Ambassadeurs muss sich mit seiner Küche nicht verstecken. Es bietet eine riesige Auswahl an türkischen und internationalen Gerichten, aber auch russische Spezialitäten, natürlich in Begleitung von Wodka. Bebek ist ein kleines, malerisches Dörfchen am Ufer.

Changa

♿ 🏪 📋   ₺₺₺₺

Sakıp Sabancı Caddesi 22, Emirgan, europäische Seite 📞 *(0212) 323 09 01*

Bei Changa überschlagen sich die internationalen Restaurantkritiker vor Lob. Auf jeden Fall gehört ein Besuch in dem beim Sakıp-Sabancı-Museum *(siehe S. 141)* gelegenen Restaurant zu den feinsten Erlebnissen, die Istanbul zu bieten hat. Die Ausstattung der Jugendstilvilla, der Garten und die Fusionsgerichte – alles ist perfekt. Alkoholausschank.

İskele Çengelköy

♿ 🚹 🏪 📋   ₺₺₺₺

Kai Nr. 10, Çengelköy, asiatische Seite 📞 *(0216) 321 55 06*

Das Restaurant präsentiert sich mit nautischem Interieur. Viel schöner ist es, im Sommer auf der Terrasse oder im Garten zu sitzen. Seeluft, Fischerdorf-Atmosphäre und die exzellenten Fisch- und Seafood-Gerichte ergänzen sich ausgezeichnet. Die Küche ist, wie hier nicht anders zu erwarten, hervorragend. Gutes Personal und guter Wein.

Poseidon

♿ 🚹 🏪 📋   ₺₺₺₺

Cevdet Paşa Caddesi 58, Bebek, europäische Seite 📞 *(0212) 287 95 31*

Die mit Geranien geschmückte Terrasse des Poseidon ist einfach ein Traum. Sie ragt regelrecht über den Bosporus hinaus, man sitzt hier sehr luftig und angenehm. Angeboten wird türkische und internationale Küche, aber das Personal ermuntert die Gäste dazu, Fischgerichte zu bestellen. Gut, aber teuer: die Fischsuppe.

Süreyya

🚹 📋   ₺₺₺₺

İstinye Caddesi 26, İstinye, europäische Seite 📞 *(0212) 277 58 86*

Süreyya wurde von einem russischen Immigranten gegründet. Es liegt mit Blick auf die hübsche Bucht von İstinye und ist schon fast ein Wahrzeichen am Bosporus. Der Name ist der des einstigen Chefs. Einige seiner Rezepte findet man noch auf der Karte. Zu *blinis* mit Kaviar, Hähnchen Kiew oder Bœuf Stroganoff passt am besten Wodka Lemon.

Ta Nhcia

Köybaşı Caddesi 89, Yeniköy, 34430 **(** *(0212) 245 93 66*

Das griechische Gourmetrestaurant bietet mediterrane Kreationen, die griechische und türkische Küche gekonnt vereinen. Hier passt einfach alles. Die Lammgerichte genügen höchsten Ansprüchen, aber sehr empfehlenswert ist auch der Fisch. Umfangreiche Weinkarte. In den Abendstunden griechische Musik.

Urcan

Kireçburnu Caddesi 13, Tarabya, europäische Seite **(** *(0212) 262 00 24*

Das Urcan ist ein gastronomischer Fixpunkt auf der europäischen Seite des Bosporus. Berühmt ist es vor allem für seine exzellenten Meeresfrüchte. Der Service ist entsprechend gut und immer bemüht, den Gast zufriedenzustellen. Der Küchenchef zaubert stylishe, farbenfrohe Kreationen. Ein rundum befriedigendes Erlebnis.

Ausflüge

Doyum Pide ve Kebap Restaurant

Cumhuriyet Meydanı 13, Çanakkale, 17100 **(** *(0286) 217 48 10*

Hier nimmt man das Geschäft mit überbackenem *pide* (Fladenbrot) und Dönerkebabs sehr ernst. Einfache, aber köstlich zubereitete und sättigende Gerichte werden perfektioniert, und zwar mit traditionellem Geschick. Falls Sie keine Zeit haben, können Sie sich auch etwas zum Mitnehmen einpacken lassen. Kein Alkohol.

Kebapçı İskender

Ünlü Caddesi 7, Bursa, 16020 **(** *(0224) 221 46 15*

Das Kebab-Restaurant, eines der ältesten in Bursa, ist eine regelrechte Instanz. Alle kommen hierher, und jeder ist willkommen. Die Atmosphäre ist familiär. Berühmt sind die Kebabs – sie sind aber auch das Einzige, was es hier gibt. Versuchen Sie *patlıcan kebabı* (Auberginen-Kebab). Kein Alkohol.

Kitap Evi

Burç üstü 21, Tophane, Bursa, 16020 **(** *(0224) 225 41 60*

Wenn Sie in Bursa etwas anders essen gehen wollen, ist das Kitap Evi ideal. Es ist Kulturzentrum mit Lesesaal, Buchladen und Café in einem. Es liegen aktuelle Zeitungen aus, und man trifft immer nette Leute. Gegen den Hunger gibt es leckere Snacks und Kuchen. Wunderbare Atmosphäre.

Yalova Liman Restaurant

Gümrük Sokak 7, Çanakkale, 17100 **(** *(0286) 217 10 45*

Das Yalova Liman liegt mit Blick auf den Hafen von Çanakkale und hat viel Atmosphäre. Mittags kommen die Einheimischen hierher und essen Suppe oder Eintopfgerichte, abends wird es etwas offizieller. Dann werden Fisch, Steaks und Grillgerichte serviert. Sehr empfehlenswert. Alkohol wird ausgeschenkt. Bar im Untergeschoss.

Yusuf Restaurant

Kültür Parkı içinde, Bursa, 16020 **(** *(0224) 234 49 54*

Das Yusuf hat Tradition, wie viele Restaurants in Bursa. Es hat eine der besten Küchen der Stadt. Die Einheimischen kommen hierher wegen des *Tandır*-Lamms (in einer Erdkuhle auf Holzkohle gegartes Lamm). Die Auswahl an *meze*, Grill- und vegetarischen Gerichten ist groß. Im Sommer ist der Garten immer voll. Alkoholausschank.

Çamlık Motel

Sahil Yolu, İznik **(** *(0224) 757 13 62*

İznik hat wundervolle Seen und Berge. Es gibt viel, was man hier entdecken kann. Eine dieser Entdeckungen könnte das Çamlık Motel sein. Wer Ruhe sucht, findet sie hier: ein schlichtes, ländliches Haus mit abgeschlossenem Garten. Die Spezialität ist *inegöl köfte* (Fleischröllchen). Allein deshalb werden Sie schon wiederkommen.

Çanakkale Balık Restaurant

Gegenüber dem Piri-Reis-Brunnen, Çanakkale, 17100 **(** *(0286) 218 04 41/42*

Das Lokal liegt nahe der Universität. Die Gäste kommen vor allem wegen der Fischgerichte hierher. Ein Highlight ist *ahtapot şiş* (Oktopus-Kebab). *Meze* und Salate gibt es in großer Auswahl, aber versuchen Sie auf jeden Fall auch eines der traditionellen Desserts, z. B. Quitten- und Kürbiskompott. Sehr empfehlenswert. Alkoholausschank.

Lalezar

Karaağaç Yolu, Edirne **(** *(0284) 213 06 00*

Lalezar ist einer der angenehmsten Plätze in Edirne. Es liegt etwas außerhalb, aber was gibt es nach einer Besichtigungstour Schöneres, als entspannt am Ufer des Meriç zu sitzen und sich verwöhnen zu lassen. Versuchen Sie, einen Tisch am Wasser zu bekommen. Kebabs, *meze* und die anderen Gerichte sind schlicht und gut.

Leonardo Restaurant

Köyiçi Sokak 32, Polonezköy **(** *(0216) 432 30 82*

Das Leonardo läuft schon seit Jahren gut und scheint immer noch beliebter zu werden. Hier findet man einen schönen Garten, Grillplätze und einen kleinen Swimmingpool vor. Gekocht wird nach französischen und österreichischen Rezepten. An Wochenenden gibt es großzügigen Brunch. Wegen seiner Zentrumsnähe ist das Lokal meist ziemlich voll.

Stadtplan *siehe Seiten 246–263* **Regionalkarte** *siehe Seiten 152f*

Kleine Mahlzeiten und Snacks

Essen auf der Straße gehört zum Leben in Istanbul. Überall sieht man Cafés, Imbissstände oder fliegende Händler, die den Passanten Snacks anbieten. Kebabs, *lahmacun*, *pide* und *börek (siehe S. 192–197)* werden zu jeder Tageszeit gegessen, ebenso Süßigkeiten und Puddings. An jeder Ecke gibt es ein *büfe* oder ein *simit sarayı* (Sandwichstand). Zum Ausruhen eignen sich ein traditionelles *kahve* oder eines der zahlreichen europäischen Cafés in den wohlhabenderen und internationalen Vierteln Istanbuls. Viele amerikanische Ketten haben Filialen in der Stadt eröffnet und bieten Hamburger, Pizza und anderes Fast Food an.

Straßenstände

Zum alltäglichen Anblick auf den Straßen Istanbuls gehören die *Simit*-Verkäufer. *Simitler* sind weiche, mit Sesam bestreute Brotkringel. Viele Verkäufer tragen ihre Produkte in einer Holzschale auf dem Kopf, andere befördern die Ware in einem verglasten Wagen und verkaufen auch *poğaça* (Blätterteig mit Käse- oder Minzefüllung), *su böreği* (gefüllte Pasteten), *açma* (weicher *simit* in Form eines Krapfens) und *çatal* (süßer *simit* ohne Sesam). Im Sommer bieten die Händler gegrillte Maiskolben an, im Herbst und Winter heiße Maroni *(kestane)*. *Kağıt helvası* ist ein Sommerdessert: Die dünnen, mit Zucker gefüllten Gebäckschichten zergehen auf der Zunge. In Ortaköy isst man gerne *kumpir*, in Alufolie gebackene Kartoffeln.

Sandwiches und Teigwaren

Schmackhafte Sandwiches werden am Kiosk oder *büfe* (bei Bushaltestellen) verkauft. Dazu gehören Toastbrote *(tostler)* und Hotdogs *(sosisli sandviçleri)*. Die Snackbars in Ortaköy *(siehe S. 122)* auch auf Teigwaren wie *gözleme* und *dürüm* spezialisiert. Beide setzen sich aus dünnem Teig zusammen, werden auf einer heißen Eisenplatte gegrillt und mit Fleisch, Käse und Gemüse gefüllt. *Dürüm* wird erhitzt, dann gefüllt und gerollt. *Gözleme* wird mit Füllung warm gemacht und zu einem Dreieck gefaltet.

Fisch

Fischsandwich-Verkäufer bieten gegrillte oder gebratene frische Fische in einem halben oder einem Viertel Laib Brot an. Die Händler vertäuen ihre Boote reihenweise an den Fähranlegestellen in Eminönü und warten auf die Passagiere. *Midye tava* (gebratene Muscheln) wird mit Haselnüssen, Knoblauch und Öl angerichtet. Fisch- und Muschelsandwiches gibt es auf dem Galatasaray-Fischmarkt in Beyoğlu *(siehe S. 215)*. Hier erhalten Sie auch *midye dolma*, Muscheln gefüllt mit Pinienkernen, Reis und Korinthen *(siehe S. 194)*. Seien Sie vor allem in den Sommermonaten vorsichtig mit Mahlzeiten, die längere Transportwege hinter sich haben.

Kaffeehäuser

Das typische Kaffeehaus, *kahvehane* (oder *kahve*), dominieren Männer. Das osmanische *kıraathane* bedeutet »ein Ort zum Lesen«, aber in diesen Cafés spielen die Männer eher Backgammon und Karten, rauchen und trinken Kaffee oder Tee. Alkohol und Essen werden nicht serviert.

In Beyazıt und Sultanahmet dürfen auch weibliche Besucher in die *kahveler*. *Çorlulu Ali Paşa Medresesi (siehe S. 96)* ist ein bei Künstlern und Studenten beliebtes *kahve*. Das **Café** der Zisterne bietet Getränke in ungewöhnlicher Umgebung. Allerdings müssen Sie den Eintritt zur Zisterne *(siehe S. 76)* zahlen. Das **Café Kafka** ist nach dem Schriftsteller Franz Kafka be-

nannt. Zu seinen Besuchern zählen Akademiker und Intellektuelle, die hier in geselliger Atmosphäre delikaten Kaffee, Kuchen und Snacks zu sich nehmen. Auch beim **Pierre Loti Café** in Eyüp *(siehe S. 120)* handelt es sich um ein traditionelles *kahve*. Memorabilien und alte Wandfliesen gehören zur Dekoration. Hier soll einst Pierre Lotis Lieblingsplatz gewesen sein. Das **İsmail Ağa Café** am Ufer in Kanlıca *(siehe S. 141)* ist für seinen Joghurt berühmt.

Das **Bebek Kahvesi** in der Nähe des Fährhafens von Bebek *(siehe S. 138)* wird von Studenten und Familien bevorzugt, die auf der Terrasse die Brise des Bosporus genießen wollen.

Patisserien und Milchbars

Die besten Patisserien befinden in zwei Beyoğlu-Hotels, im Divan und im Pera Palas *(siehe S. 104)*. Das **Divan** ist bekannt für seine Schokolade, und die **Patisserie de Pera** hält ihren Ruf mit antikem Dekor, klassischer Musik, schmackhaften Keksen und englischen Tees aufrecht. Die **İnci Patisserie** ist für ausgezeichnete kleine, gefüllte Brandteigkuchen und *baklava* berühmt, und trotz ihres heruntergekommenen Äußeren geht es immer sehr lebhaft zu.

Im **Gezi-Istanbul-Café** neben dem Atatürk-Kulturzentrum *(siehe S. 220f)* bekommt man selbst hergestellte Konditorwaren wie Trüffel oder Torten. Milchbars *(muhallebiciler)* servieren leckere süße Milchpuddings. **Sütiş Muhallebicisi** ist eine alteingesessene Milchbar-Kette.

Eisdielen

Im Sommer gehören Eisverkäufer zum alltäglichen Anblick. Türkisches Eis *(dondurma)* ist sehr süß. Es gibt z.B. Schoko- und Fruchteis. **Mado** ist eine der besten Eisdielen mit Zweigstellen. Empfehlenswert ist auch das **Mini Dondurma** in Bebek.

Europäische Cafés

Europäische Cafés gehören in Istanbul zum Alltag und servieren leichte Mahlzeiten wie Salate, Toasts, Omeletts, Crêpes und Desserts.

Die besten Cafés befinden sich in Taksim und auf der İstiklal Caddesi in Beyoğlu *(siehe S. 102f)*. Das elegante **Lebon** serviert Gerichte wie Königinpastete und auch Wiener Torten. Das **Leyla** gegenüber dem Tünel-Ausgang ist ein beliebter Treff für Medienleute.

In Sultanahmet gibt es einige schicke Designercafés. Das **Lale Restaurant** galt in den 1970er Jahren als Treffpunkt der Hippies und bietet heute Preiswertes wie Kasserollen, gegrilltes Huhn und Milchpuddings an.

Das **Zanzibar** im Einkaufsviertel Nişantaşı ist bei junger Klientel beliebt. Man serviert Gegrilltes, Waldorf-Salat und Toast Provençal.

Ebenfalls in Nişantaşı finden Sie das **Next Café**, das neben köstlichen Kuchen auch herzhafte Speisen serviert.

In und um Ortaköy *(siehe S. 122)* warten zahllose Souvenirläden, aber auch Cafés und Imbissgelegenheiten auf die hungrigen Besucher.

In Rumeli Hisarı am Bosporus liegt das englische Café **Tea Room**. Es wurde im Kolonialstil eingerichtet und serviert Scones und natürlich viele Sorten englischer Tees.

Von den neuen Internet-Cafés, die überall in der Stadt aus dem Boden zu sprießen scheinen, zählt das **Antique** eindeutig zu den besten. Der wirtschaftliche Aufschwung auf der europäischen Seite färbt zunehmend auf die asiatische Seite ab, und auch hier eröffnen immer mehr Cafés. Eines der interessantesten ist das **Kadife Chalet** nahe Moda. Es befindet sich in einem Holzgebäude (19. Jh.) und bietet hausgemachte Kuchen, Gerichte mit selbst angebauten Zutaten und eine große Auswahl an ausgezeichneten Kräutertees.

Bars

Trotz des islamischen Alkoholverbots verwandeln sich viele vornehme Cafés der Stadt abends in Bars. Dies ist dann am Wechsel der Musik zu erkennen, die von leisen Klängen auf Popmusik umstellt. Es ist möglich, nur etwas zu trinken, aber auch Speisen werden in vielen lokalen angeboten. Selbst Bars, die tagsüber kein Café sind, servieren Snacks.

Das **Pano Şaraphanesi** ist eines der alten Weinlokale, die Sie in den Nebenstraßen von Beyoğlu finden können. Hier erhalten Sie den Wein auch glasweise. Einige Hotelbars, wie das **City Lights** des Hotels Ceylan Intercontinental *(siehe S. 189)*, bereiten komplizierte Gerichte zu. Zu anderen Bars, etwa dem **Zihni's**, gehört ein gesondertes Restaurant. In vielen Bars treten Live-Bands auf, die Rock- oder Jazzmusik spielen. Weitere Informationen zu Bars finden Sie auf Seite 221.

AUF EINEN BLICK

Kaffeehäuser

Bebek Kahvesi
Cevdet Paşa Cad. 137, Bebek.
(0212) 257 54 20.

Café Kafka
Yeni Çarşı Cad. 26/1, Galatasaray.
Stadtplan 7 D4.
(0212) 245 19 58.

Café in der Zisterne
Yerebatan Sarayı, Yerebatan Cad. 13, Sultanahmet.
Stadtplan 3 E4 (5 E4).
(0212) 512 18 77.

Çorlulu Ali Paşa Medresesi
Yeniçeriler Cad. 36, Çemberlitaş.
Stadtplan 2 C4 (4 B3).
(0212) 528 37 85.

İsmail Ağa Café
Simavi Meydanı, Kanlıca.

Pierre Loti Café
Gümüşsuyu Karyağdı Sok. 5, Eyüp (beim Friedhof von Eyüp).
(0212) 581 26 96.

Patisserien und Milchbars

Divan
Cumhuriyet Cad. 2, Elmadağ. **Stadtplan** 7 F3.
(0212) 231 41 08.

Gezi-Istanbul-Café
İnönü Cad. 5/1, Taksim.
Stadtplan 7 F4.
(0212) 292 53 53

İnci Patisserie
İstiklâl Cad. 124/2, Beyoğlu. **Stadtplan** 7 E4.
(0212) 243 24 12.

Patisserie de Pera
Hotel Pera Palas, Meşrutiyet Cad 98–100, Tepebaşı.
Stadtplan 7 D5.
(0212) 251 45 60.

Sütiş Muhallebicisi
Sıraselviler Cad. 9A, Taksim. **Stadtplan** 7 E4.
(0212) 252 82 68.

Eisdielen

Mado
Osmanzade Sok. 26, Ortaköy. **Stadtplan** 9 F3.
(0212) 227 38 76.

Mini Dondurma
Cevdet Paşa Cad. 107, Bebek.
(0212) 257 10 70.

Europäische Cafés

Antique
Kutlugün Sokak 51, Sultanahmet.
Stadtplan 3 E4.
(0212) 517 67 89.

Kadife Chalet
Kadife Sok. 29, Kadıköy.
(0216) 347 85 96.

Lale Restaurant
Divanyolu Cad. 6, Sultanahmet.
Stadtplan 3 E4 (5 E4).
(0212) 522 29 70.

Lebon
Hotel Richmond, İstiklâl Cad. 445, Beyoğlu.
Stadtplan 7 D5.
(0212) 252 54 60.

Leyla
Tünel Meydanı 186, Beyoğlu. **Stadtplan** 7 D5.
(0212) 245 40 28.

Next Café
Ilhamur Yolu 3/1, Nişantaşı. **Stadtplan** 7 D5.
(0212) 247 80 43.

Tea Room
Yahya Kemal Cad. 36A, Rumeli Hisarı.
(0212) 257 25 80.

Zanzibar
Teşvikiye Cad. 43–57, Reassürans Çarşısı 60, Teşvikiye. **Stadtplan** 8 A2.
(0212) 233 80 46.

Bars

City Lights
Hotel Ceylan Intercontinental, Asker Ocağı Cad. 1, Taksim.
Stadtplan 7 F3.
(0212) 231 21 21.

Pano Şaraphanesi
Hamalbaşı Cad., Beyoğlu.
Stadtplan 7 D4.
(0212) 292 66 64.

Zihni's
Muallim Naci Cad. 119, Ortaköy. **Stadtplan** 9 F2.
(0212) 236 73 57.

Stadtplan *siehe Seiten 246–263*

Shopping

**Moderne
Glasvase**

Zu fast jeder Tages- und Jahreszeit geht es in Istanbuls Läden und auf seinen Märkten sehr lebhaft zu. Am berühmtesten ist der Große Basar, aber auch die anderen Basare und Märkte lohnen den Besuch *(siehe S. 214f)*. Die Türkei ist ein Zentrum der Textilwarenproduktion, daher finden Sie in Istanbul zahllose Teppich- und Modeläden. Wer gern alle Einkäufe unter einem Dach erledigt, kann dies in den modernen Einkaufszentren tun, die eine Vielzahl an internationaler und türkischer Markenware anbieten. Achten Sie immer auf die Echtheit bekannter Markenprodukte, denn selbst wenn sie qualitativ die Norm erfüllen und der Verkäufer auf ihrer Authentizität besteht, kann es sich um Imitationen handeln. Handeln gehört in der Türkei in Basaren und kleinen Läden dazu.

**Bunt bemalte Kerzenlaternen
im Großen Basar**

Öffnungszeiten

Läden haben montags bis samstags von 9 bis 20 Uhr geöffnet, Märkte ab 8 Uhr. Nur größere Läden und Kaufhäuser öffnen etwas später. Im Großen Basar und im Gewürzbasar können Sie von 8.30 bis 19 Uhr einkaufen, in den großen Einkaufszentren täglich von 10 bis 22 Uhr. Die meisten Geschäfte bleiben über Mittag geöffnet, nur einige kleinere schließen während der kurzen Gebetszeiten, vor allem zu den Mittagsgebeten am Freitag.

An den religiösen Feiertagen Şeker Bayramı und Kurban Bayramı haben die meisten Läden zu, sie öffnen aber in der Regel an nationalen nichtreligiösen Feiertagen *(siehe S. 44–47)*.

Bezahlung

Fast alle Läden, die an Urlauber Waren verkaufen, akzeptieren ausländische Währungen. Die Wechselkurse sind oft in den Läden angeschrieben – man kann sie auch in der Tageszeitung nachlesen und sollte sie auf jeden Fall vergleichen.

Bezahlt man in bar, bekommt man meist einen beträchtlichen Rabatt. Kreditkarten werden – außer in Supermärkten und kleinen Geschäften – weitgehend akzeptiert. Dennoch ist es – auch bei größeren Summen – nicht ungewöhnlich, dass man gebeten wird, bei der Bank Bargeld zu holen. Einige wenige Läden akzeptieren auch Reiseschecks.

Bei Preisverhandlungen auf Märkten und Basaren gilt als Faustregel: Sie sollten zunächst rund die Hälfte der verlangten Summe anbieten und sich schrittweise einem realistischen Preis annähern.

**Fese an einem
Straßenstand**

Mehrwertsteuer

Wenn Sie bei Ihren Einkäufen in einem der über 2200 Geschäfte mit dem »Tax Free«-Logo mehr als 118 Türkische Lira (TL) an einem Tag ausgeben und Inhaber eines ausländischen Passes sind, können Sie einen Teil der Mehrwertsteuer (türkisch KDVK) zurückbekommen – nach Abzug der Bearbeitungsgebühr bis zu 12,5 Prozent.

Sie zeigen beim Kauf Ihren Ausweis und erhalten vom Geschäft eine Sonderrechnung *(özel fatura)*, den sogenannten Global-Refund-Scheck. Diese Rechnung und die unbenutzte Ware müssen Sie bei der Ausreise dem Zollpersonal vorzeigen. Die Mehrwertsteuer wird in der Regel sofort bar rückerstattet.

Größen

In der Türkei gelten die auch in Deutschland, Österreich und der Schweiz üblichen Kleider- und Schuhgrößen.

Märkte verkaufen viele Süßigkeiten offen

Antiquitätenladen in Çukurcuma

Antiquitäten

Bevor man in der Türkei Antiquitäten kauft, ist es wichtig zu wissen, was man ausführen darf und was nicht. Generell dürfen Objekte, die älter als 100 Jahre sind, nur mit einer Bescheinigung exportiert werden, die das Alter und die Ausfuhrerlaubnis offiziell attestiert. Ausgestellt werden diese Zertifikate von Museen und dem Ministerium für Kultur in Ankara.

Ladenbesitzer wissen in der Regel, ob Sie den Gegenstand exportieren dürfen und welches Museum für die Ausfuhrerlaubnis zuständig ist. Theoretisch sollte der Verkäufer vorab alle Gegenstände, die älter als 100 Jahre sind, bei den entsprechenden Museen registriert haben. In der Praxis ist es jedoch so, dass ein Museum oft erst dann kontaktiert wird, wenn ein Stück von einem Käufer ernsthaft ins Auge gefasst oder schon gekauft wurde. Bedenken Sie, dass die Ausfuhr von alten Stücken ohne Erlaubnis als Schmuggel angesehen wird und Sie sich strafbar machen. Dies gilt auch für die beliebten Van-Katzen und Kangal-Hunde.

Shopping-Center und Kaufhäuser

Istanbuls moderne Shopping-Center sind bei türkischen Familien und Besuchern gleichermaßen beliebt. Sie bieten neben einer großen Warenauswahl in unzähligen Läden auch Unterhaltung mit Multiplex-Kinos, »Fressmeilen« und Cafés. **Akmerkez** in Etiler ist ein modernes Hochhaus. Hier findet man Stores fast aller führenden Modefirmen der Türkei und vieler internationaler Marken. **Forum** in Bayrampaşa beherbergt 265 Läden, ein Aquarium und einen Technologie-Hof in einer Landschaft mit Boulevards und Piazzas. Im Center **Galleria** neben dem Yachthafen in Ataköy befinden sich Modeläden und eine Niederlassung des französischen Kaufhauses Printemps nebst einer Eislaufbahn (*siehe S. 222*). Das **Kanyon** in Levent versammelt 160 Läden, Lokale und ein Kino mit neun Sälen.

Im Einkaufszentrum Akmerkez finden Sie internationale Marken

Schlussverkäufe

Modeboutiquen, Kaufhäuser und viele Fachgeschäfte veranstalten über einen langen Zeitraum hinweg Schlussverkäufe (*indirimler*). Sommerschlussverkauf findet von Juni oder Juli bis Ende September statt, Winterschlussverkauf von Anfang Januar bis Mitte April. In Basaren gibt es keine Schlussverkäufe; je nach Verhandlungsgeschick können Sie hier jeden Tag und rund ums Jahr ein Schnäppchen machen.

Preise sind Verhandlungssache

In Istanbuls vornehmen Läden ist Handeln nicht üblich. Aber wahrscheinlich werden Sie die meisten Ihrer Einkäufe im Großen Basar und in den Läden in oder um die Altstadt (Sultanahmet und Beyazıt) tätigen. Hier müssen Sie handeln, sonst werden Sie sehr wahrscheinlich übervorteilt. Ein Merkmal der Ladeninhaber in Basaren ist ihr offensives Verhalten: Sie erwarten grundsätzlich, dass Sie handeln. Lassen Sie sich jedoch Zeit, bevor Sie sich für ein Produkt in einem Laden entscheiden. Das Prozedere ist wie folgt:
• Man bietet Ihnen eine Tasse Tee an. Es steht Ihnen frei, das Angebot anzunehmen. Die Einladung ist für jede Art von Handel üblich und verpflichtet Sie nicht zum Kauf.
• Der Ladeninhaber wird sein Geschäft auf den Kopf stellen. Lassen Sie sich davon nicht unter Druck setzen.
• Wenn Sie an einem Artikel interessiert sind, scheuen Sie sich nicht, die Hälfte des verlangten Preises anzubieten.
• Sollte der Geschäftsinhaber ablehnen, achten Sie nicht darauf. Erhöhen Sie den Preis ein wenig mit dem Ziel, nicht allzu viel mehr als die Hälfte des ursprünglichen Preises zu bezahlen. Ist Ihr Angebot für den Verkäufer wirklich nicht im akzeptablen Rahmen, wird er die Verhandlung schnell abbrechen – und sodann versuchen, Ihre Aufmerksamkeit auf einen anderen Artikel in seinem Laden zu lenken.

Im Basar gehört Handeln einfach dazu

Basare und Läden

Kaviar auf dem Gewürzbasar

Die Stadt bietet eine Vielfalt an Läden und Basaren. Läden mit der gleichen Produktpalette drängen sich oft an einem Ort. Auf dem Großen Basar *(siehe S. 98f)* konzentrieren sich Teppich- und Kelimläden sowie solche für Schmuck, Lederjacken, Handwerksartikel und Souvenirs. In Nişantaşı, auf der İstiklal Caddesi (europäische Seite) und auf der Bağdat Caddesi (asiatische Seite) finden Sie Kleidung und Schuhe. Den besten Fisch gibt es auf dem Gewürzbasar *(siehe S. 88)* und auf dem Galatasaray-Fischmarkt *(siehe S. 215)*.

Teppiche und Kelims

Teppiche und Kelims sollten Sie auf dem Großen Basar in Istanbul *(siehe S. 98f)* kaufen. Die **Galeri Şirvan** hat ein gutes Sortiment an Teppichen, ebenso **Nakkas**, wo man auch bei Kelims unter allen erdenklichen Mustern, Farben und Größen wählen kann. Auf dem **Kavalleriebasar** *(siehe S. 71)* findet man viele Kelimläden. **Hazal Halı** in Ortaköy gehört einer Dame, die die Geschichte nahezu all ihrer Teppiche kennt.

Stoffe

Farbenprächtige Stoffe mit traditionellen Mustern werden fast überall verkauft. **Sivaslı Yazmacısı** bietet Textilien aus den Dörfern, gehäkelte Kopftücher und bestickte Tücher an. **Khaftan** hinter der Blauen Moschee liegt günstig

Farbenprächtige zentralasiatische Wandbehänge

und hat eine große Auswahl an traditionellen Textilwaren. Beim Antiquitätenhändler **Aslı Günşiray** bekommt man ebenfalls bestickte Tücher.

Schmuck

Istanbuls bedeutender Goldmarkt befindet sich auf der Kalpakçılar Başı Caddesi auf dem Großen Basar. Goldschmuck wird hier nach Gewicht verkauft, hinzu kommt eine bescheidene Summe für die in der Regel hochwertig und kunstvoll ausgeführte Goldschmiedearbeit. Den Tagespreis für Gold nennen Ihnen Aushänge in den Ladenfenstern. Andere Läden auf dem Großen Basar verkaufen Silberschmuck und Schmuck mit Edelsteinen. **Urart** hat eine Sammlung einzigartiger Gold- und Silberschmuckstücke. **Antikart** ist Spezialist für restaurierten antiken Silberschmuck aus der Osttürkei.

Leder

Für türkische Lederprodukte werden nicht immer die qualitativ besten Häute verwendet. Die Kleidungsstücke sind aber gut verarbeitet und haben sehr günstige Preise. Auf dem Großen Basar gibt es zahlreiche Lederhändler. **B. B. Store** fertigt u. a. auf Bestellung an.

   Desa hat eine gute Auswahl an klassischen und modernen Kleidungsstücken. **Meb Deri** verkauft kleine Lederwaren und Designer-Handtaschen.

Antiquitäten

Die Seitenstraßen von Çukurcuma *(siehe S. 107)* im Stadtteil Beyoğlu sind der interessanteste Bezirk für Antiquitätenjäger. **Aslı Günşiray**, **Antikhane** und **Antikarnas** sind bekannt für ihre türkischen, islamischen und westlichen Bestände. Eine große Auswahl an Antiquitäten, etwa Eisenwaren, Möbel oder Geschirr, kann man auf dem Großen Basar finden.

   Die Antiquariate in und um Tünel *(siehe S. 102)*, etwa die **Librairie de Pera**, verkaufen Postkarten und Drucke. Eine der besten Buchhandlungen ist **Galeri Kayseri**, die auch englische Ausgaben führt.

Handwerk und Souvenirs

Ikonen auf dem Großen Basar

Der Große Basar bietet türkische Kunst und Handarbeit jeder Art an. Zu den häufig gekauften Mitbringseln gehören bestickte Hüte, Westen, Schmuckschatullen mit Perlmutteinlage, Meerschaumpfeifen in Form eines Kopfes, Perlenketten aus Schmucksteinen, Alabasterornamente, blaue Glasaugen als Talisman zum Schutz vor dem bösen Blick, Wasserpfeifen und Reproduktionen von Ikonen.

   Im **Zentrum für Kunsthandwerk** *(siehe S. 76)* können Sie Kalligrafen bei ihrer Tätigkeit zusehen. Auf **Rölyefs** Bücherbasar *(siehe S. 94)* in Beyoğlu, im **Artrium** und im **Sofa** erhalten Sie wunderschöne Kalligrafien, *ebruler* (marmorierte Malereien) und Reproduktionen osmanischer Miniaturmalerei.

Keramik, Glas und Metall

Hunderte der Läden auf dem Großen Basar führen traditionelle Keramiken, darunter viele Stücke mit den exquisiten blau-weißen İznik-Mustern *(siehe S. 161)*.

   Töpferarbeiten aus Kütahya sind an ihrem expressiven Stil zu erkennen, und für Keramikprodukte aus Çanakkale *(siehe S. 170)* werden modernere, oft gelbe und grüne, Muster verwendet. **Mudo Pera** besitzt eine moderne Sammlung von Sıtkı Usta, einem Meister der Kütahya-Töpferkunst. In den meisten Museumsläden finden Sie ein gutes Angebot an Keramikarbeiten und Reproduktionen.

Auf dem Großen Basar und auf dem Kavalleriebasar *(siehe S. 215)* konzentriert sich der Kupfer- und Messinghandel. **Paşabahçe** ist der größte Hersteller für Glasartikel in der Türkei. Er produziert die feinen *Çeşmibülbül*-Vasen (mit blauen und goldenen Streifen) und Produkte im Beykoz-Stil.

Leckereien

Der Gewürzbasar *(siehe S. 88)* eignet sich zum Kauf von Nüssen (v. a. Pistazien) und Trockenobst, Kräutern und Gewürzen sowie Marmeladen und Kräuterteesorten, die in der Türkei hergestellt werden, etwa Salbei *(adaçayı)*, Lindenblüten *(ıhlamur)* und Kamille *(papatya)*. Auch Luxusartikel wie Kaviar bekommen Sie hier. Auf dem Galatasaray-Fischmarkt finden Sie ebenfalls Kräuter, Marmelade, Tee und Gewürze.

Einige Fachgeschäfte sind auf bestimmte Delikatessen spezialisiert. Das **Şekerci Hacı Bekir** ist für Süßspeisen und für *baklava* bekannt. Das **Bebek Badem Ezmesi** am Bosporus wird für seine Pistazien- und Mandeltondants gelobt. **Kurukahveci Mehmet Efendi** *(siehe S. 86)* ist seit über 100 Jahren einer der bekanntesten Hersteller türkischen Kaffees. *Rakı (siehe S. 197)* ist die Quintessenz des türkischen Lebensstils und kann in jedem Lebensmittelladen gekauft werden.

Eingelegtes Obst und Gemüse wird auf Märkten angeboten

AUF EINEN BLICK

Mehrwertsteuer

Global Refund
Ferah Sokak 19/A-2, Teşvikiye. ☎ *(0212) 232 11 21.* **www**.globalrefund.com

Shopping-Center

Akmerkez
Nispetiye Cad., Etiler. ☎ *(0212) 282 01 70.*

Forum
Kocatepe Mahallesi, Bayrampaşa. ☎ *(0212) 443 13 99.*

Galleria
Sahil Yolu, Ataköy. ☎ *(0212) 559 95 60.*

Kanyon
Büyükdere Cad. 185, Levent. ☎ *(0212) 353 53 00.*

Teppiche und Kelims

Galeri Şirvan
Keseciler Cad. 55–57, Gr. Basar. **Stadtplan** 2 C4 (4 B3). ☎ *(0212) 520 62 24.*

Hazal Halı
Mecidiye Köprüsü Sok. 27–29, Ortaköy. **Stadtplan** 9 F3. ☎ *(0212) 261 72 33.*

Nakkas
Nakibent Sok. 33, Sultanahmet. **Stadtplan** 3 D5 (5 D5). ☎ *(0212) 516 52 23.*

Stoffe

Khaftan
Nakilbent Sok. 48, Sultanahment. **Stadtplan** 3 D5 (5 D5). ☎ *(0212) 458 54 25.*

Sivaslı Yazmacısı
Yağlıkçılar Sok. 57, Großer Basar. **Stadtplan** 2 C4 (4 B3). ☎ *(0212) 526 77 48.*

Schmuck

Antikart
İstiklal Cad. 207, Atlas Kuyumcular Çarşısı 32, Beyoğlu. **Stadtplan** 7 D4. ☎ *(0212) 252 44 82.*

Urart
Abdi İpekçi Cad. 18/1, Nişantaşı. **Stadtplan** 7 F1. ☎ *(0212) 246 71 94.*

Leder

B. B. Store
Gani Çelebi Sok. 46, Gr. Basar. **Stadtplan** 2 C4 (4 B3). ☎ *(0212) 527 53 38.*

Desa
İstiklal Cad. 140, Beyoğlu. **Stadtplan** 7 D4. ☎ *(0212) 243 37 86.*

Meb Deri

Abdi İpekçi Cad. 14/2, Nişantaşı. **Stadtplan** 1 C1. ☎ *(0212) 225 56 80.*

Antiquitäten

Antikarnas
Faik Paşa Yokuşu 15, Çukurcuma. **Stadtplan** 7 E4. ☎ *(0212) 251 59 28.*

Antikhane
Faik Paşa Yokuşu 41, Çukurcuma. **Stadtplan** 7 E4. ☎ *(0212) 251 95 87.*

Aslı Günşiray
Çukurcuma Cad. 72–74, Çukurcuma. **Stadtplan** 7 E4. ☎ *(0212) 252 59 86.*

Bücher

Galeri Kayseri
Divanyolu Cad. 11, Sultanahmet. **Stadtplan** 3 D4. ☎ *(0212) 512 33 66.*

Librairie de Pera
Galip Dede Cad. 22, Tünel. **Stadtplan** 7 D5. ☎ *(0212) 252 30 78.*

Handwerk und Souvenirs

Artrium
Swissôtel, Maçka. **Stadtplan** 8 A4. ☎ *(0212) 259 02 28.*

Rölyef

Emir Nevruz Sok. 16, Beyoğlu. **Stadtplan** 7 D4. ☎ *(0212) 244 04 94.*

Sofa

Nuruosmaniye Cad. 42, Cağaloğlu. **Stadtplan** 3 D4 (4 C3). ☎ *(0212) 527 41 42.*

Keramik, Glas und Metall

Mudo Pera
İstiklal Cad. 401, Beyoğlu. **Stadtplan** 7 D5. ☎ *(0212) 251 86 82.*

Paşabahçe
İstiklal Cad. 314, Beyoğlu. **Stadtplan** 7 D5. ☎ *(0212) 244 05 44.*

Leckereien

Bebek Badem Ezmesi
Cevdetpaşa Cad. 238/1, Bebek. ☎ *(0212) 263 59 84.*

Kurukahveci Mehmet Efendi
Tahmis Cad. 66, Eminönü. **Stadtplan** 3 D2. ☎ *(0212) 511 42 62.*

Şekerci Hacı Bekir
Hamidiye Cad. 83, Eminönü. **Stadtplan** 3 D3. ☎ *(0212) 522 06 66.*

Stadtplan *siehe Seiten 246–263*

Highlights: Istanbuls Märkte

Teller mit
İznik-Muster

Ob Sie den Duft exotischer Gewürze einatmen, in Antiquariaten zwischen staubigen Büchern nach alten Drucken und Miniaturen stöbern, auf Souvenirjagd gehen oder Leckereien einkaufen wollen – in Istanbul finden Sie immer einen Markt oder Basar, der Ihre Wünsche erfüllt. Der Große Basar ist für viele Besucher sehr verlockend, aber auch zahlreiche kleinere Basare sind nicht zu verachten. In jedem Viertel findet an bestimmten Wochentagen ein Markt im Freien statt, der meist von Hausfrauen bevölkert ist. Sie können dort die unterschiedlichsten Waren zu konkurrenzlos niedrigen Preisen erstehen.

Gewürzbasar
Im Gewürzbasar findet man eine riesige Auswahl an getrockneten Kräutern und Gewürzen (siehe S. 88).

GOLDENES HORN)

HALIÇ

Mittwochsmarkt
Der Mittwochsmarkt wird neben der Fatih-Moschee (siehe S. 113) abgehalten und ist einer der farbenprächtigsten Straßenmärkte Istanbuls. Von frischen Erzeugnissen und Haushaltsartikeln bis hin zu Glühbirnen und Saatgut wird alles angeboten.

BASAR-
VIERTEL

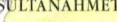

SULTANAHMET

Großer Basar
Der Große Basar beherbergt 4000 Läden und ist weltweit der größte Markt. In dem überdachten Labyrinth wird jede mit der Türkei in Zusammenhang stehende Ware verkauft. Das Angebot reicht von Schmuck bis hin zu Grundnahrungsmitteln. Der Basar ist seit Hunderten von Jahren in Betrieb (siehe S. 98f).

Bücherbasar
Der Bücherbasar nahe dem Großen Basar bietet eine enorme Vielfalt an Publikationen in mehreren Sprachen. Hier finden Sie von Reiseführern bis zu akademischen Wälzern alles (siehe S. 94).

Bio-Markt Şişley Feriköy

Istanbuls erster Bio-Markt findet jeden Samstag in Feriköy statt. Hier bekommt man wunderbar frisches Obst und Gemüse.

BEYOĞLU

BOĞAZ (BOSPORUS)

Flohmarkt in Ortaköy

Jeden Sonntag bauen Händler auf dem Hauptplatz von Ortaköy ihre Stände auf. Die angebotenen Souvenirs reichen von Ramsch bis hin zu feinem Schmuck und originalem türkischem Kunsthandwerk (siehe S. 122).

Galatasaray-Fischmarkt

Einer der besten Fischmärkte Istanbuls erstreckt sich in einer historischen Gasse (siehe S. 103) und vermittelt v. a. bunte Eindrücke. Neben zahllosen aus dem Marmarameer stammenden Fischsorten sind hier alle Arten von Gemüse, die ganze Palette türkischer Gewürze sowie Souvenirs erhältlich.

ASIATISCHE SEITE

SARAY BURNU

Kadıköy

Die asiatische Seite Istanbuls lebt von Straßenmärkten, die im Allgemeinen in der Mahmut Baba Sokağı oder den umliegenden Straßen abgehalten werden.

Kavalleriebasar

Umgebaute osmanische Ställe bilden die Kulisse für diesen Basar nahe der Blauen Moschee. Zahlreiche Teppichhändler wollen ihre Produkte an den Mann bringen, aber auch Kunsthandwerk und Schmuck werden angeboten.

0 Meter   500

Souvenirs

Türkische Pantoffeln

Mit seinen Basaren, Märkten, Läden und Ständen ist Istanbul ein Paradies für Souvenirjäger. Eine Investition in Schmuck und Leder kann sich als echtes Schnäppchen erweisen. Typisch Türkisches kann man aus einem großen Angebot an Keramik- und Kupferprodukten wählen. Die Antiquitätenläden *(siehe S. 212)* lohnen ebenfalls einen Besuch. Am berühmtesten ist Istanbul für seine Teppiche und Kelims *(siehe S. 218f)*. Überprüfen Sie vor dem Kauf die Qualität der Ware.

Kupferwaren

Alte Kupferwaren können sehr teuer sein. Es gibt aber auch neue Artikel zu erschwinglicheren Preisen.

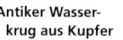

Kupferkelche

Wasserpfeifen

Viele Türken rauchen noch immer die klassische nargile *(Wasserpfeife). Falls Sie nicht rauchen, kann eine Pfeife eine nette Dekoration sein.*

Schmuck

Zu den Schmuckstücken gehören Anhänger aus Gold, Silber, Schmucksteinen und anderem Material. Ein blaues Glasauge (Nazar boncuğu) *soll den bösen Blick abwehren.*

Antiker Wasserkrug aus Kupfer

Blaues Glasauge als Anhänger

Keramik

Keramikprodukte sind ein wichtiger Bestandteil der künstlerischen Tradition in der Türkei. Jeder Herkunftsort hat seinen eigenen Stil. Der İznik-Stil ist an blau-weißen Töpferarbeiten zu erkennen (siehe S. 161). *Andere Produktionsgebiete sind Kütahya und Çanakkale* (siehe S. 170).

Farbenprächtige Keramik aus Kütahya

Grüne Krüge aus Çanakkale

Blau-weiß bemalter Teller

Fliese im İznik-Stil

Miniaturen

Die Miniaturmalerei hat in Istanbul eine lange Tradition und ist in den Museen, v. a. im Topkapı-Palast (siehe S. 57), zu bewundern. Diese kleinen Kunstwerke stellen das Leben des Sultans am Hof dar und waren einst gebunden. Zu kaufen gibt es nur Kopien.

Miniatur vom Großen Basar

Schatulle mit Perlmutteinlage

Schatulle mit Knochenintarsien und gemalter Landschaft

Kunsthandwerk

Schmuckschatullen aus Holz oder Knochen, Figurinen aus Alabaster und andere handgearbeitete Ziergegenstände sind ungewöhnliche Souvenirs.

Textilien

Zur Auswahl an Textilien gehören handgewebte Stoffe, Ikat-Produkte (hier wird das Garn vor dem Weben abschnittsweise gefärbt), feine Stickereien und Stricksachen.

Mit *oya* (Zierspitze) gefasste Tücher

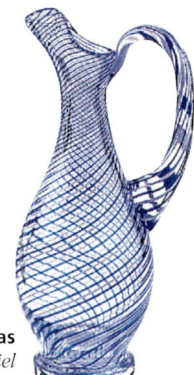

Ikat-Produkte aus Baumwolle

Glas

Dieser elegante Krug ist ein Beispiel für die blau-weiß gestreiften Çeşmibülbül-*Produkte aus Glas, die in den Paşabahçe-Werken hergestellt werden (siehe S. 213).*

Çeşmibülbül-Krug

Delikatessen

Süßigkeiten wie halva *und* lokum *(»Turkish Delight«) sind sehr beliebt. Auf den Basaren und Märkten gibt es eine riesige Auswahl an Gewürzen, getrocknetem Obst und Gemüse, Hülsenfrüchten und Nüssen.*

Halva

Eingelegtes Gemüse

Lokum, eine Süßigkeit aus Sirup

Getrocknete rote Paprika und Auberginen

Maulbeeren

Sonnenblumen- und Kürbiskerne

Kichererbsen

Aprikosen

Mandeln

Pistazien

Türkische Teppiche und Kelims

Die alte Kunst der Teppichweberei wurde in der Türkei seit Generationen weitergereicht. Ursprünglich wurden Teppiche zur Erzeugung von Wärme und als Dekoration hergestellt. Bräute brachten sie als Mitgift in die Ehe ein, Moscheen erhielten sie als Spende. Es gibt zwei Teppicharten: Knüpfteppiche *(halı)* und Webteppiche *(kilim;* Kelim). Letztere werden mit vertikalen (»Ketten«-) und horizontalen (»Einschlag«-)Fäden »flach gewebt«. In Istanbul werden auch viele ausländische Teppiche verkauft, aber die türkischen Originale erkennen Sie an der besonders reichen Farbpalette. Alte Teppiche sind selten und sehr teuer.

Ein geknüpfter Teppich kann fabrik- oder handgearbeitet sein. Zur Überprüfung klappen Sie eine Hälfte des Teppichs um: Er ist echte Handarbeit, wenn Sie die Knoten sehen und der Flor nicht herausgezogen werden kann.

Wolle ist das übliche Material für einen Teppich, manchmal wird aber auch Seide, Baumwolle oder eine Mischung verwendet.

Teppichherstellung
Die Wolle wird vor der Verarbeitung gewaschen, gekämmt, gesponnen und gefärbt. Viele Teppiche entstehen in Heimarbeit. Im Winter weben und knüpfen die Frauen, im Sommer betreiben sie Landwirtschaft.

Teppich
Diese Reproduktion eines Uşak-Teppichs (16. Jh.) ist als Bellini-Doppeltür-Gebetsteppich bekannt.

Teppichproduktion in der Westtürkei

Türkische Teppichweberei und -knüpferei konzentrieren sich auf mehrere Produktionsgebiete. Die Muster entsprechen ihrer traditionellen Herkunft, daher ist die Auswahl groß. Fachleute können am Muster den Herkunftsort erkennen.

Teppiche
① Hereke
② Çanakkale
③ Ayvacık
④ Bergama
⑤ Yuntdağ
⑥ Balıkesir
⑦ Sındırgı
⑧ Milas
⑨ Antalya
⑩ Isparta

Kelims
⑪ Denizli
⑫ Uşak

Teppiche und Kelims
⑬ Konya

Indigo

Krapp

Kamille

Farben
Vor der Einführung chemischer Farbstoffe (1863) wurden Pflanzenextrakte zum Färben verwendet: Krappwurzeln für rote, Indigo für blaue und Kamille für gelbe Farben.

Das »Gebetsmuster« ist von einem Mihrab inspiriert, der Nische in einer Moschee, die die Richtung nach Mekka weist *(siehe S. 38f)*.

Das Lebensbaummuster in der Mitte des Kelims ist ein Symbol für die Unsterblichkeit.

Teppichkauf

Bevor Sie einen Teppich kaufen, legen Sie ihn auf den Boden, um zu sehen, ob er gerade liegt. Achten Sie darauf, dass das Muster ausgeglichen ist, die Einfassungen gleiche Ausmaße haben und die Enden gleich breit sind. Die Farben sollten klar sein, nicht ineinanderlaufen. Sie sollten um den Preis handeln *(siehe S. 211)*, da der verlangte meist 50 Prozent über dem angebrachten liegt.

Wenn Sie einen qualitativ guten, alten Teppich zu einem akzeptablen Preis kaufen wollen, müssen Sie Experte sein. Das Alter des Teppichs lässt sich an Farbe, Webqualität und Muster feststellen. Überprüfen Sie den Flor, um sicherzugehen, dass die Oberfläche nicht bemalt wurde, und achten Sie auf Reparaturen – diese sind leicht auf der Teppichrückseite zu sehen. Vergewissern Sie sich, dass der Teppich ein kleines Bleisiegel als Nachweis für die Exportgenehmigung aufweist, und bitten Sie um eine Quittung.

Kelim

Bei Kelims bildet der Schussfaden auf beiden Seiten dasselbe Muster. Ein Schlitz markiert gerade Musterabschnitte, da der Schussfaden dort umgekehrt wird.

Die Teppichbreite wird von der Webstuhlgröße bestimmt. Die meisten Teppiche sind klein, weil ein großer Webstuhl nicht in ein Dorfhaus passt.

Kelimerzeugnisse können auch kleinere Kunstobjekte sein, die in Teppichläden verkauft werden.

Klettenmuster   Kastenmuster

Muster

Bei den meisten Teppichen werden immer wieder die gleichen Muster verwendet. Sie haben oft einen überraschenden Ursprung. So entstammen viele den Zeichen, die Nomaden ihren Tieren eingebrannt haben.

Muster von Wolfsspuren, Krabben oder Skorpionen

Modernes Muster (menschliche Gestalt)

Unterhaltung

D ie Stadt Istanbul hat ein vielfältiges Unterhaltungsangebot an Kunstfestivals, Volksmusik, Bauchtanz, Sportzentren und Nachtclubs. Zu den wichtigsten Ereignissen des Jahres gehören die große Anzahl Festivals der Istanbuler Stiftung für Kultur und Kunst *(siehe S. 44– 46)*. Die Festivals, die vor allem zwischen März und November stattfinden, ziehen internationale Künstler und ein großes Publikum an. Das ganze Jahr über können Sie im im Aksanat-Kulturzentrum, in der Cemal-Reşit-Rey-Konzerthalle (CRR), in der Hagia Eire-

**Bauch-
tänzerin**

ne und an anderen Orten Konzerte traditioneller türkischer und klassischer Musik, Opern-, Ballett- und Theateraufführungen erleben.

Beyoğlu ist mit Kinos sowie türkischen und ausländischen Kulturinstituten Zentrum für Unterhaltung jeder Art. Abends können Sie in vielen Bars und Cafés Live-Musik hören. Ortaköy am Ufer des Bosporus ist ein weiterer beliebter Treffpunkt. In Sommernächten ist hier bis spätnachts in vielen Lokalen für musikalische Unterhaltung gesorgt.

Exemplare von *The Guide*

Information

Z weimal im Monat erscheint das englischsprachige Magazin *The Guide* mit Veranstaltungstipps. Hier werden die Programme der CRR und Infos zu anderen kulturellen Ereignissen veröffentlicht, man findet aber auch eine Liste der Bars und Nachtclubs Istanbuls. *The Guide* gibt es in größeren Zeitungs- und Buchläden. Die Tageszeitung *Turkish Daily News* enthält ebenfalls Veranstaltungshinweise auf Englisch.

Einen Programmkalender der Theater und Kulturinstitute erhalten Sie in den Tourismusbüros *(siehe S. 229)*. Die Zeitschrift *Skylife* der Turkish Airlines weist auf die wichtigsten Veranstaltungen hin. Sollten Sie Türkisch verstehen: In der Tageszeitung *Hürriyet* finden Sie jeden Tag einen Veranstaltungskalender.

Tickets

K arten für Aufführungen in der Cemal-Reşit-Rey-Konzerthalle können eine Woche im Voraus an der Abendkasse gekauft werden. Der wohl schnellste und angenehmste Weg, Tickets im Voraus zu buchen, ist über **Biletix**. An den Informationsschaltern des Kaufhauses **Vakkorama** und der Einkaufszentren **Galleria**, **Akmerkez** und **Capitol** gibt es Karten für große Pop- und Jazzkonzerte, ebenso für die Vorstellungen in der CRR.

Nachts unterwegs

D er Taksim-Platz liegt in der Nähe vieler Veranstaltungsorte. Von hier können Sie vor Mitternacht viele öffentliche Verkehrsmittel, nach Mitternacht einen Nachtbus oder ein Dolmuş nehmen. Beide fahren die ganze Nacht durch. Während der Festivals im Juni/Juli pendeln Sonderbusse zwischen den verschiedenen Veranstaltungsorten.

Festivals

D ie Istanbuler Stiftung für Kultur und Kunst organisiert fünf Festivals (vier jedes Jahr, eines alle zwei Jahre). Das Filmfestival dauert jedes Jahr von März bis April. Das Theaterfestival findet im Mai und Juni statt, die Musik- und Tanzfestspiele (das größte Festival) folgen im Juni und Juli,

das Jazzfestival im Juli. Das Festival der schönen Künste wird alle zwei Jahre im Herbst ausgetragen. Alle Festivalkarten kann man telefonisch beim **Istanbuler Festivalkomitee** kaufen.

Das Yapı-Kredi-Festival, das Akbank-Jazzfestival und das Efes-Pilsen-Blues-Festival finden ebenfalls im Herbst statt *(siehe S. 46)*.

Klassische Musik und Tanz

D as staatliche Istanbuler Opern- und Ballettensemble (Devlet Opera ve Balesi) und das staatliche Symphonieorchester (Devlet Senfoni Orkestrası) haben ein großes Repertoire klassischer und moderner Werke. Normalerweise geben die Ensembles, das Orchester mit seinem Chor sowie das Moderne Folklore-Ensemble Aufführungen im **Atatürk-Kulturzentrum** (AKM, Atatürk Kültür

Klassisches Konzert in der Kirche Hagia Eirene *(siehe S. 60)*

Volkstanz im Kervansaray, einem etablierten Veranstaltungsort

Merkezi: 1300 Sitzplätze im großen, 500 im kleinen Saal) am Taksim-Platz. Leider hat das AKM seit 2008 wegen Renovierung geschlossen, seine Zukunft erscheint Anfang 2012 ungewiss. Aufführungen finden derzeit an vielen Orten, u.a. in der **Cemal-Reşit-Rey-Konzerthalle** (CRR) sowie im **Kadıköy Süreyya Operası** auf der asiatischen Seite statt. Das **Aksanat-Kulturzentrum** in Beyoğlu zeigt neben Oper, Ballett, klassischer Musik und Jazz auch Ausstellungen.

Rock und Jazz

Im boomenden Istanbul eröffnen laufend neue Bars und Clubs mit guter Live-Musik. In der Bar **Hayal Kahvesi** spielen Blues-, Rock- und Jazzbands aus der Türkei und dem Ausland, im Sommer können Sie die Open-Air-Bar am Bosporus in Çubuklu besuchen.

Musiker beim Jazzfestival

Die **Q Jazz Bar** befindet sich im Çırağan Palace Hotel Kempinski (siehe S. 191). Sie ist eine exklusive Jazzbar mit Auftritten bekannter Künstler. In Ortaköy liegt das **Rock House Café**, eine Imitation des Hard Rock Café. An bestimmten Abenden treten Live-Bands auf. Im **Kemancı** im Stadtzentrum erleben Sie Rock und Heavy Metal live.

Im **Sappho** werden Jazz und türkischer Pop gespielt. **Tribunal** und **Vivaldi** sind Veranstaltungsorte für Popmusik. Die türkische Popmusik im **Beyoğlu Sanat Evi** ist von Volksmusik beeinflusst.

Nachtclubs

Der luxuriöse **Club 29** ist wohl der glamouröseste Nachtclub Istanbuls. Er ist nur im Sommer geöffnet, hat ein Restaurant und einen Pool und bietet eine fantastische Aussicht auf den Bosporus. Gäste können jede halbe Stunde mit einem Boot nach İstinye auf der europäischen Seite fahren. Nach Mitternacht verwandelt sich die Bar in eine Diskothek. Das **Reina**, ebenfalls nur im Sommer geöffnet, ist das größte Nachtlokal am Bosporus mit einer riesigen Tanzfläche und mehreren Bars und Restaurants.

Ein schicker Vergnügungskomplex ist das **Majesty**. In der Bar treten Bands live auf, zu karibischer Musik wird getanzt. Im Restaurant erleben Sie Bauchtanz und türkische Musik. House, Garage und elektronische Musik können Sie donnerstag-, freitag- und samstagnachts im **Milk** hören.

Vermeiden Sie die zwielichtigen Clubs in Beyoğlu. Hier werden sie geneppt.

Traditionelle Musik und Bauchtanz

Konzerte mit Darbietungen traditioneller türkischer Musik finden regelmäßig in der Cemal-Reşit-Rey-Konzerthalle statt, darunter auch klassische Musik der Osmanen sowie Sufi- und Volksmusik. An einigen Tagen im Sommer werden in der Zisterne (siehe S. 76) Konzerte türkischer Musik veranstaltet. Informationen erhalten Sie im Sultanahmet-Tourismusbüro (siehe S. 229)

Fasıl ist eine beliebte Form der traditionellen Musik und wird von Zigeunern vorgetragen. Zu den Instrumenten gehören Violine, kanun (Zither), Trommel und Ud, eine Kurzhalslaute. In Tavernen wie **Ece** und **Istanbulin Dinner Show** wird fasıl live gespielt.

Die Istanbuler Nachtclubs sind die eigentlichen Veranstaltungsorte für Bauchtanz. Viele Clubs und Restaurants bieten Bauchtanz mit türkischer Volksmusik und türkischem Volkstanz an, und meistens ist das Abendessen im Preis inbegriffen. Die Vorführungen im **Galata-Turm** (siehe S. 105) sind besonders empfehlenswert. Zu den weiteren Veranstaltungsorten zählen **Kervansaray**, **Orient House** und **Manzara**.

Die wirbelnden »Tanzenden Derwische« treten einmal im Monat in der Mevlevi-Loge (siehe S. 104f) auf.

Ud, die traditionelle Kurzhalslaute im Nahen Osten

Kino

Internationale Filme starten in Istanbul zur selben Zeit wie in Europa, sie laufen im Original mit türkischen Untertiteln. Nur in wenigen Kinos können Sie in der Türkei produzierte Filme sehen.

Die meisten Kinos befinden sich an der İstiklal Caddesi, darunter auch das **Alkazar**, **AFM Fitas** und das **Atlas**, die auch Arthouse-Filme zeigen. In Kadıköy auf der asiatischen Seite gibt es einige Kinos, und die Shopping-Zentren beherbergen Multiplex-Kinos.

Für die erste Vorstellung des Tages und oft auch für Mittwoch gibt es Karten zum halben Preis. Studenten mit gültigem Ausweis erhalten in der Regel eine Ermäßigung. Alle Filme werden gewöhnlich nach der Hälfte für eine Pause unterbrochen.

Theater

Das Staatstheater ist eine der beliebtesten Schauspieltruppen und hat seinen Sitz normalerweise im **AKM**. Die Saison dauert von September bis Juni. Derzeit wird das AKM renoviert, und das Theater muss auf verschiedene Spielstätten ausweichen.

Fitnessclubs und Sportzentren

Fünf-Sterne-Hotels haben generell Swimmingpools, die auch von Gästen, die nicht im Hotel wohnen, gegen Gebühr benutzt werden können. Ebenso stehen Fitnessclubs wie **Vakkorama Gym**, der **Alkent Hillside Club** und das **Cihangir Sports Center** Nichtmitgliedern zur Verfügung.

Am Rand des Belgrader Walds befindet sich der **Kemer Country Riding and Golf Club**. Er verfügt über Pferdeställe sowie einen 9-Loch-Golfplatz und bietet auch Unterrichtsstunden an. Im **Galleria**-Einkaufszentrum *(siehe S. 211)* ist die Eislaufbahn ab 19 Uhr für alle geöffnet. Schlittschuhe können hier geliehen werden.

Sport

Fußball hat in der Türkei viele Anhänger. **Beşiktaş**, **Fenerbahçe** und **Galatasaray**, drei Teams Istanbuls, spielen auch international eine Rolle. Im **Veliefendi Hipodromu** finden zwischen Mitte April und Ende Oktober mittwochs und an Wochenenden Pferderennen statt. Istanbuls **Formel-1**-Rennstrecke, auf der der Türkei-Grand-Prix gefahren wird, liegt auf der asiatischen Seite der Stadt. Im Sommer finden auf dem Marmarameer Regatten statt *(siehe S. 45).*

Außerdem kann man sich in Edirne die Meisterschaft in einer ungewöhnlichen Sportart, dem Ölringen *(siehe S. 154),* ansehen.

Galatasaray-Logo

Strände

Die Prinzeninseln *(siehe S. 159)* bieten die besten Gewässer zum Baden, Wasserskilaufen und Windsurfen. Der Strand Yörükali Plajı auf Büyükada ist öffentlich, auch an anderen Orten der Insel können Sie bedenkenlos schwimmen.

Kilyos *(siehe S. 158),* Gümüşdere am Schwarzen Meer (ca. 30 Autominuten von Istanbul entfernt) und Şile *(siehe S. 158)* haben einladende Strände. Seien Sie jedoch vorsichtig am Schwarzen Meer, es kann große Wellen und gefährliche Strömungen geben. Beliebt sind auch die Strände der Marmara-Inseln.

Spaß für Kinder

Kinder sind bei Türken beliebt und werden gern gehätschelt, beim Bau der meisten Istanbuler Einrichtungen wurde aber nicht an sie gedacht. Es gibt trotzdem so einiges, was man mit den Kleinen unternehmen kann.

Das Archäologische Museum *(siehe S. 62–65)* hat eine Abteilung für Kinder mit einer mittelalterlichen Burg und einem Trojanischen Pferd zum Klettern. Interessant ist das Turkuazoo-Aquarium im Shopping-Center **Forum** *(siehe S. 211).* Hier gibt es einen 80 Meter langen Unterwassertunnel.

Grünanlagen findet man im Yıldız-Park *(siehe S. 124f)* und im Emirgan-Park *(siehe S. 141).* Der **Orman-Park** in der Nähe von Emirgan ist für Familien gut geeignet und verfügt über Picknickplätze, Pool und ein Theater. Das **Miniatürk** in Sütlüce am Ufer des Goldenen Horns bietet ein Modelldorf mit mehr als 100 Modellen türkischer Kulturdenkmäler, Restaurants, Läden und einen Pool.

Auf den Prinzeninseln dürfen keine privaten Autos fahren, daher können Kinder sicher mit dem Rad unterwegs sein. Außerdem kann man auf Büyükada mit Pferdekutschen fahren oder auf Eseln reiten.

Das **Spielzeug-Museum** in Göztepe ist das erste seiner Art in der Türkei. In Darica, 45 Kilometer von Istanbul entfernt, bietet der **Bosporus-Zoo** exotische Tiere in natürlichen Lebensräumen.

Achterbahn in Tatilya, einem Vergnügungspark bei Istanbul

AUF EINEN BLICK

Tickets

Akmerkez
Nispetiye Cad., Etiler.
☎ *(0212) 282 01 70.*

Biletix
☎ *(0216) 556 98 00.*
www.biletix.com

Capitol
Tophanelioğlu Cad. 1,
Altunizade.
☎ *(0216) 391 19 20.*

Galleria
Sahil Yolu, Ataköy.
☎ *(0212) 559 95 60.*

Vakkorama
Osmanlı Sok. 13, Taksim.
Stadtplan 7 E4.
☎ *(0212) 251 15 71.*

Festivals

Istanbuler Festivalkomitee
☎ *(0216) 454 15 55.*
www.istfest.org

Klassische Musik und Tanz

Aksanat-Kulturzentrum
İstiklal Cad. 16, Taksim.
Stadtplan 7 D4.
☎ *(0212) 252 35 00.*

Atatürk-Kultur-zentrum (AKM)
Taksim Meydanı, Taksim.
Stadtplan 7 F3.

Cemal-Reşit-Rey-Konzerthalle (CRR)
Darülbedayi Cad.,
Harbiye. **Stadtplan** 7 F1.
☎ *(0212) 231 55 97.*

Kadıköy Süreyya Operası
Bahariye Cad. 29,
Kadıköy.
☎ *(0216) 346 15 31.*
www.sureyyaoperasi.org

Rock und Jazz

Beyoğlu Sanat Evi
Abdullah Sok. 22/1,
Beyoğlu. **Stadtplan** 7
E4. ☎ *(0212) 252 61 96.*

Hayal Kahvesi (Beyoğlu)
Büyükparmakkapı Sok. 19,
Beyoğlu. **Stadtplan** 7 E4.
☎ *(0212) 244 25 58.*

Hayal Kahvesi (Çubuklu)
Burunbahçe Mevkii, Çu-
buklu. ◯ *Mai–Okt.*
☎ *(0216) 413 68 80.*

Kemancı
Sıraselviler Cad. 69/1–2,
Taksim. **Stadtplan** 7 E4.
◯ *Mai, Juni.*
☎ *(0212) 251 27 23.*

Q Jazz Bar
Çırağan Palace Hotel
Kempinski, Beşiktaş.
Stadtplan 9 D3.
☎ *(0212) 236 24 89.*

Rock House Café
Hotel Princess, Dereboyu
Cad. 36–38, Ortaköy.
Stadtplan 9 F2.
☎ *(0212) 227 60 10.*

Sappho
İstiklal Cad., Bekar Sok. 14,
Beyoğlu. **Stadtplan** 7
E4. ☎ *(0212) 245 06 68.*

Tribunal
Muammer Karaca
Çıkmazı 3, Beyoğlu.
Stadtplan 7 D5.
☎ *(0212) 249 71 79.*

Vivaldi
Büyükparmakkapı Sok.
29/1, Taksim.
Stadtplan 7 E4.
☎ *(0212) 293 25 99.*

Nachtclubs

Club 29
A. Adnan, Saygun Cad.,
Ulus Parki içi, Ulus.
☎ *(0212) 358 29 29.*
www.club29.com

Majesty
Muallim Naci Cad., Sal-
hane Sok. 10/2, Ortaköy.
Stadtplan 9 F3. ☎
(0212) 236 57 57.

Milk
Akarsu Yokuşu 5,
Galatasary.
Stadtplan 7 E5.
☎ *(0212) 292 11 19.*

Reina
Muallim Naci Cad. 44,
Kuruçeşme.
Stadtplan 9 F2.
☎ *(0212) 259 59 19.*
www.reina.com.tr

Traditionelle Musik und Bauchtanz

Ece
Tramvay Cad. 104,
Kuruçeşme.
☎ *(0212) 265 96 00.*

Galata-Turm
Galata Tünel.
Stadtplan 3 D1.
☎ *(0212) 293 81 83.*

Istanbulin Dinner Show
Cumhuriyet Caddesi,
Cebel Topu Sokak 2, Har-
biye. **Stadtplan** 7 D4.
☎ *(0212) 291 84 40*
www.istanbulin.org.

Kervansaray
Cumhuriyet Cad. 30,
Elmadağ. **Stadtplan** 7 F2.
☎ *(0212) 247 16 30.*

Manzara
Hotel Conrad, Yıldız
Cad., Beşiktaş.
Stadtplan 8 C3.
☎ *(0212) 227 30 00.*

Orient House
Tiyatro Cad. 27, neben
Hotel President, Beyazıt.
Stadtplan 2 C4 (4 A4).
☎ *(0212) 517 61 63.*
www.orienthouse
istanbul.com

Kino

AFM Fitas
İstiklal Cad. 24, Beyoğlu.
Stadtplan 7 E4.
☎ *(0212) 251 20 20.*

Alkazar
İstiklal Cad. 179,
Beyoğlu.
Stadtplan 7 E4.
☎ *(0212) 249 72 97.*

Atlas
İstiklal Cad. 209,
Beyoğlu.
Stadtplan 7 D4.
☎ *(0212) 252 85 76.*

Fitnessclubs und Sportzentren

Alkent Hillside Club
Alkent-Komplex, Tepecik
Yolu, Etiler.
☎ *(0212) 257 78 22.*

Cihangir Sports Center
Sıraselviler Cad. 118,
Mavi Plaza, Cihangir.
☎ *(0212) 245 12 55.*

Istanbul Sailing Club
Fenerbahçe.
☎ *(0212) 336 06 33.*

Kemer Country Riding and Golf Club
Göktürk Beldesi, Uzun
Kemer Mevkii, Eyüp.
☎ *(0212) 239 79 13.*

Vakkorama Gym
Osmanlı Sok. 13, Taksim.
Stadtplan 7 E4.
☎ *(0212) 251 15 71.*

Sport

Beşiktaş FC
Spor Cad. 92, Beşiktaş.
Stadtplan 8 A4.
☎ *(0212) 227 87 80.*

Fenerbahçe FC
Fenerbahçe Spor Kulübü,
Kızıltoprak, Kadıköy.
☎ *(0216) 345 09 40.*

Formel 1
www.formula1-istanbul.
com

Galatasaray FC
Hasnun Galip Sok. 7,
Galatasaray.
Stadtplan 7 E4.
☎ *(0212) 251 57 07.*

Veliefendi Hipodromu
Türkiye Jokey Kulübü,
Osmaniye, Bakırköy.
☎ *(0212) 543 70 96.*

Spaß für Kinder

Bosporus-Zoo
Darıca.
☎ *(0216) 653 83 15.*

Miniatürk
İmrahor Cad., Sütlüce.
☎ *(0212) 222 28 83.*
www.miniaturk.com.tr

Orman-Park
Fatih Çocuk Ormanı,
Maslak Cad., Maslak.
☎ *(0212) 223 07 36.*

Spielzeug-Museum
Dr. Zeki Zeren Sokak 17,
Göztepe.
☎ *(0216) 359 45 50.*

Turkuazoo-Aquarium
Bayrampaşa.
www.turkuazoo.com

Stadtplan *siehe Seiten 246–263*

Grund-
informationen

Praktische Hinweise

Die Infrastruktur Istanbuls hat sich in den letzten Jahren stark verbessert. Die Stadt verfügt nun über wirklich gute öffentliche Verkehrsmittel, Banken und die medizinischen Einrichtungen einer modernen Großstadt. Zu Ihrer Sicherheit ist es ratsam, immer eine Istanbulkart *(siehe S. 241)*, ein Handy und etwas Bargeld bei sich zu haben, denn nicht immer werden Kreditkarten akzeptiert. Einige

BüyükSaray Mozaikleri Müzesi

Hinweisschild auf Sehenswürdigkeiten

Aspekte der türkischen Kultur mögen europäischen Besuchern ungewohnt erscheinen, besonders wenn sie noch nie in einem islamischen Land waren. Istanbul liegt genau an der Schnittstelle zwischen westlicher und islamischer Kultur. Die Menschen hier in Istanbul sind sehr gastfreundlich und weltoffen. Aber man schätzt auch die Bemühung der Gäste, der türkischen Sprache Respekt zu zollen *(siehe Sprachführer)*.

Beste Reisezeit

Ein Besuch in Istanbul empfiehlt sich vor allem in den Frühlingsmonaten Mai/Juni sowie im September/Oktober. Im Hochsommer kann es in dieser Stadt sehr heiß werden. Im Winter ist Istanbul zwar nicht so voll und überlaufen (und auch deutlich preiswerter), jedoch ist es dann meist nass und kühl. Im Frühling und Herbst ist es warm und sonnig, ideal um viel draußen in den netten Cafés zu sein. Die Temperaturen steigen nicht über 30°C, sodass man noch gut zu Fuß unterwegs sein kann.

Bitte denken Sie daran, dass Sie bei einem Besuch einer Moschee adäquat gekleidet sein sollten *(siehe S. 227)*. Schultern und Knie sollten immer bedeckt sein. Kopftücher sind keine Pflicht.

Besucher auf den Stufen des Dolmabahçe-Palasts *(siehe S. 128f)*

◁ **Ausflugsboote am Bosporus *(siehe S. 144 und 243)***

Einreise und Visum

Deutsche und Schweizer Staatsbürger können sich bis zu 90 Tage ohne Visum in der Türkei aufhalten. Für die Einreise genügen Reisepass oder Personalausweis bzw. Schweizer Identitätskarte.

Österreichische Reisende benötigen Pass und Visum, das für 60 Euro bei der türkischen Vertretung in Wien, aber für nur 15 Euro bei der Einreise erhältlich ist. Österreicher müssen ihre Wiederausreise nachweisen können. Aktuelle Infos erhalten Sie von der Türkische Botschaft in Ihrem Land oder auf diesen Websites: **www**.auswaertiges-amt.de, **www**.bmeia.gv.at bzw. **www**.eda.admin.ch.

Zoll

Der Zoll hat nur an Flughäfen und Autobahnen rund um die Uhr geöffnet. An Häfen wird nur wochentags von 8.30 bis 17.30 Uhr abgefertigt. Außerhalb dieser Zeiten kostet es Gebühr.

Bei der Einreise können Sie im Duty-free-Shop einkaufen. Oft ist es jedoch günstiger, Zigaretten und »einheimischen« Alkohol in normalen Geschäften zu kaufen. Besucher über 18 Jahre können Kaffee, Parfum (fünf Flaschen), Alkohol (fünf Liter) und Zigaretten (500 Stück) einführen. Die Bargeldeinfuhr von Fremdwährung oder Türkischer Lira ist unbeschränkt. Ohne Einfuhrnachweis dürfen bis zu 5000 Euro oder 10 000 TL ausgeführt werden.

Mit Drogen ist die Türkei sehr streng – am Atatürk-Flughafen wird viel kontrolliert. Für den Export von Antiquitäten brauchen Sie eine Genehmigung *(siehe S. 211)*.

Information am Bahnhof Sirkeci

Information

Tourismusbüros erkennt man an weißen »i« auf hellgrünem Hintergrund. Gedruckte Informationen erhalten Sie hier nur selten, auch keine Fahrpläne der öffentlichen Verkehrsmittel. Das Hauptbüro am Sultanahmet-Platz kann Ihnen aber viele Fragen beantworten.

Tourismusbüros sind montags bis samstags von 9 bis 17 Uhr offen (im Sommer oft länger). Das Büro am Atatürk-Flughafen ist rund um die Uhr besetzt. Das Büro in Beyoğlu hilft bei der Planung von größeren Ausflügen außerhalb Istanbuls. In den Städten Edirne, Bursa, İznik und Çanakkale befinden sich die Tourismusbüros im Stadtzentrum.

Die Website des türkischen Tourismusverbands lautet **www**.goturkey.com. Informativ ist auch **www**.mymerhaba.com (beide auf Deutsch). Viele Infos (auf Englisch) liefert **www**.turkeytravelplanner.com.

Eintritt und Öffnungszeiten

Die meisten Sehenswürdigkeiten und Museen verlangen Eintritt, vergleichbar mit anderen europäischen Städten. Manchmal kostet ein bestimmter Bereich zusätzliche Gebühr, z. B. der Harem im Topkapı-Palast *(siehe S. 58f)*.

Ruhetag ist meist Montag oder Dienstag. Ausstellungen sind in der Regel türkisch und englisch beschildert. Die Museen öffnen von 8.30 oder 9 Uhr bis 17 oder 18 Uhr.

Läden haben von 8.30 oder 9 bis 19 oder 20 Uhr offen *(siehe S. 210)*, Banken montags bis freitags 8.30 bis 12 und 13.30 bis 17 Uhr, Wechselstuben *(döviz)* bis 20 oder 21 Uhr *(siehe S. 232)*.

Am Wochenende sind alle Ämter und Büros geschlossen. Besonders kleine Lebensmittelläden haben oft sehr lange Öffnungszeiten an allen Wochentagen.

Etikette

In Istanbul halten nur rund zehn Prozent der türkischen Frauen in der Öffentlichkeit Arme, Beine und Kopf bedeckt. Außerhalb Istanbuls ist das jedoch ganz anders, hier gilt das Kopftuch als Regel. Es wird nicht erwartet, dass sich Besucher ebenso kleiden. In Moscheen ist es normalerweise kein Problem, die Haare unverhüllt zu lassen.

Traditionelle Umgangsformen und Gastfreundschaft stehen in der türkischen Gesellschaft ganz oben. Selbst wenn Beamte unhöflich und Teppichverkäufer ärgerlich

Istanbuler Frauen steht es frei, ein Kopftuch zu tragen oder nicht

Vorraum und Eingang zur Blauen Moschee *(siehe S. 78f)*

beharrlich sind – versuchen Sie immer freundlich, aber bestimmt zu bleiben. Erweisen Sie Atatürk *(siehe S. 31)*, dessen Antlitz Ihnen oft begegnen wird, Respekt.

In der Türkei ist Homosexualität gesellschaftlich nur in geringem Maß akzeptiert, dennoch gibt es in Istanbul eine lebendige Schwulenszene. Es ist unwahrscheinlich, dass Schwule und Lesben Probleme bekommen, trotzdem empfiehlt sich Diskretion in der Öffentlichkeit.

Rauchen ist in Ämtern, öffentlichen Verkehrsmitteln, am Bahnhof und Flughafen und seit 2009 auch in allen Lokalen verboten. Auch Hotels sind oft ganz rauchfrei, mindestens gibt es Nichtraucher-Etagen oder -Zimmer.

Besuch einer Moschee

Große Moscheen haben den ganzen Tag geöffnet und schließen abends nach dem letzten Gebet. Kleinere Moscheen öffnen nur zu den fünf täglichen Gebetszeiten *(namazlar; siehe S. 39)*. Eine Besichtigung außerhalb der Gebetszeiten ist in diesem Fall nur möglich, wenn Sie den Hausmeister »überreden« können. Nichtmuslime sollten während der Gebetszeiten die Moschee nicht betreten. Warten Sie, bis die meisten Gläubigen weggegangen sind.

Die Gebetszeiten wechseln das ganze Jahr hindurch. Nur manchmal stehen sie an den

Moscheen angeschrieben, werden aber immer durch den Gebetsaufruf *(ezan)* über einen Lautsprecher am Minarett bekannt gegeben.

Für den Besuch einer Moschee sollten Sie sich angemessen kleiden *(siehe S. 39)*. Manche Moscheen bieten am Eingang passende Kleidung oder Tücher zum Verhüllen an. Bevor Sie eintreten, ziehen Sie Ihre Schuhe aus. In der Moschee sollten Sie so leise wie möglich sein.

Steuern und Trinkgeld

Die türkische Mehrwertsteuer KDVK *(Katma Değer Vergisi Kanunu)* beträgt für die meisten Waren 18 Prozent. Dienstleistungen und verarbeitete Lebensmittel werden mit acht Prozent, Grundnahrungsmittel mit einem Prozent besteuert. In den Preisen von Hotels, Restaurants und Läden ist die Mehrwertsteuer bereits enthalten, wird aber auf der Rechnung gesondert ausgewiesen.

Als Trinkgeld *(bahşiş* bzw. *garsoniye* im Restaurant) sind zehn bis 15 Prozent üblich.

Zeit

Die Türkei liegt eine Stunde vor der Mitteleuropäischen Zeit (MEZ). Zwischen dem letzten Sonntag im März und dem letzten Sonntag im Oktober gilt wie in Deutschland, Österreich und der Schweiz die Sommerzeit.

Stadtplan *siehe Seiten 246–263*

Sprache

Die Menschen in Istanbul sind freundlich und kommunikativ. Oft findet man jemanden, der Deutsch oder zumindest Englisch spricht. Trotzdem ist es höflich, hilfreich und korrekt, ein paar Wörter Türkisch zu sprechen. Der Sprachführer *(siehe S. 279f)* hilft Ihnen dabei. Sie werden erstaunt sein, wie einfach das geht: Als deutscher Muttersprachler können Sie Türkisch gut aussprechen – gesprochen wie geschrieben.

Toiletten

Öffentliche Toiletten gibt es viele in Istanbul: Man findet sie z. B. an Bahnhöfen, in Moscheen und in Museen. Herrentoiletten sind mit *Bay* gekennzeichnet, Damentoiletten mit *Bayan*. Der Toilettenwart sitzt vor der Tür und wird erst beim Verlassen der Toilette bezahlt. Er hat in der Regel Papier vorrätig. Sie können auch in Hotels, Restaurants oder Cafés fragen, ob Sie die Toiletten benutzen dürfen. An Autobahnraststätten finden Sie akzeptable Waschräume vor.

Behinderte Reisende

Istanbul ist noch nicht ganz so behindertenfreundlich, wie es wünschenswert wäre: Noch immer sind viele Einrichtungen schlecht zugänglich, der Zustand der Straßen und Gehsteige kann das Vorankommen beträchtlich erschweren. Nur wenige Moscheen und nicht alle Museen haben barrierefreien Zugang. Toiletten mit Sondereinrichtungen sind selten.

Immerhin fahren immer mehr neue Busse mit Sonderzugang. Auch die neuen Trams sind für Rollstühle zugänglich, jedoch noch nicht alle U-Bahn-Stationen. Der Behindertenverband **Türkiye Sakatlar Derneği** bietet hierzu hilfreiche Informationen als englischsprachige Broschüre, die Website ist leider nur auf Türkisch verfügbar.

Allein reisende Frauen

Allein reisende Frauen werden in der Türkei selten wirklich belästigt, oft jedoch angestarrt. Durch angemessene Kleidung lässt sich hier manches Missverständnis von vornherein vermeiden.

Nachts sollten Frauen nicht unbedingt allein unterwegs sein – es kommt jedoch stark auf die Gegend an. Traditionelle Cafés *(siehe S. 208)* werden fast nur von Männern besucht, in Restaurants ist oft ein Bereich für Frauen ohne Männerbegleitung reserviert *(siehe S. 193)*.

Studenten

Eine FIYTO-Karte (Federation of International Youth Travel Organizations) gewährt freien Eintritt zu vielen Sehenswürdigkeiten. Mit der ISIC-Karte (Internationaler Studentenausweis) zahlen Sie oft nur die Hälfte, bei InterCity-Zügen gibt es Rabatt. Auch bei der Istanbulkart erhalten Sie Nachlass.

In Jugendherbergen *(siehe S. 182f)* kann man auch in Istanbul preiswert übernachten. In den Monaten Juli und August vermittelt das Tourismusbüro in Sultanahmet Übernachtungen in leer stehenden Studentenwohnheimen. Daneben gibt es zahlreiche billige Hostels und Pensionen in Istanbul.

Studenten vor dem Eingang der Universität Istanbul

Fotografieren

In vielen Istanbuler Museen muss man für die Benutzung einer Foto- und Videokamera eine Gebühr bezahlen. Fragen Sie vor dem Bezahlen, ob Blitzlicht erlaubt ist. In Moscheen ist das Fotografieren mit Blitz meist verboten, diskretes Fotografieren hingegen erlaubt.

Neue Speicherkarten, Akkus und auch Sofort-Ausdrucke Ihrer Fotos erhalten Sie in vielen Läden, Drogerien und Computerläden.

Elektrizität

Die Netzspannung beträgt in der Türkei wie in ganz Europa 230 Volt bei 50 Hertz. Flache Zwei-Pin-Stecker passen überall problemlos.

Hinweis auf Toiletten

Terrasse eines Cafés in Beyoğlu

Umweltbewusst reisen

In Istanbul haben Roma von jeher das Recycling des Mülls übernommen. Mit kleinen Handwagen ziehen sie durch die Stadt und sammeln aus allen Abfallbehältern die Wertstoffe ein: Glas, Papier, Plastik, Metall und Verpackungen. Alles, was sich wiederverwerten lässt, kommt in riesige Säcke. Allein in Istanbul sind mehrere Tausend Menschen ausschließlich damit beschäftigt, den Müll der Zwölf-Millionen-Stadt zu trennen und zu recyceln. Jeder hat sein eigenes Revier, seine feste Route und seinen Sammelstoff. Wertstoffe werden eingesammelt und für ein paar Lira an Recyclingunternehmen verkauft. Viele Istanbuler stellen daher ihren wiederverwertbaren Müll direkt neben die Mülltonnen. Als Besucher können und sollten Sie dies auch tun.

Das Umweltbewusstsein in Istanbul nimmt rasant zu: An allen Ecken stellt die Stadtverwaltung Sammelcontainer für Wertstoffe (besonders Glas, Papier und Dosen) auf. So kann auch die Stadtverwaltung an den stetig steigenden Preisen für sortierten Abfall mitverdienen.

Reiche Auswahl an Obst und Gemüse an einem Marktstand

Da Strom auch in der Türkei immer teurer wird, wurden inzwischen viele Solaranlagen installiert. Der Strom wird nicht ins öffentliche Stromnetz eingespeist, sondern meist für die Warmwasserzubereitung eingesetzt. Um Strom zu sparen, haben sich auch Energiesparlampen, Halogenlampen und Leuchtdioden auf breiter Front durchgesetzt.

Wer sich in Istanbul umweltbewusst fortbewegen möchte, für den bietet das städtische ÖPNV-Netz (Öffentlicher Personennahverkehr) gute Bedingungen. Istanbul verfügt über ein großes, eng-maschiges und effektives Nahverkehrsnetz, wie man es sonst nur in wenigen Metropolen der Welt findet. U-Bahnen, Schnellbahnen, Regionalzüge und Trams fahren umweltfreundlich mit modernen, strombetriebenen Fahrzeugen in Konkurrenz zur rußenden Benzin- und Dieselflotte der Busse und Taxis.

Wer überflüssigen Verpackungsmüll vermeiden möchte, der ist auf den zahlreichen Straßenmärkten Istanbuls richtig (*siehe S. 214f*). Sehr zu empfehlen ist beispielsweise der Wochenmarkt in Fatih (mittwochs neben der Fatih-Moschee; *siehe S. 113*).

AUF EINEN BLICK

Konsulate

Deutschland
İnönü Cad. 10, 34437 Gümüşsuyu, Istanbul.
Stadtplan 7 F4.
☎ *(0090) 212 334 6100.*
FAX *(0090) 212 249 9920.*
www.istanbul.diplo.de

Österreich
Köybaşı Cad. 46, 34464 Yeniköy, Istanbul.
☎ *(0090) 212 363 8410.*
FAX *(0090) 212 262 2622.*
www.bmeia.gv.at/ botschaft/istanbul.html

Schweiz
Esentape Mah. Büyükdere Cad. 173, 1. Levent Plaza, A Blok Kat 3, 34394 Levent-Şişli, Istanbul.
☎ *(0090) 212 283 1282.*
FAX *(0090) 212 283 1298.*
www.eda.admin.ch/ istanbul

Tourismusbüros

Flughafen Atatürk
Internationale Ankunftshalle.
☎ *(0212) 465 31 51.*

Istanbul Hilton
Cumhuriyet Cad., Elmadağ. **Stadtplan** 7 F2.
☎ *(0212) 233 05 92.*

Karaköy
Maritimer Passagierterminal (Terminal 2).
Stadtplan 3 E1.
☎ *(0212) 249 57 76.*

Bahnhof Sirkeci
Sirkeci İstasyon Cad., Sirkeci.
Stadtplan 3 E3 (5 E1).
☎ *(0212) 511 58 88.*

Sultanahmet-Platz
Divanyolu Cad. 3, Sultanahmet.

Stadtplan 3 E4 (5 E4).
☎ *(0212) 518 18 02.*

Gebetsstätten

Anglikanisch
Serdar-ı Ekrem Sok. 82, Tünel. **Stadtplan** 7 D5.
☎ *(0212) 251 56 16.*

Evangelisch
Emin Camii Sok. 40, Beyoğlu.
☎ *(0212) 250 30 40.*

Griechisch-orthodox
Georgskirche
Sadrazam Ali Paşa Cad. 35, Fener.
☎ *(0212) 525 21 17.*

Jüdisch
Neve-Schalom-Synagoge
Büyük Hendek Cad. 61, Şişhane. **Stadtplan** 6 C5.
☎ *(0212) 293 75 66.*

Katholisch

St. Antonius von Padua
İstiklal Cad. 325, Galatasaray. **Stadtplan** 7 D4.
☎ *(0212) 244 09 35.*

Presbyterianer
Yusuf Kamil Paşa Sok. 10, Moda.
Stadtplan 3 D5 (4 C5).
☎ *(0216) 449 39 74.*

Behinderte Reisende

Türkiye Sakatlar Derneği
Mustafa Kemal Paşa Mah. Sivrihisar Cad. Uygur Sok. 8, Eskişehir Merkez, Eskişehir.
☎ *(0222) 231 47 40.*
☎ *(0212) 521 49 12.*
www.tsd.org.tr

Stadtplan *siehe Seiten 246 – 263*

Sicherheit und Gesundheit

Abzeichen der
türkischen Polizei

Besucher sind in Istanbul so sicher wie in jeder anderen europäischen Großstadt. Die Türkei zeichnet sich durch eine vergleichsweise gering ausgeprägte Gewaltkriminalität aus. Die Sicherheitsvorkehrungen sind auf hohem Niveau. Achten Sie jedoch in lebhaften Gegenden auf Taschendiebe. Bei Problemen benachrichtigen Sie die Touristenpolizei. Die ärztliche Versorgung in Istanbul ist ausgezeichnet. Bei kleineren Gesundheitsproblemen helfen Ihnen die Apotheken.

Polizei

Die vielen Polizeieinheiten in der Türkei unterscheiden sich durch ihre Uniformen: Die Sicherheitspolizei (*Emniyet Polisi*) trägt dunkelblaue Uniformen und Mützen und hellblaue Hemden. Ein Zweig der *Emniyet Polisi* ist die **Touristenpolizei** *(Turizm Polisi).* Die meisten Beamten können sich in einer oder zwei europäischen Sprachen verständigen. Die Zentrale der Touristenpolizei in Sultanahmet gegenüber der Zisterne *(siehe S. 76)* hat immer offen.

Die sogenannte »Delfinpolizei« *(Yunus Polisi)* ist eine schnell reagierende Einheit der *Emniyet Polisi*. Die Polizisten fahren Motorräder und tragen schwarze Kluft mit roten Streifen.

Die Verkehrspolizei *(Trafik Polisi)* hat die gleichen blauen Uniformen wie die *Emniyet Polisi*, aber mit weißen Gürteln, Hüten und Handschu-

hen. Diese Polizisten patrouillieren durch die Straßen in schwarz-weißen Autos, die mit Lautsprechern ausgerüstet sind. Die »Falkenpolizei« *(Şahin Polisi)* ist die Motorradabteilung der *Trafik Polisi*. Ihre Mitglieder tragen ähnliche Lederuniformen wie die der »Delfinpolizei«, haben aber anstelle des roten Streifens einen gelben.

Abzeichen der
»Delfinpolizei«

Die marineblau uniformierte Marktpolizei *(Zabıta)* gehört zur Gemeindepolizei und kontrolliert alle Geschäftsbereiche. Die Militärpolizei *(Askeri İnzibat)* ist an der Armeeuniform und der Aufschrift »As İz« auf dem weißen Helm zu erkennen. Sie ist verantwortlich für die vielen Wehrpflichtigen auf den Straßen. Die Gendarmerie *(Jandarma)* kümmert sich um ländliche Gebiete.

Persönliche Sicherheit

Wenn Sie etwas verloren haben, dann gibt es eine (kleine) Chance, dass Sie es wiederbekommen. Gehen an den Ort des Verlustes zurück und fragen Sie in den umliegenden Geschäften. In lebhaften Gebieten und auf Märkten müssen Sie sich vor Taschendieben hüten. Im Schadensfall können Sie sich an die Touristenpolizei wenden. Wenn Sie etwas in öffentlichen Verkehrsmitteln vergessen haben, ist das Fundbüro von **İETT** dafür zuständig.

Die Sicherheitslage in Istanbul ist so gut wie in anderen Metropolen. Achten Sie trotzdem auf Portemonnaie, Handy, Kamera und Ausweispapiere. Nutzen Sie den Hotel-Safe. In den Stadtteilen Tarlabaşı und Beyoğlu ereignen sich die meisten Diebstähle. Der Taksim-Platz gilt nachts als unsicher.

Notfälle

In Notsituationen rufen Sie eine der rechts im Kasten genannten Notrufnummern. Die europäische Notrufnummer 112 gilt in der Türkei nur für den Notarzt (Ambulanz, Rettung).

Das staatliche Notfallkrankenhaus **Taksim İlk Yardım Hastanesi** besitzt eine sehr gute Reputation.

Gesundheit

Zwischen Deutschland und der Türkei gibt es zwar ein Sozialversicherungsabkommen, aber das bedeutet lediglich, dass Sachleistungen (ärztliche Behandlung) nach türkischem Recht vergolten werden. Die EHIC gilt *nicht* in der Türkei. Für dieses Land brauchen Sie als Anspruchsnachweis den Vordruck **T/A 11**, den Urlaubskrankenschein. Es ist ratsam, eine Auslandsreise-Krankenversicherung abzuschließen. Achten Sie darauf, dass diese auch einen Krankenrücktransport abdeckt.

Gesetzlich sind für die Türkei keine Impfungen vorge-

Sicherheitspolizist

Verkehrspolizist

»Delfinpolizist«

Türkisches Feuerwehrauto

Auto der Sicherheitspolizei *(Emniyet Polisi)*

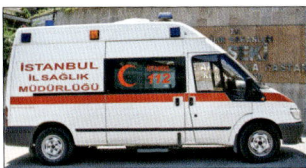
Krankenwagen vom Roten Halbmond

Medizinische Versorgung

In der Türkei gibt es staatliche und private Krankenhäuser. In beiden müssen Sie zunächst selbst bezahlen. Zur Kostenerstattung durch Ihre Krankenversicherung brauchen Sie eine Rechnung, aus der hervorgeht, welche Leistungen erbracht wurden.

Private Krankenhäuser und Unikliniken wie **Cerrahpaşa** sind gut ausgestattet. Oft können Sie sich dort auch auf Englisch oder Deutsch verständigen. Ausländische Privatkliniken sind z. B. das **American Admiral Bristol Hospital**, **European Hospital**, **International Hospital** beim Atatürk-Flughafen und das **Deutsche Krankenhaus** (mit Zahnklinik). Der private Krankentransportdienste **Hospital Call Line** bringt Sie ins Krankenhaus Ihrer Wahl.

Bei Durchfall helfen Medikamente aus der Apotheke und Elektrolytlösungen, d. h. salzhaltige Lösungen zum Einnehmen. Trinken Sie viel Mineralwasser, abgestandene Cola oder schwarzen Tee, essen Sie nur trockenes Brot, Joghurt und Reis. Meiden Sie fette und scharfe Gerichte. Bei ernsten Beschwerden müssen Sie dann doch Medikamente einnehmen.

Suchen Sie bei kleineren medizinischen Problemen zunächst eine Apotheke *(eczane)* auf. Wenn Sie außerhalb der Öffnungszeiten dringend Hilfe benötigen sollten, finden Sie im Fenster jeder Apotheke die Adresse der nächstgelegenen Apotheke mit Nachtdienst *(nöbetçi eczane)*.

In einer der freien öffentlichen Kliniken *(poliklinik)* in Istanbul können Sie leichte Beschwerden jederzeit behandeln lassen. Privatärzte sind oft nur auf ein bestimmtes Gebiet spezialisiert. Die Praxen der Allgemeinärzte *(tıbbi doktor)* befinden sich meist über den Läden in den größeren Einkaufsvierteln und sind gut gekennzeichnet.

Klären Sie vor jedem Gespräch mit dem Arzt unbedingt die Frage der Bezahlung und der Versicherung.

schrieben. Aber sprechen Sie mit Ihrem Arzt über eine eventuell notwendige Auffrischung der Standardimpfungen. Vielleicht wird er Ihnen auch eine Impfung gegen Hepatitis A, Hepatitis B, Tetanus oder Typhus empfehlen.

Mücken sind in Istanbul eher lästig als gefährlich. Am frühen Abend fahren durch manche Wohnbezirke Autos, die Chemikalien gegen Insekten versprühen. Es ist sinnvoll, ein Mückenschutzmittel mitzunehmen.

Viele Touristen bekommen in der Türkei Magen-Darm-Probleme. Das kann zum einen am Öl liegen, das in der türkischen Küche reichlich eingesetzt wird. Versuchen Sie, leicht zu essen und wenig Alkohol zu trinken. Trinken Sie kein Leitungswasser, meiden Sie Speisen, die schon länger herumstehen, v. a. Seafood. Wenn Sie einen empfindlichen Magen haben, vermeiden Sie halbrohes Fleisch, Salate und Milchprodukte außer Joghurt und *ayran (siehe S. 197).*

Şişli Etfal Hastanesi
Krankenhausschild in Şişli

ECZANE
Apothekenschild in Istanbul

AUF EINEN BLICK

Notruf

Notarzt (Ambulanz)
112.

Feuerwehr
110.

Hospital Call Line
(0212) 444 09 11.

Polizei
155 oder 153.

Touristenpolizei
Yerebatan Cad. 6, Sultanahmet.
Stadtplan 3 E4. *(0212) 527 45 03 oder 528 53 69.*

Fundbüro

İETT
Tünel, Beyoğlu. **Stadtplan** 7 D5.
(0212) 245 07 20 (-3205).

Krankenhäuser und Apotheken

American Admiral Bristol Hospital
Güzel Bahçe Sok. 20, Nişantaşı.
Stadtplan 8 A2.
(0212) 444 37 77.

Ayasofya Eczanesi
Divanyolu Cad. 28, Sultanahmet
Stadtplan 3 D4.
(0212) 513 72 15.

Cerrahpaşa Hospital
Koca Mustafa Paşa Cad., Fatih.
Stadtplan 1 C5.
(0212) 414 30 00.

Deutsches Krankenhaus
Sıraselviler Cad. 119, Taksim.
Stadtplan 7 E4.
(0212) 2448 26 18

European (Avrupa) Hospital
Mehmetçik Cad., Cahit Yalçın Sok. 1, Mecidiyeköy. **Stadtplan** 8 A1. *(0212) 212 88 13.*

İstiklal Eczanesi
İstiklal Cad. 423, Beyoğlu.
Stadtplan 7 D4.
(0212) 2448 2618.

Taksim İlk Yardım Hastanesi
Sıraselviler Cad. 1, Taksim. **Stadtplan** 7 E4. *(0212) 252 4300.*

Stadtplan *siehe Seiten 246–263*

Banken und Währung

Obwohl die Hyper-Inflation der Türkischen Lira früher für Schlagzeilen sorgte, hat die Türkei jetzt eine moderate Inflationsrate. Die Zahlen bleiben im einstelligen Bereich. Seit Januar 2009 heißt die Währung wieder »Türkische Lira« (TL oder TRY), die 2005 eingeführte »Neue Türkische Lira« (YTL) kann seit 2010 nicht mehr als Zahlungsmittel benutzt werden. Wert und Stabilität haben sich nicht geändert. Es wurden aber wieder neue Scheine und Münzen ohne das Wort »Neue« *(yeni)* in Umlauf gebracht. Akzeptieren Sie keine Neuen Türkischen Lira mehr, obwohl diese Scheine (nicht Münzen) bis Ende 2019 bei der Türkischen Zentralbank eingetauscht werden können. Kreditkarten werden vielerorts akzeptiert, Bargeld wird aber allemal bevorzugt.

Geldautomat mit Aufkleber der akzeptierten Kredit- und Debitkarten

Banken

Die meisten türkischen Banken wie Garanti und Yapı Kredi haben montags bis Freitag von 9 bis 17 Uhr durchgehend geöffnet. Manche Banken wie die Garanti Bankası sind auch am Samstagvormittag offen.

Viele Istanbuler Banken befinden sich an der Divanyolu Caddesi und der İstiklal Caddesi in Beyoğlu. Die İş Bankası am Flughafen Atatürk hat täglich rund um die Uhr geöffnet, die Vakıfbank am Busbahnhof *(otogar)* in Esenler täglich von 8.30 bis 23 Uhr.

Wenn Sie in einer Bank Geld wechseln wollen, müssen Sie eine Nummer ziehen und sich in der Warteschlange anstellen. Das kann dauern, nehmen Sie sich also Zeit.

Wegen der inzwischen gemäßigten Inflation der Türkischen Lira muss man sich heute keine große Gedanken über den besten Zeitpunkt des Geldwechsels machen.

Es gibt zwar noch Wechselstuben *(döviz)*, aber weitaus weniger als früher. Bekannt sind folgende Wechselbüros: **Bamka Döviz** in Taksim und **Çetin Döviz** an der İstiklâl Caddesi. Wechselstuben haben zwar längere Öffnungszeiten als Banken, bieten aber schlechtere Wechselkurse.

Geldautomaten

Der beste Weg, sich Bargeld zu verschaffen, ist der Geldautomat. In Istanbul finden Sie zahlreiche Geldautomaten an vielen Stellen. An den Aufklebern erkennen Sie, welche Karten akzeptiert werden. Meist sind es alle gängigen Kreditkarten sowie die girocard. Die Menüführung gibt es auch auf Deutsch, zumindest aber auf Englisch. Die Höhe der Gebühr für eine Abhebung hängt von Ihrer Hausbank und dem entsprechenden Bankenverbund ab, z. B. Sparkassenverband.

Kreditkarten und Reiseschecks

In Zeiten von Kreditkarte, Debitkarte und Geldautomat verlieren Reiseschecks an Bedeutung. Es wird immer schwieriger, sie einzulösen, und wenn, dann werden oft zusätzlich Gebühren verlangt. Mit Kreditkarten sowie der **girocard** mit PIN können Sie hingegen an den Geldautomaten vieler Banken rund um die Uhr abheben.

Falls Sie in der Türkei größere Summen Bargeld benötigen, setzen Sie sich mit Ihrer Bank in Verbindung: Viele Banken bieten Geldtransferdienste an und haben Vereinbarungen mit der türkischen Post oder mit Banken wie İş Bankası getroffen.

AUF EINEN BLICK

Wechselstuben

Bamka Döviz
Cumhuriyet Cad. 23, Taksim, Istanbul. ☎ (0212) 253 70 00.

Çetin Döviz
İstiklal Cad. 39, Beyoğlu, Istanbul. ☎ (0212) 225 64 28.

Kartenverlust

Allgemeiner Notruf
☎ 0049 116 116.
www.116116.eu

American Express
☎ 0049 69 97 97 1000.

Diners Club
☎ 0049 1805 07 07 04.

MasterCard
☎ 00800 13 887 09 03.

Visa
☎ 00800 13 535 0900.

girocard
☎ 0049 69 740 987.

Eine Filiale der HSBC (Hong Kong and Shanghai Banking Corp.) in Istanbul

Die gängigen Kreditkarten wie **American Express**, **Diners Club**, **MasterCard** und **Visa** werden überall akzeptiert, ebenso viele Debitkarten. Klären Sie vor Reiseantritt, ob Ihre Bankkarte international gültig ist.

Kleine Restaurants oder Läden, die nicht auf Karten eingerichtet sind, versuchen oft, das Problem über einen besser ausgestatteten Nachbarn zu lösen.

Grundsätzlich ist die Bezahlung per Karte gebührenfrei. Sogar Tankstellen verzichten inzwischen auf eine Gebühr.

Währung

Zum 1. Januar 2009 wurde in der Türkei wieder die Türkische Lira (Türk Lirası, TL oder ISO-Code TRY) eingeführt. Sie löst die Neue Türkische Lira (Yeni Türk Lirası, YTL) ab, die seit 2006 Zahlungsmittel war. Die Neue Türkische Lira wird seit dem 1. Januar 2010 nicht mehr als Zahlungsmittel verwendet. Alte Scheine (nicht jedoch Münzen) können bis zum 31. Dezember 2019 bei der Türkischen Zentralbank (Türkiye Cumhuriyet Merkez Bankası, **www**.tcmb.gov.tr) und den Ziraatbanken in Türkische Lira umgetauscht werden. Achten Sie beim Wechselgeld auf gültige Türkische Lira.

Eine Türkische Lira besteht aus 100 Kuruş. Die größte Banknote ist der 200-TL-Schein, die kleinste Münze die 5-Kuruş-Münze. Die Inflation in der Türkei ist inzwischen auf einstellige Werte gefallen. Zurzeit (Anfang 2012) entspricht 1 TL etwa 0,42 €. Umgekehrt entspricht 1 € etwa 2,4 TL.

Banknoten

Türkische Lira gibt es in Scheinen zu 5, 10, 20, 50, 100 und 200 TL. 1-TL-Scheine sind entfallen. Auf der Vorderseite der Geldscheine befinden sich Porträts des türkischen Staatsgründers Mustafa Kemal Atatürk aus verschiedenen Phasen seines Lebens. Auf den Rückseiten sind berühmte türkische Wissenschaftler und Künstler abgebildet.

50 Türk Lirası (TL)
(*Rückseite:* Fatma Aliye (1862–1936), Schriftstellerin und Philosophin)

20 Türk Lirası (TL)
(*Rückseite:* Mimar Kemaleddin (1870–1927), Architekt)

10 Türk Lirası (TL)
(*Rückseite:* Prof. Dr. Cahit Arf (1910–1997), Mathematiker)

5 Türk Lirası (TL)
(*Rückseite:* Prof. Dr. Aydın Sayılı (1913–1993), Historiker)

Münzen

Münzen gibt es für 5, 10, 25 und 50 Kuruş sowie 1 TL. Auf den Rückseiten ist das Porträt von Atatürk. **Achtung:** *Die Ein-Lira-Münze ähnelt der Zwei-Euro-Münze, die 50-Kuruş-Münze kann mit der 1-Euro-Münze verwechselt werden.*

1 Lira    50 Kuruş   25 Kuruş   10 Kuruş   5 Kuruş

Kommunikation

**Logo der türkischen
Post PTT**

Postämter erkennt man am gelben Schild mit den Logo PTT. Sie haben montags bis samstags von 9 bis 17 Uhr geöffnet. Viele Postämter wechseln auch Geld und übernehmen andere Bankdienstleistungen wie Geldüberweisungen. Auch telefonieren kann man in der Post – häufig sogar bis Mitternacht.

Das türkische Telefonnetz ist seit 1996 in der Hand der Türk Telekom. Im Zuge der Privatisierung hat sich die Infrastruktur deutlich verbessert: Über 80 Prozent der Türkei sind mit Glasfaserleitungen erschlossen, in größeren Städten kommuniziert man selbstverständlich über DSL, Internet-Cafés schießen wie Pilze aus dem Boden. Immer mehr Hotels bieten ihren Gästen WLAN-Anschluss. Das Mobilfunknetz ist in Istanbul flächendeckend. Preiswerter telefoniert man mit öffentlichen Telefonen, für die man eine Telefonkarte benötigt.

Lokale, nationale und internationale Telefonate

In Istanbul gibt es zwei Vorwahlnummern: 0212 für die europäische Seite, 0216 für den asiatischen Teil der Stadt. Innerhalb eines Vorwahlgebiets muss die Vorwahl nicht mitgewählt werden, von der europäischen zur asiatischen Seite jedoch schon. Auch für Telefonate in andere türkische Städte braucht man eine Vorwahl, z. B. 0224 für Bursa.

Ein Telefonat von Istanbul ins Ausland startet mit der 00. Dann folgt die Länderkennung (**49** Deutschland, **43** Österreich, **41** Schweiz), dann die Ortsvorwahl ohne Anfangs-Null und die Teilnehmernummer. Die Vorwahl der Türkei ist (00)**90**.

Mobiltelefone und Roaming

Die größten Mobilfunkanbieter in der Türkei sind **Turkcell** und **Vodafone**. Die beiden Unternehmen haben GSM-Roaming-Vereinbarungen mit 180 Ländern auf drei MHz-Bändern – das heißt, Ihr Handy wird problemlos funktionieren. Auch **Avea** und **Türk Telekom** bieten Handynetze an, Sie werden überall Netzanschluss bekommen.

Erkundigen Sie sich bei Ihrer Telefongesellschaft über Roaming-Tarife. Die EU-Höchstgrenzen für Roaming gelten in der Türkei *nicht*.

Praktisch für Telefonate innerhalb der Türkei ist es auch, eine Prepaid-SIM-Card eines türkischen Netzanbieters

zu kaufen. Sie passt in jedes Handy, die Anmeldung erfordert nur wenige Formalitäten. Man kann die Karte am Kiosk aufladen, der Vertrag erlischt nach drei Monaten automatisch.

Öffentliche Telefone

Öffentliche Telefone finden Sie in Postämtern, Telefonzellen und Telefonläden.

Die hierfür notwendige Telefonkarte gibt es in Postämtern und – gegen Aufpreis – am Kiosk. Preisgünstiger telefonieren Sie in der Regel mit einer Telefonkarte, z. B. mit der Alokart oder Kontörlü von Türk Telekom. Damit wählen Sie sich von jedem Festnetzanschluss gebührenfrei ins Netz und geben danach Ihren Zugangscode ein. Dies geht auch mit der Telefonkarte Comfort der Deutschen Telekom.

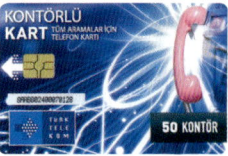

Telefonkarte Kontörlü (Türk Telekom)

Internet-Cafés

Istanbul bietet eine Vielzahl von Internet-Cafés, fast täglich werden neue eröffnet. Viele davon befinden sich in Sultanahmet. Zwei bekannte Internet-Cafés sind **Robin Hood** in Beyoğlu und **Cyber Cafe** in Sultanahmet. Die Preise sind sehr moderat. Abgerechnet wird im Stunden- oder Halb-Stunden-Takt.

Achten Sie auf die türkische Tastatur. Beispiel: Das türkische »ı« (ohne Punkt) darf in E-Mail-Adressen nicht verwendet werden.

Fast alle Hotels haben inzwischen kostenloses WLAN im Haus. Zusätzlich halten viele Hotels einen oder mehrere Computer bereit, an denen Sie Ihre E-Mails lesen und beantworten können. Auch viele Cafés bieten ihren Gästen kostenloses WLAN (Wi-Fi). Damit ist sogar VoIP (Voice over IP), beispielsweise mit Skype, möglich.

Öffentliche Telefonzellen in Istanbul

Frau am kostenlosen Wi-Fi-Spot

Handy-Sperrung

Hier sind die wichtigsten Notrufnummern, um ein verlorenes oder gestohlenes Handy sperren zu können:
E-Plus: 0049 177 1000.
O₂: 0049 179 55 222.
T-Mobile: 0049 1803 30 22 02.
Vodafone: 0049 172 12 12.

Post

Große Postfilialen befinden sich in **Sirkeci**, **Taksim** und **Beyoğlu**. Weitere Zweigstellen sind auf dem Stadtplan *(siehe S. 246–263)* eingetragen. Postämter öffnen montags bis freitags 8.30 bis 17.30 Uhr, samstags 8.30 bis 12 Uhr.

Briefmarken erhalten Sie in Postämtern und an PTT-Kiosken. Die Kioske verkaufen auch Telefonkarten. Briefe und Postkarten können Sie in einen gelben Briefkasten mit der Aufschrift PTT einwerfen. Hinweisschilder für den entsprechenden Kasten oder Einwurfschlitz sind: *şehiriçi* (lokal), *yurtiçi* (national) und *yurtdışı* (international). Eine Postkarte international kostet ebenso wie ein Standardbrief international 1 TL.

Verschicken Sie Ihre Briefe lieber per Luftpost *(uçak ile)*, da die Post über Land nur langsam befördert wird. Ein Paket auf dem Landweg sollten Sie nur per Einschreiben *(kayıtlı)* versenden. Es kann allerdings schon passieren, dass es 14 Tage oder länger unterwegs ist. Der Paketinhalt wird am Postschalter inspiziert – nehmen Sie Klebeband mit, um Ihr Paket danach wieder verschließen zu können. Größere Postämter verkaufen Faltpakete *(kutular)*. Manchmal müssen Sie beim Aufgeben des Pakets eine Quittung vorlegen, um z. B. nachzuweisen, dass Sie keine »verbotenen« Antiquitäten exportieren.

Postlagernde Sendungen werden am besten an das Postamt in Sirkeci geschickt. Auf der Sendung muss der Empfängername mit folgender Adresse stehen: Poste restante, Büyük Postane, Büyük Postane Caddesi, Sirkeci, Istanbul, Türkei.

Zeitungen und Magazine

In Istanbul gibt es zwei englischsprachige Tageszeitungen: die liberale, pro-islamische *Today's Zaman* und die national-weltlich orientierte *Hürriyet Daily News*. Beide berichten über türkische und internationale Ereignisse. Das englischsprachige Magazin *The Guide* bietet gute Veranstaltungshinweise und Berichte über Kultur in Istanbul. Daneben finden Sie an großen Ständen und in Buchhandlungen auch deutsche Tageszeitungen wie *Frankfurter Allgemeine Zeitung, Süddeutsche Zeitung, Die Welt* oder *Bild*.

Sie erhalten ausländische Zeitungen an Kiosken im Zentrum, besonders beim Kiosk in der İstiklal Caddesi beim U-Bahn-Ausgang.

Kleiner Zeitungsstand vor dem Topkapı-Palast

TV- und Radiosender

Das staatliche TRT (Türk Radyo ve Televizyon) hat sechs Fernsehkanäle und drei Radiostationen. Der TV-Kanal TRT2 strahlt um 19 und 22 Uhr Nachrichten auf Englisch, Französisch und Deutsch aus, auch TRT3 Radio (UKW 88,2) überträgt um 9, 12, 17, 19 und 21 Uhr Nachrichten in englischer, französischer und deutscher Sprache. In fast allen Hotels gibt es weltweites Satelliten-TV, also auch viele deutsche Sender wie ARD, ZDF, SAT1, RTL, Pro7, ARTE und natürlich auch den KiKa.

Das Radio-Angebot ist reichhaltig: Westlicher und türkischer Pop, Jazz und Klassik gehören zum Programm.

AUF EINEN BLICK

Mobilfunkanbieter

Avea
☎ *(0212) 444 15 00.*
www.avea.com.tr

Türk Telekom
☎ *(0212) 444 14 44.*
www.turktelekom.com.tr

Turkcell
☎ *(0212) 444 05 32.*
www.turkcell.com.tr

Vodafone
☎ *(0212) 444 05 42.*
www.vodafone.com.tr

Internet-Cafés

Cyber Cafe
Küçük Çayıroğlu Sok. 9, Sultanahmet.
☎ *(0212) 516 55 28.*

Robin Hood
Yeni Çarşı Cad. 24, Beyoğlu.
☎ *(0212) 244 89 59.*

Post

www ptt.gov.tr

Aras
Alay Köşkü Cad. 2.
Stadtplan 3 E4 (5 E3).

Beyoğlu
Yeni Çarşı Cad. **Stadtplan** 7 D4.

Karaköy
Kürekçiler Cad. 25–7.
Stadtplan 3 D1.

Sirkeci
Şehin Şah Pehlevi Cad.
Stadtplan 5 D1.

Taksim
Taksim-Platz. **Stadtplan** 7 E3.

Stadtplan *siehe Seiten 246–263*

Anreise

**Logo von
Turkish Airlines**

Am einfachsten ist Istanbul per Flugzeug zu erreichen. Zahlreiche Linien- und Charterflugzeuge aus vielen europäischen Städten (u. a. auch die von Lufthansa, Austrian und Swiss) fliegen den auf der europäischen Seite liegenden Atatürk-Flughafen an. Den Flughafen Sabiha Gökçen bei Pendik auf der asiatischen Seite nutzen eher Flüge aus dem Osten und einige Billigfluglinien. Die teilstaatliche Fluggesellschaft Turkish Airlines (THY) bedient weltweit über 100 Ziele. Natürlich kann man auch per Auto, Bus oder Bahn nach Istanbul reisen, aber die Fahrt dauert sehr lange und will gut überlegt sein. Die Verbindungen durch Serbien sind extrem schlecht. Es gibt keine direkten Fährverbindungen von europäischen Häfen nach Istanbul, doch viele Kreuzfahrtschiffe legen dort einen Besichtigungstag ein.

Flugzeuge am Terminal des Flughafens Atatürk

Mit dem Flugzeug

Die größte internationale Fluggesellschaft der Türkei, **Turkish Airlines** (THY), bietet zahlreiche Flüge von allen europäischen und einigen asiatischen Großstädten direkt nach Istanbul. Vor allem in den Sommermonaten gibt es preiswerte Charterflüge. Achten Sie darauf, ob Ihr Zielflughafen Atatürk oder Sabiha Gökçen ist.

Regelmäßige Linienflüge nach Istanbul haben natürlich auch **Lufthansa**, **Austrian**, **Swiss** sowie Fluggesellschaften anderer Länder in ihrem Programm. Von deutschen Flughäfen beträgt die Flugzeit nach Istanbul ungefähr drei Stunden.

Flughafen Atatürk

Istanbuls **Atatürk-Flughafen** (Atatürk Havalimanı) liegt in Yeşilköy, 24 Kilometer südwestlich des Zentrums. Der 2001 eröffnete internationale Terminal (*Dış Hatları*) befindet sich neben dem nationalen Terminal (*İç Hatları*).

In beiden Terminals gibt es Duty-free-Shops, die teilweise rund um die Uhr geöffnet haben. Hier können Sie u. a. Parfum, Zigaretten, alkoholische Getränke und Kosmetika kaufen. Außerdem finden Sie im Atatürk-Flughafen Souvenirläden, Cafés und Restaurants, ein Postamt, eine immer geöffnete Bank, Autoverleiher und das Tourismusbüro.

Kommen Sie zwei Stunden vor Abflug – bei Sicherheitskontrollen kann es zu längeren Wartezeiten kommen.

Verkehrsmittel vom Flughafen Atatürk

Taxis (*siehe S. 238*) sind die bequemsten Verkehrsmittel vom Flughafen ins Zentrum. Sie stehen auf dem Platz vor der Ankunftshalle des internationalen Terminals. Für die Fahrt nach Sultanahmet müssen Sie mit rund 40 TL, zum Taksim-Platz mit rund 50 TL rechnen.

Sehr preiswert ist die Metro (bzw. *Hafif Metro; siehe S. 240 f.*). Die M1 fährt in einem Bogen über den Busbahnhof Esenler nach Aksaray. Oder Sie nehmen die gleiche M1 und steigen schon in Zeytinburnu in die Tram T1 Richtung Kabataş (via Aksaray und Karaköy) um.

Mit dem Flughafenbus gelangen Sie ebenfalls bequem ins Zentrum. Die **Havaş**-Busse fahren halbstündlich zwischen 4 Uhr und 1 Uhr. Die Bushaltestelle liegt vor dem Haupteingang der Ankunftshalle. Es gibt Busse zum Taksim-Platz (jede halbe Stunde; Fahrzeit ca. 40 Min; 10 TL). Haltestellen auf dieser Route sind der Fähranleger Bakırköy, Aksaray und Tepebaşı. Von Aksaray oder vom Taksim-Platz erreichen Sie mit Tram oder Taxi leicht alle Ziele im Zentrum. Außerdem gibt es Busverbindungen nach Kozyatağı (stündlich) und Etiler (alle zwei Stunden).

Auch die Vorortbahn zwischen Yeşilköy und Sirkeci kann für Ziele in Sultanahmet und Saray Burnu ein gutes Transportmittel sein.

Flughafen Sabiha Gökçen

Der kleine, 2001 eröffnete **Sabiha-Gökçen-Flughafen** liegt 45 Kilometer südöstlich des europäischen Stadtzentrums und wird von einigen Billigfluggesellschaften angeflogen. Ins Zentrum kommt man mit Havaş-Bussen (13 TL) oder auch mit öffentlichen İETT-Bussen (3 TL).

Die einstündige Taxifahrt in die Stadt kostet etwa 100 TL.

Der Bahnhof Sirkeci in Eminönü ist Endstation auf europäischer Seite

Mit dem Zug

Der legendäre Orient-Express *(siehe S. 66)* fährt schon lange nicht mehr bis Istanbul. Seit dem Zerfall Jugoslawiens wurde der grenzüberschreitende Zugverkehr durch das östliche Europa stark eingeschränkt. Gegenwärtig gibt es nur noch eine Direktverbindung von Thessaloniki in Griechenland nach Istanbul. Die Strecke von München über Salzburg, Wien und Budapest ist indiskutabel mühsam: Man braucht über zweieinhalb Tage mit mehrfachem Umsteigen.

Istanbul hat zwei Hauptbahnhöfe: Sirkeci auf der europäischen und Haydarpaşa auf der asiatischen Seite. Züge aus europäischen Städten fahren immer zum Bahnhof Sirkeci *(siehe S. 66)*, Züge aus Anatolien und Asien kommen am Haydarpaşa-Bahnhof *(siehe S. 133)* an. Fähren verbinden die beiden Seiten miteinander.

Mit dem Bus

Die türkischen Reisebus-Unternehmen **Ulusoy** und **Varan**, aber auch **Eurolines** fahren Istanbul direkt an. Ulusoy fährt ab Wien und München, Varan fährt von Österreich.

Mit dem Bus, auch mit Inlandsbussen *(siehe S. 244)*, kommt man am Busbahnhof *(otogar)* Esenler an, 14 Kilometer nordwestlich vom Zentrum. Einige Busunternehmen transportieren ihre Fahrgäste per Minibus ins Zentrum. Die Metro M1 *(siehe S. 240f)* fährt nach Aksaray, auch die Busse 83 und 91 bringen Sie ins Zentrum. **Kâmil Koç** fährt täglich die Route Istanbul–Athen.

Autobahnschild mit türkischer und europäischer Straßennummer

Mit dem Auto

Bei der Einreise mit dem eigenen Auto müssen Sie an der Grenze Ihre Autopapiere und einen gültigen nationalen Führerschein vorlegen. Der türkische Zoll stellt Ihnen eine Bescheinigung aus, die Sie bei sich führen sollten. Die Internationale Grüne Versicherungskarte wird empfohlen. Eine Zusatzversicherung ist anzuraten, besonders falls Sie mit dem Wagen in den asiatischen Teil der Türkei wollen.

Das Auto muss mit Nationalitätskennzeichen (falls kein EU-Nummernschild), Feuerlöscher, Erste-Hilfe-Kasten und *zwei* Warndreiecken ausgerüstet sein.

AUF EINEN BLICK

Fluglinien

Turkish Airlines (THY)
(0212) 444 08 49.
(0212) 463 63 63
(Atatürk-Flughafen).
www.turkishairlines.com

Lufthansa
(0212) 354 88 88.
www.lufthansa.com

Austrian
(0212) 354 88 67.
www.austrian.com

Swiss
(0212) 354 99 19.
www.swiss.com

Flughäfen

Atatürk-Flughafen
(0212) 463 30 00.
www.ataturkairport.com
www.tavairports.com

Sabiha-Gökçen-Flughafen
(0216) 585 50 00.
www.sgairport.com

Havaş (Busse)
(0212) 465 47 00 oder
444 04 87 (Call-Center).
www.havas.com.tr

Zug

Bahnhof Haydarpaşa
(0216) 336 04 75.

Bahnhof Sirkeci
(0212) 527 00 50.

Busse

**Eurolines /
Deutsche Touring**
(069) 790 35 01 (D).
www.touring.com

Kâmil Koç
(0212) 444 05 62.

Ulusoy
Busbahnhof Esenler, Nr. 128.
(0212) 658 30 00.

Varan
Busbahnhof Esenler, Nr. 15/16.
(0212) 444 05 62.

Auto

ADAC-Notruf
(0212) 288 71 90
(Deutsch sprechende Mitarbeiter).

Die Bosporus-Brücke *(siehe S. 138)* **verbindet Ortaköy mit Beylerbeyi**

In Istanbul unterwegs

Mit mindestens 13 Millionen Einwohnern nimmt Istanbul eine riesige Fläche ein, doch als Besucher werden Sie sich in einem relativ kleinen Areal bewegen. Viele Sehenswürdigkeiten sind leicht zu Fuß zu erreichen, in allen zentralen Stadtteilen kann man sich gut mit Tram, U-Bahn und Bus bewegen, und das Verkehrsnetz Istanbuls wird ständig weiter aus-

Straßenschild an einer Kreuzung in Sultanahmet

gebaut. Die einzelnen Verkehrssysteme sind relativ gut miteinander vernetzt, einen Übersichtsplan finden Sie auf Seite 240 und auf den hinteren Umschlaginnenseiten. Die Istanbulkart (bzw. der AKBİL-Pass; *siehe S. 241*) ist für jedes öffentliche Verkehrsmittel, auch für die Fähren, gültig. Nur für Fährfahrten zu weiter entfernten Zielen benötigen Sie ein anderes Ticket.

Schild Fußgängerunterführung

Auf den Straßen Istanbuls geht es ruppig zu. Autofahrer haben wenig Bereitschaft, für Fußgänger anzuhalten. Überqueren Sie also die Hauptstraßen nur an Fußgängerampeln, benutzen Sie Über- und Unterführungen.

Vermeiden Sie es, nach Einbruch der Dunkelheit durch Straßen zu gehen, die Sie nicht kennen, vor allem, wenn Sie ganz allein sind.

Taxi

Taxis stehen in Istanbul Tag und Nacht zur Verfügung – und das zu recht günstigen Preisen. Entweder Sie winken sich ein Taxi an der Straße heran oder Sie gehen zum nächsten Taxistand. Außerdem ruft Ihnen das Hotel- oder Restaurantpersonal jederzeit telefonisch ein Taxi herbei.

Auf dem Dach der gelben Taxis, die bis zu vier Personen mitnehmen, steht ein Schild mit der Aufschrift *taksi*. Alle Taxis mit Lizenz haben ein Taxameter. Der Tagespreis *(gündüz)* wird von 6 bis 24 Uhr berechnet, der Nachtpreis *(gece)* ist um 50 Prozent teurer. Beim Überqueren des Bosporus wird immer Brückenzoll auf den Fahrpreis aufgeschlagen.

Der Fahrer erwartet mehr Trinkgeld, wenn er Ihnen beim Einladen des Gepäcks geholfen hat. Andernfalls runden Sie den Fahrpreis auf.

Es kann passieren, dass ein Fahrer die weniger bekannten Sehenswürdigkeiten nicht kennt. Deshalb sollten Sie genau wissen, in welchen Stadtteil Sie gefahren werden wollen. Es ist ratsam, einen Stadtplan dabeizuhaben und auf das Ziel zu zeigen.

Besucher vor der weltberühmten Blauen Moschee (siehe S. 78f)

Umweltbewusst reisen

Istanbul ist keine Stadt für Radfahrer, doch viele Sehenswürdigkeiten kann man zu Fuß erreichen. Das Umweltbewusstsein im ÖPNV setzt sich durch: Immer mehr städtische Busse und manche Taxis fahren mittlerweile mit Gas, die Metrobusse haben umweltfreundliche Hybrid-Antriebe.

Istanbul zu Fuß

Einige Stadtviertel und Straßen in Istanbul sind inzwischen verkehrsberuhigt, etwa die İstiklal Caddesi und Sultanahmet. Hier können Sie ungehindert flanieren, was vor allem im Frühling und Herbst sehr angenehm ist. Möglich sind auch Spaziergänge in den ruhigeren Vierteln, z.B. in der Gegend rund um die Antiquitätenläden von Çukurcuma, in Galatasaray oder in Eyüp (siehe S. 120f). Angebote zu Führungen finden Sie auf Seite 239.

Taxis warten am Fährhafen auf Fahrgäste

Doppeldecker-Bus von Plan Tours auf Stadtrundfahrt

Dolmuş

Das Sammeltaxi (*dolmuş*) ist ein nützliches Verkehrsmittel. *Dolmuşlar* fahren eine vorgegebene Strecke, sind billiger als normale Taxis und verkehren öfter als Busse. Das Wort *dolmuş* bedeutet »voll« – die Fahrer warten wirklich, bis das Fahrzeug voll ist.

Sammeltaxis fahren von morgens bis abends, nachts hingegen nur auf belebten Strecken. Jedes *dolmuş* hat vorn im Fenster Schilder mit Abfahrtsort und Endziel. Die Passagiere können an beliebigen Punkten entlang der Strecke ein- und aussteigen. Der Fahrpreis (3 bis 6 TL) hängt von der Strecke ab und wird unter den Passagieren aufgeteilt. Nennen Sie Ihr Ziel, geben Sie das verlangte Geld dem Fahrer oder einem Passagier, der es weiterreicht. Wenn Sie aussteigen wollen, sagen Sie *inecek var* – das Taxi wird dann anhalten.

Dolmuş-Haltestellen sind mit einem blauen Schild mit schwarzem »D« auf weißem Hintergrund gekennzeichnet. Ein *dolmuş*, das über Bosporus-Brücken fährt, rechnet die Maut zum Fahrpreis dazu.

Mit dem Bus

Stadtbusse werden von zwei kommunalen Firmen betrieben: Die Busse von **İETT** (İstanbul Elektrik Tramvay ve Tünel İşletmeleri Genel Müdürlüğü, Istanbuler Verkehrsbetriebe) sind rot oder grün, wobei die grünen Busse mit Erdgas fahren. Die städtischen **Özel-Halk-Busse** sind orange und beige. Beide Linien haben gleiche Routen, Haltestellen und Preise.

İETT-Busse akzeptieren den AKBİL-Pass, der gerade von der elektronischen Istanbulkart abgelöst wird (*siehe S. 241*). Dieser Pass kann an Busbahnhöfen und Kiosken gekauft werden. Bei Überquerung des Bosporus wird der doppelte Preis fällig.

Der Einstieg in die Busse erfolgt vorn. Wenn Sie aussteigen wollen, drücken Sie den Halteknopf. Die Haltestellen sind über Display oder auf Tafeln angezeigt. Busse verkehren meist zwischen 6 und 22 oder 23 Uhr.

Plan Tours bietet für Besucher Rundfahrten mit Doppeldecker-Bussen an, bei denen die Hauptsehenswürdigkeiten angesteuert werden. Auf diesen Fahrten können Sie beliebig aussteigen und Ihre Fahrt später fortsetzen.

Nützliche Buslinien

15	Üsküdar – Beykoz
15/A	Beykoz – Anadolu Kavağı
22	Kabataş – İstinye
25/A	Levent Metro – Rumeli Kavağı
28	Edirnekapı – Beşiktaş
28/T	Topkapı – Beşiktaş
37/E	Eminönü – Edirnekapı
40	Taksim – Sarıyer
80	Eminönu – Yedikule
81	Eminönu – Yeşilköy
86/V	Vezneciler – Edirnekapı

Führungen

Ausflüge nach Gallipoli, Troja und Bursa, thematische Führungen wie Juden in Istanbul oder Kreuzfahrten mit einer Yacht auf dem Bosporus bietet **Plan Tours** an. Stadtführungen können Sie auch bei **Backpackers Travel,**

Fest Travel und **Turista Travel** buchen. Veranstalter für Tagesausflüge in die Umgebung von Istanbul finden Sie auf Seite 245.

Vor Sehenswürdigkeiten werden Sie häufig von freien Reiseleitern angesprochen. Einige arbeiten mit Lizenz, andere ohne. Sollten Sie sich für einen solchen Führer entscheiden, teilen Sie ihm Ihr Interessengebiet mit und einigen Sie sich auf ein Honorar. Wenn Ihnen nur wenig Zeit zur Verfügung steht, kann es sich lohnen, mit einem Taxifahrer eine Besichtigungstour zu vereinbaren.

Stadtplan *siehe Seiten 246–263*

AUF EINEN BLICK

Taxi-Reklamationen

📞 *(0212) 325 15 15.*

Busse

İETT (İstanbul Elektrik Tramvay ve Tünel İşletmeleri Genel Müdürlüğü)
Erkan-ı Harp Sok. 4, Beyoğlu.
Stadtplan 7 D5.
📞 *(0800) 211 60 68,*
📞 *(0800) 211 61 20.*
www.iett.gov.tr

Führungen

Backpackers Travel
Yeni Akbıyık Cad. 30,
Sultanahmet.
Stadtplan 3 D4 (5 D3).
📞 *(0212) 638 63 43.*
www.backpackerstravel.net

Fest Travel
Barbaros Bulvarı, 74/20,
Balmumcu.
Stadtplan 8 C2.
📞 *(0212) 216 10 36.*
www.festtravel.com.tr

Plan Tours
Cumhuriyet Cad. 83/1, Elmadağ.
Stadtplan 7 F3.
📞 *(0212) 234 77 77.*

Zweigstelle Sultanahmet
(gegenüber Hagia Sophia):
Stadtplan 3 E4 (5 E4).
📞 *(0212) 458 18 00.*
www.plantours.com

Turista Travel
Divanyolu Cad. 16, Sultanahmet.
Stadtplan 3 D4 (5 D4).
📞 *(0212) 518 65 70.*
www.turistatravel.com

U-Bahn, Tram und Zug

Metro-Zeichen in Istanbul

Metro, *Hafif Metro* und Tram funktionieren effizient und zuverlässig. Außerdem wird das Schienennetz weiter ausgebaut: Die Bauarbeiten für das »Marmara-Projekt«, einen U-Bahn-Tunnel unter dem Marmarameer, haben begonnen. Auch eine dritte Bosporus-Brücke soll entstehen. Der Flughafen Atatürk und der Busbahnhof in Esenler sind gut mit der *Hafif Metro* zu erreichen. Mit einer U-Bahn unter dem Goldenen Horn soll Beyoğlu mit der Altstadt verbunden werden.

Eine der modernen Trams in Istanbul

Moderne Trams

Die Straßenbahnen in Istanbul sind modern und effizient. Die *Tramvay* fährt von Kabataş über die Galata-Brücke durch Sultanahmet und über Aksaray bis Zeytinburnu und Bağcılar *(siehe hintere Umschlaginnenseiten)*. Zwischen 5 und 24 Uhr verkehren Trams alle fünf Minuten. Als Fahrscheine gelten Jetons und die Istanbulkart.

Metro und Hafif Metro

Die U-Bahn *(Metro)* ist bislang wenig ausgebaut. Im Jahr 2000 wurde die Linie M2 von Taksim nach 4. Levent in Betrieb genommen. Im Norden ist die M2 seit 2009 um drei Stationen (von 4. Levent bis Atatürk Oto Sanayi) verlängert, im Süden erfolgte gleichzeitig die Eröffnung der Strecke Taksim−Şişhane. Die dringend erforderliche Verlängerung von Şişhane nach Yenikapı (mit einer Querung des Goldenen Horns) ist im Bau und soll frühestens 2013 eröffnet werden.

Eine Mischung aus U-Bahn und Tram ist die *Hafif Metro*. Sie fährt unter- und oberirdisch. Die Linie M1 verbindet Aksaray mit dem Busbahnhof Esenler *(siehe S. 244)* und mit dem Flughafen Atatürk *(siehe S. 236)*. Wichtige Stationen sind Zeytinburnu (Tram-Anschluss) und Otogar (Busbahnhof). Die Eröffnung der dringend benötigten Verbindung zwischen Yenikapı und Aksaray wird zwar schon lange angekündigt, ist aber

---

Tram und Metro

Die Metro fährt von Şişhane bis Atatürk Oto Sanayi. Die Hafif Metro führt von Aksaray bis zum Atatürk-Flughafen. Eine Verbindung unter dem Goldenen Horn ist geplant.

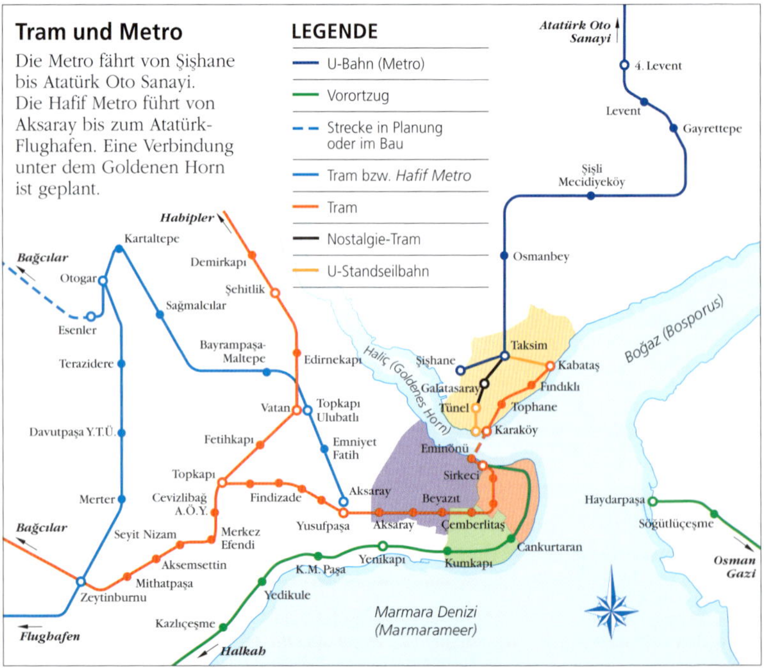

LEGENDE

- ▬▬ U-Bahn (Metro)
- ▬▬ Vorortzug
- ▭ ▭ Strecke in Planung oder im Bau
- ▬▬ Tram bzw. *Hafif Metro*
- ▬▬ Tram
- ▬▬ Nostalgie-Tram
- ▬▬ U-Standseilbahn

Atatürk Oto Sanayi

4. Levent

Levent

Gayrettepe

Şişli Mecidiyeköy

Osmanbey

Boğaz (Bosporus)

Habipler

Kartaltepe

Bağcılar

Otogar

Demirkapı

Şehitlik

Sağmalcılar

Esenler

Bayrampaşa-Maltepe

Terazidere

Edirnekapı

Haliç (Goldenes Horn)

Şişhane

Taksim

Kabataş

Galatasaray

Fındıklı

Tünel

Tophane

Vatan

Topkapı Ulubatlı

Davutpaşa Y.T.Ü.

Fetihkapı

Emniyet Fatih

Karaköy

Topkapı

Eminönü

Merter

Cevizlibağ A.Ö.Y.

Findizade

Aksaray

Sirkeci

Beyazıt

Haydarpaşa

Bağcılar

Seyit Nizam

Merkez Efendi

Yusufpaşa

Aksaray

Çemberlitaş

Cankurtaran

Söğütlüçeşme

Osman Gazi

Aksemsettin

K.M.Paşa

Yenikapı

Kumkapı

Mithatpaşa

Zeytinburnu

Yedikule

Flughafen

Kazlıçeşme

Halkalı

Marmara Denizi (Marmarameer)

zurzeit (Anfang 2012) immer noch nicht erfolgt.

Beide Metro-Arten (*Metro* und *Hafif Metro*) verkehren täglich von 6 bis 0.30 Uhr. Metros haben Klimaanlage, Aufzüge machen die meisten Bahnhöfe behindertengerecht. Für die Metro brauchen Sie einen Jeton oder die Istanbulkart.

Seilbahnen und Tünel-Bahn

Istanbul hat zwei echte Seilbahnen: Eine verbindet den Taksim-Platz mit den Fähren am Bosporus-Ufer in Eyüp (täglich 8 bis 22 Uhr). Die zweite Seilbahn führt über den Maçka-Park (8–20 Uhr).

Die *Tünel*, Europas älteste Standseilbahn und die drittälteste U-Bahn der Welt, wurde 1875 eingeweiht. Sie fährt unterirdisch die 606 Meter lange Strecke von Karaköy hinauf zum Tünel-Platz in Beyoğlu. Von hier können Sie mit der Nostalgie-Tram entlang der İstiklal Caddesi weiterfahren. Die Station Karaköy liegt etwas versteckt an der Galata-Brücke *(siehe S. 101)*. Zugang ist eine Unterführung am Ende der Brücke. Die Tünel-Bahn fährt nur bis 21 Uhr.

2006 wurde die *Füniküler* eröffnet. Diese unterirdische Standseilbahn verbindet Kabataş am Bosporus mit Taksim in 110 Sekunden.

Nostalgie-Tram

Die *Nostaljik Tramway* fährt auf der İstiklal Caddesi von Tünel zum Taksim-Platz. Die Bahnen sind allesamt Originale und stammen aus dem frühen 20. Jahrhundert. 1966 wurden sie stillgelegt, 1990 dann wieder in Betrieb genommen. Die Schaffner tragen die originalen Uniformen. Fahrkarten können an den Haltestellen gekauft werden. 2003 wurde das *Moda Tramway* auf der Ringstrecke zwischen Kadıköy und Moda im asiatischen Teil Istanbuls in Betrieb genommen. Hier fahren alte Trambahnwagen aus der DDR.

Vorortzüge

Vorortzüge *(banliyö tren)* fahren am Marmarameer entlang, auf der asiatischen Seite von Haydarpaşa bis nach Osman Gazi und auf der europäischen Seite von Sirkeci nach Halkalı. Für Urlauber interessant sind evtl. die Stationen Yedikule (Yedikule-Kastell; *siehe S. 115*), Ataköy (Galleria-Shopping-Center; *siehe S. 211*) und Yeşilköy (in der Nähe des Flughafens; *siehe S. 236*). Bostancı auf der asiatischen Seite ist eine Fähranlegestelle zu den Prinzeninseln.

Vorortzüge fahren von 6 bis 23.30 Uhr. Als Ticket gilt die Istanbulkart (AKBİL-Pass).

Jetons, Istanbulkart und AKBİL-Pass

Jetons, die zu einer Einzelfahrt berechtigen, kann man an den Jetonmatik-Maschinen kaufen. Ein Jeton für Metro, Tram, Bus oder Standseilbahn kostet 2 TL, für Tünel oder Nostalgie-Tram 1 TL. Preiswerter (pro Fahrt 1,75 TL statt 2 TL) und praktischer ist die **Istanbulkart**, die derzeit den bewährten **AKBİL-Pass**

Türkisches Bahnkennzeichen

AUF EINEN BLICK

Tram und Metro

Information

📞 *(0212) 568 99 70.*
📞 *(0212) 444 00 88.*
🌐 www.*istanbul-ulasim.com.tr*

Pässe

Istanbulkart und AKBİL-Pass

🌐 www.*turkeytravelplanner.com/ go/Istanbul/Transport*

(bilet AKBİL) ablöst. Beide Pässe gelten in Metro, Tram, Bus, Standseilbahn, Tünel und Vorortzug sowie Fähre und Wasserbus. Man bekommt den AKBİL-Pass für 6 TL Pfand an Busstationen und Fahrkartenschaltern. Die neue, wiederaufladbare Istanbulkart ist für 10 TL Pfand an Kiosken und an den meisten AKBİL-Verkaufsstellen erhältlich. Sie können die Karte an vielen Stellen nachladen, das Pfand erhalten Sie bei Rückgabe ausbezahlt. Orangefarbene Entwerter stehen an Zugängen zu Bahnsteigen und Piers sowie in Bussen.

AKBİL-Pässe

Nostalgie-Tram auf der İstiklal Caddesi in Beyoğlu

Fähren, Wasserbusse und Boote

Marke (Jeton) der İDO-Fähre

Die Fahrt übers Wasser ist eine erholsame Alternative zu Schiene und Straße. Zwischen europäischer und asiatischer Seite verkehren auf dem Bosporus die unterschiedlichsten Fahrzeuge, vom privaten Motorboot bis hin zu einer Flotte von Highspeed-Katamaranen. Mit dem Schiff können Sie die Hektik und die Verkehrsstaus auf den Straßen umgehen. In jedem Fall haben Sie eine fantastische Aussicht auf die Stadt.

Passagiere beim Aussteigen aus einer Fähre

Alte Fähren in Karaköy

Fähren

Fähren überqueren regelmäßig den Bosporus und das Goldene Horn. Die Betreibergesellschaft der Fähren *(vapur)* ist die kommunale İDO (İstanbul Deniz Otobüs-

leri). Die größte Fähranlegestelle auf europäischer Seite befindet sich in Eminönü *(siehe S. 87)*. Jeder der sechs Piers hat eine Wartehalle, an deren Eingang die Zielstation angeschrieben steht. Die drei Hauptanlegestellen sind nummeriert: Von Pier 1 fahren die Fähren nach Üsküdar, von Pier 2 nach Kadıköy. Fähren von Pier 3 (mit der Aufschrift »Boğaz Hattı«) fahren den Bosporus hinauf. Hier liegen aber auch Ausflugsschiffe. Die drei anderen Piers sind etwas abgelegener. An der Westseite der Galata-Brücke liegt der Pier für Fähren, die das Gol-

dene Horn (Haliç Hattı) hinauffahren. In Sirkeci, östlich von Pier 1, finden Sie den Hafen für Autofähren nach Harem. In Saray Burnu liegt der Pier Adalar. Von hier legen die Fähren zu den Prinzeninseln (Prens Adaları) ab.

Gegenüber von Eminönü, auf der anderen Seite des Goldenen Horns, liegt Karaköy. Hier ist ebenfalls eine zentrale Fähranlegestelle. Diese Fähren laufen Haydarpaşa und Kadıköy an. In Karaköy befindet sich der Pier für Kreuzfahrtschiffe.

Fähren und Wasserbusse

Viele Fähren und Wasserbusse legen täglich u. a. in Eminönü an und ab. Zusätzlich befahren kleinere Privatboote dieselben Strecken wie die staatlichen Fähren.

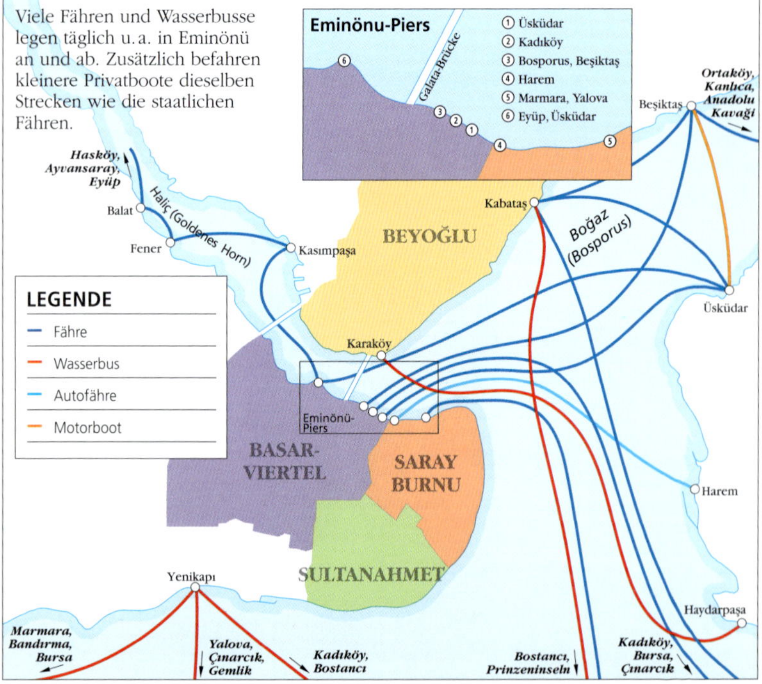

Eminönü-Piers

① Üsküdar
② Kadıköy
③ Bosporus, Beşiktaş
④ Harem
⑤ Marmara, Yalova
⑥ Eyüp, Üsküdar

Galata-Brücke

Ortaköy, Kanlıca, Anadolu Kavağı

Beşiktaş

Hasköy, Ayvansaray, Eyüp

Balat

Haliç (Goldenes Horn)

Fener

Kasımpaşa

Kabataş

BEYOĞLU

Boğaz (Bosporus)

LEGENDE

— Fähre
— Wasserbus
— Autofähre
— Motorboot

Karaköy

Üsküdar

Eminönü-Piers

BASAR-VIERTEL

SARAY BURNU

Harem

Yenikapı

SULTANAHMET

Haydarpaşa

Marmara, Bandırma, Bursa

Yalova, Çınarcık, Gemlik

Kadıköy, Bostancı

Bostancı, Prinzeninseln

Kadıköy, Bursa, Çınarcık

Fähren fahren alle 15 Minuten (Sa, So alle 20 Min.), und zwar von 7.30 bis 21 Uhr zwischen Eminönü und Kadıköy und von 6 bis 23.30 Uhr zwischen Eminönü und Üsküdar.

Wasserbusse

Die modernen Katamarane fungieren als Wasserbusse *(deniz otobüsleri)*. Mit ihren komfortablen, verstellbaren Sitzen und Klimaanlage gleichen Sie innen dem Passagierraum eines Flugzeugs. Wasserbusse sind schneller und komfortabler als Fähren, aber auch teurer.

Für Urlauber interessant sind die Wasserbus-Strecken Eminönü–Kadıköy (Mo–Fr 7.40–19, Sa, So 8.15–18.10 Uhr) sowie Bakırköy–Bostancı (8.15–22 Uhr). Im Sommer fahren Wasserbusse auch von Kabataş und Bostancı nach Büyükada (Prinzeninseln). Verkehrsmittel zu Zielen außerhalb Istanbuls finden Sie auf den Seiten 244 f.

Motorboote

Firmen wie **Dentur** und **Turyol** schicken Motorboote quer über den Bosporus, das Goldene Horn und fahren auch den Bosporus hinauf. Die Fähren der İDO fahren auf den gleichen Strecken, aber die etwas teureren privaten Motorboote verkehren häufiger. Für Motorboote brauchen Sie einen *jeton*, auf einigen gilt auch die Istanbulkart *(siehe S. 241)*.

Wassertaxis auf dem Bosporus

Wassertaxis

Wassertaxis sind relativ neu und beliebt. Die zehnsitzigen Boote kann man telefonisch oder online buchen. Der Preis ist vernünftig, wenn man sich ein Taxi teilt.

Eine der zahlreichen Fähren, die auf dem Bosporus unterwegs sind

Bosporus-Touren

Täglich gibt es mehrmals die Gelegenheit, auf normalen Fährschiffen eine Ausflugsfahrt den Bosporus hinauf zu machen *(siehe S. 136–149)*. Was auf diesen Fähren recht teuer ist, sind die Getränke. Außerdem sind sie in den Sommermonaten ziemlich überfüllt. Wenn Sie also einen Deckplatz ergattern wollen, ist es ratsam, sich sehr früh am Fährhafen einzufinden.

Die Fahrkarte sollten Sie aufbewahren, auf der Rückfahrt müssen Sie sie wieder vorzeigen. Entlang der Strecke können Sie einmal aussteigen und mit derselben Fahrkarte die nächste Fähre zur Weiterfahrt nutzen.

Im Sommer bietet İDO Ausflugsfahrten von Kadıköy aus an. Es gibt aber auch Alternativen zu den offiziellen Bosporus-Ausflugsfahrten. In den Sommermonaten fahren z. B. Privatunternehmen mit kleineren Booten den Bosporus nur zur Hälfte hinauf, meist legen sie unterwegs keinen Stopp ein. Diese Boote fahren in der Regel los, kurz nachdem die Fähre aus dem Hafen von Eminönü ausgelaufen ist. Wenn Sie so eine private Tour bei einem Reiseveranstalter buchen, achten Sie darauf, dass es sich um ein seriöses Unternehmen handelt. Empfehlenswert ist beispielsweise **Hatsail Tourism**.

Tickets

Für Fähren und Wasserbusse gilt für lokale Fahrten die Istanbulkart (AKBİL-Pass; *siehe S. 241*). Man kann auch eine Einzelfahrkarte am Schalter *(gişe)* lösen. Fähren kosten pro Person 2 TL, Wasserbusse zu den Prinzeninseln etwa 10 TL. Für einen Bosporus-Trip gilt kein Pass, der Ausflug kostet ab etwa 30 TL.

İDO

Logo der Fährgesellschaft İDO

AUF EINEN BLICK

Fähren & Wasserbusse

İDO
📞 *(0212) 444 44 36.*
www.ido.com.tr

Motorboote

Dentur
📞 *(0212) 227 47 89.*
www.denturavrasya.com

Turyol
📞 *(0212) 251 44 21.*
www.turyol.com

Wassertaxis

Deniz Taksi
📞 *(0212) 444 44 98.*
www.deniztaksi.com

Privatveranstalter

Hatsail Tourism
📞 *(0212) 241 62 50.*
www.hatsail.com

Außerhalb Istanbuls unterwegs

TTOK-Logo

Das beste Verkehrsmittel für Ausflüge außerhalb von Istanbul ist der Bus. Fernbusse fahren von Istanbul aus alle Städte in der Türkei an. Zu einigen türkischen Städten bestehen auch Flugverbindungen von den Flughäfen Atatürk und Sabiha Gökçen. Bei großen Entfernungen ist Fliegen eine gute Alternative. Im Gegensatz zum dichten Streckennetz der Busse gibt es nur wenige Zugverbindungen. Außer den beiden Expresszügen nach Eskişehir und Ankara sind alle Züge extrem langsam. Orte am anderen Ufer des Marmarameeres erreichen Sie am besten mit einer Fähre oder dem Wasserbus.

Hochgeschwindigkeits-Wasserbus auf dem Bosporus

Fernbusse

Fernbusse fahren am 14 Kilometer nordwestlich vom Stadtzentrum gelegenen Busbahnhof (*otogar*) in Esenler ab. Dorthin kommen Sie z. B. mit der *Hafif Metro*.

Auf dem Busbahnhof geht es turbulent zu: Mehr als 150 Fahrkartenbüros haben alle ihre Ziele auf Schildern angeschrieben. Vertreter der Busunternehmen gehen durch die Station und rufen die Zielorte der bald abfahrenden Busse aus. Neben der *Hafif-Metro*-Station befindet sich ein Informationsschalter.

Allerdings wird der *otogar* nicht gerade gut gewartet: Die Toiletten sind schmutzig, von den Restaurants und Imbissständen muss man abraten.

Es gibt einen anderen Weg: Alle Busunternehmen haben Büros in der Innenstadt, wo Sie Tickets kaufen können. Sie bieten einen Shuttle-Service, der Sie zu einem der Sammel-Einstiegspunkte nahe der Autobahn bringt. Die Busfirmen unterhalten außer einem weiteren Busbahnhof mit Terminals in Harem auf der asiatischen Seite von Istanbul.

Busreisen sollten Sie vorab buchen. Die Busfirmen akzeptieren Kreditkarten. Die 450-Kilometer-Strecke zwischen Istanbul und Ankara kostet im Premiumbus 75 TL.

Bei **Varan** und **Ulusoy** *(siehe S. 237)*, den führenden Busunternehmen, können Sie in jeder Niederlassung Tickets kaufen. Die Busse fahren Ziele an wie z. B. Ankara, Antalya und İzmir, aber auch Orte an der Schwarzmeerküste.

Kâmil Koç bedient die Strecke nach Bursa. Die vierstündige Fahrt geht über Gebze, dann setzt man mit der Fähre nach Yalova über. **Çanakkale Truva Turizm**, eine empfehlenswerte Firma, fährt nach Gallipoli (Gelibolu). **Metro**, ebenfalls ein seriöses Unternehmen, fährt eine Vielzahl von Zielen an.

Rauchen ist in allen Bussen verboten. Getränke gibt es kostenlos. Alle reisende Männer werden neben Männer, Frauen zu Frauen gesetzt. Paare können nebeneinandersitzen. Die Busse halten regelmäßig an Tankstellen, um Pause zu machen. Neuere Busse bieten TV und WLAN.

Inlandsflüge

Fliegen macht bei den großen Entfernungen in der Türkei Sinn. Wer nach İzmir, Antalya, Kayseri (für Kappadokien), Trabzon oder Van will, sollte den Flieger wählen. Durch die starke Konkurrenz sind die Preise bei frühzeitiger Buchung sehr mäßig.

Anadolujet und **Sunexpress** fliegen nur vom Flughafen Sabiha Gökçen, **Atlas Jet** und **Onur Air** nur vom Flughafen Atatürk, **Pegasus** und **Turkish Airlines** von beiden Airports. Turkish Airlines bietet auch Flüge nach Bursa und Çanakkale an.

Wasserbusse und Fähren

Hochgeschwindigkeitsfähren *(hızlı feribot)* und Wasserbusse *(deniz otobüs)* sind ideale Verkehrsmittel für längere Strecken auf See. **İDO** *(siehe S. 242)* bieten ein gutes Preis-Leistungs-Verhältnis. Auf manchen Strecken befördern die Fähren auch Autos.

Nach Bursa kommt man zweimal täglich mit der Fähre *Güzelyalı* (1:30 Std.) oder mit dem Wasserbus *Kabataş* nach Güzelyalı (2 Std. via Kadıköy). Ab dort fahren Sie mit dem Bus weiter. Oder Sie nehmen die Fähre nach Yalova (1:10 Std., täglich), das eine Busstunde von Bursa entfernt liegt. Von Yalova fahren Minibusse auch nach İznik (1 Std.). Von Yenikapı können Sie mit Wasserbussen auch Touren zu den Marmara-Inseln unternehmen.

Das nette Café im Bahnhof Sirkeci verkürzt die Wartezeit

Züge nach Edirne

Der täglich verkehrende Zug nach Edirne startet am Bahnhof Sirkeci *(siehe S.66)* und braucht volle sechs Stunden – doppelt so lange wie ein Bus. Buchungen sind an jedem Bahnhof oder Reisebüro mit dem Logo der **TCDD** (Türkische Staatsbahn) möglich. Bursa, Çanakkale und Iznik werden nicht von Zügen angefahren.

Mietwagen und Straßenverkehr

Wenn Sie einen Ausflug mit dem Auto unternehmen wollen, dann wenden Sie sich am besten an internationale Mietwagenfirmen wie **Avis**, **Budget** oder **Sixt**, die sowohl an den Flughäfen wie auch im Zentrum Niederlassungen haben. Der nationale Führerschein genügt, Sie brauchen keinen internationalen.

Im Straßenverkehr, sowohl in den Städten wie auch auf dem Land, geht es manchmal etwas ruppig zu. Fahren Sie immer vorsichtig. Es gilt überall rechts vor links, selbst im Kreisverkehr. Der Türkische

Touring- und Automobilclub **TTOK** (Türkiye Turing ve Otomobil Kurumu) gibt Autofahrern Ratschläge für Fahrten in der Türkei. Ganzjährig ist eine Notrufnummer des **ADAC** mit Deutsch sprechenden Mitarbeitern besetzt. Hier erhalten Sie professionelle Hilfe.

Pferdekutsche auf Büyükada

Tagesausflüge

Zahlreiche Veranstalter organisieren Tagesausflüge zu den Prinzeninseln, zu den Dardanellen, nach Bursa und zum Schwarzen Meer. Diese Fahrten sind oft recht preisgünstig, und mit dem Bus sind Sie stressfrei unterwegs. Renommierte Anbieter sind z. B. Unternehmen wie **Plan Tours**, **Turista Travel** und **Türk Ekpres**. Alle bieten thematische Besichtigungsfahrten in Istanbul, aber auch individuelle Touren durch die Türkei an. **CARED** (Çanakkale Profesyonel Turist Rehberleri Derneği) kann mehrsprachige Führer zur Verfügung stellen.

Logos von Mietwagenfirmen

Verkehrsmittel außerhalb Istanbul

Die Hauptverkehrsmittel in Bursa und Edirne sind Sammeltaxis (Minibusse oder Limousinen).

Im Zentrum von Bursa befindet sich Atatürk Caddesi Heykel, die wichtigste Dolmuş-Haltestelle. Von hier fahren Sammeltaxis in die meisten Stadtbezirke. Der Busdienst ist sehr gut.

Edirne ist schlecht erschlossen. Vom Busbahnhof ins zwei Kilometer entfernte Zentrum nehmen Sie ein Minibus-Dolmuş oder ein Taxi.

Auf den Prinzeninseln gibt es keine Autos. Auf Büyükada und Heybeliada fahren Kutschen. Sie können sich dort auch ein Fahrrad leihen.

AUF EINEN BLICK

Fernbusse

Çanakkale Truva Turizm
(0212) 444 00 17.
www.truvaturizm.com

Kâmil Koç
(0212) 444 05 62.
www.kamilkoc.com.tr

Metro
(0212) 444 34 55.
www.metroturizm.com.tr

Inlandsflüge

Anadolujet
(0212) 444 25 38.
www.anadolujet.com

Atlas Jet
(0212) 444 03 87.
www.atlasjet.com

Onur Air
(0212) 633 23 00.
www.onurair.com.tr

Pegasus Airlines
(0212) 444 07 37.
www.flypgs.com

Sunexpress
(0212) 444 07 97.
www.sunexpress.com

Turkish Airlines (THY)
(0212) 444 08 49.
www.turkishairlines.com

Fähren

İDO
(0212) 444 44 36.
www.ido.com.tr

Kabataş-Pier
(0212) 249 15 58.

Yenikapı-Pier
(0212) 516 12 12.

Züge

TCDD
www.tcdd.gov.tr

Mietwagen und Straßenverkehr

ADAC-Notruf
(0212) 288 71 90.

Avis
444 28 47.
www.avis.com.tr

Budget
(0212) 663 08 58.
www.drivebudget.com

Sixt
(0212) 215 24 19.
www.sixt.com/car-rental/turkey

TTOK
I. Oto Sanayi Sitesi Yanı, Seyrantepe Yolu, 4. Levent.
(0212) 282 81 40.
www.turing.org.tr

Tagesausflüge

CARED
(0286) 213 90 40.
www.cared.org.tr

Plan Tours
Cumhuriyet Cad. 83/1, Elmadağ. **Stadtplan** 7 F3.
(0212) 234 77 77.
www.plantours.com

Turista Travel
Divanyolu Cad. 16, Sultanahmet.
Stadtplan 3 D4 (5 D4).
(0212) 518 65 70.
www.turistatravel.com

Türk Ekpres
Cumhuriyet Cad. 47/1, Taksim. **Stadtplan** 7 E3.
(0212) 235 95 00.
www.turkekpres.com.tr

Stadtplan *siehe Seiten 246–263*

Stadtplan

Die Kartenverweise in diesem Buch beziehen sich auf die Seiten des folgenden *Stadtplans*. Bei den Sehenswürdigkeiten, Hotels und Restaurants finden Sie auch Verweise auf die *Extrakarte zum Herausnehmen*. Die Übersichtskarte unten zeigt das Gebiet, das die zehn folgenden Einzelkarten abdecken. Die Seiten 4 und 5 bieten eine vergrößerte Darstellung des Zentrums. Die erste Zahl eines Verweises steht für die Seite, der Buchstabe und die Nummer benennen das Planquadrat, der Verweis in Klammern bezieht sich auf die Vergrößerung. Einen Überblick über den Großraum Istanbul vermitteln die Seiten 14f.

Beim Orientieren mit dem Stadtplan

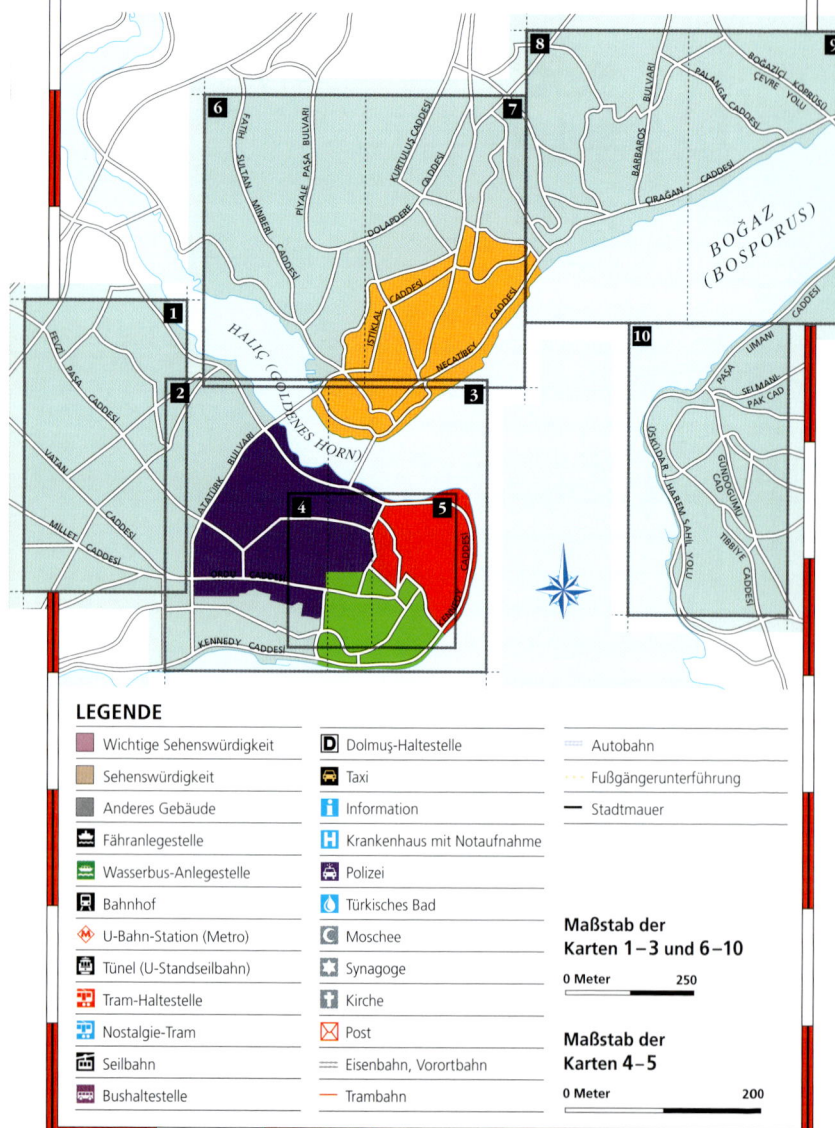

LEGENDE

Wichtige Sehenswürdigkeit	**D** Dolmuş-Haltestelle	Autobahn
Sehenswürdigkeit	Taxi	Fußgängerunterführung
Anderes Gebäude	**i** Information	Stadtmauer
Fähranlegestelle	**H** Krankenhaus mit Notaufnahme	
Wasserbus-Anlegestelle	Polizei	
B Bahnhof	Türkisches Bad	**Maßstab der Karten 1–3 und 6–10**
M U-Bahn-Station (Metro)	**C** Moschee	0 Meter 250
Tünel (U-Standseilbahn)	Synagoge	
Tram-Haltestelle	Kirche	**Maßstab der Karten 4–5**
Nostalgie-Tram	Post	
Seilbahn	Eisenbahn, Vorortbahn	0 Meter 200
Bushaltestelle	Trambahn	

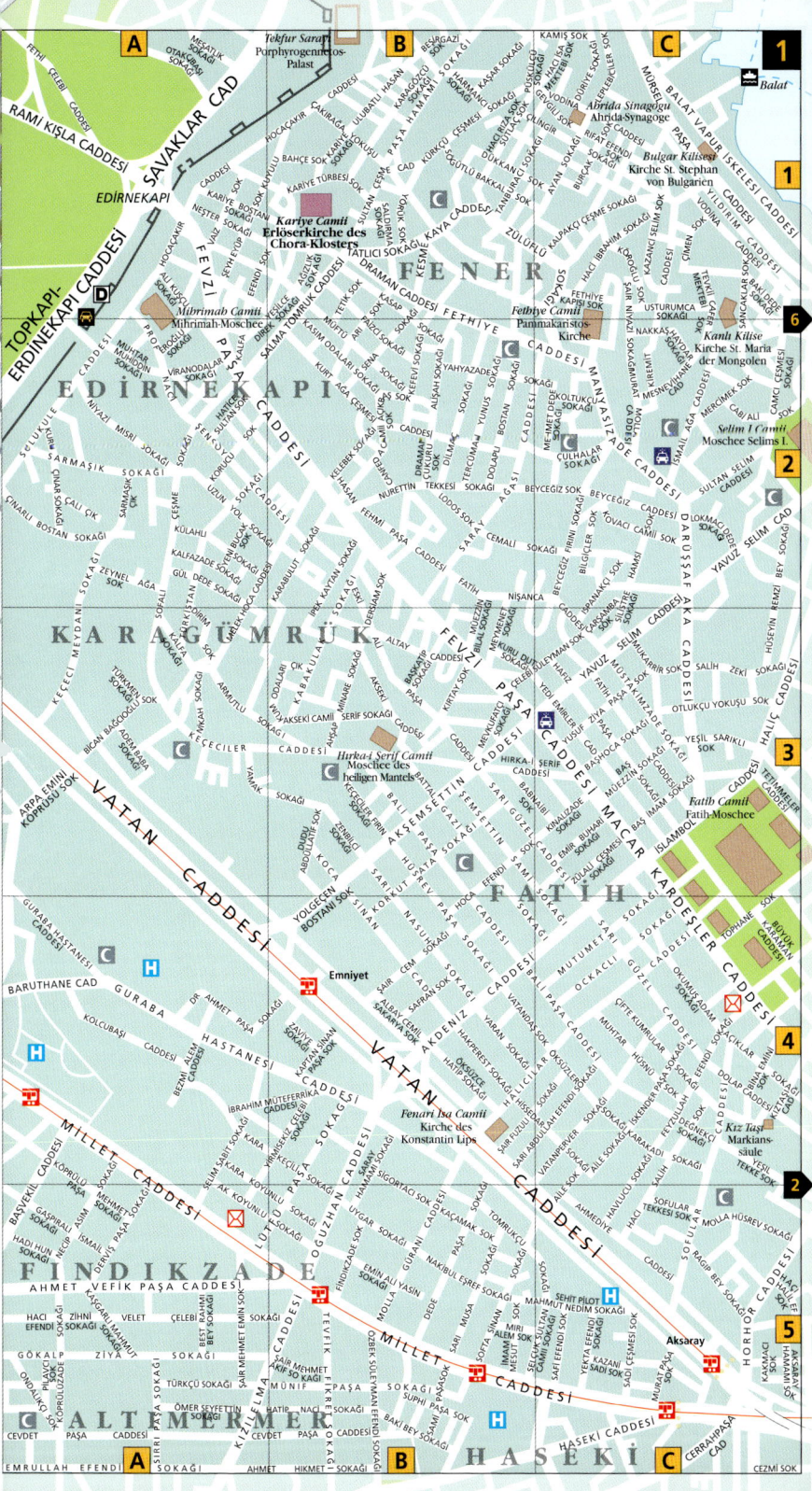

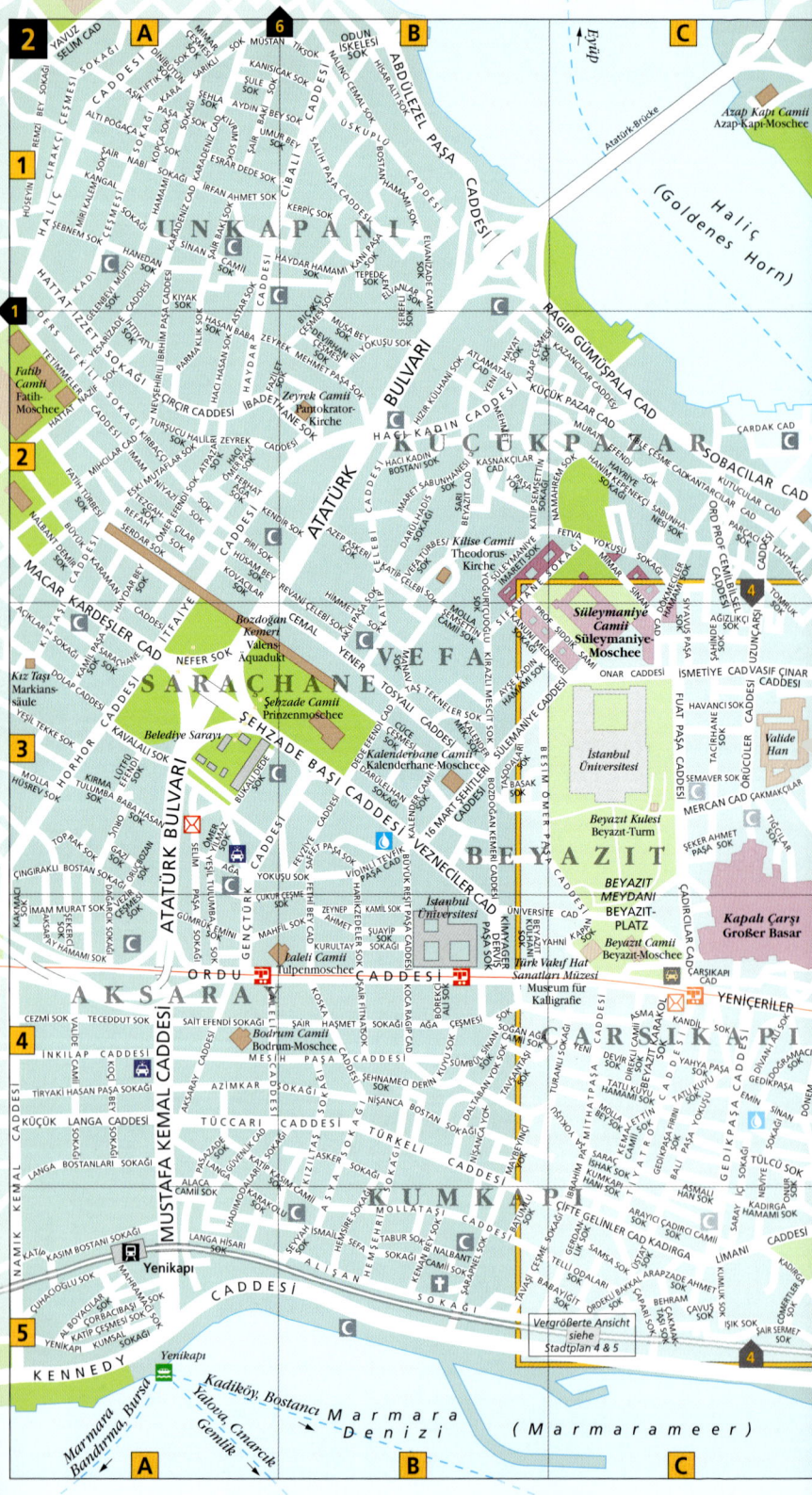

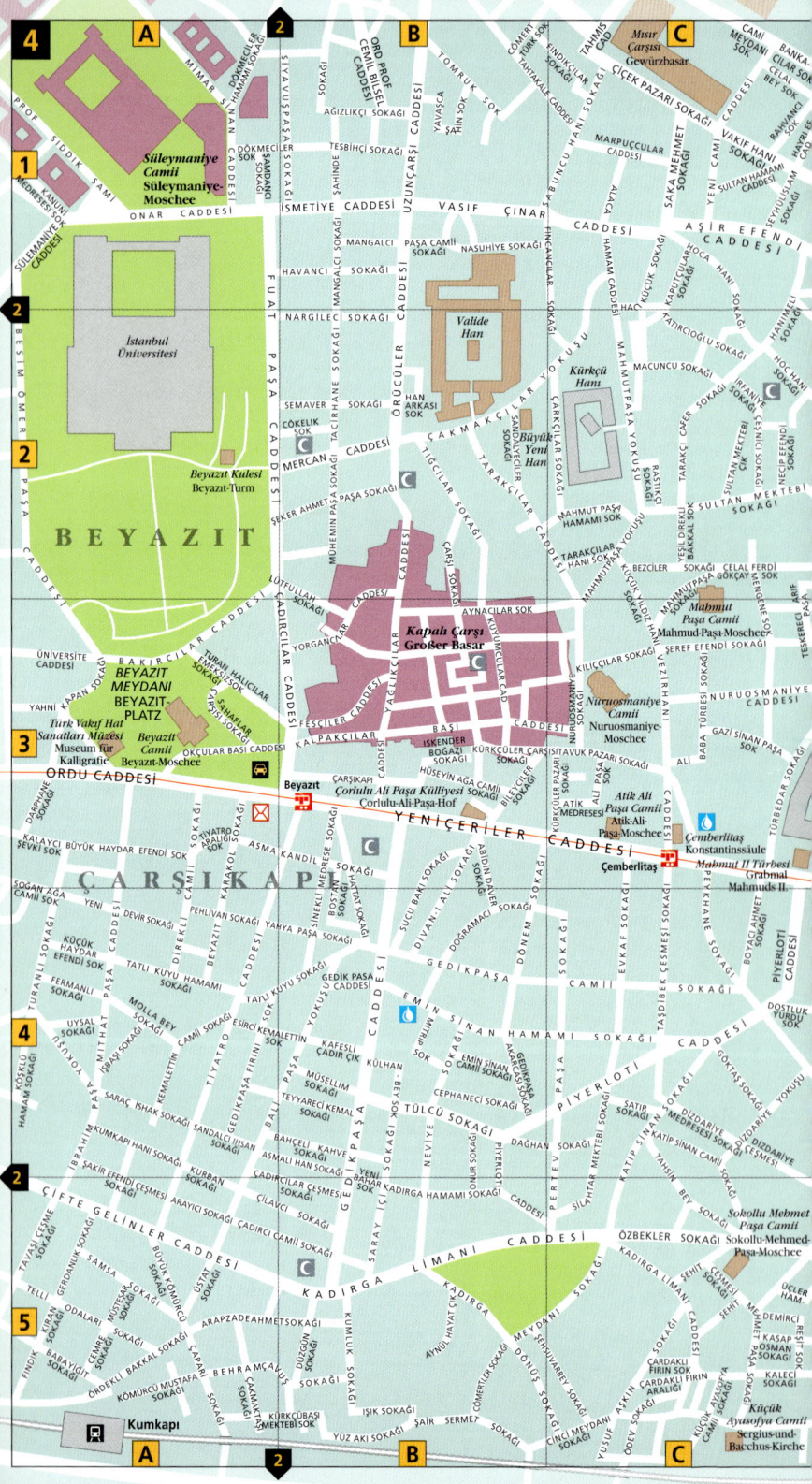

Kartenregister

Im türkischen Alphabet sind Ç, Ğ, İ, Ö, Ş und Ü eigene Buchstaben und folgen nach C, G, I, O, S und U. In diesem Buch wird nach deutschen Lesegewohnheiten das Ç wie ein C behandelt. So folgt z. B. Çiçek auf Cibinlik. Gemäß türkischem Gebrauch werden Sokaği mit »Sok.« sowie Caddesi mit »Cad.« abgekürzt. Koordinaten in Klammern beziehen sich auf die vergrößerten Karten 4 und 5.

Textregister

Sprachführer Türkisch

Aussprache

Das Türkische benutzt das römische Alphabet mit 29 Buchstaben: acht Vokale und 21 Konsonanten. Besonderheiten der Aussprache: **c** wird wie ›dsch‹ ausgesprochen, **ç** wie ›tsch‹; **ğ** verlängert den vorhergehenden Vokal und wird nicht ausgesprochen; **ı** klingt wie ein kehliges ›i‹; **j** spricht man wie ein stimmhaftes ›sch‹ aus, **ş** wie ein stimmloses ›sch‹; der Buchstabe **y** wird wie ›j‹ ausgesprochen und **z** wie ein stimmhaftes ›s‹.

Notfälle

Hilfe!	İmdat!
Stopp!	Dur!
Rufen Sie einen Arzt!	Bir doktor çağrın!
Rufen Sie einen Krankenwagen!	Bir ambulans çağrın!
Rufen Sie die Polizei!	Polis çağrın!
Feuer!	Yangın!
Wo ist das nächste Telefon?	En yakın telefon nerede?
Wo ist das nächste Krankenhaus?	En yakın hastane nerede?

Kommunikation

Ja	Evet
Nein	Hayır
Danke	Teşekkür ederim
Bitte	Lütfen
Entschuldigung	Affedersiniz
Guten Tag	Merhaba
Auf Wiedersehen	Hoşça kalın
Guten Morgen	Günaydın
Guten Abend	İyi akşamlar
Morgens	Sabah
Nachmittags	Öğleden sonra
Abends	Akşam
Gestern	Dün
Heute	Bugün
Morgen	Yarın
Hier	Burada
Dort	Şurada
Da drüben	Orada
Was?	Ne?
Wann?	Ne zaman?
Warum?	Neden?
Wo?	Nerede?

Nützliche Sätze

Wie geht es Ihnen?	Nasılsınız?
Danke, gut.	İyiyim.
Es freut mich, Sie kennenzulernen.	Memnun oldum.
Bis bald.	Görüşmek üzere.
Das ist gut.	Tamam.
Wo ist/sind …?	… nerede?
Wie weit ist es bis …?	… ne kadar uzakta?
Ich möchte nach …	… a/e gitmek istiyorum.
Sprechen Sie Deutsch?	Alamca biliyor musunuz?
Ich verstehe nicht.	Anlamıyorum.
Können Sie mir helfen?	Bana yardım edebilir misiniz?

Nützliche Wörter

groß	büyük
klein	küçük
heiß	sıcak
kalt	soğuk
gut	iyi
schlecht	kötü
genug	yeter
geöffnet	açık
geschlossen	kapalı
links	sol
rechts	sağ
geradeaus	doğru
nah	yakın
weit	uzak
hoch	yukarı
runter	aşağı

früh	erken
spät	geç
Eingang	giriş
Ausgang	çıkış
Toiletten	tuvaletler
drücken	itiniz
ziehen	çekiniz
mehr	daha fazla
weniger	daha az
sehr	çok

Shopping

Wie viel kostet das?	Bu kaç lira?
Ich möchte …	… istiyorum
Haben Sie …?	… var mı?
Nehmen Sie Kreditkarten?	Kredi kartı kabul ediyor musunuz?
Wann öffnen/ schließen Sie?	Saat kaçta açılıyor/ kapanıyor?
dieses	bunu
jenes	şunu
teuer	pahalı
billig	ucuz
Größe (Kleidung)	beden
Größe (Schuhe)	numara
weiß	beyaz
schwarz	siyah
rot	kırmızı
gelb	sarı
grün	yeşil
blau	mavi
braun	kahverengi
Laden	dükkan
Kasse	kasa
Handeln (feilschen)	pazarlık
Das ist mein letztes Angebot	Daha fazla veremem

Läden

Antiquitätenladen	antikacı
Bäckerei	fırın
Bank	banka
Buchhandlung	kitapçı
Drogerie/ Apotheke	eczane
Fischhändler	balıkçı
Friseur (Damen)	kuaför
(Herren)	berber
Gemüsehändler	manav
Konditorei	pastane
Lebensmittelladen	bakkal
Lederwarengeschäft	derici
Markt/Basar	çarşı/pazar
Metzger	kasap
Papierwaren	kırtasiyeci
Postamt	postane
Reisebüro	seyahat acentesi
Schneider	terzi
Schuhgeschäft	ayakkabıcı
Supermarkt	süpermarket
Zeitungskiosk	gazeteci

Sehenswürdigkeiten

Burg	hisar
Fremdenverkehrsbüro	turizm danışma bürosu
Grabmal	türbe
Insel	ada
Kirche	kilise
Moschee	cami
Museum	müze
Palast	saray
Park	park
Platz	meydan
Rathaus	belediye sarayı
Theologische Schule	medrese
Türkisches Bad	hamam
Turm	kule

Verkehrsmittel

Flughafen	**havalimanı**
Bus	**otobüs**
Bushaltestelle	**otobüs durağı**
Busbahnhof	**otogar**
Sammeltaxi	**dolmuş**
Fahrpreis	**ücret**
Fähre	**vapur**
Wasserbus	**deniz otobüsü**
Haltestelle	**istasyon**
Taxi	**taksi**
Ticket	**bilet**
Ticketschalter	**bilet gişesi**
Fahrplan	**tarife**

Im Hotel

Haben Sie ein freies Zimmer?	**Boş odanız var mı?**
Doppelzimmer	**iki kişilik bir oda**
Zimmer mit Doppelbett	**çift kişilik yataklı bir oda**
Suite	**çift yataklı bir oda**
für eine Person	**tek kişilik**
Zimmer mit Bad	**banyolu bir oda**
Dusche	**duş**
Träger	**komi**
Schlüssel	**anahtar**
Zimmerservice	**oda servisi**
Ich habe reserviert.	**Rezervasyonum var.**
Ist das Frühstück im Preis inbegriffen?	**Fiyata kahvaltı dahil mi?**

Im Restaurant

Einen Tisch für … bitte.	**… kişilik bir masa lütfen.**
Ich möchte einen Tisch reservieren.	**Bir masa ayırtmak istiyorum.**
Die Rechnung, bitte.	**Hesap lütfen.**
Ich bin Vegetarier.	**Et yemiyorum.**
Restaurant	**lokanta**
Kellner	**garson**
Speisekarte	**yemek listesi**
Tagesmenü	**fiks menü**
Weinkarte	**şarap listesi**
Frühstück	**kahvaltı**
Mittagessen	**öğle yemeği**
Abendessen	**akşam yemeği**
Vorspeise	**meze**
Hauptgang	**ana yemek**
Tagesgericht	**günün yemeği**
Dessert	**tatlı**
blutig	**az pişmiş**
ganz durch	**iyi pişmiş**
Glas	**bardak**
Flasche	**şişe**
Messer	**bıçak**
Gabel	**çatal**
Löffel	**kaşık**

Auf der Speisekarte *(siehe auch S. 194–197)*

badem	Mandel
bal	Honig
balık	Fisch
bira	Bier
bonfile	Filetsteak
buz	Eis
çay	Tee
çilek	Erdbeere
çorba	Suppe
dana eti	Kalb
dondurma	Eiscreme
ekmek	Brot
elma	Apfel
et	Fleisch
fasulye	Bohnen
fırında	Braten
fıstık	Pistazie
gazoz	kohlensäurehaltiges Getränk
hurma	Dattel
içki	Alkohol
incir	Feige
ızgara	vom Holzkohlegrill
kahve	Kaffee
kara biber	schwarzer Pfeffer

karışık	gemischt
karpuz	Wassermelone
kavun	Melone
kayısı	Aprikose
kaymak	Sahne
kıyma	Hackfleisch
kızartma	gebraten
köfte	Fleischbällchen
kuru	getrocknet
kuzu eti	Lamm
lokum	Süßigkeit
maden suyu	Mineralwasser (mit Kohlensäure)
meyve suyu	Fruchtsaft
midye	Muschel
muz	Banane
patlıcan	Aubergine
peynir	Käse
pilav	Reis
piliç	Brathuhn
şarap	Wein
sebze	Gemüse
şeftali	Pfirsich
şeker	Zucker
su	Wasser
süt	Milch
sütlü	mit Milch
tavuk	Hühnchen
tereyağı	Butter
tuz	Salz
üzüm	Traube
vişne	Sauerkirsche
yoğurt	Joghurt
yumurta	Ei
zeytin	Olive
zeytinyağı	Olivenöl

Zahlen

0	**sıfır**
1	**bir**
2	**iki**
3	**üç**
4	**dört**
5	**beş**
6	**altı**
7	**yedi**
8	**sekiz**
9	**dokuz**
10	**on**
11	**on bir**
12	**on iki**
13	**on üç**
14	**on dört**
15	**on beş**
16	**on altı**
17	**on yedi**
18	**on sekiz**
19	**on dokuz**
20	**yirmi**
21	**yirmi bir**
30	**otuz**
40	**kırk**
50	**elli**
60	**altmış**
70	**yetmiş**
80	**seksen**
90	**doksan**
100	**yüz**
110	**yüz on**
200	**iki yüz**
1000	**bin**
100 000	**yüz bin**
1 000 000	**bir milyon**

Zeit

eine Minute	**bir dakika**
eine Stunde	**bir saat**
eine halbe Stunde	**yarım saat**
Tag	**gün**
Woche	**hafta**
Monat	**ay**
Jahr	**yıl**
Sonntag	**pazar**
Montag	**pazartesi**
Dienstag	**salı**
Mittwoch	**çarşamba**
Donnerstag	**perşembe**
Freitag	**cuma**
Samstag	**cumartesi**

Dorling Kindersley Vis-à-Vis

Vis-à-Vis-Reiseführer

Ägypten Alaska Amsterdam Apulien Argentinien
Australien Bali & Lombok Baltikum Barcelona &
Katalonien Beijing & Shanghai Belgien &
Luxemburg Berlin Bologna & Emilia-Romagna
Brasilien Bretagne Brüssel Budapest Bulgarien
Chile Chicago China Costa Rica Dänemark
Danzig & Ostpommern Delhi, Agra &
Jaipur Deutschland Dresden Dublin
Florenz & Toskana Florida
Frankreich Genua & Ligurien
Griechenland Griechische Inseln
Großbritannien Hamburg Hawaii Indien Irland Istanbul
Italien Japan Jerusalem Kalifornien Kambodscha & Laos
Kanada Kanarische Inseln Karibik Kenia Korsika
Krakau Kroatien Kuba Las Vegas Lissabon Loire-Tal
London Madrid Mailand Malaysia & Singapur
Mallorca, Menorca & Ibiza Marokko Mexiko Moskau
München & Südbayern Neapel Neuengland
Neuseeland New Orleans New York Niederlande
Nordspanien Norwegen Österreich Paris Peru Polen
Portugal Prag Provence & Côte d'Azur Rom
San Francisco St. Petersburg Sardinien
Schottland Schweden Schweiz Sevilla &
Andalusien Sizilien Spanien Stockholm
Südafrika Südtirol & Trentino Südwestfrankreich
Thailand Thailand – Strände & Inseln Tokyo
Tschechien & Slowakei Türkei USA
USA Nordwesten & Vancouver USA Südwesten &
Las Vegas Venedig & Veneto Vietnam & Angkor
Washington, DC Wien

DORLING KINDERSLEY
www.traveldk.com

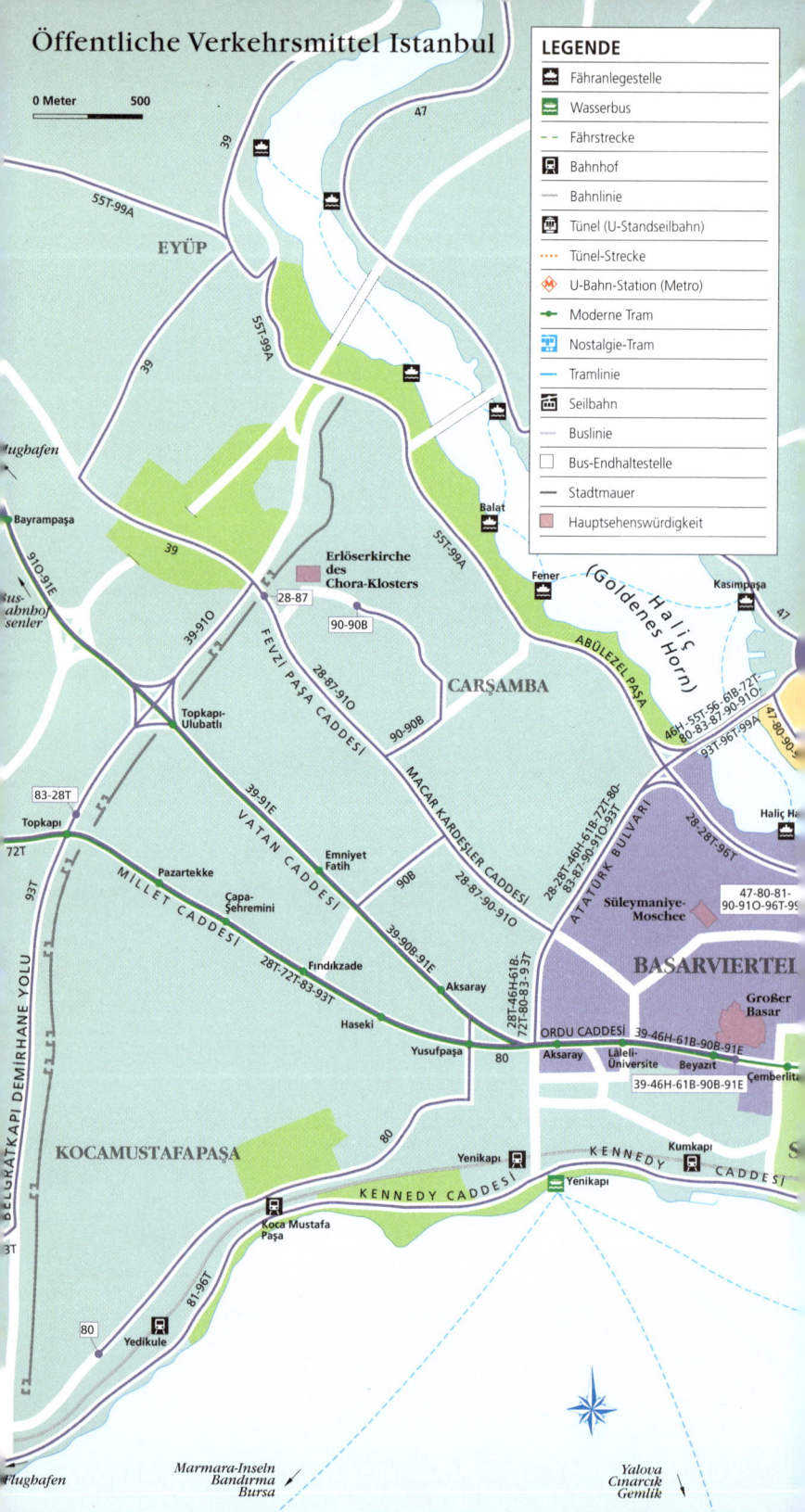